Contemporary British Plays

WITH ESSAYS IN CRITICISM

Annotated with Critical Introduction
by
Kim, Yoo and Lee, Wonjoo

Shinasa

CONTENTS

Critical Introduction

1960년대 이후의 영국 연극

1960년대 영국 드라마는 오스본(John Osborne)을 중심으로 1956년에서 1960년에 걸쳐 새로운 극작 경향을 선도했던 이른바 '성난 젊은이들'(angry young men) 세대의 극작가들의 영향을 받았지만 그것과는 명백히 차별되는 양상을 띤다. 대부분 로얄 코트 극장(Royal Court Theatre)을 중심으로 공연된 오스본과 아든(John Arden), 그리고 웨스커(Arnold Wesker)의 작품들은 전전(pre-war) 세대의 구태의연한 극적 관습과 중산층 중심의 주제적 편향에서 벗어나서 노동 계급의 생활상을 무대화하기 시작했다. 특히 노동 계급 출신 젊은이의 분노를 극화해 낸 오스본의 『성난 얼굴로 돌아보라』(*Look Back in Anger*, 1956)는 사그라진 대영 제국의 잔재 속에서 새로운 국가 정체성을 모색할 기회를 잃어버리고 기존의 계급적 질서에 함몰되어 있는 보수적인 영국 사회에 대한 신랄한 비판이었다. 그러나 1968년을 기점으로 등장하기 시작한 이른바 제2세대 정치 극작가들은 1956년 이후의 제1세대 극작가들의 사회적 관심과 정치적 변화에 대한 욕망을 계승하는 반면에 연극과 사회를 바라보는 관점에 있어서는 근본적인 차이를 드러냈다.

1960년대 후반은 모든 전통적인 가치에 대한 불신과 권위적인 기성 문화에 대한 거부를 기치로 하는 이른바 반문화 운동(counter cultural movement)으로 인해 정치적으로 급진화된 시기였다. 미국에서는 베트남 전쟁에 반대하는 시위가 끊이지 않았고, 1968년 5월 파리에서는 노동자와 학생들이 권위적인 정치 체제를 전복시키고자 혁명을 일으켰으며, 체코슬로바키아에서는 소련의 억압적인 스탈린식 공산주의에 대한 저항의 움직임이 격화되었다. 본드(Edward Bond), 헤어(David Hare), 에드가(David Edgar), 브렌튼(Howard Brenton), 처칠(Caryl Churchill), 맥그라스(John McGrath) 등 이러한 반문화 운동의 세례 속에서 태동한 1968년 이후의 극작가들은 1950년대 '성난 세대' 극작가들과는 달리 연극을 사회를 변화시키기 위한 구체적인 도구로써 인식하기 시작했다. 이들은 기존의 중산층 관객 중심의 주류 극장 공간에서 벗어나서 주로 노동자나 학생, 그리고 진보적인 지식인들을 대상으로 하는 새로운 관객층을 의식적으로 창출해내고자 시도했다. '변두리 극장 운동'(fringe theatre movement)이라고 불리는 움직임 속에서 이들은 소규모 극단의 기동력을 이용하여 노동자 클럽, 노동조합 홀, 시민 회관, 술집 등을 순회하면서 일종의 공동체적 오락의 형태로 관객들에게 정치적, 경제적 상황에 대한 시각과 지식을 제공하고 이에 따라 행동할 것을 촉구하였다. 더군다나 이러한 관객들의 정치화 작업이 가능하게 된 배경에는 연극의 자유로운 표현을 억압해 왔던 연극 사전 검열제도가 1968년에 폐지된 것도 그 영향이 컸다.

이러한 진보적인 사회적 흐름은 단지 사회주의 계열의 극작가들뿐만 아니라 페미니스트 극작가들에게도 커다란 영향을 미쳤다. 1970년대부터 영국 무대에 활발하게 등장한 여성 극작가들 중 특히 젬스(Pam Gems)와 처칠이 주목할 만하다. 젬스가 역사적으로 실재했던 여성들의 삶을 극화함으로써 여성의 개인적 자아와 공적 역할 간의 괴리를 드러내고자 했다면, 처칠은 실험적인 극적 양식을 이용하여 성 역할(gender)과 경제적 억압의 상관관계에 초점을 맞추면서 사회주의와 페미니즘 간의 소통의 고리를 만들어내고자 했다. 또한 1970년대를 통해 Black Theatre Co-operative, Temba, Tara Arts 등 흑인 연극(Black Theatre)을 전문적으로 무대에 올리는 극단들이 등장하기 시작하였으며, 머피(Tom Murphy), 맥기니스(Frank McGuinness), 프리엘(Brian Friel) 등 아일랜드 극작가들 역시 자국의 역사와 신화를 새롭게 재구성하는 작업에 몰두하였다.

성과 계급, 인종적 측면에서 소외되었던 목소리를 무대화하는 작업이 활발히 이루어졌던 1970년대야말로 현대 영국 연극에 있어 그 진보성이 최고조에 이른 시대였음에도 불구하고 결과만을 따지고 본다면 이러한 극적 실험은 실질적인 정치적 변화로 이어지지 못했다. 1970년대 말에 이르면 급진적인 사회적 에너지가 소진되기 시작하였으며 1980년대에 걸쳐서는 오히려 이러한 저항 연극, 반체제 연극 자체의 생존 문제가 기본적인 화두로 등장하기 때문이다. 1979년에 정권을 획득한 대처(Margaret Thatcher)의 보수당 정부는 전후에 합의된 복지 국가(the welfare state) 정책을 철폐하고 보다 권위적이고 보수적인 정치 체제로 급선회했다. "사회라는 것은 더 이상 없다"(there is no such thing as society)라고 선언하면서 단지 개인들의 경제적 자립(self-reliance)을 최고의 미덕으로 제시하였던 대처는 철두철미하게 시장 자본주의에 입각한 정책을 펴나갔다. 1982년 아르헨티나와 치룬 포클랜드 전쟁(Falklands War)과 1984-5년에 걸쳐 벌어진 탄광 노동자 시위의 무자비한 탄압을 거치면서 영국 사회는 급격하게 우경화되었다. 이러한 보수화 흐름은 1970년대 반체제 저항 연극의 뿌리를 뒤흔드는 결과를 가져왔는데 무엇보다도 새로운 연극과 소규모 극단에 대한 국가적 지원이 대량 삭감되거나 중단되었으며, 따라서 상업적으로 취약한 실험적 성향의 정치적 연극은 위축될 수밖에 없었다. 1980년대에 가장 성공적인 공연들은 주로 웨스트 엔드(the West End)를 거점으로 한 『캣츠』(*Cats*, 1982), 『레미제라블』(*Les Misérables*, 1987), 그리고 『오페라의 유령』(*The Phantom of the Opera*, 1986) 등 상업적으로 자생할 수 있는 뮤지컬에 국한되었다. 주류 공연 공간의 주도권은 1970년대부터 주로 중산층 관객을 대상으로 한 가정극이나 형이상학적 성향의 연극을 써온 스토파드(Tom Stoppard), 프레인(Michael Frayn), 베넷(Alan Bennet), 그리고 애크본(Alan Ayckbourn) 등으로 넘어갔으며, 따라서 사회적 변화의 도구로써의 연극의 정치성은 서서히 소진되어갔다. 그러나 1980년대를 지배했던 대처의 신자유주의적 이데올로기에 대한 연극적 저항 또한 만만치 않았다. 에드가는 지역 공동체 주민들을 연극 제작 및 공연의 제반 과정에 적극적으로 참여시키는 민주적이고 개방적인 형태의 '공동체 연극'(community theatre)에 매진하였고, 『길 떠나기 전 한잔』 (*One for the Road*, 1984)을 전후로 핀터(Harold Pinter)의 드라마는 더욱 노골적으로 정치적인 양상을 띠었다. 처칠의 『엄청난 돈』(*Serious Money*, 1987)과 헤어의 『비밀스런 환희』(*The Secret Rapture*, 1988)는 대처시대의 자본주의와 그 정신적 피폐함에 대한 비판이었으며, 브렌튼은 『그린랜드』(*Greenland*, 1988)에서 자본주의를 넘어선 유토피아의 세계를 극화해냄으로써 현실 정치에 함몰되어 탈출구를 찾지 못하는 사람들에게 대안적 상상력의 중요성을 강조했다.

1989년 베를린 장벽의 붕괴와 1990년 대처 정권의 종식으로 문을 여는 1990년대의 영국 연극은 또 한 차례의 중요한 전환기를 맞는다. 상대적으로 정치적 이데올로기에서 자유로웠던 스토파드, 프레인, 베넷 같은 작가들의 작품은 별다른 기복 없이 고정된 관객층을 대상으로 주류 연극 무대에서 꾸준히 순항한 반면, 동구 유럽에서의 공산주의의 종말은 1968년 이래 활동해 온 사회주의적 성향의 극작가들로 하여금 현실 사회주의의 한계와 딜레마에 직면하도록 만들었다. 변두리 극장 운동의 에너지는 1990년대를 거치면서 완전히 고갈되었고, 무엇보다도 1970년대 이래 꾸준히 저변을 넓혀왔던 포스트모더니즘의 득세는 모든 고정된 가치와 신념 체제에 대한 회의와 거대 서사 및 담론에 대한 거부로 이어졌다. 그러나 한편으로는 냉전의 종식과 더불어 1990년대를 지배했던 포스트모더니즘의 영향은 새롭게 등장한 젊은 세대의 극작가들에게 이전 세대가 지니지 못했던 자유로운 감각을 부여했으며 다른 종류의 상상력을 요구했다. 이들은 모더니즘의 잔해와 포스트모더니즘의 세례 속에서 굳이 심각한 정치극을 쓰지 않고서도 자본주의를 비판할 수 있는 유연성을 소유했다. 연극 비평가 씨어즈(Aleks Sierz)는 이러한 새로운 감각의 극작가들의 작품들을 '도발 연극'(in-yer-face theatre)이라고 통칭하였는데, 대표적인 작가들로는 케인(Sarah Kane), 래븐힐(Mark Ravenhill), 닐슨(Anthony Neilson), 마아버(Patrick Marber) 등이 있다. 이들은 극단적인 인간적 감정을 탐구하고자 섹스와 폭력 등 도발적인 언어와 이미지를 사용하였으며, 도덕적 기준과 타부에 도전하였다. 무엇보다도 이러한 '도발 연극'은 관객이 이성적 판단을 유보하고 직접적인 감정적 충격을 실제로 경험하도록 고안되었다. 1990년대에는 1970년대에 성행했던 정치극의 쇠퇴가 두드러진 시대였으며, 정치적 연극의 종말이 심심치 않게 선언되기도 했다. 그러나 연극의 정치성은 이 새로운 '도발 연극' 속에 새로운 형태로 잠재되어 있었다. '도발 연극'은 공적 사건들과 대중적 이데올로기, 정당 정치에 대한 논의에서 벗어나서 개인의 감정과 고통에 천착했다는 비판을 받기도 하였지만, 현대 자본주의 이데올로기에 대한 비판, 폭력의 문제, 남성성의 전통적인 개념에 대한 도전의 양상은 도처에서 찾아볼 수 있다.

1990년대의 또 다른 특징은 지방 연극(regional theatre)의 활성화였다. 1980년대까지 런던에 국한되어 있었던 새로운 연극적 창작의 중심이 서서히 지방 극단으로 이동해 갔으며, 실제로 the Birmingham Rep, the Liverpool Everyman, the West Yorkshire Playhouse 등의 지역 극장들은 새로운 작품들을 배양해내는 근거지로서 부상하기 시작했다. 특히 이러한 연극의 분권화 현상은 1990년대 들어 가속화된 영국의 국가 정체성에 대한 다양한 문제의식과 관련되어 스코틀랜드 연극의 활성화에 기여하기도 했다. 개인과 공동체, 중심부와 주변부의 관계를 통해 민족국가의 한계를 진단하고자 하는 이른바 탈 민족주의적 관심은 스코틀랜드 극작가들의 작품들을 가로지르고 있는 중심 주제로 부상했다. 1990년대 이후 스코틀랜드 드라마는 직접적으로는 스코틀랜드의 정치적 자율권을 인정하고 이를 실제로 집행하는 지방 분권화의 흐름 속에서 서서히 태동되었으며 따라서 1990년대 드라마는 '분권화 이후의 연극'(post-devolution plays)이라는 이름으로 통칭되어질 수도 있을 것이다. 이러한 '분권화 이후의 연극'의 주요 특징이 스코틀랜드의 신화적이고 독특한 공간성에서 탈피하여 1989년 이후의 유럽 대륙을 관통하는 여행과 월경(border-crossing)의 모티브를 통해 가변적이고 유동적인 정체성을 중심적 화두로 설정한다는 점에서 탈 민족주의적이라고 규정되어질 수 있다. 그렉(David Greig)의 작품들을 필두로 그린호온(Stephen Greenhorn)의 『갓길』(*Passing Places*, 1999), 글로버(Sue Glover)의 『쉐틀랜드 이야기』(*Shetland Saga*, 2000), 그리고 버크(Gregory Burke)의 『가가린 거리』(*Gagarin Way*, 2001)가 대표적인 예라고 할 수 있다.

조 오튼 (1933-67)

34년이라는 짧은 삶을 살고 세상을 떠난 조 오튼(Joe Orton)은 1933년 1월 1일에 레스터(Leicester)에서 정원사였던 윌리엄 오튼(William Orton)과 그 지방의 신발공장 노동자였던 엘지 오튼(Elsie Orton)의 장남으로 태어났다. 메리엇로드 초등학교(Marriot Road Primary School)을 다녔지만, 천식으로 고생한 끝에 중등학교 진학 적성시험(Eleven-plus exam)에서 낙방한 오튼은 1945년부터 1947년까지 레스터에 있는 클라크 전문학교(Clark's College)에서 사무직원이 되는 과정을 이수했고, 주급 3파운드를 받고 보조 사무원으로 근무하기도 한다.

오튼이 연극에 관심을 가지게 된 것은 1949년경이었다. 레스터 연극회(Leicester Dramatic Society)를 비롯한 다양한 연극 모임에서 아마추어 연극을 하면서, 극작가가 되기 위해 적극적으로 노력했다. 그의 삶에 결정적인 변화가 생겨난 것은 왕립연극원(Royal Academy of Dramatic Art)에 지원해서 장학금을 받게 되면서부터였다. 1951년부터 왕립연극원에서 본격적으로 극작가가 되는 수업을 받았으며, 케네스 할리웰(Kenneth Halliwell)을 만나서 동성 애인이 되었다. 1953년에 왕립연극원을 졸업한 후 본격적인 작가 생활을 시작하기 전에 두 사람은 각각 몇 개월간 지방의 극단에서 근무한 후 런던으로 돌아와 소설을 쓰게 된다. 그러나 아직 특별히 진지한 일거리가 없었던 두 사람은 도서관에서 책을 빌려서 반납하기 전에 책의 표지 그림이나 문구를 바꾸는 장난을 했다고 한다. 책 커버에 벌거벗고 문신을 한 중년 남성의 그림을 그리거나, 책의 속지를 이용해서 아파트를 장식하기도 했는데, 결국 1962년에는 도서관 서적을 훼손한 혐의로 기소되었고, 6개월 징역형에 처해졌다. 오튼은 그 판결이 지나치게 가혹하다고 생각했지만, 그에게 감옥에서 보낸 기간은 사회의 이중적 기준과 타락성을 분명히 파악할 수 있었던 중요한 계기가 되었다.

오튼이 희곡을 쓰기 시작한 것은 1960년대 초반이었다. 1963년에 집필한 단막극 『계단 위의 악당』(*The Ruffian on the Stair*)이 BBC에서 1964년 8월 31일에 방송되면서 점차 연극계의 주목을 받기 시작했다. 이어서 발표한 『슬론 씨 접대하기』(*Entertaining Mr. Sloane*)는 뉴욕, 스페인, 이스라엘과 호주 등에서 상연되는 등 큰 성공을 거두었다. 그러나 1965년에 초연된 『약탈』(*Loot*)은 그리 큰 성공을 거두지 못했고, 1966년에 거의 새롭게 다시 집필하여 상연되었다. 1966년에는 『장례식 게임』(*Funeral Game*)을 집필하기도 한다.

오튼은 1967년에 마지막 작품 『집사가 본 것은』(*What the Butler Saw*)의 집필을 완료했지만, 이 작품은 그의 사후인 1969년에야 퀸즈 극장(Queen's Theatre)에서 초연되었다. 오튼의 성공에 대한 시기심과 그에게 버림받을 지도 모른다는 두려움에 시달린 할리웰이 오튼을 살해하고 자신은 약물과다 복용으로 자살했기 때문이었다. 이제 막 전성기를 구가하려던 오튼은 34세라는 젊은 나이에 안타깝게 세상을 떠났지만, 그의 블랙 코미디는 관객들에게 충격을 주거나 분노하게 만들면서도 색다른 즐거움을 준다. 세상의 편견과 허위 그리고 전통적인 도덕률을 소극(farce)이라는 형식을 활용해서 비판한 오튼의 작품은 우리가 속한 사회의 위선과 허위를 비판적으로 바라보기를 요구하는 것이다. 음울하지만 냉소적인 웃음을 주는 그의 작품 경향을 가리켜 '오튼적'(Ortonesque)이라는 형용사를 써서 표현할 정도로 오튼의 작품은 영국 희극계에서 독특한 하나의 경향을 형성하고 있다.

『집사가 본 것은』(*What the Butler Saw*, 1969)

이 작품은 『장례식 게임』에 이어서 오튼의 사후에 발표된 두 번째 작품으로 1969년에 런던에 있는 퀸즈 극장에서 초연되었다. 2막으로 구성된 이 작품은 가족 찾기(family reunion), 동성애(homosexualism), 복장도착(transvestism) 등의 모티프를 활용함으로써 서구 희극의 오래된 전통과 긴밀하게 연결되어 있으면서도 동시에 그 전통을 해체하는 다소 복잡한 양상을 보여준다. 겉으로 보기에는 우스꽝스런 소극에 불과하지만, 전통적인 희극의 틀을 차용하면서도 당대 영국 사회가 금기시했거나 중요시했던 요소들을 비틀어서 희화화함으로써 관객들로 하여금 사회비판적인 시각을 요구하는 전형적인 '오튼적' 작품인 것이다.

수많은 등장과 퇴장, 옷 바꿔 입기, 얽히고설킨 혼란스런 내용을 지닌 이 작품은 정신과 의사인 닥터 프렌티스(Dr. Prentice)의 병원에서 벌어지는 일을 다루고 있다. 프렌티스는 비서 면접을 하고 있는데, 면접을 보러 온 제랄딘 바클레이(Geraldine Barclay)를 유혹하려한다. 사실, 유혹이라기보다는 의사로서의 지위를 이용해서 그녀를 능욕하려 했다는 것이 더 정확할 것이다. 프렌티스는 감언이설로 그녀가 옷을 벗게 만드는데, 바로 그 순간, 그의 아내 프렌티스 부인(Mrs. Prentice)이 예정보다 빨리 집으로 돌아오면서 상황이 꼬이기 시작한다. 프렌티스는 자신의 비행을 숨기기 위해 제랄딘을 진료용 침대의 커튼 뒤에 숨긴다.

그의 아내 역시 난감한 상황에 처해 있기는 마찬가지이다. 그녀는 니콜라스 버켓(Nicholas Buckett)이라는 호텔의 급사에게 유혹을 당했던(?) 것이다. 실제로 성관계를 맺지는 않았지만, 이로 인해 나체 사진을 촬영했다며 돈과 직장을 달라는 협박을 받고 있다. 결국 그녀가 니콜라스에게 남편의 비서 자리를 주겠다고 약속함으로써 상황은 점점 복잡하게 전개된다. 프렌티스 부인이 제랄딘의 옷을 가져가 버리면서 제랄딘이 계속 벗은 채로 있어야만 하고, 나중에는 니콜라스와 제랄딘이 옷을 바꿔 입는 혼란스런 상황이 벌어지기도 한다. 닥터 랜스(Dr. Rance)가 실시하는 감사(inspection)를 받게 되면서 프렌티스의 병원은 더욱 걷잡을 수 없는 혼란에 빠지게 된다. 프렌티스가 자신의 잘못을 숨기려하면 할수록 상황은 더욱 복잡해지고, 결국 랜스와 프렌티스 부인은 그의 정신에 문제가 생겼다고 생각하기에 이른다.

도저히 해결될 기미가 없이 복잡하게 꼬이던 상황은 자신이 제랄딘을 유혹하려 했다고 프렌티스가 자백함으로써 해결의 길로 들어서기 시작한다. 그런데 제랄딘이 잃어버린 코끼리 브로치로 인해 또 한 차례 마지막 반전이 벌어진다. 랜스가 찾아준 제랄딘의 브로치를 보고 니콜라스는 자신도 비슷한 것을 지니고 있다고 말한다. 밝혀지는 바에 따르면 프렌티스 부인이 결혼 전에 호텔에서 잠시 근무한 적이 있었는데, 프렌티스가 그녀를 겁탈하고 그 브로치를 그녀에게 쥐어 주었던 것이다. 그 일로 인해 쌍둥이를 낳게 된 프렌티스 부인은 프렌티스와 결혼하기 위해 아이들을 버릴 수밖에 없었고, 그 브로치를 둘로 쪼개서 하나씩 강보에 넣어 두었고, 니콜라스와 제랄딘이 각각 그 브로치를 몸에 지니고 있었던 것이다. 결국 니콜라스와 제랄딘, 프렌티스와 프렌티스 부인은 모두 한 가족인 것으로 밝혀진다. 또한 처칠 동상에서 사라진 조각을 찾기 위해 병원을 찾은 매치 경사(Sergeant Match)도 제랄딘이 처음에 들고 등장했던 상자 속에서 시가를 찾게 됨으로써 이 작품은 끝난다.

이처럼 등장인물들이 가족을 찾는 데에 성공하지만, 과연 전통적인 의미에서 이 작품에서의 가족 찾기가 성공적인지는 의문이다. 가족이라는 관계를 맺게 된 애초의 계기도 문제이지만, 이들이 가족을 찾게 되는 징표로서의 코끼리 브로치도 프렌티스에게 특별한 의미를 지니는 것이 아니라 그가 우연히 길거리에서 주운 것일 뿐이기 때문이다. 오튼은 이러한 설정을 통해 가족 찾기에 성공하고, 행복한 결혼에 이르게 함으로써 화합과 질서를 강조했던 전통적인 희극의 전제를 해체하는 동시에 억압적인 현대 사회가 중시하는 여러 제도나 조직을 비판적인 시각으로 희화화하고 있는 셈이다.

오튼은 이 작품에서 당대 영국사회가 지닌 두 가지 측면을 비판하고 있다. 그 중 하나는 20세기 초반에 프로이트에 의해 확립된 정신분석학을 지나치게 숭배한 당대의 지적 성향이다. 오튼이 이 작품을 집필한 1960년대에는 프로이트의 이론에 따라 개인이 지닌 모든 문제점과 반사회적 행동을 어린 시절에 학대당한 충격에서 비롯된 것으로 간주하는 경향이 팽배했다. 제랄딘이 아버지에 의해 능욕 당했다거나, 닥터 프렌티스를 동성애자로 간주하는 등 황당한 이론을 계속 제시하는 닥터 랜스도 정신분석학을 맹신하는 당시의 경향을 패로디하고 희화화한 것으로 볼 수 있다.

오튼이 공격하는 또 다른 사회적 문제는 성에 대한 억압이라 할 수 있다. 미국이나 다른 유럽 국가와는 달리 영국 사회는 1960년대에 이르러서도 여전히 동성애나 혼외정사 등을 경멸스런 행위로 여길 정도로 엄격한 도덕률을 강조하는 경향이 강했다. 이 작품에서 복장도착을 통해 남성과 여성의 성역할을 바꾸어 놓는 것이라든가, 동성애에 대한 계속적인 언급, 처칠 경의 시가(남근을 상징함)가 제랄딘을 키운 양모의 몸에 박히고 매치 경사가 그것을 찾아 나선 것, 자칫하면 프렌티스 가족이 빠져들었을 근친상간적인 관계, 그리고 극의 마지막 부분에서 프렌티스 부부가 린넨 창고에서 사랑을 나누기로 합의하는 것도 오튼이 당대 사회가 보여준 지나친 도덕적 엄격성을 희화화하는 것이라 볼 수 있다.

이 작품의 제목인 "What the Butler Saw"는 원래 19세기말에 개발된 활동사진 영사기인 뮤토스코프(Mutoscope)용 활동사진의 제목이었는데, 발가벗은 여인들을 찍은 여러 장의 사진이 돌아가며 제시되는 일종의 음란물이었다. 사실 이 작품이 초연될 당시의 관객들은 근친상간에 의해 찢게 된 가족들, 그리고 영국에서 가장 사랑받는 국민적 영웅인 처칠의 성기를 연상시키는 상황과 표현 등에 대해 무척 분개한 것으로 알려져 있다. 첫 공연을 관람한 많은 관객들이 프로그램을 찢어버리고 분노를 터트리며 극장을 떠났고, 초창기의 공연 비평도 오튼이 재능을 음란한 소극에 쏟은 것을 아쉬워하는 경우가 대부분이었다. 그러나 앞에서 살펴본 것처럼 이 작품은 가장 전통적인 희극의 모티프에 음란물의 제목을 달고 그 내용을 살짝 비트는 것을 통해서 관객들에게 당대 영국 사회의 엄격한 도덕률에 대해 다시 생각해 볼 것을 요구한다. 다양한 사회적 권위에 대한 오튼의 이러한 비판정신이 받아들여지면서 이제 이 작품은 현대 영국 희극의 대표작으로 자리매김하고 있다.

에드워드 본드 (1934~)

에드워드 본드(Edward Bond)는 아놀드 웨스커(Arnold Wesker), 데이빗 헤어(David Hare), 하워드 브렌튼(Howard Brenton) 등과 함께 20세기 후반의 영국 정치극 운동을 주도한 대표적인 극작가이다. 지금까지 집필한 50여 편의 작품을 통해 개인의 자유를 구속하는 폭력의 사회적 원인을 규명하고 현대 사회의 폭력성을 파헤치려 노력했다. 현대 사회와 연극에 대한 급진적인 태도와 작품에 그려진 폭력성으로 인해 본드의 작품은 항상 논쟁을 불러일으켜왔다. 특히 1965년에 집필한 『구조되었다』(*Saved*)는 1843년부터 제정된 극장법(Theatres Act 1843)으로 인해 당시에도 계속 행해지고 있던 검열 제도를 폐지시키는 데에 결정적인 역할을 함으로써, 영국 연극사의 이정표가 되는 작품으로 평가받는다.

본드는 1934년 7월 18일 런던 북부 교외지역인 홀러웨이(Holloway)에서 가난한 노동자의 아들로 태어났다. 1940년과 1944년에는 런던 대폭격을 직접 경험했고, 어린 시절의 이러한 폭력과 공포에 대한 경험이 그의 작품을 구성하는 중요한 주제가 되었다. 14세 때에는 셰익스피어의 『맥베스』(*Macbeth*)를 관람함으로써 처음으로 연극을 접하게 되었고, 나중에 본드가 연극계에 종사하게 된 중요한 계기가 되었다. 한편 15세 때에는 학교를 그만 두어야 했는데, 이 일로 인해 그는 사회로부터 소외되었다는 느낌을 강하게 받게 된다. 또한 이 일은 그의 정치적 성향을 형성하는 데에도 큰 영향을 주었다. 이후 본드는 생계를 유지하기 위해 여러 가지 일을 하면서도 독학으로 상당한 지식을 습득한 것으로 알려져 있다. 1953년부터 1955년 사이에는 비엔나에서 영국군 점령군으로 복무했는데, 그 기간 동안 지극히 정상적으로 보이는 사회적 행동의 이면에 숨겨진 폭력성을 발견하게 되었고, 극작가가 되기로 결심했다고 한다. 런던으로 돌아온 이후에는 닥치는 대로 연극을 관람하고, 습작을 하며 극작술을 연마했고, 1958년 6월에 로얄 코트 극장(Royal Court Theatre)에 두 편의 희곡을 출품한 것을 계기로 본격적인 작가수업을 받기 시작한다.

1960년대 초반부터 1970년대 중반까지 본드는 주로 로얄 코트 극장과 함께 작품을 무대에 올렸다. 그의 실질적인 첫 번째 작품은 현대의 에섹스 지방을 배경으로 농촌사회의 붕괴를 그린 『교황의 결혼식』(*The Pope's Wedding*)이었고, 두 번째 작품은 앞에서도 언급했듯이 영국 연극사에서 검열제도를 폐지시키는데 중요한 역할을 했던 『구조되었다』였다. 잔혹한 경제체제로 인해 억압당하는 노동자계급의 청소년들을 그린 이 작품에는 유모차에 탄 아기를 돌로 쳐서 죽이는 장면이 들어 있는데, 이 부분을 삭제하라는 요구를 본드가 거부하면서 연극계 전체의 문제로 비화되었고, 마침내 1968년에 검열제도가 폐기되기에 이른다. 1971년에는 셰익스피어의 『리어

왕』(*King Lear*)을 개작한 본드의 대표작 『리어』(*Lear*)를, 1974년에는 은퇴한 셰익스피어를 등장시킨 또 다른 대표작 『빙고』(*Bingo*)를 발표했다.

이러한 작품들의 성공으로 인해 본드는 1970년대를 대표하는 인기 작가로서 자리매김했다. 그러나 1970년대 중반 이후부터는 로얄 코트 극장과의 관계가 소원해졌고, 로얄 셰익스피어 극단(Royal Shakespeare Company)이 1976년에 『빙고』를 시작으로 본드의 작품을 적극적으로 공연하게 되면서 1990년대 초반까지 긴밀한 협력관계를 유지하게 된다. 1977년에는 예일 대학교로부터 명예 박사학위를 받았고, 뉴캐슬, 더럼, 버밍엄 대학교에서 워크샵을 개최하기도 했다. 본드는 최근까지 새로운 작품을 계속 집필하고 있으며, 자신의 작품을 직접 연출하기도 했으며, 학생들에게 즉흥 연기를 시킴으로써 작품의 스토리라인을 테스트하기도 하는 등 사회의 폭력성을 고발하기 위한 실험을 계속하고 있다.

21세기에 접어든 후에도 본드의 작품은 전 세계적인 관심과 조명을 받고 있다. 독일에서는 1970년대 이후 본드의 작품에 대한 관심이 여전하고, 미국에서는 『올리의 감옥』(*Olly's Prison*)을 비롯하여 『구조되었다』, 『의자』(*Chair*) 등의 작품이 잇달아 공연되고 있다. 영국에서도 『바다』(*The Sea*)가 본드의 작품 중에서는 처음으로 2008년에 웨스트 엔드에서 상연되기도 했다. 이처럼 세월이 흐르면서 본드의 작품을 재조명하고 다시 무대에 올리는 움직임은 더욱 더 왕성하게 진행되고 있다.

『리어』(*Lear*, 1971)

에드워드 본드의 『리어』는 윌리엄 셰익스피어의 『리어왕』을 각색한 작품이지만, 표면적으로는 별다른 연관성을 찾기가 쉽지 않다. 셰익스피어의 작품과 동일한 이름을 지닌 중요 등장인물이 리어와 코딜리어(Cordelia) 뿐일 정도로 원작과는 구성이나 내용 면에서 상당한 차이가 있기 때문이다. 유일하게 원작의 이름을 차용한 코딜리어마저 원작과는 달리 리어와 혈연관계가 없는 무덤 파는 인부의 아들(Gravedigger's Boy)의 아내로 설정되어 있으며, 왕국의 분할이 사건의 발단이 되는 원작과는 달리 가상의 적을 막아내기 위한 성벽을 쌓는 것을 두고 사건이 벌어진다. 이처럼 본드의 『리어』는 셰익스피어의 원작에 대한 단순한 개작이라기보다는 일종의 비평적 언급이라고 볼 수 있다.

3막으로 구성되어 있는 이 작품은 각 막이 개별적으로 독립되어 있고 나름의 독자적인 절정을 지니지만, 전체가 하나의 주제로 연결된다. 7개의 장면으로 구성된 1막에서는 위기의 상황에 처한 리어가 제시된다. 막이 열리면 성벽 위에서 떨어진 도끼에 맞아 사망한 노동자의 시체가 무대 위로 운반된다. 곧이어 가상의 적으로부터 왕국을 지켜줄 방어벽을 축조하는 현장을 방문한 리어는 두 딸을 비롯한 주위 사람들의 반대에도 불구하고 그 사건으로 성벽을 쌓는 일이 지연될 것을 걱정한 나머지 우연히 도끼를 떨어뜨려 동료를 죽게 만든 노동자를 직접 처형하고 만다. 리어의 두 딸인 보디스(Bodice)와 폰타넬(Fontanelle)은 리어의 이러한 잔혹함에 반발하며 각자 노스 공작(Duke of North)과 콘월 공작(Duke of Cornwall)과 결혼하면 성벽이 필요 없는 평화를 이룰 수 있다고 주장하지만, 리어는 성벽만이 자신의 백성을 보호할 수 있다고 믿는다. 이처럼 리어는 성벽에 대한 일종의 편집증에 걸린 독재자로 그려지는 셈이다.

한편 리어의 두딸인 보디스와 폰타넬은 이러한 리어의 폭정에 대한 반발로 전쟁을 일으키고, 리어는 그 전쟁에서 패배한다. 운명의 수레바퀴(Wheel of Fortune)가 빚어내는 얄궂은 장난에 의해 리어는 몰락하고, 두 딸은 운명의 정점에 서게 되는 것이다. 리어는 과거에 권력을 남용한 죄를 치르는 셈이고, 보디스와 폰타넬은 그러한 리어를 징벌하는 도구로 기능한다고 할 수 있다. 그들의 회유에도 불구하고 리어를 배신하지 않은 워링컨 경(Lord Warrington)은 포로가 되어 혀가 잘리고, 바늘로 귀를 찔리는 고문을 당한다. 리어는 떠돌이가 되어 마침내 코딜리어와 그녀의 남편이 살고 있는 집에서 기거하게 된다. 한편 보디스와 폰타넬이 보낸 병사들은 코딜리어를 겁탈하고 그녀의 남편을 살해하는데, 평소 코딜리어를 짝사랑하던 이웃 마을의 목수(Carpenter)가 그 병사들을 살해하는 것으로 1막이 끝난다.

2막에서는 보디스와 폰타넬의 폭정이 극으로 치닫고 있고, 코딜리어와 목수가 일으킨 혁명 역시 걷잡을 수 없을 정도로 번지고 있다. 1막에서 보디스와 폰타넬의 폭력으로 직접적인 피해를 입은 코딜리어가 목수와 함께 바로 이들을 징벌하기 위한 도구가 되는 셈이다. 권력을 유지하기 위해 음모와 폭력을 일삼는 보디스와 폰타넬의 모습은 1막에서의 리어처럼 몰락이 가까웠음을 보여준다. 결국 코딜리어와 목수가 이끄는 혁명군이 승리하고, 리어의 두 딸은 목숨을 잃는다. 리어 역시 두 눈을 빼앗긴 채 코딜리어 남편의 유령과 함께 정처 없이 떠돌아다녀야 하는 운명에 처하게 된다. 리어는 그리스 비극의 오이디푸스(Oedipus)나 티레시아스(Tiresias)처럼 눈을 잃고 난 후에 예전에는 보지 못했던 진실을 분명하게 인식하게 되고, 자신이 속한 사회를 위한 책임을 다하기 위해 노력한다. 1막에서의 리어가 도덕적으로 눈이 먼 상태였다면, 2막에서의 리어는 육체적으로는 눈이 멀었지만 도덕적인 면에서는 주변의 고통을 인식할 수 있는 능력을 갖추게 된 것이다. 3막에 이르면 사람들이 리어의 우화를 듣기 위해 몰려드는 등 리어는 거의 선지자에 가까운 모습을 보여준다.

3막은 1막 후반부의 상황과 흡사하다. 리어는 예전에 코딜리어가 살던 집에서 토머스(Thomas)와 수잔(Susan)이라는 젊은 부부와 함께 생활하고 있다. 1막에서의 코딜리어처럼 수잔도 임신한 상태이며, 존(John)이라는 남자의 짝사랑을 받고 있다. 리어는 이제 1막에서와는 달리 자신을 찾은 사람들에게 정치 상황을 빗댄 우화를 들려주는 등 예지자, 구원자로서의 혜안을 지닌 인물로 그려진다. 리어는 권력을 잡은 코딜리어가 다시 성벽을 쌓기 시작하자 그 일의 문제점을 경고하는 등, 코딜리어 정권에 대해 가장 강력한 반대파로서의 역할을 담당하고 있다. 그러나 적극적인 행동이 결여된 리어의 노력으로는 코딜리어의 가혹한 독재정치에 변화를 초래할 수는 없다.

1막과 마찬가지로 3막에서도 탈영한 노역자를 체포하기 위해 병사들이 그 집을 찾으면서 사건이 본격적으로 전개된다. 리어는 체포당한 두 사람 중 한 사람이 처형당하자 코딜리어 정권의 위선과 잔혹함에 분개하고, 아무런 변화도 일으킬 수 없는 자신의 무능함을 한탄한다. 목수와 함께 리어를 찾아 더 이상 자신에게 반대하지 말라고 경고하는 코딜리어에게 리어는 동정심의 필요성(the necessity for pity)을 강조한다. 그러나 코딜리어는 보다 나은 세상을 만들기 위해서는 강력한 지도자가 단호함(hardness)을 보일 필요가 있다고 반박하고, 리어를 재판에 회부한 후 사형에 처할 것이라고 선언한다. 코딜리어와 대면한 후 리어는 최후의 결단을 내린다. 리어는 수잔의 도움을 받아 성벽이 있는 곳까지 걸어가서 왕으로서 자신이 저질렀던 잘못을 되돌리기 위한 최후의 노력을 행동으로 보여준다. 삽을 집어 든 리어는 자신과 코딜리어가 국민들을 구속했던 성벽을 기어오른 다음 꼭대기에서 성벽을 파서 흙을 아래로 던지는 상징적인 행동을 시작한다. 멈추라는 경고에도 아랑곳하지 않고 그 일을 계속하던 리어는 결국 병사가 쏜 총을 맞고 세상을 떠난다.

사회주의자로서의 정치적 성향으로 지닌 본드는 셰익스피어의 작품을 이용하여 정치적으로 매우 효과적인 작품을 만들어낸다. 리어와 두 딸, 그리고 코딜리어의 정권이 지닌 폭력성을 차례차례 보여줌으로써 독자나 관객들이 속한 사회의 폭력성에 대해 다시 생각하게 만드는 것이다. 사실 폭력과 야만성을 강조하는 이 작품의 특성은 비평가들 사이에서 상반된 평가를 받기도 했다. 그러나 분명한 것은 본드의 희곡은 단순히 즐거움을 주기 위한 것만이 아니라, 사회의 변화를 이끌어 내는 데에 도움을 주기 위한 정치적인 목적을 지닌다는 점이며, 이 작품도 그런 목적을 충실히 이루어내고 있다는 점이다.

데이빗 헤어(1947~)

헤어(David Hare)는 1947년 영국 써섹스(Sussex)의 벡스힐(Bexhill)에서 태어나서 케임브리지 대학의 지저스 컬리지(Jesus College)에서 영문학을 전공하였다. 1968년에 토니 비캣(Tony Bicat)과 함께 '포터블 씨어터'(Portable Theatre)를 공동 창단하면서 본격적인 극작 생활에 들어섰으며, 주로 1970년대 중엽까지 전국을 순회하면서 실험적이고 반체제적인 성향의 극들을 공연하였다. 1978년에 런던의 국립 극장(National Theatre)에서 공연된 『플랜티』(*Plenty*, 1978)를 전환점으로 하여 헤어는 초기의 '변두리 극장 운동'(fringe theatre movement)에서 벗어나서 중산층 관객들을 대상으로 하는 기존의 주류 연극 체제 안에서 활동하기 시작했다. 보수적인 영국 정치 체제의 모순에 대한 헤어의 꾸준한 관심은 브렌튼(Howard Brenton)과 공저한 『프라브다』(*Pravda: A Fleet Street Comedy*, 1985)에서 영국의 미디어 문화에 대한 비판으로 이어졌다. 이후 이러한 관심은 대처(Margaret Thatcher)의 보수당 정권의 물질주의를 비판한 『비밀스런 희열』(*The Secret Rapture*, 1988)과, 각각 영국 교회와 사법부, 노동당의 부패를 샅샅이 폭로한 3부작(trilogy)인 『레이싱 디몬』(*Racing Demon*, 1990), 『중얼대는 판사들』(*Murmuring Judges*,

1991) 그리고 『전쟁의 부재』(*The Absence of War*, 1993)를 거치면서 보다 체계적으로 발전되어 갔다. 최근의 작품 중 하나인 『일은 일어나기 마련』(*Stuff Happens*, 2005)에서 헤어는 이라크 전쟁에 대한 개입을 둘러싸고 영국과 미국에서 벌어진 정치적 상황을 강도 높게 비판한 바 있다.

파리에서 일어난 노동자 및 학생들의 반체제 혁명과 영국 내에서의 공연 사전 검열제도의 폐지로 특징지어지는 1968년은 영국에서 새로운 경향의 정치 극작가들을 배출해낸 계기가 되었다. 헤어를 비롯한 브렌튼, 에드가(David Edgar), 그리피스(Trevor Griffiths), 처칠(Caryl Churchill) 등으로 대변되는 이른바 '제2세대 정치 극작가'들은 연극을 사회적인 변화를 촉발시키기 위한 보다 적극적인 정치적 수단으로 이용하기 시작했다. 1970년대 초반에서 중반에 이르기까지 주로 노동자 관객을 대상으로 정치적 풍자나 선전선동극(agit-prop)의 형태로 영국의 보수적인 정치 체제에 칼을 들이대던 정치 극작가들은 1970년대 말에 들어서서 새로운 갈등에 직면했다. 특히 1978년에 헤어는 1970년대 후반의 급격히 보수화 되는 정치적 상황에 직면하여 정치극의 진정한 역할과 그 효과에 대해 다음과 같이 언급한 바 있다. 즉, 정치적, 사회적 변화에 대한 충분한 이유와 갈망이 존재함에도 불구하고 사람(관객)들의 의식에 있어서는 실제적인 변화가 거의 일어나지 않았다는 말이다:

> 이 나라에서는 지난 수년간에 걸쳐 (대중의 정치) 의식이 증진되었음에도 불구하고 지금 우리는 급격한 정치적 개혁과는 아주 동떨어진 상황 속에서 살아가고 있다. 좌익 예술가들의 전통적인 역할 — "저 부르조아들 좀 봐라, 저 관료주의 좀 봐라" 라는 식의 — 은 이젠 더 이상 통하지 않게 되었다. 우리는 보고 또 보고 이제는 알만큼 알지 않았던가. 그런데도 변한 건 없다. 지금 존재하는 것은 대중들을 마비시키는 저 끔찍한 냉소와 무관심일 뿐이다.[1]

새로운 관객, 아니 보다 정확히 말하자면, 기존의 중산층 관객들의 존재와 가치를 다시 인식하는 것은, 더군다나 그들을 정치적 변화의 선봉으로 고려하면서 극작을 하는 일은 결코 간단한 문제가 아니다. 몇몇의 비평가들

1 David Hare. "The Play is in the Air: On Political Theatre." *Writing Left-Handed*. London: Faber and Faber, 1991, 27.

이 지적했듯이 헤어와 에드가, 브렌튼을 기존의 전통적인 무대와 관객층으로 다시 움직이게 만든 것은, 조금 더 넓은 무대에서 좋은 시설을 가지고 관객과 만나고 싶다는, 어찌 보면 모든 예술가들이 지니는 공통적인 욕망이라고 할 수 있을 것이다. 더군다나 뚜렷한 신념을 지니지 못한 경우, 대형 객석과 중산층 관객들로 대변되는 기존의 연극적 풍토는 극작가에게 또 다른 종류의 희생과 타협을 요구하며, 더 나아가 의도했던 정치적 메시지의 변질 또한 심각해질 수도 있다.

그러나 헤어를 비롯한 여타 정치 극작가들이 고민했던 중산층 관객에 대한 재인식의 문제는 보다 복잡한 배경을 내포하고 있다. 즉, 1970년에서 1975년까지의 에드워드 히스(Edward Heath)의 보수당 정권기는 마치 막스(Marx)의 노동자 혁명의 가능성이 현실로 대두될 만큼 노동자들의 계급투쟁의 강도에 있어 전례가 없었던 시기였다. 막시스트 경제 원리로 노동자 관객들을 교육시키고(the prop), 자신들의 억압된 상황에 대한 인식을 꾸준히 불러일으킴으로써 사회주의 운동에 동참하도록 고무하는(the agit), 선전 선동극은 이러한 시대에 대한 직접적인 반응이었다. 그러나 이러한 선전 선동극의 한계는 그 강점만큼 명료했다. 기대했던 혁명적 순간은 도래하지 않았고 1975년을 전후로 노동 운동은 침체기에 접어들었으며, 계급적 의식 또한 급속히 후퇴하기 시작했다. 기대했던 노동자 관객의 창조는 쉽사리 이루어지지 않았다. 노동 계급에 의해 즐겨지는 문화적 형태들은 — music hall, stand-up comedy, pantomime, bingo, melodrama 등 — 고사되거나 TV나 영화 같은 대중 매체에 의해 왜곡, 손상되어 실상 노동자 계급의 특유한 문화적 경험으로 더 이상 존재하지 않았다. 무엇보다도 대부분의 정치 극작가들을 선전 선동극으로부터 등을 돌리게 만든 것은 단순한 계급적 분석을 통하여 갈수록 복잡해지는 세계를 충분히 설명해낼 수 없다는 데 있었다. 새로운 연극은 인종적, 계급적, 성적억압 등 다양한 이데올로기적 범주들 간의 복합적인 관계를 고려해야 했다.

그 일례로서, 우리는 중산층 관객을 위해 본격적으로 극을 쓰기 시작한 1970년대 말의 헤어의 작품에 나타나는 일련의 변화를 언급할 수 있을 것이다. 특히 『플랜티』의 핵심에 자리 잡은 중산층 등장인물에 대한 관객의 '비판적 양가성'(critical ambiguity)은 주류로 이동해 간 헤어 자신의 모호한 정치적 태도의 결과로서 비난받았다. 그러나 주인공의 수잔(Susan)의 다변적인 성격화와 심리적 깊이는, 작가가 주인공의 발아하는 역사적, 사회적 인식을 희생시켜 가면서 얻어내는 것이 아니라 서로 밀접하게 연계되어 작동하는 것이다. 『플랜티』는 중산층 관객의 특정한 태도를 꾸준히 시험하고 있는 장이다. 헤어의 관객은 설교 받거나 메시지를 강요받지 않는다. 스스로의 내부적 갈등을 지각하고 더 나아가 희망컨대 자신들의 모순된 태도를 적극적으로 조정하도록 유도되어 지는 것이다.

『플랜티』(*Plenty*, 1978)

'풍요로움'을 의미하는 『플랜티』는 1943년에서부터 1962년에 이르는 약 20년에 걸친 시기를 배경으로 하는 일종의 역사극의 형태를 띠고 있다. 헤어는 반 나치 전쟁으로서의 제2차 세계 대전의 승리와 함께 찾아온 영국 사회에 대한 희망찬 비전이 이른바 1950년대의 '풍요로운 사회'(affluent society)를 거치는 동안 어떻게 왜곡되고 쇠퇴했는지를 보여주고 있다. 마치 영화적 구성을 연상시키는 신속한 장면 전환은 관객들을 1943년의 프랑스에서 1960년대 초 블랙풀(Blackpool)의 한 누추한 호텔로 데려가면서, 전쟁 중에 레지스탕스로 일했던 주인공 수잔(Susan)의 굴곡진 저항의 삶을 역동적으로 극화해 내고 있다.

『플랜티』에서는 평등하고 정의로운 사회로 변화하기를 거부하는 전후 영국의 보수적인 정치적 풍토와 이에 끊임없이 저항하려는 수잔의 몸부림이 극의 핵심적 갈등 구조를 이루고 있다. 그러나 일련의 비평가들은 수잔의 모순된 성격화와 지나치게 개인화된 심리적 상태가 오히려 극의 정치적 메시지를 약화시킨다고 비판했다. 사실, 수잔이 보여주는 태도는 때로는 지나칠 정도로 과장적이며 연극적일 뿐만 아니라, 어느 면에서는 이기적이고 파괴적이기도 하다. 그런데 이러한 전후 사회에 대한 수잔의 격정적인 반응을 단지 그녀의 독특한 개인적인 성격상의 결함으로 국한시켜 설명해내는 것에는 문제가 있다. 헤어는 수잔이 느끼는 격렬한 저항과 절망의 원인을 전후 영국의 역사적이고 정치적인 상황 등 보다 공적인 문맥 속에 위치시키고 있으며, 그녀의 사적인 경험을 보다 전형적인(representative) 성질의 것으로 확장시킨다. 즉, 수잔이 전령으로 일했던 당시 느꼈던 공포와 희망은 전후의 평등한 사회를 꿈꾸며 희생을 감수해 나갔던 영국 국민의 일반적인 정서를 대변해주고 있다. 극 전반을 통해 수잔이 내리는 지극히 사적인 결정들 역시 영국 사회의 전반적인 의식의 변화와 밀접하게 연계되어 있다. 수잔의 비판은 영국 사회의 뿌리 깊은 계급적 갈등에 대한 치밀한 인식에서 나오는 것이라기보다는, 사회에 만연되어 있는 '변화를 향한 열정의 부재'에 기인하고 있다고 볼 수 있다. 즉, 수잔이 느끼는 영국 사회의 억압성은 계급적 차별보다는 인간관계에서 느껴지는 성적인 억압에서 감지되고 있다. 남편인 브록(Brock)을 떠나려는 그녀의 결정과 또한 생면부지의 타인인 믹(Mick)에게 단지 임신만 시켜달라고 부탁하는 그녀의 모습은 영국 사회의 가부장적이고 보수적인 문화에 대한 대담한 도전으로 볼 수 있다. 수에즈 운하 사건(Suez Canal Crisis)의 시기가 수잔의 정신적인 피폐 시기와 맞물린다는 점 또한 의미심장하다. 몰락한 영국 제국주의의 환상이 원인을 제공한 수에즈 사건은 제2차 세계 대전 중 수잔이 지녔던 미래에 대한 비전이 전면적으로 부정되는 사건이었으며, 이후 수잔의 정신적 상황은 극도로 악화된다.

극 비평가인 케이브(Richard A. Cave)가 지적하고 있듯이, 수잔의 가치와 태도에 대한 관객의 평가는 크게 두 가지의 상반된 양상을 띠고 있다. 그것은 수잔의 태도를 단지 "감정적인 불안"(emotional instability)의 상태로 치부할 것이냐 아니면 "도덕적 행위에 대한 갈구"(a hunger for moral performance)로 볼 것이냐의 판단 여부라고 할 수 있다.[1] 브록이 작품의 말미에 수잔에게 내리는 다소 가혹한 평가(수잔은 시대의 희생자라기보다는 스스로의 개인적인 실패를 남으로 돌리는 이기적인 인물이다) 역시 주목할 만하다. 이와 같이 수잔의 삶을 두고 내리는 등장인물들의 다양한 평가는 관객 자신들의 가치에 대한 끊임없는 재고를 요구한다.

마지막 장면에서 라자르(Lazar)와의 재회는 전시의 흥분과 기대감을 현실 속에서 재연하고자 하는 수잔의 애처로운 몸부림이며, 이 과정에서 벌써 그녀는 이미 전쟁에 대한 낭만적 신화화 과정에 깊숙이 개입되어 있다. 이러한 과거에 대한 신화화 양상은 수잔이 지니는 과거의 향수에 대한 패로디로 보일 수도 있으며, 동시에 오히려 그녀를 이렇게 만들 수 밖에 없는 현재 영국 사회에 대한 비판일 수도 있다. 수잔의 저항의 결과를 둘러싼 논쟁은 보

1 Cave, Richard A. *New British Drama in Performance on the London Stage 1970-1985.* Gerrards Cross: Colin Smythe, 1987, 202.

다 복잡한 문제를 포괄하고 있다. 즉, 그것은 우리가 어떻게 이상과 현실 간의 괴리를 받아들이고 현실을 개혁하느냐의 문제인데, 보다 구체적으로 말하면, 우리가 수잔의 저항적 삶을 동정적으로 받아들일 수는 있지만 이것이 사회를 바꾸는 최적의 수단이 될 수 있는가의 문제이다. 수잔의 친구인 앨리스(Alice)가 보여주는 현실 참여적인 삶은 수잔 만큼의 저항적 분노가 결핍되어 있지만 동시에 그렇게 자기 파괴적이지도 않다. 즉, 수잔의 저항적 삶은 브록과 라자르의 현실 타협적인 삶을 넘어서지만 동시에 극단적인 냉소주의와 자기 파괴로 변질될 수 있는 가능성 또한 농후하다고 볼 수 있다.

데이빗 그렉 (1969~)

1990년대 이후 스코틀랜드 연극을 주도하고 있는 그렉(David Greig)은 1990년에 글라스고우(Glasgow)에서 그래험 이터프(Graham Eatough)와 함께 써스펙트 컬처(Suspect Culture)라는 극단을 창설하면서 본격적인 극작가의 길에 들어섰다. 써스펙트 컬처는 다양한 국적의 배우들로 구성되었을 뿐만 아니라 유럽 전역을 본격적으로 순회 공연한 최초의 스코틀랜드 극단이었다. 극단의 이름에서도 드러나듯이, 전통적인 문화적 개념을 적극적으로 의심하는 것을 이념으로 하는 써스펙트 컬처는 공연 내용이나 형식에 있어 국제주의(internationalism)를 표방했다. 이는 주로 역사적이거나 신화적인 공간 속에서 스코틀랜드의 국가 정체성을 재현해왔던 1980년대까지의 민족주의 성향의 주류 연극에 대한 도전이었으며, 더 나아가 스코틀랜드라는 지역적, 문화적 경계선을 넘어서서 급속하게 침투하고 있는 전 지구화 현상을 이해하고 이에 적절하게 대응하고자 하는 시도였다. 즉, 써스펙트 컬처는 전 지구화가 야기한 시공간적 변화와 파편화된 개인적 경험에 주목하면서 무엇보다도 전통적인 공간 개념이 함축하고 있는 고정된 문화적 정체성과 귀속성에서 탈피하고자 하였다.

특히 공항이나 쇼핑몰, 호텔, 도시의 바(bar) 등 써스펙트 컬처 극단이 추구한 비전통적인 공간적 개념은 프랑스 문화인류학자인 오제(Marc Augé)가 언급한 "비-장소"(non-place)에 비유될 수 있다. 오제에 따르면 전통적인 인류학적 개념으로서의 "장소"(place)가 특정한 언어, 지역, 문화 등에 뿌리를 두는 본질주의적 정체성 생산에 기여한다면, 지극히 익명적이며 기능적인 "비-장소"는 "관계론적으로나 역사적으로, 또는 정체성과 관련지어서는 결코 정의되어질 수 없는" 공간이다(77-78).[1] 호텔이나, 국경을 넘나드는 공항, 기차역, 고속도로, 슈퍼마켓, 망명자 캠프 등은 이러한 "비-장소"의 대표적인 예들이다. "비-장소"는 소비자나 여행객, 망명자와 같이 지속적으로 이동하는 신체들의 교차점으로 제시됨으로써 "장소"의 문화적인 정체성과 역사성을 붕괴시킨다. "비-장소"에서 개인들은 고정된 정체성에서 일시적으로 벗어나서 "정체성 상실이 주는 수동적인 환희"(the passive joys of identity-loss)나 "역할 놀이라는 보다 적극적인 즐거움"(the more active pleasure of role-playing)을 누리게 된다(Augé 103).

주로 써스펙트 극단을 통해 활동해온 그렉의 초기 작품 세계는 "비-장소"에서 겪는 타자와의 우연한 만남에 초점이 맞추어져 있다. "비-장소"에 대한 그렉의 관심은 유럽을 배경으로 하는 『유럽』, 『일방통행로』(*One Way Street*, 1995) 그리고 『공항』(*Airport*, 1996) 같은 초기 작품들은 물론이거니와, 『칼레도니아의 꿈』(*Caledonia Dreaming*, 1997)이나 『외딴 섬들』(*Outlying Islands*, 2002) 등 스코틀랜드가 직접적인 배경이 되는 후속 작품들에서도 일관되게 드러난다. 그의 드라마는 "비-장소"에서 벌어지는 다양한 형태의 경계 횡단(border-crossing)을 통해 문화-장소 간의 전통적인 연계성을 절연시켜 전치(dislocation)의 감각을 생산해내는데 주력하고 있으며, 종국적으로는 인종적 절대주의와 문화적 본질주의의 한계점을 노출시키고자 한다. 그렉에게 있어 국경은 문화적 생산의 공간이며 의미가 부단히 생성되고 동시에 와해되는 공간이다. 서유럽과 동유럽의 경계선에 위치한 조그마한 국경 마을의 기차역을 배경으로 전 지구적 자본주의와 극우 민족주의, 그리고 전쟁과 난민의 문제들을 다루고 있는 『유럽』은 이러한 "비-장소"와 "장소" 간의 첨예한 긴장과 경합을 효과적으로 극화해낸다.

1 Augé, Marc. *Non-Places: Introduction to an Anthropology of Supermodernity*. Trans. John Howe. London: Verso, 1995.

『유럽』(*Europe*, 1994)

『유럽』의 배경이 되는 기차역은 다양한 정체성들이 일시적으로 교차하는 전형적인 "비-장소"일 뿐만 아니라 관계와 의미들이 끊임없이 복원되고 재 기입되는 양피지와 같은 공간이다. 기차역은 역사의 파도에 밀려 끊임없이 이리저리 귀속되기를 반복해 온 조그마한 국경 마을 자체의 파란만장한 운명을 반영한다. 총 20개 장면으로 구성되어 있는 『유럽』은 코러스(chorus)의 이용, 신속하고 간결한 장면 전환, 그리고 원인과 결과의 변증법적 구조 등 기본적으로 브레히트(Bertolt Brecht)의 서사적 기법에 토대를 두고 있다. 관객들로 하여금 독립된 장면들을 분석적으로 연결시킬 수 있도록 만드는 주제적 연결고리는, 무정차역에 흘러들어온 난민의 존재로 암시되는 새로운 사회적 변화의 힘이다. 이러한 변화에 대한 각 등장인물들의 다양한 반응 양식들은 그들의 이름에 상징적으로 각인되어있다. 예를 들어 역장인 프렛(Fret)은 쓰레기가 되어버린 열차 시간표에 어쩔 줄 모르며 자신의 안정된 공간을 침해하는 난민들을 파국의 씨앗으로 규정한다. 또한 공장에서 실직한 베를린(Berlin)이 드러내는 난민에 대한 극도의 혐오와 폭력적 행위는 베를린 장벽의 붕괴 이후 부상하는 극우 민족주의적 정서를 대변한다. 이 마을 출신으로 국경을 넘나들며 이윤을 챙기는 밀매업자 모로코(Morocco)는 실직한 동료들에게 이국적인 매력을 지닌 '진정한' 코스모폴리탄으로 존경받는다. 등장인물들은 국경을 넘나들거나 넘으려는 욕망을 소유한 "이주형"과 "정주형"으로 크게 나눠지며 그렉은 이들 간의 연대 혹은 적대가 이루어지는 양상을 추적한다.

이주와 정주의 대립적인 극적 갈등의 축 속에서 베를린의 아내로 등장하는 아델(Adele)은 이주형 인물의 대표적인 속성을 지니고 있다. 그녀에게 있어 기차역은 전형적인 "비-장소"로 기능한다. 그녀는 매일 이른 새벽에 기차역의 지붕 위로 올라가 기차 이름 알아맞히기(trainspotting)에 몰두한다. 프렛이 무정차역을 모든 것이 엉망진창이 된 무정부적 공간으로 여기는 반면에, 아델에게 있어서 기차는 새로운 세상을 동경하는 그녀의 욕망을 반영할 뿐만 아니라 자신 안에서 타자성(otherness)을 상상할 수 있는 그녀의 능력을 드러낸다. 아델이 스스로를 내적 추방자(internal exile)로서 규정한다면,

도피 중에 우연히 기차역에 흘러들어온 카티아(Katia)와 그녀의 아버지 사바(Sava)는 동유럽 내전의 실질적인 희생자로서 외적 추방자로 등장한다. 타자에 대한 낭만적 추상화라는 한계에도 불구하고 아델이 지니는 일견 단순해 보이는 인간적 호기심은 타자의 굴곡진 삶을 이해하려는 첫걸음이며 카티아의 닫힌 마음을 열게 만드는 동인으로 작용한다. 이들이 공유하는 유대감은 비록 미숙하고 불완전하지만 국경이 강요하는 지리적, 성적 경계를 초월하려는 욕망을 내재하고 있다. 그렉은 카티아와 아델의 유대감과는 다른 방식으로 사바와 프렛 사이의 점진적인 연대감을 극화한다. 그들에게 기차는 근대의 상징이자 진보의 표상이다. 의미가 없어진 열차 시간표는 더 이상 통용되기 힘든 근대의 시공간적 개념의 무력함을 반영할 뿐만 아니라 문명의 중심부와의 유기적 연계에 대한 욕망과 향수를 불러일으킨다. 사바와 프렛은 이성과 질서, 진보라는 근대의 대서사에 대한 믿음 속에서 서로의 공통점을 확인한다.

국경과 기차역으로 대변되는 "비-장소"는 결코 추상적이고 낭만적인 공간이 아니며 착취가 횡행하고 자본이 증식하는 공간이기도 하다. 밀수업자인 모로코는 경계 횡단(border crossing)의 또 다른 형태를 보여준다. 작품의 서두에서 거칠 것 없이 질주하는 국제 특급 열차의 기적 소리와 함께 무대 위에 등장하는 그의 모습에서 전 지구적 자본주의의 거대한 힘이 중첩되어 나타난다. 그에게 국경은 밀수를 통해 돈을 벌 수 있는 "마술적인 돈벌이 선"(a magic money line)이다. 그렉은 작품 전반에 걸쳐, 등장인물들의 접촉을 가능케 하는 "비-장소"는 잠재적인 해방 공간인 동시에 자본과 물신화에 의해 끊임없이 침투되는 공간이라는 사실을 강조한다. 즉 카티아와 아델의 변화를 추동하는 월경의 힘은 동시에 모로코의 착취를 가능케 하는 이중적인 속성을 수반한다. 결국 사바와 프렛은 베를린 일당이 기차역에 투척한 화염병에 의해 비극적인 죽음을 맞이함으로써, 유럽 역사의 비극이자 재차 고개 들고 있는 극우 민족주의 흐름을 단지 환상이 만들어 낸 망령이라고 치부하는 그들의 고지식한 한계가 적나라하게 드러난다.

극의 마지막 장면에서 그렉은 국제 열차의 화장실에 숨어서 사랑을 나누고 있는 카티아와 아델 사이의 대화와 마을에서 일어난 비극을 무덤덤하게 관객에게 보고하는 베를린의 목소리를 교차시킨다. 아버지의 죽음을 알지 못한 채 자신들이 향하고 있는 유럽의 행선지들을 하나하나 되뇌면서 희망에 부풀어있는 카티아와 아델 너머로 베를린은 마을에 닥친 비극에 대한 정부 관리의 공식적인 입장을 전달한다. 비록 카티아와 아델의 월경이 긍정적인 삶의 힘을 대변하는 것은 사실이지만 “비-장소”에서 일어나는 월경이 드러내는 한계와 모순 역시 명확하게 드러난다. 탈주자들을 재 영토화하려는 국가의 억압적인 시도는 방화범으로 대변되는 극우 파시스트들을 처벌함과 동시에 더 이상의 비극을 막기 위해 이민법을 강화시키겠다는 정부 관리의 자기 모순적 입장 천명에서 여실히 폭로된다. 극의 결말에서 베를린은 어디를 가든지 누가 무슨 말을 하든지 자신들의 존재 역시 유럽의 엄연한 한 부분이라고 강조한다. 더욱이 아델과 카티아가 원하는 최종적인 행선지가 짤스부르그와 사라예보인 것은 의미심장하다. 모차르트의 고향이기도 한 짤스부르그가 찬란한 유럽 문명의 상징이라면, 사라예보는 제 1차 세계 대전을 촉발시켰던 비극의 장소이며 동시에 보스니아 내전과 학살의 진원지로서 유럽 근대성 속에 내장된 차별과 배제, 위계와 억압의 상징으로 기능한다. 그렉은 이 배타적인 두 도시들을 카티아와 아델의 행선지로 설정함으로써, 그리고 이들의 경계 횡단과 희망의 목소리를 베를린의 폭력과 위협의 목소리와 교차시킴으로써 “새로운 유럽”에는 이 두 가지 힘이 서로 공존하고 있다는 사실을 주지시키고 있다.

Text of
What the Butler Saw

ACT ONE[1]

A room in a private clinic. Morning.
Doors lead to the wards,[2] *the dispensary*[3] *and the hall. French windows*[4] *open on to pleasant gardens and shrubberies.*
Sink. Desk. Consulting couch with curtains.

DR PRENTICE *enters briskly.* GERALDINE BARCLAY *follows him. She carries a small cardboard box.*

PRENTICE (*turning at the desk*). Take a seat. Is this your first job?
GERALDINE (*sitting*). Yes, doctor.

DR PRENTICE *puts on a pair of spectacles, stares at her. He opens a drawer in the desk, takes out a notebook.*

PRENTICE (*picking up a pencil*). I'm going to ask you a few questions. (*He hands her a notebook and pencil.*) Write them down. In English, please. (*He returns to his desk, sits, smiles.*) Who was your father? Put that at the head of the page.

GERALDINE *puts the cardboard box she is carrying to one side, crosses her legs, rests the notebook upon her knee and makes a note.*

And now the reply immediately underneath for quick reference.[5]
GERALDINE. I've no idea who my father was.

---

[1] *What the Butler Saw*: 뮤토스코프(Mutoscope)라는 기계로 보는 일종의 포르노에 가까운 활동사진의 제목이기도 했다.

[2] ward: 병실. 병동.

[3] dispensary: 시약소. (병원의) 약국.

[4] French window: 프랑스(식) 창(뜰·발코니로 통하는 좌우 여닫이의 유리창).

[5] for quick reference: 쉽게 참조할 수 있도록.

DR PRENTICE *is perturbed*[1] *by her reply although he gives no evidence of this. He gives her a kindly smile.*

PRENTICE. I'd better be frank, Miss Barclay. I can't employ you if you're in any way miraculous. It would be contrary to established practice.[2] You did have a father?
GERALDINE. Oh, I'm sure I did. My mother was frugal[3] in her habits, but she'd never economize[4] unwisely.
PRENTICE. If yon had a father why can't you produce[5] him?
GERALDINE. He deserted[6] my mother. Many years ago. She was the victim of an unpleasant attack.
PRENTICE (*shrewdly*). Was she a nun?
GERALDINE. No. She was a chambermaid at the Station Hotel.

DR PRENTICE *frowns, takes off his spectacles and pinches*[7] *the bridge of his nose.*

PRENTICE. Pass that large, leather-bound volume,[8] will you? I must check your story. To safeguard my interests, you understand?

GERALDINE *lifts the book from the bookcase and takes it to* DR PRENTICE.

(*Consulting the index.*) The Station Hotel?
GERALDINE. Yes.
PRENTICE (*opening the book, running his finger down the page*). Ah,

[1] perturb: 마음을 어지럽히다. 불안하게 하다.
[2] established practice: 관례. 관습.
[3] frugal: 절약하는. 소박한.
[4] economize (on something): 절약하다. 아끼다.
[5] produce: 제시하다. 제출하다.
[6] desert: (도와주거나 부양하지 않고) 버리다. 저버리다.
[7] pinch: (두 손가락으로) 집다.
[8] leather-bound volume: 가죽으로 제본한 책.

here we are! It's a building of small architectural merit built for some unknown purpose at the turn of the century. It was converted into a hotel by public subscription.[1] (*He nods, wisely.*) I stayed there once myself as a young man. It has a reputation for luxury which baffles the most undemanding guest.[2] (*He closes the book with a bang and pushes it to one side.*) Your story appears, in the main, to be correct. This admirable volume, of course, omits most of the details. But that is only to be expected in a publication of wide general usage. (*He puts on his spectacles.*) Make a note to the effect that[3] your father is missing. Say nothing of the circumstances. It might influence my final decision.

GERALDINE *makes a jotting*[4] *in her notebook.* DR PRENTICE *takes the leather-bound volume to the bookcase.*

PRENTICE. Is your mother alive? Or has she too unaccountably vanished? That is a trick question. Be careful — you could lose marks on your final scoring.

He returns to his desk and pours himself a whisky.

GERALDINE. I haven't seen my mother for many years. I was brought up by a Mrs Barclay. She died recently.

PRENTICE. From what cause?

GERALDINE. An explosion, due to a faulty gas-main,[5] killed her outright and took the roof off the house.

PRENTICE. Have you applied for compensation?

GERALDINE. Just for the roof.

PRENTICE. Were there no other victims of the disaster?

---

[1] public subscription: 일반 공모.

[2] the most undemanding guest: 가장 덜 까다로운 손님.

[3] to the effect that . . . : ~라는 취지로.

[4] makes a jotting: 글을 끄적거리다.

[5] gas-main: 가스 공급용 본관.

GERALDINE. Yes. A recently erected statue of Sir Winston Churchill[1] was so badly injured that the George medal[2] has been talked of. Parts of the great man were actually found embedded[3] in my step-mother.

PRENTICE. Which parts?

GERALDINE. I'm afraid I can't help you there. I was too upset to supervise the funeral arrangements. Or, indeed, to identify the body.

PRENTICE. Surely the Churchill family did that?

GERALDINE. Yes. They were most kind.

PRENTICE. You've had a unique experience. It's not everyone has their step-mother assassinated by the North Thames Gas Board.

He shakes his head, sharing the poor girl's sorrow.

Can I get you an aspirin?

GERALDINE. No, thank you, sir. I don't want to start taking drugs.

PRENTICE. Your caution does you credit,[4] my dear. (*He smiles in a kindly fashion.*) Now, I have to ask a question which may cause you embarrassment. Please remember that I'm a doctor. (*Pause.*) What is your shorthand[5] speed?

GERALDINE. I can manage twenty words a minute[6] with ease, Sir.

PRENTICE. And your typing speed?

GERALDINE. I haven't mastered the keyboard. My money ran out, you see.

DR PRENTICE *takes the notebook from her and puts it aside.*

---

[1] Winston Churchill: 1940년부터 1945년, 그리고 1951년부터 1955까지 영국의 수상을 역임했고, 2차세계대전에서 영국을 이끈 인물.

[2] George medal: 조지 십자 훈장. (1940년에 제정한 영국 훈장으로, 민간인의 용감한 행위에 대하여 수여함; 略 G.C., G.M.)

[3] embedded: 박힌 채로.

[4] does you credit: 당신에게 득이 된다.

[5] shorthand: 속기.

[6] twenty words a minute: 분당 20단어. (터무니없이 느린 속기 속도. 일반적으로 신입 비서의 경우, 대개 분당 80 단어 정도의 속기 속도가 요구된다.)

PRENTICE. Perhaps you have other qualities which aren't immediately apparent. Lie on that couch.

GERALDINE. Why, doctor?

PRENTICE. Never ask questions. That is the first lesson a secretary must learn. (*He pulls aside the curtains on the couch.*) And kindly remove your stockings. I wish to see what effect your step-mother's death had upon your legs.

GERALDINE. Isn't this rather unusual, doctor?

PRENTICE. Have no fear, Miss Barclay. What I see upon the couch isn't a lovely and desirable girl. It's a sick mind in need of psychiatric treatment. The body is of no interest to a man of my stamp.[1] A woman once threw herself at me.[2] I needn't tell you that this is spoken in confidence. She was stark naked. She wished me to misbehave myself.[3] And, d'you know, all I was conscious of was that she had a malformed navel?[4] That's how much notice I take of women's bodies.

GERALDINE. Please forgive me, doctor. I wasn't meaning to suggest that your attentions were in any way improper.[5]

She takes off her shoes and stockings and lies on the couch. DR PRENTICE *runs a hand along her legs and nods, sagely.*[6]

PRENTICE. As I thought. You've a febrile condition of the calves.[7] You're quite wise to have a check-up. (*He straightens and takes off his spectacles.*) Undress.

He turns to the desk and takes off his coat. GERALDINE *sits up*

1 a man of my stamp: 나와 같은 직업(정신과 의사)의 사람.

2 A woman once threw herself at me: "한번은 어떤 여성이 나를 유혹하기도 했소."

3 behave oneself: 예절 바르게 행동하다.

4 navel: 배꼽.

5 improper: 도덕이나 격식에 맞지 않는. 음란한.

6 sagely: 현명하게. 점잔빼며.

7 You've a febrile condition of the calves: Your legs are hot.
* a febrile condition of the calves: 종아리 부위의 열병.

alarmed.

GERALDINE. I've never undressed in front of a man before.
PRENTICE. I shall take account of your inexperience in these matters.

He puts his spectacles on the desk and rolls back his cuffs.[1]

GERALDINE. I couldn't allow a man to touch me while I was unclothed.
PRENTICE. I shall wear rubber gloves.

GERALDINE *is worried and makes no attempt to conceal her growing doubts.*

GERALDINE. How long would I have to remain undressed?
PRENTICE. If your reactions are normal you'll be back on your feet[2] in next to no time.
GERALDINE. My headmistress made no mention of this in her booklet 'Hints to the School-leaver'.
PRENTICE. The chapter dealing with medical examinations may have been omitted from the text.
GERALDINE. But that would be ridiculous in a work intended only for use in schools!
PRENTICE. Your concern is well-founded, Miss Barclay. Our educational system needs thoroughly looking into. Speak to your headmistress at her next 'old girls' get-together'.[3]

He turns to the sink and rinses his hands.

GERALDINE. I'd like another woman present. Is your wife available?
PRENTICE. Mrs Prentice is attending a more than usually lengthy

[1] rolls back his cuffs: 소맷부리를 말아 올리다.
[2] you'll be back on your feet: 원기를 회복하다.
[3] old girls' get-together: 졸업생 모임.

meeting of her coven.[1] She won't be back until this evening.

GERALDINE. I could wait until then.

PRENTICE. I haven't the patience, my dear. I've a natural tendency to rush things. I won't trouble you with the details of my private life till you're dressed.

He picks up a towel and dries his hands.

PRENTICE. Put your clothes on the chair provided.

GERALDINE *unzips and removes her dress.* DR PRENTICE *watches her. Pause. He puts the towel aside and puts on his spectacles.*

I must ask you not to mention this examination to my wife. I'm not doing it under the Health Scheme,[2] you see. She'd be sure to send in a bill. And that would be open to misunderstanding.

GERALDINE. What is Mrs Prentice like, doctor? I've heard so many stories about her.

She puts her dress aside and stands in her panties and bra.

PRENTICE. My wife is a nymphomaniac.[3] Consequently, like the Holy Grail,[4] she's ardently sought after by young men. I married her for her money and, upon discovering her to be penniless, I attempted to throttle[5] her. She escaped my murderous fury and I've had to live with her malice ever since.

GERALDINE (*with a sigh*). Poor Dr Prentice. How trying it must be

1 coven: 마녀집회, 13인의 마녀단. Dr Prentice는 아내가 친구를 만나러 간 것을 익살스럽게 표현하고 있다.

2 Health Scheme: 의료보험.

3 nymphomaniac: 음란한 여자.

4 the Holy Grail: (예수가 최후의 만찬에 사용했다고 알려진) 성배.

5 throttle: 목을 조르다. 질식시키다.

for you.[1] (*Climbing on to the couch.*) I wish there were something I could do to cheer you up.

She pulls close the curtains. DR PRENTICE *puts on a white surgical coat.*

PRENTICE. Well, my dear, if it'll give you any pleasure you can test my new contraceptive device.[2]

GERALDINE *looks over the curtain and smiles sweetly.*

GERALDINE (*throwing her panties and bra into a chair*). I'll be delighted to help you in any way I can, doctor.

PRENTICE (*with an indulgent,[3] superior smile*). Lie on the couch with your hands behind your head and think of the closing chapters of your favourite work of fiction. The rest may be left to me.

GERALDINE *disappears behind the curtain.* DR PRENTICE *goes to the drawer in his desk.* MRS PRENTICE *enters from the hall. She is wearing a costly fur coat.*

MRS PRENTICE. Who are you talking to?

DR PRENTICE is surprised and angry at his wife's unexpected appearance.

PRENTICE (*flushing, guilty*). I must ask you not to enter my consulting-room without warning. You're interrupting my studies.

MRS PRENTICE *stares about the room.*

---

[1] How trying it must be for you: "얼마나 괴로우시겠어요."

[2] contraceptive device: 피임용구.

[3] indulgent: 관대한. 엄하지 않은.

MRS PRENTICE. There's no one here. Were you talking to yourself?

PRENTICE. I was dictating a message to Matron. She's worried by her inability to control her bladder.[1]

MRS PRENTICE. Can urine be controlled by thinking of *Tess of the D'Urbevilles*?[2]

PRENTICE. My theory is still in the planning stage. I'd rather not discuss it.

MRS PRENTICE *goes to the desk and pours herself a drink.*

PRENTICE. Why have you returned? You know I can't endure the torment of being in your company.

MRS PRENTICE. I arrived at my meeting to find the hall in an uproar.[3] Helen Duncanon had declared herself to be in love with a man. And, as you know, the club is primarily for lesbians. I myself am exempt from the rule because you count as a woman. We expelled Helen and I spent the night at the Station Hotel. (*She swallows her drink.*)

NICHOLAS BECKETT *enters. He is a hotel page. He wears a page-boy's uniform.*

NICK (*to* MRS PRENTICE). If you'd care to check your baggage, madam. I'd like to return to my duties.

MRS PRENTICE (*to* DR PRENTICE). Cast your eye across my luggage, will you? Half of it has already been stolen by the hotel staff. (*She turns to the table and pours a drink.*) It's so difficult being a woman.

PRENTICE. Well, I'm sure you're the best judge of that.

He goes into the hall, disgruntled.[4] MRS PRENTICE *puts ice in her*

[1] her inability to control her bladder: 방광을 제어하지 못하는 문제점.

[2] *Tess of the D'Urbevilles*: 『더버빌가의 테스』. Thomas Hardy의 1891년 작(作)으로, 빅토리아시대 성 도덕에 도전한다는 이유로 검열을 받았다.

[3] in an uproar: 야단법석이 나서.

[4] disgruntled: 불만스러운. 시무룩한.

drink and turns to NICK, *a cold expression on her face.*

MRS PRENTICE. I'm not asking for my handbag back, or for the money you've stolen, but unless my dress and wig are returned I shall file a complaint[1] with your employers. You have until lunch-time.

NICK. I've already sold the dress for a lump sum.[2] I could get it back at a price. I've also found someone to take an option on the photographs.

MRS PRENTICE *stares.*

MRS PRENTICE. What photographs?

NICK. I had a camera concealed in the room.

MRS PRENTICE (*open-mouthed*). When I gave myself to you the contract didn't include cinematic rights.

NICK. I'd like a hundred quid[3] for the negatives.[4] You've got until lunchtime.

MRS PRENTICE. I shall complain to the manager.

NICK. It will do you no good. He took the photographs.

MRS PRENTICE. Oh, this is scandalous! I'm a married woman.

NICK. You didn't behave like a married woman last night.

MRS PRENTICE. I was upset. A lesbian friend of mine had just announced her engagement to a Member of Parliament.

NICK. You must be more careful in your choice of friends. I'd like to get out of the indecent photograph racket.[5] It's so wearing[6] on the nerves. Can you find me a worthwhile job? I had a hard boyhood.

MRS PRENTICE. What kind of job do you want?

1 file a complaint: 고소하다.

2 a lump sum: 상당한 대금을 현금으로 받는 것을 가리킴.

3 quid: (영국 구어) 1파운드 금화. 소브린(sovereign)화(貨); 1파운드(지폐).

4 I'd like a hundred quid for the negatives: "사진 원판의 댓가로 100파운드는 받아야겠어요."

5 indecent photograph racket: 점잖지 못한 사진 장사.

6 wearing: 진저리나게 하는. 피곤하게 하는.

NICK. I'm an expert typist. I was taught by a man in the printing trade.

MRS PRENTICE (*firmly*). I'm willing to pay for the photographs, but I can't possibly recommend your typing.

NICK. I want a hundred pounds and the post of secretary to your husband!

MRS PRENTICE. You put me in an impossible position.

NICK. No position is impossible when you're young and healthy.

MRS PRENTICE *turns to the desk. She pours herself a drink. Her hand trembles.* DR PRENTICE *enters from the hall. He carries an overnight case.*[1] MRS PRENTICE *puts an empty whisky bottle aside and drops ice into her glass.*

PRENTICE (*to* NICK). She'll be *sodden*[2] before long. (*He puts the case down.*)

NICK. Have you a family, sir?

PRENTICE. No. My wife said breast-feeding[3] would spoil her shape. Though, from what I remember, it would've been improved by a little nibbling.[4]

MRS PRENTICE *gives a nervy toss of her head and drinks whisky.*

PRENTICE. She's an example of in-breeding[5] among the lobelia[6]-growing classes. A failure in eugenics,[7] combined with a taste for

[1] overnight case: 단기 숙박용의 갈아 입을 옷이나 세면도구가 들어갈 수 있는 작은 케이스를 가리킴.

[2] sodden: 술에 절은.

[3] breast-feeding: 모유 수유.

[4] by a little nibbling: 조금씩 (야금야금) 먹어서.

[5] in-breeding: 근친(동계) 교배 (the repeated breeding of closely related animals or people).

[6] lobelia: 여러 나라에서 진정제로 사용되는 꽃이 피는 식물. "lobelia-growing classes"는 마약 등의 약물을 즐기는 게으른 부자들을 가리키는 것으로 짐작됨.

[7] eugenics: 우생학.

alcohol and sexual intercourse, makes it most undesirable for her to become a mother.

MRS PRENTICE (*quietly*). I hardly ever have sexual intercourse.

PRENTICE. You were born with your legs apart. They'll send you to the grave in a Y-shaped coffin.

MRS PRENTICE (*with a brittle*[1] *laugh*). My trouble stems from your inadequacy as a lover! It's embarrassing. You must've learned your technique from a Christmas cracker.[2] (*Her mouth twists into a sneer.*[3]) Rejuvenation pills[4] have no effect on you.

PRENTICE (*stuffily*). I never take pills.

MRS PRENTICE. You take them all the time during our love-making. The deafening sound of your chewing is the reason for my never having an orgasm.

DR PRENTICE *is stung by her remarks. He approaches closer.*

PRENTICE. How dare you say that! Your book on the climax in the female is largely autobiographical. (*Pause. He stares.*) Or have you been masquerading[5] as a sexually responsive[6] woman?

MRS PRENTICE. My uterine contractions[7] have been bogus[8] for some time!

She picks up her drink and triumphantly flounces into the ward carrying the overnight case.

PRENTICE (*looking after her*). What a discovery! I married to a mis-

---

[1] brittle: (소리가) 귀에 거슬리는.

[2] Christmas cracker: 잉글랜드와 호주에서 유명한 명절 상품으로 종이로 포장한 상자를 뜯으면 작은 폭발음이 나고 비싸지 않은 상품이 들어 있다.

[3] sneer: 비웃음. 경멸.

[4] Rejuvenation pills: 회춘약.

[5] masquerade: 변장하다. ~인 척하다.

[6] responsive: 감응하는. 반응하는.

[7] uterine contractions: 자궁수축.

[8] bogus: 거짓의. 가짜의.

tress of the fraudulent[1] climax. (*He pours himself a drink.*)

NICK (*after a pause*). My parents were divorced, sir. I missed the warmth of a happy family atmospheres.

PRENTICE. As a psychiatrist I do all I can to bring estranged couples together. (*He presses money into* NICK'S *hand.*) Don't hesitate to call on me if you're mentally disturbed.

NICK *takes the money and goes into the hall.* DR PRENTICE *drink in hand, pulls the curtain on the couch aside and looks through.*

PRENTICE. It's no good lying there, Miss Barclay. My wife has returned.

GERALDINE *looks over the curtain.*

GERALDINE. Oh, good! She'll be able to help with your examination.

PRENTICE. The examination is cancelled until further notice.[2] (*He picks up the underclothes from the chair.*) Get dressed!

MRS PRENTICE *enters from the ward. She has an empty glass in her hand.*

MRS PRENTICE (*going to the desk*). Has your new secretary arrived?

DR PRENTICE *holds the underwear behind his back.* GERALDINE *is concealed by the curtain.*

PRENTICE. Yes. I've got her particulars[3] somewhere.

Unable to conceal the underclothes behind his back, he drops them into a wastepaper basket. MRS PRENTICE *opens a new bottle of*

1 fraudulent: 사기의. 부정한.

2 until further notice: 추후(다음) 공지가 있을 때까지.

3 her particulars: 세세한 사항.

whisky.

MRS PRENTICE. Have you ever given thought to a male secretary?

PRENTICE. A man could never get used to the work.

MRS PRENTICE. My father had a male secretary. My mother said he was much better than a woman.

PRENTICE. I couldn't ask a young fellow to do overtime and then palm him off[1] with a lipstick or a bottle of Yardley's.[2] It'd be silk suits and Alfa Romeos[3] if I so much as breathed on him.

MRS PRENTICE. Try a boy for a change. You're a rich man. You can afford the luxuries of life.

PRENTICE. What will become of Miss Barclay? I've already given her a preliminary interview.

MRS PRENTICE. You must explain the altered circumstances.

GERALDINE *looks over the curtain.* DR PRENTICE *motions her down. She disappears. He picks up the shorthand pad, scribbles a note on it, and tosses it over the curtain.* MRS PRENTICE *pours herself a drink.* DR PRENTICE *sees Geraldine's dress lying on the chair and picks it up. He is about to drop it into the wastepaper basket with the underwear when* MRS PRENTICE *turns, drink in hand.* DR PRENTICE *attempts to conceal the dress behind his back. It hangs down.*

MRS PRENTICE (*in a surprised tone*). What are you doing with that dress?

PRENTICE (*pause*). It's an old one of yours.

MRS PRENTICE. Have you taken up transvestism?[4] I'd no idea our marriage teetered on the edge of[5] fashion.

PRENTICE. Our marriage is like the peace of God — it passeth all

1 palm him off: (속임수를 써서) 그에게 일을 떠넘기다.

2 Yardley: 1770년 설립된 영국 화장용품 회사.

3 Alfa Romeo: 이탈리아의 밀라노에서 생산하는 고급자동차 및 그 회사.

4 transvestism: (이성의 옷을 입고 싶어 하는) 복장도착.

5 teeter on the edge of. . : (불쾌하거나 위험한 상황인) ~으로 치달을 듯한 상황이다.

understanding.

MRS PRENTICE *swallows her drink and holds out her hand.*

MRS PRENTICE. Give me the dress. I shall wear it.

PRENTICE (*reluctant*). May I have the one you're wearing in exchange?

MRS PRENTICE (*putting glass down*). I'm not wearing a dress.

She slips off her fur coat. Under it she is dressed only in a slip. DR PRENTICE *cannot conceal his surprise.*

PRENTICE. Why aren't you wearing a dress? Are you following some extreme fashion?[1]

MRS PRENTICE (*putting on* GERALDINE'*s dress*). I'm going to speak frankly and with complete candour. Please listen carefully and save your comments for later. (*She zips up the dress.*) My room at the hotel was small, airless and uncomfortable. A model of its kind. As I was dressing for dinner I noticed that the sheets on the bed were none too clean. I went to the linen cupboard, which I knew to be on the second floor, hoping to find a chambermaid. Instead I found a page-boy who enticed me into the cupboard and then made an indecent suggestion. When I repulsed him he attempted to rape me. I fought him off but not before he'd stolen my handbag and several articles of clothing.

PRENTICE. It doesn't sound the kind of behaviour one expects at a four-star hotel.

MRS PRENTICE. The boy has promised to return my dress. He's sold it to a friend who probably intends using it at sex orgies.[2]

PRENTICE (*joining her at the desk*). Do you realize what would happen if your adventures became public? I'd be ruined. The doors of London society would be slammed in my face. (*He pours a*

[1] extreme fashion: 지나친(극도의) 유행.

[2] sex orgies: 난교파티. 섹스파티.

whisky.) Did you inform the authorities of this escapade?[1]

MRS PRENTICE. No.

PRENTICE. Why not?

MRS PRENTICE. I saw in his youth the remnants of a natural goodness that had all but been destroyed by the pressures of society. I promised to find him employment.

PRENTICE. Is there a market for illegal entrance?

MRS PRENTICE. I don't propose to lead him into a dead-end job.

PRENTICE. What other qualifications has he?

MRS PRENTICE. He can type.

PRENTICE. There aren't many jobs for male typists.

MRS PRENTICE. No. He's been depressed by his failure in commerce. That's why he took to rape.[2]

PRENTICE. How do you hope to employ him?

MRS PRENTICE. As your secretary. He'll be back in an hour. You can check his credentials[3] at your leisure. Where is Miss Barclay?

PRENTICE. She's upstairs.

MRS PRENTICE. I shall inform her that the situation[4] is no longer vacant.

DR PRENTICE *swallows his drink and puts the glass down.*

PRENTICE. Could I borrow one of your dresses for a while, my dear?

MRS PRENTICE. I find your sudden craving for women's clothing a dull and, on the whole, a rather distasteful subject.

She puts her glass down and goes into the hall. DR PRENTICE *passes a hand across his brow.*

PRENTICE. She'll bring my grey hairs in sorrow to the grave. (*He*

---

1 escapade: 엉뚱한 짓. 탈선.

2 That's why he took to rape: "그가 성추행에 빠져든 것도 그 때문이에요."

3 credential: 자격 (증명서).

4 situation: (보통 낮은 지위의) 근무처. 취직자리(employment, job).

goes to the couch, pulls curtain aside, and looks through.) Miss Barclay — the present situation is fraught with[1] danger — my wife is under the impression that your dress belongs to her.

GERALDINE *looks over the curtain.*

GERALDINE. We must explain, as tactfully as possible, that she has made a mistake.

PRENTICE. I'm afraid that is impossible. You must be patient for a little longer.

GERALDINE. Doctor — I'm naked! You do realize that, don't you?

PRENTICE (*a tremor*[2] *passing across his face*). Indeed I do, Miss Barclay. I'm sure it must cause you acute embarrassment. I'll set about finding you suitable clothing.

He turns to the wastepaper basket, and is about to remove the underclothing when DR RANCE *enters from the garden.* DR PRENTICE *drops the clothing into the basket and puts the basket down.* GERALDINE *ducks behind the curtain out of sight.*

RANCE (*with a polite smile*). Good morning. (*He takes off his hat.*) Are you Dr Prentice?

PRENTICE. Yes. Have you an appointment?

RANCE. No. I never make appointments. (*He puts the hat and the brief-case aside and shakes hands.*) I'd like to be given details of your clinic.[3] It's run, I understand, with the full knowledge and permission of the local hospital authorities? You specialize in the complete breakdown and its byproducts?

PRENTICE. Yes. But it's highly confidential. My files are never open to strangers.

1 be fraught with . . .: ~로 가득찬.

2 tremor: 전율. 오싹한 흥분.

3 I'd like to be given details of your clinic: "당신 병원에 관해 세세하게 말씀해 주시오."

RANCE. You may speak freely in front of me. I represent Her Majesty's Government. Your immediate superiors[1] in madness. I'm from the Commissioners.

PRENTICE (*worried, taking off his spectacles*). Which branch?

RANCE. The mental branch.

PRENTICE. Do you cover asylums proper?[2] Or just houses of tentative madness?

RANCE. My brief[3] is infinite. I'd have sway over a rabbit hutch if the inmates were mentally disturbed.[4] (*He opens the briefcase,*[5] *and takes out the notebook.*)

DR PRENTICE, *unsteadily, pours himself a whisky.*

PRENTICE. You're obviously a force to be reckoned with.

RANCE. I hope our relationship will be a pleasant one. Is this your consulting-room?

PRENTICE (*swallowing drink*). Yes.

RANCE. Why are there so many doors. Was the house designed by a lunatic?

PRENTICE. Yes. (*He pours another whisky.*) We have him here as a patient from time to time.

RANCE (*glancing upwards*). A skylight too? Is it functional?

PRENTICE. No. It's perfectly useless for anything — except to let light in.

DR RANCE *nods, gravely. He wanders round the room examining everything, watched by* DR PRENTICE.

---

[1] one's immediate superior: 직속상관.

[2] proper: (흔히 명사 뒤에 와서) 본래의. 엄격한 의미로서의.

[3] brief: 임무. 권한.

[4] I'd have sway over a rabbit hutch if the inmates were mentally disturbed: 정신에 문제가 있는 경우라면 토끼장 속에 있는 토끼들까지 자신의 관할권에 포함된다는 식으로 자신의 권한이 미치는 범위가 넓다는 사실을 밝히고 있다.

[5] briefcase: (주로 가죽으로 만든) 서류 가방.

RANCE (*by the couch*). Is your couch regulation size?[1] It looks big enough for two.

PRENTICE (*with a wary smile*). I do double consultations. Toddlers[2] are often terrified of a doctor. So I've taken to examining their mothers at the same time.

RANCE. Has the theory received much publicity?

PRENTICE. I don't approve of scientists who publicize their theories.

RANCE. I must say I agree with you. I wish more scientists would keep their ideas to themselves.

A piece of paper flutters from under the curtain.

RANCE (*picking up the paper*). Is this something to do with you, Prentice?

PRENTICE. It's a prescription, sir.

RANCE (*reading*). 'Keep your head down and don't make a sound'? (*Pause.*) Do you find your patients react favourably to such treatment?

PRENTICE. I can claim to have had some success with it.

RANCE (*drily*). Your ideas, I think, are in advance of the times.

He opens the curtains and closes them again, rapidly. He turns to DR PRENTICE, *startled.*

RANCE. There's a naked woman behind there.

PRENTICE. She's a patient, sir. I'd just managed to calm her down when you arrived.

RANCE. You were attacked by a naked woman?

PRENTICE. Yes.

RANCE. Well, Prentice, I don't know whether to applaud your daring[3] or envy you your luck. Let's take a glance at her.

[1] regulation size: 규정된(표준) 크기.

[2] toddler: (아장아장 걷는) 유아.

[3] daring: 대담무쌍함.

DR PRENTICE *goes to the curtains.*

PRENTICE. Miss Barclay, a gentleman wishes to speak to you.
GERALDINE (*looking over the curtain*). I can't meet anyone without my clothes on, doctor.
PRENTICE (*coolly, to* DR RANCE). Notice the obstinacy[1] with which she clings to her suburban upbringing.[2]
RANCE. Have you tried shock treatment?
PRENTICE. No.
RANCE. How long has she been a patient?
PRENTICE. The committal order[3] hasn't yet been signed.
RANCE. Bring it here. I'll sign it.

DR PRENTICE *goes to the desk.* DR RANCE *turns to* GERALDINE, *and addresses her in a brusque manner.*[4]

RANCE. Why did you take your clothes off? Did it never occur to you that your psychiatrist might be embarrassed by your behaviour?
GERALDINE. I'm not a patient. I'm from the Friendly Faces Employment Bureau.
RANCE (*over his shoulder to* DR PRENTICE). When did those delusions first manifest themselves?
PRENTICE (*returning with a document*). I've been aware of them for some time, sir.
RANCE (*to* GERALDINE). Do you imagine that any businesssman would tolerate a naked typist in his office?

GERALDINE *smiles and, in a reasonable manner, attempts to explain.*

[1] obstinacy: 완고함. 고집.

[2] suburban upbringing: 세련되지 못한 가정교육.

[3] committal order: 입원 명령.

[4] in a brusque manner: 무뚝뚝하게.

GERALDINE. Dr Prentice asked me to undress in order that he might discover my fitness for the tasks ahead. There was no suggestion of my working permanently without clothing.

RANCE (*to* DR PRENTICE). I shall take charge of this case. It appears to have the bizarre[1] quality that makes for a fascinating thesis. (*He signs the document.*) Make the necessary entry in your register[2] and alert the dispensary of my requirements.

DR PRENTICE *goes into the dispensary with the document.* DR RANCE *turns to* GERALDINE.

RANCE. Is there a history of mental illness in your family?

GERALDINE (*primly*[3]). I find your questions irrelevant. I refuse to answer them.

RANCE. I've just certified you insane. You know that, don't you?

GERALDINE *gives a gasp of surprise, and draws back from* DR RANCE.

GERALDINE. What right have you to take such high-handed[4] action?

RANCE. Every right. You've had a nervous breakdown.

GERALDINE. I'm quite sane!

RANCE. Pull yourself together.[5] Why have you been certified if you're sane? Even for a madwoman you're unusually dense.

DR PRENTICE *enters from the dispensary wheeling a hospital trolley.*[6] *On it is a rubber mattress, a pillow and a blanket. Over his arm* DR PRENTICE *carries a white hospital nightgown.* DR RANCE *takes this from him. He throws it over the curtain to* GERALDINE.

---

1 bizarre: 기괴한(grotesque).

2 Make the necessary entry in your register: "기록부에 필요한 사항을 기입하시오."

3 primly: (특히 여자가) 새침 떼며.

4 high-handed: 고자세의. 고압적인.

5 Pull yourself together: "정신 차리시오!"

6 hospital trolley: 병원용 손수레.

RANCE. Put that on!

GERALDINE (*to* DR RANCE). Oh, thank you. It's a great relief to be clothed again.

DR RANCE *draws* DR PRENTICE *aside.* GERALDINE *puts on the nightgown.*

RANCE. What is the background of this case? Has the patient any family?

PRENTICE. No, sir. Her step-mother died recently after a remarkably intimate involvement with Sir Winston Churchill.

RANCE. What of the father?

PRENTICE. He appears to have been an unpleasant fellow. He made her mother pregnant at her place of employment.

RANCE. Was there any reason for such conduct?

PRENTICE. The patient is reticent[1] on the subject.

RANCE. I find that strange. And very revealing. (*He opens the curtains on the couch. To* GERALDINE.) Lie on this trolley. (*To* DR PRENTICE.) Go and prepare a sedative.[2]

DR PRENTICE *goes into the dispensary.* DR RANCE *helps* GERALDINE *from the couch.*

GERALDINE. Please ring for a taxi, sir. I wish to return home. I haven't the qualities required for this job.

RANCE (*lifting her on to the trolley and covering her with the blanket*). You're slowing down your recovery rate, Miss Barclay.

DR PRENTICE *enters from the dispensary with a kidney-shaped bowl, swabs*[3] *and hypodermic syringe.*[4] DR RANCE *bares* GERALDINE'*s arm, and wipes it with a swab.*

[1] reticent: 과묵한. 말을 삼가는.

[2] sedative: 진정제.

[3] swab: 면봉. 솜.

[4] hypodermic syringe: 피하 주사기.

GERALDINE (*appealing to* DR PRENTICE). Tell him the truth, doctor! I'm a fully qualified shorthand-typist!

DR RANCE *gives her an injection. She gasps, and bursts into tears.*

GERALDINE. This is intolerable! You're a disgrace to your profession! I shall ring the B.M.A.[1] after lunch.

RANCE. Accept your condition without tears and without abusing those placed in authority. (*He puts the hypodermic aside, and goes to wash his hands.*)

MRS PRENTICE *enters from the hall.*

MRS PRENTICE (*anxious*). Miss Barclay is nowhere to be found.

RANCE. She's under strong sedation and on no account to be disturbed.

DR PRENTICE, *nervous, gives a fleeting smile in* DR RANCE*'s direction.*

PRENTICE. My wife is talking of my secretary, sir. She's been missing for some time.

GERALDINE. I'm Geraldine Barclay. Looking for part-time secretarial work. I've been certified insane.

RANCE (*to* MRS PRENTICE). Ignore these random reflections. They're an essential factor in the patient's condition. (*To* DR PRENTICE.) Does she have the same name as your secretary?

PRENTICE. She's taken my secretary's name as her 'nom-de-folie'.[2] Although morally reprehensible, there's little we can do legally, I'm afraid.

RANCE (*drying his hands*). It seems a trifle capricious, but the insane are famous for their wild ways.

[1] B.M.A: British Medical Association (영국 의학 협회).

[2] nom-de-folie: 'madness name' (프랑스어). 정신이 이상한 상태에서 자신의 이름으로 믿고 택한 이름을 가리킴.

MRS PRENTICE. I shall contact the employment agency. Miss Barclay can't have vanished into thin air.[1]

She goes into the hall. DR PRENTICE *pours himself a drink.*

PRENTICE. My wife is unfamiliar with the habits of young women, sir. I've known many who could vanish into thin air. And some who took a delight in doing so.

DR RANCE *puts on a white coat.*

RANCE. In my experience young women vanish only at midnight and after a heavy meal. (*He buttons the coat.*) Were your relations with your secretary normal?

PRENTICE. Yes.

RANCE. Well, Prentice, your private life is your own affair. I find it shocking none the less. Did the patient know of your liaison[2] with Miss Barclay?

PRENTICE. She may have done.

RANCE. I see. A definite pattern is beginning to emerge.

He returns to the trolley and stands looking down at GERALDINE.

Under the influence of the drug I've administered, Miss Barclay, you are relaxed and unafraid. I'm going to ask you some questions which I want answered in a clear non-technical style. (*To* DR PRENTICE.) She'll take that as an invitation to use bad language. (*To* GERALDINE.) Who was the first man in your life?

GERALDINE. My father.

LANCE. Did he assault[3] you?

GERALDINE. No!

1 vanish into thin air: 온데간데없이 사라지다.

2 liaison: 간통. 밀통.

3 assault: (여성에 대해) 폭행 · 강간하다.

RANCE (*to* DR PRENTICE). She may mean 'Yes' when she says 'No'. It's elementary feminine psychology. (*To* GERALDINE.) Was your step-mother aware of your love for your father?

GERALDINE. I lived in a normal family. I had no love for my father.

RANCE (*to* DR PRENTICE). I'd take a bet that she was the victim of an incestuous attack. She clearly associates violence and the sexual act. Her attempt, when naked, to provoke you to erotic response may have deeper significance. (*To* GERALDINE.) Did your father have any religious beliefs?

GERALDINE. I'm sure he did.

RANCE (*to* DR PRENTICE). Yet she claims to have lived in a normal family. The depth of her condition can be measured from such a statement. (*To* GERALDINE.) Did your father's church sanction[1] rape? (*To* DR PRENTICE.) Some sects will turn a blind eye[2] to anything as long as it's kept within the family circle. (*To* GERALDINE.) Was there a Church service before you were assaulted?

GERALDINE. I can't answer these questions, sir. They seem pointless and disgusting.

RANCE. I'm interested in rape, Miss Barclay, not the aesthetics of cross-examination.[3] Answer me, please! Were you molested[4] by your father?

GERALDINE (*with a scream of horror*). No, no, no!

DR RANCE *straightens up and faces* DR PRENTICE.

RANCE. The vehemence of her denials is proof positive of guilt. It's a text-book case! A man beyond innocence, a girl aching for experience. The beauty, confusion and urgency of their passion driving them on. They embark on[5] a reckless love-affair. He finds it dif-

1 sanction: 용인하다.

2 turn a blind eye: 보고도 못 본 채 하다.

3 cross-examination: 반대심문.

4 molest: 괴롭히다. (여자에게) 치근거리다.

5 embark on: 관계하다. 시작하다.

ficult to reconcile his guilty secret with his spiritual convictions. It preys on his mind.[1] Sexual activity ceases. She, who basked in his love, feels anxiety at its loss. She seeks advice from her priest. The Church, true to Her ancient traditions, counsels chastity. The result — madness.

He puts the swabs and the hypodermic into the kidney-shaped bowl.

PRENTICE. It's a fascinating theory, sir, and cleverly put together. Does it tie in with known facts?[2]

DR RANCE *picks up the bowl.*

RANCE. That need not cause us undue anxiety. Civilizations have been founded and maintained on theories which refused to obey facts. As far as I'm concerned this child was unnaturally assaulted by her own father. I shall base my future actions upon that assumption.

He goes into the dispensary taking the bowl, swabs and hypodermic with him.

GERALDINE (*pause*). Am I mad, doctor?
PRENTICE. No.
GERALDINE. Are you mad?
PRENTICE. No.
GERALDINE. Is it the candid camera?[3]
PRENTICE. There's a perfectly rational explanation for what is taking place. Keep calm. All will be well.

DR RANCE *re-enters.*

[1] It prey on his mind: "그게 그의 마음을 괴롭히지요."

[2] Does it tie in with known facts?: "그것이 알려진 사실과 일치합니까?"

[3] candid camera: 몰래카메라.

RANCE. It's also obvious to the meanest amateur, Prentice, that you resemble the patient's father. That is why she undressed herself. When I arrived on the scene[1] she was about to re-enact the initial experience with her parent. The vexed question of motive is now clear. She was aware of the understanding that exists between you and your secretary. You represent her father. Her identification with Miss Barclay completes the picture.

He releases the wheel-lock[2] on the trolley.

PRENTICE. Perhaps there's a simpler explanation for the apparent complexities of the case, sir.

RANCE. Simple explanations are for simple minds. I've no use for either. (*He pushes he trolley towards the ward door.*) Open the door. I shall supervise the cutting of the patient's hair.

DR PRENTICE *opens the ward door.* DR RANCE *wheels* GERALDINE *into the ward.* DR PRENTICE *goes to the desk, pours himself a drink and swallows it quickly. His glance falls on to the wastepaper basket. He shakes out* GERALDINE'*s underclothes, sees her shoes and stockings and picks them up.* MRS PRENTICE *enters from the hall.* DR PRENTICE *swings round, turns his back on her and walks away, bent double in an effort to conceal the clothing.*

MRS PRENTICE (*alarmed by this strange conduct*). What's the matter? (*She approaches.*) Are you in pain?

PRENTICE (*his back to her, strangled*). Yes. Get me a glass of water.

MRS PRENTICE *hurries into the dispensary.* DR PRENTICE *stares about him in desperation. He sees a tall vase of roses. He removes the roses and stuffs the underclothing and one shoe into the vase. The second shoe won't go in. He pauses, perplexed. He is about to*

[1] on the scene: 현장에. 그 자리에.

[2] wheel-lock: 바퀴 고정 장치.

replace the roses when MRS PRENTICE *enters carrying a glass of water.* DR PRENTICE *conceals the shoe under his coat.* MRS PRENTICE *stares. He is holding the roses. He gives a feeble smile and presents them to her with a flourish.*[1] MRS PRENTICE *is surprised and angry.*

MRS PRENTICE. Put them back at once!

The shoe slips and DR PRENTICE, *in an effort to retain it, doubles up.*[2]

Should I call a doctor?

PRENTICE. No. I'll be all right.

MRS PRENTICE (*offering him the glass*). Here. Drink this.

DR PRENTICE *backs away, still holding the roses and the shoe.*

PRENTICE. I wonder if you'd get another glass? That one is quite the wrong shape.

MRS PRENTICE (*puzzled*). The wrong shape?

PRENTICE. Yes.

MRS PRENTICE *stares hard at him, then goes into the dispensary.* DR PRENTICE *tries to replace the roses in the vase. They won't go in. He picks up a pair of scissors from his desk and cuts the stalks down to within an inch or so of the heads. He puts the roses into the vase and wraps the stalks in his handkerchief and puts it into his pocket. He looks for somewhere to conceal the second shoe. He gets on his knees and shoves the shoe between the space on top of the books on the lower shelf of the bookcase.* MRS PRENTICE *enters carrying another glass. She stops and stares.*

---

[1] with a flourish: 화려하게, 과장된 몸짓으로.

[2] double up: 몸이 둘로 겹쳐질 정도로 구부리다.

MRS PRENTICE. What are you doing now?
PRENTICE (*lifting his hands*). Praying.
MRS PRENTICE. This puerile[1] behaviour ill accords with your high academic standards. (*She puts the glass of water down, and tosses her head.*) The youth I wish you to engage as your secretary has arrived.
PRENTICE (*drinking water*). Perhaps he'd call back later. I'm still feeling dicky.[2]
MRS PRENTICE. I'll see what he says. He's an impatient young man.
PRENTICE. Is that why he took to rape?
MRS PRENTICE. Yes. He can't wait for anything.

She hurries away into the hall. DR PRENTICE *wipes his brow.*

PRENTICE. Two decades spent fighting her and a receding hairline![3] I've had just about enough of both.

DR RANCE *enters from the ward.*

RANCE. You'll have no trouble recognizing the patient, Prentice. I've clipped her hair to within an inch of the scalp.[4]
PRENTICE (*shocked*). Was it quite wise to do that, sir? Is it in accord with the present enlightened approach to the mentally sick?
RANCE. Perfectly in accord. I've published a monograph[5] on the subject. I wrote it at University. On the advice of my tutor. A remarkable man. Having failed to achieve madness himself he took to teaching it to others.
PRENTICE. And you were his prize pupil?[6]

[1] puerile: 어린애의. 미숙한.

[2] dicky: 위태위태한. 미덥지 못한.

[3] a receding hairline: (대머리가 진행되어) 뒤로 올라가는 머리 선.

[4] I've clipped her hair to within an inch of the scalp: "그녀의 머리카락을 두피로부터 1인치가 되지 않게 짧게 잘랐소."

[5] monograph: (특정 테마에 관한) 전공[연구] 논문.

[6] prize pupil: 훌륭한 학생. 모범생.

RANCE. There were some more able than I.
PRENTICE. Where are they now?
RANCE. In mental institutions.
PRENTICE. Running them?
RANCE. For the most part.

MRS PRENTICE *enters from the hall.*

MRS PRENTICE (*to* DR PRENTICE). He insists upon punctuality. He'll give you five minutes.
PRENTICE (*to* DR RANCE). A prospective employee,[1] sir. It's useless to claim that Socialism has had no effect.
RANCE (*to* MRS PRENTICE). Is there no news of Miss Barclay?
MRS PRENTICE. None. I've checked with the Employment Bureau. Their clients have strict instructions to ring them immediately after an interview. Miss Barclay has failed to do so.
RANCE. A search party[2] must be organized. (*To* DR PRENTICE.) What have you in the way of dogs?
PRENT!CE. A spaniel and a miniature poodle.
RANCE. Let them be unleashed! Geraldine Barclay must be found or the authorities informed.
MRS PRENTICE. I'll contact the warden.[3] He has charge of the gate and will know whether she left the building. (*She turns to go.*)
PRENTICE. No — don't do that. Miss Barclay is quite safe. She's downstairs. I've just remembered.
RANCE (*pause, surprised*). Why did you keep the fact from us?
PRENTICE. It'd slipped my memory.
RANCE. Have you suffered from lapses of memory[4] before?
PRENTICE. I can't remember.
RANCE. Your memory plays you false even on the subject of its own

1 prospective employee: 앞으로 종업원이 될 사람.

2 search party: 수색대.

3 warden: (학원장·병원장·사감 등 조직의) 장. 임원.

4 lapses of memory: 잘못된 기억. 망각.

inadequacy?

PRENTICE. I may have had a blackout.[1] I don't recall having one on any other occasion.

RANCE. You might have forgotten. You admit your memory isn't reliable.

PRENTICE. I can only state what I know, sir. I can't be expected to remember things I've forgotten.

MRS PRENTICE. What's Miss Barclay doing downstairs?

PRENTICE. She's making white golliwogs[2] for sale in colour-prejudice trouble-spots.[3]

DR RANCE *and* MRS PRENTICE *exchange startled looks.*

RANCE. You claim, Prentice, that you forgot your secretary was manufacturing these monstrosities?

PRENTICE. Yes.

RANCE. I can hardly credit it. Once seen a white golliwog is not easily forgotten. What was the object in creating these nightmare creatures?

PRENTICE. I hoped it might promote racial harmony.

RANCE. These hellish white homuncules[4] must be put out of their misery. I order you to destroy them before their baleful influence can make itself felt.

PRENTICE (*wearily*). I'll get Miss Barclay to carry out your orders, sir.

He goes out by the ward door. DR RANCE *turns to* MRS PRENTICE *and mops his brow.*

RANCE. The man's a second Frankenstein.

---

1 blackout: 일시적 기억상실.

2 white golliwog: 원래 golliwog은 얼굴이 검고 괴상한 흑인 인형을 가리키는데, 여기서는 흰색, 즉 백인의 모습을 갖추고 있다는 것이 특이하다.

3 colour-prejudice trouble-spot: 인종차별과 관련한 분쟁이 자주 발생하는 지역.

4 homuncule: 작다리. 난쟁이.

MRS PRENTICE *goes to the desk and pours herself a whisky.*

MRS PRENTICE (*with a half-smile*). My husband is a strange person, doctor. Is he a genius or merely a highly-strung[1] fool?

RANCE. I'd like to know him better before I ventured an opinion. Have there been other schemes besides this golliwog scandal?

MRS PRENTICE (*drinking whisky*). His letters to the newspapers are legion.[2]

She takes her drink to the bookcase. She lifts, from the bottom shelf, a leather-bound cuttings[3] book.

(*Opening the book and showing it to* DR RANCE.) From his first letter, at the age of twelve, complaining of inaccurate information given to him by a German child whilst they were playing 'mothers and fathers' — he speculates on the nature and extent of Nazi propaganda.

DR RANCE *stares hard at the book.* MRS PRENTICE *turns the pages.*

To his latest letter, published a month ago, in which he calls Gentlemen's Lavatories 'the last stronghold of male privilege[4] . . .'

DR RANCE, *after reading, hands the book back.*

RANCE. Your husband's behaviour gives me cause for grave disquiet. Are you yourself convinced that his methods can result in a lessening of tension between the sane and the insane?

MRS PRENTICE. The purpose of my husband's clinic isn't to cure, but to liberate and exploit madness.[5]

1 highly-strung: 신경질적인. 극도로 긴장한.

2 legion: 무수히 많은.

3 cutting: (신문 등을) 오려낸 것.

4 the last stronghold of male privilege: 남성 특권의 마지막 보루.

5 The purpose of my husband's clinic isn't to cure, but to liberate and exploit mad-

RANCE. In this he appears to succeed only too well. (*He faces her, candidly.*) Never have I seen matters conducted as they are in this house.

He takes a piece of paper from his pocket and hands it to her.

Read that.

MRS PRENTICE (*reading*). 'Keep your head down and don't make a sound'? (*Handing it back.*) What does it mean?

RANCE. Your husband is using dangerously unorthodox methods in his treatment of the insane. (*He goes to his briefcase and puts the note away.*)

MRS PRENTICE *frowns and puts the glass down.*

MRS PRENTICE. I hesitate to mention this, doctor — as a wife my loyalties are involved — but I must confess that only this morning my husband announced his intention of using Thomas Hardy to cure a disorder of the bladder.[1]

RANCE (*grimly*). As a psychiatrist your husband seems not only ineffective, but also undesirable.

MRS PRENTICE *takes the cuttings book back to the bookcase and attempts to put the book away. She is unable to do so. She investigates. She discovers* GERALDINE'*s shoe and looks at it in amazement.*

MRS PRENTICE. What a thing to find in a bookcase!

RANCE (*pause*). Is it yours?

MRS PRENTICE. No.

ness: "남편이 병원의 목적은 광기의 치료가 아니라 광기를 풀어놓고 이용해 먹는 데 있어요."

[1] a disorder of the bladder: 방광 관련 질병.

RANCE. Let me see it.

She hands him the shoe . He turns it over in his hand.

RANCE (*looking up, after a pause*). I must ask you to be honest with me, Mrs Prentice. Has Dr Prentice at any time given you cause to doubt his own sanity?

MRS PRENTICE *gives a quick gasp of fear, rising to her feet.*

MRS PRENTICE. He's a respected member of his profession. His work in all fields has been praised by numerous colleagues.

RANCE. Radical thought comes easily to the lunatic.

MRS PRENTICE (*pause*). You're quite right. (*She dabs at her nose with a handkerchief.*[1]) I've known for some time that all was not well. I've tried to convince myself that my fears were groundless.[2] All the while I knew I was cheating myself.

DR RANCE *leads her to a chair. She sits, overcome by shock.*

RANCE (*quietly*). What first aroused your suspicions?

MRS PRENTICE. Oh, I think his boorish attitude[3] towards my mother. He used to ring her up and suggest painful ways of committing suicide. Worn out at last by his pestering[4] she took his advice.

RANCE. And more recently, say from this morning, has there been an increase in his condition?

MRS PRENTICE. Oh, yes. Quite definitely, doctor. He had no sympathy for me when I complained of being assaulted by a page-boy[5] at the Station Hotel.

---

1 She dabs at her nose with a handkerchief: 그녀는 손수건으로 그녀의 코를 톡톡 두드린다.

2 groundless: 근거가 없는.

3 his boorish attitude: 그의 촌스러운 태도.

4 pestering: 괴롭힘. 고통. 방해.

5 a page-boy: 급사. 시동.

RANCE. What was the object of the assault?

MRS PRENTICE. The youth wanted to rape me.

RANCE. He didn't succeed?

MRS PRENTICE. No.

RANCE (*shaking his head*). The service in these hotels is dreadful.

MRS PRENTICE. Shortly after my return my husband started having the most extraordinary ideas which I'd've been willing to indulge if they hadn't overstepped the bounds of good taste.[1]

RANCE. Give me an example.

MRS PRENTICE. He has developed a craving for women's clothes.

RANCE (*picking up* GERALDINE*'s shoe*). This confirms your story.

MRS PRENTICE. I refused to loan him any of mine and went in search of Miss Barclay. Some time later, in my presence, my husband had a kind of fit. He asked me to get him a drink. When I returned he presented me with a bouquet of flowers.

RANCE. He wished to congratulate you on your safe return.

MRS PRENTICE. I'd only been to the dispensary. And he'd taken the flowers from the vase. (*She points to the vase.*) I was angry and not a little frightened. At this point a spasm of agony crossed his otherwise tranquil features. I offered him the glass of water. He reacted in a violent manner. He said the glass was the wrong shape.

RANCE. What a revealing[2] phrase!

MRS PRENTICE. I returned to the dispensary. When I got back he was on his knees praying.

RANCE. How shocking! His abnormal condition has driven him to seek refuge in religion. Always the last ditch stand of a man on the brink of disaster.[3] (*He pats* MRS PRENTICE *on the shoulder.*) I can't doubt that what you've told me has great significance. We must also take into account his admitted lapse of memory, and

---

1 if they hadn't overstepped the bounds of good taste: "그런 것들이 좋은 취향의 한계를 넘어서지 않았다면."

2 revealing: 흥미로운 사실을 드러내는.

3 Always the last ditch stand of a man on the brink of disaster: "재앙의 직전에 처한 사람이 항상 최후로 시도하는 저항이로군요."

the attempts to create alien forms of life. (*He puts the shoe into his case.*) Say nothing of our suspicions. Fancies grow like weeds[1] in the unhealthy soil of a sick brain.

MRS PRENTICE (*dabbing her eyes with a handkerchief*). Oh, doctor, you've no idea what a relief it's been to talk to someone like yourself.

RANCE. Why haven't you done so before?

MRS PRENTICE. A woman doesn't like facing the fact that the man she loves is insane. It makes her look such a fool.

She puts the handkerchief away, pours herself a drink and drops ice into the glass. DR PRENTICE *enters from the ward.*

RANCE (*turning to him*). Have you carried out my instructions?

PRENTICE. Yes.

RANCE. You guilty scientists will destroy the world with your shameful secrets. (*He takes* GERALDINE*'s shoe from his briefcase.*) Does this belong to your secretary?

PRENTICE. No. (*Pause.*) It's mine.

DR RANCE *and* MRS PRENTICE *exchange looks.* DR RANCE *raises an eyebrow.*

RANCE (*heavily, with irony*). Are you in the habit of wearing women's footwear?[2]

PRENTICE (*quickly, desperate*). My private life is my own. Society must not be too harsh in its judgements.

DR RANCE *puts the shoe aside.*

RANCE. Where is this secretary of yours? I've a few questions I'd like to put to her.

PRENTICE. I can't allow you to disturb her. She has work to do.

---

1 Fancies grow like weeds: 잡초가 아무런 쓸모도 없고 없어야 마땅한 것처럼 망상도 머리 속에서 불필요하게 생겨난다는 뜻.

2 Are you in the habit of wearing women's footwear? : "여자 신발을 신는 습관이 있습니까?"

DR RANCE *gives a humourless smile.*

RANCE. I don't think you quite appreciate the position, Prentice. The powers vested in me by the Commissioners give the right to interview any member of your staff should occasion demand.[1] Where is Geraldine Barclay?

PRENTICE. She's in the garden.

RANCE. Ask her to step this way.

PRENTICE. She's making a funeral pyre[2] for the golliwogs. It would be wrong to disturb her.

RANCE. Very well. (*Tight-lipped.*[3]) I shall seek her out myself. You may be sure, Prentice, your conduct won't go unreported!

He goes into the garden. DR PRENTICE *turns on his wife in cold fury.*

PRENTICE. What've you told him?

MRS PRENTICE. Nothing but the truth.

PRENTICE (*pouring a drink*). You've been spreading it around that I'm a transvestite, haven't you?[4]

MRS PRENTICE. There was a woman's shoe hidden in the bookcase. What was it doing there?

PRENTICE. Why were you rooting[5] among my books?

MRS PRENTICE. I was looking for the cuttings album. I showed it to Dr Rance.

PRENTICE. You'd no right to do that.

MRS PRENTICE. Are you ashamed of the fact that you write to strange men?

---

1 should occasion demand: 상황이 요구한다면. 상황에 따라서.

2 funeral pyre: 화장을 위한 장작더미.

3 Tight-lipped: 입을 꼭 다물고.

4 You've been spreading it around that I'm a transvestite, haven't you?: “당신은 내가 복장도착자라는 소문을 퍼트리고 있지요, 그렇지 않은가요?”

5 root: (사람이 물건을 찾아) 휘젓다. 탐색하다.

PRENTICE. There's nothing furtive in my relationship with the editor of *The Guardian.*

MRS PRENTICE *pours herself another drink.*

MRS PRENTICE. Dr Rance and I are trying to help you. We're not satisfied with your condition.

PRENTICE. Neither am I. It's impossible and you're to blame. I should've driven you out with ignominy[1] years ago.

MRS PRENTICE *puts the empty whisky bottle aside and turns on* DR PRENTICE *resentfully.*

MRS PRENTICE. Whose fault is it if our marriage is on the rocks?[2] You're selfish and inconsiderate. Don't push me too far. (*With a toss of her head.*) I might sleep with someone else.

PRENTICE. Who?

MRS PRENTICE. An Indian student.

PRENTICE. You don't know any.

MRS PRENTICE. New Delhi is full of them.

PRENTICE (*staring, aghast*). You can't take lovers in Asia! The air fare would be crippling.[3]

MRS PRENTICE *drops ice into her glass and ignores* DR PRENTICE, *her nose in the air.* DR PRENTICE *stands beside her and shouts into her ear.*

Your irresponsible behaviour causes me untold anxiety. A man exposed himself to you last summer.

[1] ignominy: 불명예. 수치.

[2] Whose fault is it if our marriage is on the rocks: "만약 우리의 결혼 생활이 파탄으로 치닫는다면 누구 잘못인가요?"

[3] crippling: 감당할 수 없는.

MRS PRENTICE (*without looking at him*). I didn't see anything.
PRENTICE. And your disappointment marred our holiday.
MRS PRENTICE. You've no psychological understanding of the difficulties I face. (*She drinks whisky.*)
PRENTICE (*pulling her round, white with rage*[1]). Unless you're very careful you'll find yourself in a suitcase awaiting collection!

MRS PRENTICE *laughs, sharply.*

MRS PRENTICE. These veiled threats[2] confirm the doubts I already have of your sanity.

She drinks the whisky and walks away from DR PRENTICE *who scowls*[3] *at her.* NICK *enters from the hall. He carries a slim cardboard box with the words* 'STATION HOTEL' *printed on it.*

NICK (*to* MRS PRENTICE). If you'll hand over the money, madam, I'll let you have the photos. However, some guarantee of employment must be given before I part with the negatives.[4]

DR PRENTICE, *puzzled, turns to* MRS PRENTICE.

PRENTICE. What's he talking about?
MRS PRENTICE. He has in his possession a series of pornographic studies of me. He took them last night without my knowledge.

DR PRENTICE *turns away, weary, almost in tears.*

PRENTICE. Oh, the damnable frivolity[5] of the woman! I shall have

1 white with rage: 화가 나서 얼굴이 창백해지다.
2 veiled threats: 은근한 협박.
3 scowl: 매섭게 노려보다.
4 However, some guarantee of employment must be given before I part with the negatives: "하지만 (사진의) 원판을 넘겨주기 전에, 취직 약속을 하셔야 합니다."
5 frivolity: 천박함. 경솔함.

to turn paederast[1] to get her out of this mess. (*He passes a hand across his brow.*)

NICK *presents* MRS PRENTICE *with the box.*

NICK. I have to deliver this. It's from our two-hour cleaning service.

MRS PRENTICE *opens the box.*

MRS PRENTICE (*with delight*). My dress and wig!

DR PRENTICE *narrows his eyes and gives a brief exclamation.*

PRENTICE. A dress? I'll take possession of that. (*He takes the box from her.*)

MRS PRENTICE. I shall inform Dr Rance of your theft of one of my dresses. (*She spits the words into his astonished face.*)

PRENTICE. Don't raise your voice. Take a biscuit from the barrel and retire to your room.

MRS PRENTICE *tosses her head, picks a full bottle of whisky from the desk and flounces*[2] *into the hall.*

NICK. I'm sorry if my behaviour last night caused your wife anxiety, but I've a burning desire to sleep with every woman I meet.

PRENTICE. That's a filthy habit and, in my opinion, very injurious to the health.

NICK. It is, sir. My health's never been the same since I went off stamp-collecting.[3]

---

[1] paederast: 남색꾼. 계간자.

[2] flounce: 홀쩍 자리를 뜨다. 튀어나가다.

[3] My health's never been the same since I went off stamp-collecting: "우표 수집이 시들해진 이후로 건강이 예전 같지 않아요."

DR PRENTICE *puts the box on to the desk and pours himself a drink.*

PRENTICE. We have an overall moral policy in this clinic from which even I am not exempt. Whilst you're with us I shall expect you to show an interest in no one's sexual organs but your own.
NICK. I would miss a lot of fun that way.
PRENTICE. That is the object of the exercise.

DR RANCE *enters from the garden.*

RANCE. I can find no trace of your secretary. I might add, Prentice, that my patience is all but exhausted.[1]
PRENTICE. She might be in the dispensary.
RANCE. Unless I discover her whereabouts within the next few minutes you'll find yourself in serious trouble.

He goes into the dispensary. MRS PRENTICE *enters from the hall.*

MRS PRENTICE. A policeman is at the door. He wishes to speak to some member of the household.
PRENTICE. Ask him to step this way.[2]

MRS PRENTICE *goes into the hall.* NICK *stands and appeals to* DR PRENTICE, *emotional.*

NICK. Oh, sir! They've come to arrest me!
PRENTICE. This paranoia is uncalled-for.[3] The officer has probably called to ask me for the hand of my cook in marriage.[4]
NICK. You're wrong, sir! They'll give me five years if I'm caught.[5]

1 my patience is all but exhausted: "내 인내심이 거의 끝났다."

2 Ask him to step this way: "이쪽으로 오라고 하시오."

3 uncalled-for: 불필요한. 엉뚱한.

4 The officer has probably called to ask me for the hand of my cook in marriage: "경관은 아마 내 요리사와의 결혼을 허락해 달라고 부탁하기 위해서 찾아온 걸거요."

5 They'll give me five years if I'm caught: "체포되면 내게 5년형을 선고할 것에요."

PRENTICE. Why are you in danger of arrest. You may be quite frank with me.

NICK. Well, sir, as your wife has already told you, I attempted last night to misbehave myself with her. I didn't succeed.

PRENTICE. I'm sure you didn't. Despite all appearances to the contrary, Mrs Prentice is harder to get into than the reading room at the British Museum.

NICK. Undeterred[1] I took the lift to the third floor of the hotel where a party of schoolgirls were staying. Oh, sir, what lonely and aimless lives they lead!

PRENTICE (*with a frown*). Was there no mistress in attendance?[2]

NICK. She occupied a room across the corridor.

PRENTICE. Did you disturb her?

NICK. No. And she'll never forgive me for it. It was she who reported the incident to the police. Oh, sir! Don't turn me over to the law.

DR RANCE *enters from the dispensary.*

RANCE. I warn you, Prentice, unless you're prepared to cooperate in finding Miss Barclay I shall call upon you to account for her disappearance. If you're unable to do so the police must be informed.

He goes into the ward.

NICK. Have you given a thought to my predicament?[3]

PRENTICE. No. I'm obsessed by my own. (*He wipes his brow.*) We shall be sharing the same cell at this rate.[4]

His eye lights on the cardboard box. He turns to NICK, *an idea dawning.*

---

1 Undeterred: 좌절(단념)하지 않고.

2 Was there no mistress in attendance?: "동반한 여교사는 없었소?"

3 my predicament: 내가 처한 곤경·궁지.

4 We shall be sharing the same cell at this rate: "이런 식으로 가다간 같은 감방에 있게 될거요."

(*Abruptly.*) Take your clothes off.

NICK (*pause*). Are you going to mess me about, sir?

PRENTICE. Certainly not! Is that what usually happens when men ask you to take your clothes off?

NICK. Yes. They give me five shillings.

PRENTICE. Five shillings! Good gracious the rate[1] hasn't changed in thirty years. What can the unions be thinking of? (*He puts a hand on* NICK'*s shoulder.*) Come along, strip!

NICK *tugs at a zip. The Jacket opens from shoulder to hip. He takes it off, kicks away his shoes and drops his trousers.* DR PRENTICE *stares in admiration.*

PRENTICE. Remarkable. My last secretary couldn't better you.[2] And she was a descendant of Houdini.[3]

NICK *hands the clothes to* DR PRENTICE. *He is naked except for a pair of shorts. He is about to take them off when* DR PRENTICE *holds up his hand.*

Don't remove your drawers. My medical training has familiarized me with what is underneath.

MRS PRENTICE *enters front the hall. She stops in horror.*

MRS PRENTICE. What devilry are you up to now?[4]

PRENTICE. I'm carrying out a medical examination.

MRS PRENTICE. But you're not a physician. Why do you need the child undressed?

PRENTICE (*smiling, with enormous patience*). My investigations upon

---

1 the rate: 요금.

2 My last secretary couldn't better you: "지난번 비서도 당신보다는 못했소." 옷을 더 빨리 벗지 못했다는 뜻.

3 Houdini: Harry Houdini(1874-1926) 헝가리 출생의 마술사로 특히 탈출 곡예로 유명했다.

4 What devilry are you up to now? : "어떤 괴상한 짓을 하려는 참인가요?"

his clothed body would be strictly 'unscientific' and, inevitably, superficial. In order to assure myself that he's going to be of use to me I must examine him fully. And skin-wise.

MRS PRENTICE. You ogre![1] Never, in my whole life, have I heard anything so lame and stupid. This folly will get you struck off the Register.[2] (*Picking up NICK's uniform.*) Come with me, dear. You mustn't be left with this man.

She takes the uniform into the hall.

NICK. What do we do now, sir? If the law comes I can't even run for it.[3]

DR PRENTICE *picks up the cardboard box and takes out a leopard-spotted dress and a wig.*

PRENTICE. I have an idea. I want you to impersonate my secretary.[4] Her name is Geraldine Barclay. It will solve all our problems if you agree to my request.

He gives NICK *the dress and wig.*

It's of particular importance to convince Dr Rance that you're a woman. You should encounter no real difficulties there. He's an elderly man. I don't suppose he's checked with the original lately.

He takes NICK *to the dispensary door.*

After your meeting plead illness and leave the house. I'll be waiting with your own clothes. The operation completed you'll be given a sum of money and a ticket for any destination you choose.

[1] ogre: (민화, 동화의) 사람 잡아 먹는 귀신·괴물.

[2] This folly will get you struck off the Register: "이 잘못으로 의사 명부에서 제명 당하고 말거에요."

[3] I can't even run for it: "도망칠 수조차 없어요."

[4] I want you to impersonate my secretary: "자네가 내 비서 역할을 연기하게."

(*Pushing him into the dispensary.*) If you run into trouble I shall deny all knowledge of you.[1] Dress in there.

He shuts the dispensary door, goes to the hall and calls in friendly tones:

Would you like to step this way, officer? I'm sorry to have kept you waiting.

He goes to the desk and opens a fresh bottle of whisky. NICK *opens the dispensary door and looks through.*

NICK. Shoes, sir!

DR PRENTICE *swings round in alarm.*

PRENTICE. Shoes! (*He puts the bottle down.*) One moment!

He takes GERALDINE'*s shoe from* DR RANCE'*s brief-case and throws it to* NICK. *He goes to the vase and lifts the roses quickly. He puts a hand into the vase, searching for the other shoe.* SERGEANT MATCH *enters.* NICK *darts into the dispensary.* DR PRENTICE *puts the roses behind his back.*

(*In cold tones.*) Would you mind not entering my consulting room without permission?

MATCH (*a little put out*).[2] You asked me to come in, sir.
PRENTICE. I don't believe I did. Wait outside.

SERGEANT MATCH *leaves the room.* DR PRENTICE *shakes* GERALDINE'*s shoe from the vase. He hurries to the dispensary, throws the shoe inside and darts back to the vase. He is about to*

---

[1] If you run into trouble I shall deny all knowledge of you: "자네가 곤란한 일에 처하면 나는 자네를 전혀 모른다고 부인할 것이야."

[2] a little put out: 약간 당황해하며.

replace the flowers when MRS PRENTICE *enters from the hall. She sees* DR PRENTICE *is holding the flowers and steps back in amazement.* DR PRENTICE *offers her the bunch of roses. Her face turns ashen.*[1] *She is angry and a little frightened.*

MRS PRENTICE. Why do you keep giving me flowers?
PRENTICE. It's because I'm very fond of you, my dear.
MRS PRENTICE. Your actions grow wilder with every passing moment.[2] Why were you rude to the policeman?
PRENTICE. He barged in without so much as a by-your-leave.[3]
MRS PRENTICE. But you asked him to come in. Had you forgotten?
PRENTICE. Yes. (*Pause.*) My memory isn't what it was. Tell him I'll see him now.

MRS PRENTICE *goes into the hall.* DR PRENTICE *replaces the flowers, goes to his desk and pours a large whisky.* GERALDINE *enters from the ward. Her hair has been cut short. She is wearing the hospital nightgown.* DR PRENTICE *is considerably alarmed by her presence in the room.*

Miss Barclay! What are you doing here?
GERALDINE. Nothing would induce me to remain on your staff a moment longer, doctor. I wish to give notice.

SERGEANT MATCH *enters form the hall. His view of* GERALDINE *is obscured by the couch.*

MATCH. Sorry for the misunderstanding, sir.
PRENTICE (*turning, abrupt*). Please remain outside. I think I made

1 Her face turns ashen: 그녀의 얼굴이 잿빛이 된다.
2 with every passing moment: 한 순간 한 순간 지날 때마다.
3 He barged in without so much as a by-your-leave: "그는 '실례합니다만'이라고도 하지 않고 불쑥 들어왔소."

myself plain.[1]

MATCH (*pause*). You don't wish to see me?

PRENTICE. No.

SERGEANT MATCH, *somewhat perplexed by the situation*[2] *goes into the hall.* DR PRENTICE *takes* GERALDINE *by the arm.*

Your disclosures could ruin me. Give me a chance to get us out of this mess.

GERALDINE. You must put matters right by telling the truth.

PRENTICE (*pulls curtains round couch*). Hide behind here. Nothing unpleasant will happen. You have my word as a gentleman.

GERALDINE. We must tell the truth!

PRENTICE. That's a thoroughly defeatist[3] attitude. (*He bundles her behind the curtain.*[4])

GERALDINE (*looking over the curtain*). At least give me back my clothes. I feel naked without them.

DR PRENTICE *removes the roses from the vase, takes out* GERALDINE'*s underclothes and stockings and throws them to her.* MRS PRENTICE *and* SERGEANT MATCH *enter from the hall.* GERALDINE *ducks behind the curtain.* DR PRENTICE *has the roses in his hand.* MRS PRENTICE *clutches* SERGEANT MATCH'*s arm.*

MRS PRENTICE. Oh, if he presents me with those flowers again I shall faint!

They watch in silence as DR PRENTICE *replaces the roses with an air of confidence.*[5] *Without* GERALDINE'*s clothes under them the*

---

1 I think I made myself plain: "내가 분명하게 내 뜻을 밝혔다고 생각하는데?"

2 somewhat perplexed by the situation: 그 상황에 다소 당황해서.

3 defeatist: 패배주의자(의).

4 He bundles her behind the curtain: 그는 그녀를 커튼 뒤로 밀어 넣었다.

5 with an air of confidence: 자신감에 찬 느낌으로.

stalks are too short. The flowers vanish into the vase. MRS PRENTICE *cries out in surprise.*

MRS PRENTICE. He's cut the stalks off! His lunacy is beyond belief.

DR PRENTICE *picks Up his drink and turns, blandly,*[1] *to* SERGEANT MATCH.

PRENTICE. Excuse my wife's hysteria, sergeant. A man tried to molest her last night. Her recovery is far from complete.[2]

MATCH. I understand that Mrs Prentice introduced the young man to you, sir?

PRENTICE. Yes. We shan't prefer charges.

MATCH. I believe your wife to be ill-advised in not repeating her experiences before a judge and jury. However, as it happens, I'm not concerned with this case. I'm interested in the youth's movements between midnight and seven a.m. During that period he is alleged to have misconducted himself with a party of schoolchildren.

MRS PRENTICE (*pouring a drink*). How vile and disgraceful!

MATCH. After carrying out a medical examination our lady doctor is up in arms.[3] She can't wait to meet this fellow face to face.

PRENTICE. Well, sergeant, he isn't on the premises.[4] If he turns up you'll be informed.

MRS PRENTICE (*shocked*). How dare you give misleading information to the police? (*To* SERGEANT MATCH.) He was here. I have his clothes outside.

MATCH. Very wise of you to confiscate[5] his clothing, ma'am. If more women did the same the number of cases of rape would be halved.

[1] blandly: 차분하고 덤덤하게.

[2] far from complete: 전혀 완전하지 않은.

[3] up in arms: 분개하여. 분연히 일어나.

[4] he isn't on the premises: "그는 이 건물 내에 없소."

[5] confiscate: 몰수하다. 압수하다.

PRENTICE (*at the desk*). Or doubled.

MRS PRENTICE. Disregard anything my husband says. I'll fetch the clothing.

She goes into the hall carrying her drink. SERGEANT MATCH *turns to* DR PRENTICE.

MATCH. I'm also anxious, sir, to trace the whereabouts of[1] a young woman called Barclay. Can you help in my inquiries?

PRENTICE (*a spasm of anxiety crossing his face*). Why do you wish to see Miss Barclay?

MATCH. It's a matter of national importance. Miss Barclay's stepmother, a woman of otherwise unblemished character,[2] died recently. Shortly before her death her name had been linked in a most unpleasant way with that of Sir Winston Churchill. Mrs Barclay's association with the great man gave offence in some circles. However, the local council, composed by and large of no-nonsense men and women of the sixties, decided in view of his war record to overlook Sir Winston's moral lapse. Under expert guidance he was to be reintegrated into society. The task accomplished it became clear that the great man was incomplete. When the true facts got out the die-hards[3] were in uproar. The press took up the story and it snowballed out of all proportion.[4] At last — with the full support of the Conservative and Unionist Party[5] — the council decided to sue the heirs of Mrs Barclay for those parts of Sir Winston which an army-type medical had proved to be missing. The council's lawyers obtained an exhumation order.[6] This morn-

1 to trace the whereabouts of . . . : ~의 행방을 추적하다.

2 a woman of otherwise unblemished character: 그렇지 않으면 흠 잡을 데 없는 고결한 여성.

3 the die-hards: 보수주의자들.

4 it snowballed out of all proportion: 눈덩이처럼 크게 과장되었다.

5 Unionist Party: 통일당(북아일랜드의 구(舊)프로테스탄트파 정당; 1920-72년 북아일랜드와 영국과의 연합 정책을 견지했다.)

6 an exhumation order: 시체 발굴 명령.

ing the coffin was opened in the presence of the Lord Mayor[1] and Lady Mayoress of this borough. Fainting women were held back as the official in charge searched high and low for council property. His efforts were not crowned with success. Mrs Barclay had taken nothing with her to the grave except those things which she ought to have done. At noon today the matter came to the attention of the police.

PRENTICE (*pouring whisky*). You suspect my secretary of having stolen certain parts of Sir Winston Churchill?

MRS PRENTICE *enters with* NICK*'s uniform.*

MRS PRENTICE. Here is proof that the young man was in this room.
MATCH. He can't get far without clothing.
PRENTICE. His progress without clothing last night was enviable.
MATCH (*to* DR PRENTICE). You still claim, sir, that you have no knowledge of the youth's whereabouts?
PRENTICE. No.
MATCH. And what has become of Miss Barclay?
PRENTICE. I've no idea.
MRS PRENTICE. You told Dr Rance she was burning the golliwogs.

SERGEANT MATCH *looks from one to the other in amazement.*

Was that a lie?
PRENTICE. It may have been. I can't remember.

MRS PRENTICE *gives an impatient toss of her head.*

MRS PRENTICE. You must talk to Dr Rance, sergeant. He may be able to account for my husband's unusual behaviour pattern.
MATCH. Where would the doctor be?
MRS PRENTICE. In the garden. Please tell him that his specialized knowledge is urgently required.

[1] Lord Mayor: 대도시의 시장.

SERGEANT MATCH *goes into the garden.* MRS PRENTICE *turns to her husband and addresses him in unfamiliar tones of quietness and sympathy.*

Now, darling, you've clearly lost the capacity to remember fresh items of information, to solve unaccustomed problems and to remain orientated.[1] Don't let this worry you. I shall be at your side throughout the whole course of your illness. I'm even going to take notes on the progress of your breakdown.[2] So nothing will be wasted. Try to remember why you damaged the flowers in this vase. It may have a direct bearing on the case.[3]

She gives a charming smile, picks up the vase and goes into the hall. GERALDINE *pokes her head over the curtain.*

GERALDINE. Tell the truth, sir. All your troubles spring from a lack of candour.[4]

PRENTICE. My troubles spring from a misguided attempt to seduce you.[5]

GERALDINE (*with a gasp*). You never told me you were seducing me. You said you were interested in my mind.

PRENTICE. That's like 'open sesame' — a formula for gaining entrance.

SERGEANT MATCH *appears in the french windows.* GERALDINE *ducks behind the curtain.*

MATCH. Are you sure that Dr Rance is out here, sir?

PRENTICE. Yes.

---

1 remain orientated: 정황을 잘 파악하는 상태로 남아 있다.

2 breakdown: (건강상의) 쇠약.

3 have a direct bearing on the case: 그 사건과 직접 관련되다.

4 a lack of candour: 솔직함의 결여.

5 My troubles spring from a misguided attempt to seduce you: "내 문제는 당신을 유혹하려했던 잘못된 시도에서 생겨났소."

MATCH. Where would he be then?

PRENTICE. In the shrubbery.[1] We've a naked elf[2] on a bird-bath.[3] We often have trouble with peeping-toms.[4]

MATCH. I'd like you to accompany me, sir.

DR PRENTICE *shrugs and follows* SERGEANT MATCH *into the garden.* GERALDINE *steps down from the couch. She is wearing her panties and bra. She carries the nightgown. She tricks up* NICK'*s uniform. She drops the nightgown on to a chair and hurries to the dispensary. She retreats at once.*

GERALDINE. A strange woman!

She runs to the ward door, looks through and backs terrified.

Dr Rance! Oh, whatever shall I do?

She scurries to the hall, checks herself and scuttles back to the couch.[5] *She climbs behind the curtains.* MRS PRENTICE *enters carrying the roses in a smaller vase.* NICK *enters from the dispensary. He is dressed in women's clothing and wears a blonde wig.* MRS PRENTICE *gives a gasp of surprise and puts the vase down.*

MRS PRENTICE. Are you Geraldine Barclay?

NICK. Yes. (*He speaks in low, cultured tones.*)

MRS PRENTICE. Where have you been?

NICK (*primly*). I've been attending to the thousand and one duties that occupy the average secretary during her working hours.

---

1 shrubbery: 관목 숲.

2 elf: 요정.

3 bird-bath: 새 물통.

4 peeping-toms: 관음증 환자. 엿보기 좋아하는 사람.

5 scuttle back to the couch: 소파로 허둥지둥 되돌아가다.

MRS PRENTICE. It doesn't take the whole morning to file your nails,[1] surely?

NICK. I had to lie down. I was sick.

MRS PRENTICE. Are you pregnant?

NICK *tosses back a lock of hair.*

NICK. I can't discuss my employer's business with you.

MRS PRENTICE. What was your last job?

NICK. I was a hostess at the 'One, Two, Three' Club.

MRS PRENTICE *purses her lips in disapproval.*[2]

MRS PRENTICE. It's obvious that you're unsuited to the work here. I shan't recommend you for employment.

DR PRENTICE *and* SERGEANT MATCH *enter from the garden.*

(*To* SERGEANT MATCH.) This is my husband's secretary, sergeant. She'll be pleased to help you in your inquiries.

MATCH (*to* NICK). Miss Barclay, I must ask you to produce[3] or cause to be produced, the missing parts of Sir Winston Churchill.

NICK. What do they look like?

MATCH. You're claiming ignorance of the shape and structure of the objects sought?

NICK. I'm in the dark.

MATCH. You handled them only at night? We shall draw our own conclusions.

NICK. I'm not the kind of girl to be mixed-up in that kind of thing. I'm an ex-member of the Brownies.[4]

---

[1] file your nails: 손톱을 다듬다.

[2] purses her lips in disapproval: 불만스러워하며 입술을 오므리다.

[3] produce: 내놓다. 제출하다.

[4] Brownies: 1914년에 Lord Baden-Powell이 처음 조직한 7세부터 10세 사이의 소녀들을 위한 단체.

MATCH. Are you concealing unlawful property about your person?

NICK. No.

MATCH. I'll have to call medical evidence to prove your story, miss. You must be thoroughly looked into.

PRENTICE. I'm a qualified doctor.

MATCH. Only women are permitted to examine female suspects.

PRENTICE. Doesn't that breed discontent in the force?

MATCH. Among the single men there's a certain amount of bitterness. Married men who are familiar with the country are glad to be let off extra map-reading.[1]

MRS PRENTICE. I'll examine Miss Barclay. That will solve the problem.

MATCH. Thank you, ma'am. I accept your kind offer. Take the young lady into the dispensary and get her to submit to a medical examination.

MRS PRENTICE *leads* NICK *into the dispensary.* DR RANCE *enters from the ward, his face a mask of horror.*

RANCE. Prentice! The patient has escaped. Sound the alarm.[2]

MATCH. How long has the patient been gone, sir?

RANCE. Only a few minutes.

MATCH. Any steps you feel may be necessary to recover your patient may be taken, sir.

DR RANCE *crosses, pulls the siren bell and hurries into the hall.*

She must've come through this room. You and I were in the garden. Mrs Prentice was in the hall. Escape would be impossible. She must still be in this room. (*He turns to* DR PRENTICE *in triumph.*) Only one hiding place is possible.

[1] let off extra map-reading: 추가 독도법 훈련을 면제해 주다.

[2] Sound the alarm: "비상벨을 울려라."

He pulls the curtain on the couch aside. GERALDINE *is revealed. She is wearing* NICK's *uniform; his hat and shoes. She has on* DR PRENTICE's *spectacles.*

MATCH (*taking in the picture at a glance*). Are you from the Station Hotel?

GERALDINE *answers in a scared voice.*

GERALDINE. Yes.
MATCH. I want a word with you,[1] my lad. (*He takes out his notebook.*)

A siren begins to wail.

ACT TWO

One minute later. The siren fades.

DR PRENTICE *opens another bottle of whisky.* GERALDINE *steps from the couch in relief.*

GERALDINE (*to* SERGEANT MATCH). You've no idea how glad I am to be arrested.
MATCH. Why?
GERALDINE. I'm in great danger.
MATCH. Who from?
GERALDINE. Dr Prentice. His conduct is scandalous. Take me to the police station. I shall prefer charges.[2]
MATCH (*to* DR PRENTICE). Have you anything to say, sir?
PRENTICE. Yes. What this young woman claims is a tissue of lies.[3]

---

[1] I want a word with you: "이야기를 좀 나눕시다."
[2] I shall prefer charges: "나는 고소를 해야겠어요."
[3] a tissue of lies: 거짓말투성이.

SERGEANT MATCH *scratches his head.*

MATCH (*pause*). This is a boy, sir. Not a girl. If you're baffled by the difference it might be as well to approach both with caution. (*To* GERALDINE.) Let's hear what you've got to say for yourself.

GERALDINE. I came here for a job. On some pretext the doctor got me to remove my clothes. Afterwards he behaved in a strange manner.

MATCH. What did he do?

GERALDINE. He asked me to lie on that couch.

SERGEANT MATCH *glances at* DR PRENTICE *in disapproval.* DR PRENTICE *drinks whisky.* MATCH *turns to* GERALDINE.

MATCH (*quietly*). Did he, at any time, attempt to interfere with[1] you?

PRENTICE (*putting the glass down*). You'll be disappointed, sergeant, if you imagine that boy has lost his virginity.

MATCH. I hope he'll be considerably more experienced before he loses that, sir. What reason had you for taking off his clothes?

PRENTICE. I wished to assure myself of his unquestioning obedience.[2] I give a prize each year. I hope ultimately to tie it in with the Duke of Edinburgh's Award scheme.[3]

MATCH. I'd prefer not to have Royalty mentioned in this context, sir. Have you been in trouble of this kind before?

PRENTICE. I'm not in trouble.

MATCH. You must realize this boy is bringing a serious charge against you?

PRENTICE. Yes. It's ridiculous. I'm a married man.

1 interfere with: (완곡어) 성적으로 장난[폭행]하다.

2 his unquestioning obedience: 그의 의문을 제기하지 않는(절대적인) 복종.

3 Duke of Edinburgh's Award scheme: 전 세계 127개국에서 운영되는 국제적으로 공인된 자기성장 프로그램. 1956년 영국 Edinburgh 공작에 의해 처음 시작된 이 프로그램은, 만14-25세 사이의 청소년들이 신체단련, 자기개발, 봉사 및 탐험 활동을 통해 그들의 잠재력을 최대한 개발하여 청소년 자신 및 지역사회와 국가를 변화 시킬 수 있는 삶의 기술을 갖도록 하는데 그 목적이 있다.

MATCH. Marriage excuses no one the freaks'[1] roll-call.

PRENTICE. I'm a respected member of my profession. Your accusation is absurd.

MATCH. It's not for me to bring accusations in a matter I don't fully understand.

PRENTICE. The boy has an unsavoury[2] reputation. Last night requires explaining before this morning.

GERALDINE. I had nothing to do with the disgraceful happenings at the Station Hotel.

MATCH. You deny that on the night of Thursday last you did behave in an obscene manner with a section of the Priory Road School for girls?

GERALDINE. Yes.

MATCH. Nicholas Beckett I warn you that anything you say will be taken down and may be used in evidence against you.

GERALDINE. My name isn't Nicholas Beckett.

MATCH (*pause, with a frown*). Then why d'you suppose I'd wish to arrest you?

GERALDINE. To safeguard my interests?

DR PRENTICE, *at the desk, pours whisky into a glass.*

PRENTICE. You imagine you'll be safe from acts of indecency in a police station?

GERALDINE. Of course.

PRENTICE. I wish I shared your optimism.

DR RANCE *enters from the hall.*

RANCE. Full security arrangements are in force.[3] No one is to leave the clinic without written permission. Prentice, get your secretary

[1] the freak: 광적으로 관심이 많은 사람. 괴짜. 괴물 같은 사람.

[2] unsavoury: (도덕적으로) 불미스러운.

[3] Full security arrangements are in force: “완전한 보안 장치가 작동중입니다.”

to issue warrants to every member of the staff.

PRENTICE. I'll do that, sir, as soon as she's ready to resume her normal duties.

MATCH (*to* DR RANCE). Would you help us clear up a spot of bother,[1] doctor? It's a matter of some urgency. Last night this youth assaulted a number of children. This morning he was assaulted in his turn.

RANCE (*with a shrug*). What can I say? It's an extreme case of 'be done by as you did'.

MATCH. The boy has made a serious charge against Dr Prentice. He claims he was forced to strip and lie on a couch.

RANCE (*to* DR PRENTICE). A complete list of your indiscretions would make a best-seller.

PRENTICE. It's all a dreadful mistake, sir.

RANCE. Now, Prentice, at the moment there's only one thing to advise. Absolute frankness. Have you behaved in an unseemly manner?

PRENTICE. No!

MATCH. The doctor said he wanted to put the boy in some kind of club.

RANCE. It's no good trying to do that. Boys cannot be put in the club. That's half their charm.

DR PRENTICE *passes a hand across his brow. An expression of desperate anxiety is on his face.*

PRENTICE. I'm sorry if my statement misled the sergeant. My nerves are on edge.[2]

RANCE. You should consult a qualified psychiatrist.

PRENTICE. I am a qualified psychiatrist.

RANCE. You're a fool. That isn't quite the same thing. Though, in your case, the two may have much in common. (*To* SERGEANT

---

1 a spot of bother: 작은 문제.

2 My nerves are on edge: "내 신경이 온통 곤두 서 있어요."

MATCH.) Has the boy come to your notice before?[1]

MATCH. Not on a case of this kind. That's why we have to be careful. As the doctor rightly says, he has an unsavoury reputation. It may be that he bears Dr Prentice a grudge.[2]

RANCE (*to* DR PRENTICE). Perhaps this accusation springs from disappointment. It might have been wiser if you hadn't rejected the young fellow's blandishments.[3]

PRENTICE. Unnatural vice can ruin a man.

RANCE. Ruin follows the accusation not the vice. Had you committed the act you wouldn't now be facing the charge.

PRENTICE. I couldn't commit the act. I'm a heterosexual.

RANCE. I wish you wouldn't use these Chaucerian words.[4] It's most confusing. (*To* SERGEANT MATCH. How do you propose to get to the bottom of this affair?

MATCH. A reputable person must examine the lad.

GERALDINE. I refuse to be examined!

MATCH. You can't refuse. You're under arrest.[5]

GERALDINE. I'm not Nicholas Beckett. I want to be taken to prison.

MATCH. If you aren't Nicholas Beckett you can't go to prison. You're not under arrest.

GERALDINE (*pause, biting her lip*). I am Nicholas Beckett.

MATCH. Then you're under arrest. You'll submit to a medical examination.

RANCE. And I shall conduct it. The mind of the victim of this kind of assault must be considered equally with the body.

GERALDINE. I haven't been assaulted.

RANCE. Then why make such a foul accusation?

GERALDINE. I didn't accuse anyone. The sergeant made the accusation.

---

[1] Has the boy come to your notice before?: "전에 저 아이를 알고 있었나요?"

[2] a grudge: 원한.

[3] blandishment: 부추김. 유혹.

[4] Chaucerian words: 초서 시대에나 쓸법한 단어들.

[5] under arrest: 체포당한. 구금중인.

RANCE (*to* SERGEANT MATCH). Has Dr Prentice assaulted you too? (*To* DR PRENTICE.) Is it policemen or young boys you're after? At your age it's high time you came to a decision.[1] (*To* SERGEANT MATCH.) Wait outside. I shall examine the boy and make my report. Afterwards I'll take a look at you.

MATCH (*stunned*). At me?

RANCE. Yes. We can't be too careful.

MATCH. It seems a bit unusual, sir.

RANCE (*with a bray of laughter*). You're in a madhouse. Unusual behaviour is the order of the day.[2]

MATCH. Only for patients.

RANCE. We've no privileged class here. It's democratic lunacy we practise.

SERGEANT MATCH *goes into the hall, perplexed.* DR RANCE *turns to the sink, folds back his cuffs and rinses his hands.*

(*Over his shoulder.*) Take your clothes off, sonny. Lie on the couch. (*He returns to the sink.*)

GERALDINE *clutches* DR PRENTICE *by the arm.*

GERALDINE (*in a frantic whisper*). What are we to do now? I can't undress. He'd spot the deception[3] at once.

PRENTICE. Keep calm! The situation, though desperate, is by no means lost.

DR RANCE *picks up a towel and dries his hands.*

GERALDINE. I shouldn't've behaved as I did, sir. I wasn't harmed.

RANCE. You enjoyed the experience? (*He puts the towel aside and*

[1] At your age it's high time you came to a decision: "당신 나이라면, 결정을 해야 할 때가 되었어요."

[2] the order of the day: (특정한 때, 장소에) 어울리는 것. 유행. 풍조.

[3] spot the deception: 속인 것을 알아차리다.

pulls on rubber gloves.) Would you enjoy normal intercourse?

GERALDINE. No, I might get pregnant — (*She realizes her mistake and attempts to cover up.*) — or be the cause of pregnancy in others.

DR RANCE, *quick to notice the error, turns to* DR PRENTICE.

RANCE. He's just given away a vital piece of information. (*He advances on* GERALDINE.) Do you think of yourself as a girl?

GERALDINE. No.

TRANCE. Why not?

GERALDINE. I'm a boy.

RANCE (*kindly*). Do you have the evidence about you?

GERALDINE (*her eyes flashing an appeal to* DR PRENTICE). I must be a boy. I like girls.

DR RANCE *stops and wrinkles his brow, puzzled.*

RANCE (*aside, to* DR PRENTICE). I can't quite follow the reasoning there.[1]

PRENTICE. Many men imagine that a preference for women, is *ipso facto,*[2] a proof of virility.[3]

RANCE (*nodding, sagely*). Someone should really write a book on these folk-myths. (*To* GERAlDINE. Take your trousers down. I'll tell you which sex you belong to.

GERALDINE (*backing away*). I'd rather not know!

RANCE. You wish to remain in ignorance?

GERALDINE. Yes.

RAN CE. I can't encourage you in such a self-indulgent attitude. You must face facts like the rest of us.

---

[1] I can't quite follow the reasoning there: "저 추론은 이해하기가 난해한 걸."

[2] ipso facto: (by the fact itself) 바로 그 사실에 의하여. 사실상.

[3] virility: 사내다움. 생식력.

He forces GERALDINE *back to the couch.*

PRENTICE. You're forcing the boy to undergo a repetition of a traumatic experience, sir. He might go insane.

RANCE. This is a mental home.[1] He couldn't choose a more appropriate place. (*To* GERALDINE.) Undress. My time is valuable.

GERALDINE, *unable to stand the ordeal*[2] *any longer, cries out to* DR PRENTICE *in anguish.*

GERALDINE. I can't go on, doctor! I must tell the truth. *(To* DR RANCE) I'm not a boy! I'm a girl!

RANCE *(to* DR PRENTICE). Excellent. A confession at last. He wishes to believe he's a girl in order to minimize the feelings of guilt after homosexual intercourse.

GERALDINE (*wild-eyed, desperate*). I pretended to be a boy. I did it to help Dr Prentice.

RANCE. How does it help a man if a girl pretends to be a boy?

GERALDINE. Wives are angry if they find their husbands have undressed and seduced a girl.

RANCE. But boys are fair game? I doubt whether your very personal view of Society would go unchallenged.

Provoked beyond endurance, GERALDINE *flings herself into* DR RANCE'*s arms and cries hysterically.*

GERALDINE. Undress me then, doctor! Do whatever you like only prove that I'm a girl.

DR RANCE *pushes away and turns, frigidly*[3] *to* DR PRENTICE.

---

[1] mental home: 정신병원.

[2] the ordeal: 시련. 고통.

[3] frigidly: 냉담하게. 쌀쌀맞게.

RANCE. If he's going to carry on like this he'll have to be strapped down.[1]

MRS PRENTICE *enters from the dispensary.*

MRS PRENTICE (*to* DR RANCE). Would you take a look at Miss Barclay, doctor? She refuses to undress in front of a woman.
RANCE. How about in front of a man?
MRS PRENTICE. I haven't sounded her on the subject.
RANCE. I wonder if I could tempt her. (*He chews his lip.*) I'll give it a try. She may be a nymphomaniac. (*To* DR PRENTICE.) If this lad becomes foul-mouthed keep him on the boil till I return.[2]

He goes into the dispensary followed by MRS PRENTICE. GERALDINE *pulls herself together.*[3]

GERALDINE. I'll go through the garden, doctor. I can get a taxi home.
PRENTICE. That isn't possible. Strict security precautions[4] are in force until the patient is recaptured.
GERALDINE. When she is recaptured can I go?
PRENTICE. No.
GERALDINE. Why not?
PRENTICE. You *are* the patient.

GERALDINE *gives a little cry of distress.* DR RANCE *re-enters from the dispensary removing his rubber gloves.*

RANCE. Your secretary is standing on a table fighting off any attempt to undress her.[5] She seems incapable of conducting herself in a

1 If he's going to carry on like this he'll have to be strapped down: "계속 이런 식으로 굴면 묶어 놓아야만 하겠군."

2 If this lad becomes foul-mouthed keep him on the boil till I return: "만약 이 애가 입이 험해지면 내가 돌아올 때까지 그대로 계속 펄펄 뛰게 놔두세요."

3 GERALDINE pulls herself together: Geraldine이 정신을 추스린다.

4 Strict security precautions: 엄격한 보안조치.

5 fighting off any attempt to undress her: 옷을 벗기려는 어떤 시도에도 저항하며.

proper manner.

PRENTICE. She's given me no cause for complaint.

RANCE. But you expect a secretary to misbehave herself. It's a condition of employment. (*He faces* DR PRENTICE, *candidly.*) Do you realize the woman uses a razor?

PRENTICE. I see nothing remarkable in that. Mrs Prentice has occasion sometimes to remove unwanted hair.

RANCE. From her chin? (*He flings the rubber gloves aside.*) There are two sexes. The unpalatable[1] truth must be faced. Your attempts at a merger can end only in heartbreak.

MRS PRENTICE *enters from the dispensary leading a chastened*[2] NICK *by the hand.*

MRS PRENTICE. Miss Barclay is calmer now, doctor. I've given her a sedative.[3]

RANCE (*turning to* NICK, *shaking his head*). What an absorbing picture of the mind in decay.

PRENTICE. Miss Barclay is no more ill than I am.

RANCE. But your condition is worse than hers.

PRENTICE. I can't accept that.

RANCE. No madman ever accepts madness. Only the sane do that. (*To* NICK, *brusquely.*) Why won't you allow Mrs Prentice to undress you?

MRS PRENTICE. Her objections appear to be religious. She claims to be at one with God.

RANCE (*to* NICK). When were you first aware of a special relationship with the Almighty?

NICK. When I was presented with a copy of the Bible bound in calf.

RANCE. Was it an autographed copy?

NICK. I don't think God actually signed it.

[1] unpalatable: 맛없는. 불쾌한. 싫은.

[2] chastened: (혼이 나서) 누그러진. 벌을 받은.

[3] a sedative: 진정제.

RANCE. Well, of course, these things slip one's memory. Was there an inscription?[1]

NICK. Yes.

RANCE. What did it say?

NICK. W. H. Smith & Sons.[2]

RANCE. Oh, they count as God. You've clearly had a genuine religious experience. (*He nods to* GERALDINE.) Were you present when Dr Prentice used this youth unnaturally?

NICK. What is unnatural?

RANCE (*to* MRS PRENTICE). How disturbing the questions of the mad can be. (*To* NICK.) Suppose I made an indecent suggestion to you? If you agreed something might occur which, by and large, would be regarded as natural. If, on the other hand, I approached this child — (*He smiles at* GERALDINE.) — my action could result only in a gross violation of the order of things.[3]

MRS PRENTICE (*nodding to* GERALDINE). Has my husband misbehaved with that boy?

RANCE. It's impossible to say with any degree of accuracy. He refuses to co-operate with a medical examination.

MRS PRENTICE (*to* DR PRENTICE). What happened to the other boy?

PRENTICE. Which boy?

MRS PRENTICE. The one you undressed.

RANCE. This is the boy he undressed.

MRS PRENTICE. No. He undressed the boy who made a nuisance of himself to me.

RANCE (*pause*). Isn't this the same one?

MRS PRENTICE. No.

RANCE (*staring, perplexed*). There's another boy?

MRS PRENTICE. He was being interviewed for a secretarial post. My

[1] inscription: 적혀 있는 글. 헌사.

[2] W.H. Smith and Sons: 1790년에 설립된 영국의 서점 체인. 가게의 모습이나 종업원의 태도 등에 있어서 상류층의 느낌을 강하게 풍기는 것으로 유명했다.

[3] the order of things: 사물의 질서. 세상의 이치.

husband made him undress.

RANCE (*coldly, to* DR PRENTICE). How long have you been a pervert?[1]

PRENTICE. I'm not a pervert!

RANCE. How would you describe a man who mauls[2] young boys, importunes[3] policemen and lives on terms of intimacy with a woman who shaves twice a day?

PRENTICE. I'd say the man was a pervert.

RANCE. I'm glad you're beginning to face the realities of the situation. (*To* GERALDINE.) Who are you if you're not Nicholas Beckett?

GERALDINE *looks to* DR PRENTICE *and bites her lip.*

PRENTICE. His name is Gerald Barclay.

RANCE (*indicating* NICK). Is he this young woman's brother?

PRENTICE. No.

RANCE. What has happened then to Nicholas Beckett?

PRENTICE. He left an hour ago to resume his duties at the Station Hotel.

MRS PRENTICE. He can't have done! I took his uniform. He'd be naked.

PRENTICE. From what one hears of the Station Hotel the uniform is optional.

RANCE (*shaking his head, worried*). I hope we haven't lost another one. We'll be alone with our miracle drugs[4] if many more go. (*To* MRS PRENTICE.) Find out whether the boy has returned to the hotel.

MRS PRENTICE *goes into the hall.* DR RANCE *turns to* DR PRENTICE.

Prepare the necessary papers. I'm certifying these two.

1 pervert: 타락자. 성적 도착자.

2 maul: 상처를 내다. 거칠게 다루다.

3 importune: 괴롭히다. 끈질기게 조르다.

4 miracle drug: 묘약. 명약.

Cries of alarm come from NICK *and* GERALDINE.

NICK. Can't you do something about him, sir? He's off his head.[1]

RANCE (*sternly*). I am a representative of order, you of chaos. Unless that fact is faced I can never hope to cure you.

(*To* DR PRENTICE.) Make out the committal orders for me to sign.[2]

PRENTICE (*upset and angry*). I can't agree to such drastic action.[3] We've no evidence of insanity.

RANCE. I'm relieving you of your post as head of this clinic.[4] You'll do as I say from now on.

PRENTICE. I resent your handling of this affair, sir. I shall make my views known to the Commissioners.

RANCE. I doubt whether the views of a madman will carry much weight with the Commissioners.

PRENTICE. I'm not mad. It only looks that way.

RANCE. Your actions today would get the Archbishop of Canterbury declared non-compos.[5]

PRENTICE. I'm not the Archbishop of Canterbury.

RANCE. That will come at a later stage of your illness.

PRENTICE. Your interpretation of my behaviour is misplaced and erroneous. If anyone borders on lunacy[6] it's you yourself!

RANCE. Bearing in mind your abnormality that is a normal reaction. The sane appear as strange to the mad as the mad to the sane. Remain where you are. I shall give you a capsule.

He hurries into the dispensary.

[1] be off one's head: 정신이 나가다.

[2] Make out the committal orders for me to sign: "내가 서명할 수감 명령서를 작성하시오."

[3] drastic action: 과감한 행동.

[4] I'm relieving you of your post as head of this clinic: "이 병원의 원장으로서의 당신 지위를 박탈하겠소."

[5] non-compos: non compos mentis. 정신 상태가 정상이 아닌.

[6] If anyone borders on lunacy: "누군가 정신 이상과 가깝다면."

GERALDINE (*with a sob*[1]). Twice declared insane in one day! And they said I'd be working for a cheerful, well-spoken crowd. (*She blows her nose.*)

NICK. Why is he wearing my uniform?

PRENTICE. He isn't a boy. He's a girl.

GERALDINE. Why is she wearing my shoes?

PRENTICE. She isn't a girl. She's a boy. (*Pouring whisky.*) Oh, if I live to be ninety, I'll never again attempt sexual intercourse.

NICK. If we changed clothes, sir, we could get things back to normal.

PRENTICE. We'd then have to account for the disappearance of my secretary and the page-boy.

GERALDINE. But they don't exist!

PRENTICE. When people who don't exist disappear the account of their departure must be convincing.

NICK (*pause*). Is the sergeant corruptible?

PRENTICE. No.

NICK. I must have his uniform.

PRENTICE. Why?

NICK. To arrest myself.

DR PRENTICE *passes a hand across his forehead, dazed and weary.*

PRENTICE. I've been too long among the mad to know what sanity is.

NICK. Once I'm arrested we can write me off.[2]

GERALDINE. You're multiplying our problems not dividing them.

NICK (*to* DR PRENTICE). Some glib pretext[3] will get her out of the way. Then we can change clothes.

PRENTICE (*pause, uneasy*). The dangers of the cure may outweigh the disease.[4]

---

1 with a sob: 흐느끼며.

2 write somebody off: ~를 (무가치한 것으로 보고) 단념하다.

3 glib pretext: 그럴듯한 구실.

4 The dangers of the cure may outweigh the disease: 치료했을 때의 위험이 그 병보다

DR RANCE *enters from the dispensary. He hands a bright red pill-box to* DR PRENTICE.

RANCE. Take two of these.
PRENTICE (*looking at the pill-box*). What are they?
RANCE. Dangerous drugs intended to relieve your pathologically elevated mood.[1] Be careful not to exceed the stated dose.[2] (*To* NICK.) Get a grip on yourself, young woman, and release those objects for which the police of five counties are searching. (*He takes* GERALDINE *by the arm.*) I'm putting this youth into a padded cell.[3] Rampant hermaphroditism[4] must be discouraged.
GERALDINE. Oh, I'm glad my parents are dead. This would've killed them.

DR RANCE *takes her into the ward.*

PRENTICE (*to* NICK). I'll get the sergeant to undress. I'm suspected of the offence, I might as well commit it.
NICK. Can't you give him a shot of something, sir? To damp him down?[5]
PRENTICE. A mild tranquillizer wouldn't harm him, I suppose. You'll find a box of anti-depressants[6] in my desk.

NICK *goes to the desk and takes a square, white pill-box from the drawer.* DR PRENTICE *opens the hall door.*

(*Calling, friendly.*) Would you step this way, sergeant?

더 클 수 있다는 뜻.

1 pathologically elevated mood: 병적으로 고양된 기분.

2 the stated dose: 명시된 복용량.

3 a padded cell: (정신 병원에서 환자의 자해를 막기 위해) 벽면에 패드를 댄 방.

4 Rampant hermaphroditism: 만연한 양성인 증세.

5 To damp him down: 그의 기운을 약화시키기 위해.

6 anti-depressant: 우울증치료제. 항우울제.

NICK *hands* DR PRENTICE *the white pill-box and enters the dispensary.* SERGEANT MATCH *enters from the hall.*

MATCH. You wish to speak to me, doctor?
PRENTICE. Yes. I'd like you to undress and lie on that couch.
MATCH (*pause*). I haven't been interfered with.
PRENTICE. Never mind about that. Strip down to your underwear.
MATCH (*sitting on couch, unlacing boots*). If you make any attempt to arouse me, doctor, I shall call for help.
PRENTICE. It's easy to see why you've never been interfered with. You place too many obstacles in the way.

SERGEANT MATCH *takes off his boots.* NICK *appears in the doorway of the dispensary.* DR PRENTICE *hands him the boots.* NICK *takes them into the dispensary.* SERGEANT MATCH *takes off his tunic*[1] *and hands it to* DR PRENTICE. NICK, *without his shoes and wig, appears in the doorway of the dispensary.* DR PRENTICE *hands him the* SERGEANT'*s tunic.* NICK *turns.* DR PRENTICE unzips *his dress.* NICK *takes the tunic into the dispensary.* SERGEANT MATCH *takes off his shirt and tie.* NICK *wearing only his underpants, appears in the doorway of the dispensary.* DR PRENTICE *hands him the* SERGEANT'*s shirt and tie.* NICK *goes into the dispensary.* SERGEANT MATCH *drops his trousers,* MRS PRENTICE *enters from the hall. Seeing the* SERGEANT *without his trousers, she screams loudly. Shocked and embarrassed* SERGEANT MATCH, *pulls up his trousers.*

MRS PRENTICE (*icily*[2]). What were you doing with your trousers down, officer?
MATCH. The doctor is going to examine me.
MRS PRENTICE. Why?
MATCH. There's reason to suppose that I had a nasty experience a

[1] tunic: (군인·경관 등의) 웃옷의 일종.
[2] icily: 얼음처럼. 쌀쌀맞게.

short time ago.

MRS PRENTICE. What kind of experience.

PRENTICE. He was meddled with.[1]

MRS PRENTICE. By whom?

PRENTICE. Me.

MRS PRENTICE. And why are you examining him?

PRENTICE. To find out whether his story is true.

MRS PRENTICE. Don't you know?

PRENTICE. No. I didn't feel a thing.

MRS PRENTICE (*with a toss of her head*). Where is Dr Rance?

PRENTICE. He's just certified the hotel page.[2] He's putting him in a padded cell.

MRS PRENTICE. I must speak to him. Things are getting out of control.[3]

She hurries into the ward. DR PRENTICE *turns to* SERGEANT MATCH.

PRENTICE. Remove your trousers, sergeant, and we'll continue.

SERGEANT MATCH *takes off his trousers and hands them to* DR PRENTICE. *He is naked except for his underpants and socks. With a flourish*[4] DR PRENTICE *takes the red pill-box from his pocket and hands it to the* SERGEANT.

(*Smiling.*) I'd like you to swallow these. Take as many as you like. They're quite harmless.

The SERGEANT *accepts the box.*

Now I want you to lie on this couch and concentrate on the closing chapters of your favourite work of fiction.

---

[1] He was meddled with: "누군가 그를 집적거렸어요."

[2] He's just certified the hotel page: "지금 막 호텔 보이가 정신병자임을 입증했소."

[3] Things are getting out of control: "상황이 걷잡을 수 없게 되어가고 있군요."

[4] With a flourish: 야단스러운 몸짓으로.

SERGEANT MATCH *lies on the couch.* DR PRENTICE *pulls the curtain around him and hurries to the dispensary with the trousers. He meets* NICK *in the doorway.* NICK *carries the* SERGEANT'*s uniform.* DR PRENTICE *hands him the trousers.*

(*To* NICK.) In the garden you'll find a little summer house.[1] You won't be disturbed in there.

NICK *goes into the garden with the clothes.* DR PRENTICE *goes to the desk and pours a whisky. He swallows it quickly.* NICK *appears, without the uniform, in the french windows.*

NICK. The helmet, sir!

DR PRENTICE *hurries to the couch.*

PRENTICE. The helmet, sergeant!
MATCH (*from behind the curtain*). In the hall, sir.
PRENTICE (*to* NICK). Where are Miss Barclay's clothes?
NICK. In the dispensary!

NICK *hurries into the hall.* DR PRENTICE *hurries into the dispensary.* MRS PRENTICE *enters from the ward.* NICK *re-enters from the hall wearing only underpants and the helmet. Upon seeing him*[2] MRS PRENTICE *shrieks and backs away.* NICK *runs into the garden.*

MRS PRENTICE (*at the desk, weakly*). Oh, this place is like a madhouse!

DR RANCE *enters from the ward.* MRS PRENTICE *turns upon him, wildly.*

[1] summer house: (정원, 공원 따위의) 정자.
[2] Upon seeing him: 그를 보자마자.

You must help me, doctor! I keep seeing naked men.

RANCE (*pause*). When did these delusions start?

MRS PRENTICE. They're not delusions. They're real.

RANCE (*with a bray of laughter*). Everyone who suffers from hallucinations[1] imagines they are real. When did you last think you saw a naked man?

MRS PRENTICE. Just now. He was nude except for a policeman's helmet.

RANCE (*drily*). It's not difficult to guess what's on your mind, my dear. Are you having marital troubles?[2]

MRS PRENTICE. Well, I do suffer from neuritis.[3] My husband refuses to prescribe anything.

RANCE. A man shouldn't have to drug his wife in order to achieve a happy union.

MRS PRENTICE. I don't want drugs. I want account taken of my sexual nature.[4]

She goes to the desk and pours whisky. DR RANCE *speaks to her gently yet with firmness.*

RANCE. Your depraved appetites may have contributed in part to your husband's breakdown. Where is Dr Prentice?

MRS PRENTICE (*putting ice into her glass*). I don't know. When I returned from telephoning the Station Hotel he was undressing the sergeant.

RANCE. How would you describe his relations with the sergeant?

MRS PRENTICE. Strange and, in many ways, puzzling. He's called him into this room on several occasions and then abruptly dismissed him.

RANCE. Playing the coquette,[5] eh? Well, well, it adds spice to a love

1 hallucinations: 환각. 환상.

2 marital troubles: 결혼 생활에서의 문제들.

3 neuritis: 신경염 말초신경계 전반에 생긴 염증. 고통과 마비 증세를 동반하기도 한다.

4 I want account taken of my sexual nature: "나의 성적 본성을 고려해 주시면 좋겠군요."

5 play the coquette: 아양을 떨다.

affair.[1] What news of the patient?

MRS PRENTICE. None. Except that this looks like the nightgown she was wearing. (*She holds up* GERALDINE'*s nightgown.*)

RANCE. She must be naked then?

MRS PRENTICE. Yes.

RANCE. And what's the report from the Station Hotel?

MRS PRENTICE. They state that they have no page called Gerald Barclay on their register. The youth you've certified insane must be an impostor.[2]

RANCE. And what of Nicholas Beckett — the real page-boy?

MRS PRENTICE. He hasn't returned to the hotel. Yet when he disappeared his uniform was in my possession.

RANCE (*greatly concerned*). Two young people — one mad and one sexually insatiable — both naked — are roaming this house. At all costs we must prevent a collision.

MRS PRENTICE. Oh, doctor! Does any of this make sense to you?

RANCE. It most certainly does. les a human interest story. A respected member of the medical fraternity[3] is married to a dazzlingly beautiful woman. Hopelessly in love but, through mutual distrust, refusing to admit it, there is little they can do to prevent a once-precious relationship turning sour. The doctor has a charming, but mentally unstable patient. She is the key to the mystery. At an early age she was the victim of a sexual attack. The assailant was her own father! An act of transference,[4] common to the experience of any psychiatrist, allows her to identify the doctor as her parent. The demands of a nymphomaniac wife and patient, coupled with those of his torrid[5] secretary, prove too much for his sanity. He turns, in his anguish, to assaulting young boys. Retain-

[1] it adds spice to a love affair: 연애 사건에 풍미를 더해준다.

[2] impostor: 남의 이름을 사칭하는 자.

[3] fraternity: (직종이나 이해관계 또는 신념이 같은 사람들의) 협회.

[4] transference: 정신분석학에서 나온 개념으로 아동기 동안에 중요한 사람들과의 관계에서 경험했던 느낌, 사고, 행동 유형이 현재 맺고 있는 다른 사람들과의 관계로 전치된 것을 가리킴.

[5] torrid: 열정적인. 열렬한.

ing, however, some vestiges of normal feelings, he persuades his minions[1] to dress in women's clothes. This explains his desire for female garments. As his neurosis matures we'll better be able to decide whether he intended his boys to impersonate wife, patient or secretary.

MRS PRENTICE. And why did he assault the policeman?

RANCE. Pure madness. No other reason.

MRS PRENTICE. How long do you think my husband has been insane?

RANCE. I trace the origins of his illness as far back as that first letter to *The Guardian*. From the startling ideas of Dr Goebbels on the function of the male sexual organ we pass quite logically to white golliwogs. An. attempt, in fact, to change the order of creation — homosexuality slots in here — dabbling in the black arts! The reported theft of the private parts of a well-known public figure ties in with this theory. We've phallic worship under our noses or I'm a Dutchman![2] (*With a neigh of laughter.*) When this is published I'll make my fortune. My 'documentary type' novelette[3] will go into twelve record-breaking reprints. I'll be able to leave the service of the Commissioners and bask in[4] the attentions of those who, like myself; find other people's iniquity[5] puts money in their purse.

MRS PRENTICE (*drinking whisky with a shudder*). What a dreadful story. I'd condemn it in the strongest terms if it were fiction.

RANCE. I shan't now ask Dr Prentice to open our Mental Health Fair. (*Pressing his lips together.*) We'll have to fall back upon[6] one of the saner members of the Cabinet.

MRS PRENTICE *picks a bright red pill-box from the floor near the*

[1] minion: 앞잡이. 총애 받는 사람.

[2] or I'm a Dutchman: "그렇지 않으면 난 사람이 아니다."

[3] novelette: (종종 경멸적) 감상적 3류 소설.

[4] bask in: (은혜 따위를) 입다. 행복한 처지에 있다.

[5] iniquity: 부정행위. 불법 행위.

[6] fall back upon: ~에 의존하다. 기대다.

couch. DR RANCE *is quick to notice.*

What's that?

MRS PRENTICE. A pill-box, doctor. It's empty.

DR RANCE *seizes it and turns it over, with slowly growing horror.*

RANCE. He's taken an overdose![1] We have here terrible evidence of conflict. His tormented mind, seeking release, has led him to attempt to destroy himself.

MRS PRENTICE *gasps with shock and amazement.*

MRS PRENTICE. Suicide? This is so unexpected.

RANCE. Just when one least expects it, the unexpected always happens. We must find him before it's too late.

They part rapidly in opposite directions — MRS PRENTICE *into the hall,* DR RANCE *into the ward.* DR PRENTICE *and* NICK *enter simultaneously from the dispensary and the garden.* DR PRENTICE *carries the shoes and wig wrapped in the dress.* NICK *is wearing the* SERGEANT'*s uniform.*

NICK (*urgent*) Miss Barclay is hanging from the window of the padded cell, doctor!

PRENTICE (*staring about the room*). Where can one hide a woman's dress in a doctors consulting-room?

He picks up the vase. It is now too small to contain the dress. He looks around, quickly, desperate. The curtains of the couch[2] *part and* SERGEANT MATCH *tumbles forward on the floor, drugged into insensibility.* DR PRENTICE *and* NICK *react to the* SERGEANT'*s*

[1] He's taken an overdose!: "그는 (약을) 과다 복용을 했어요."

[2] the couch: (의사의 진료실에 있는) 침상.

condition. DR PRENTICE *feels in his pocket and pulls out the square white pill-box. His eyes widen. He clutches his throat.*

(*With a strangled cry.*[1]) My God! I've poisoned him!

NICK *runs to the sink, wets a towel and flicks it into the* SERGEANT'*s face.* DR PRENTICE *puts the dress down and attempts to drag* SERGEANT MATCH *to his feet.*[2] *The* SERGEANT *moans, stares about him in a stupor and shivers uncontrollably.*

NICK (*holding the SERGEANT'S pulse*). He's frozen,[3] sir.
PRENTICE. The effect of the drug. We find the same process at work in corpses.
NICK. Get some clothes on him and dump him outside. Let him sleep it off.[4]

He picks up the dress.

PRENTICE (*wringing his hands*). How shall I explain the presence in my garden of the drugged body of a police sergeant?
NICK (*putting the dress on to* SERGEANT MATCH). You're guilty. You don't have to explain. Only the innocent do that.

He zips up the dress. DR PRENTICE *forces the* SERGEANT *to his feet.*

PRENTICE (*with a wail*). Oh, if this gets out I'll be reduced to selling matches![5]

[1] With a strangled cry: 숨 가쁜 비명을 지르며.

[2] attempts to drag SERGEANT MATCH to his feet: Match 경사의 몸을 끌어서 일으켜 세우려 해보다.

[3] frozen: (두려움, 공포 등으로 몸이) 굳어진. 얼어붙은.

[4] sleep it off: 잠을 자세 그 증세가 없어지게 하다.

[5] selling matches: 성냥팔이 소녀처럼 가난한 아이들이 길거리에서 성냥을 팔아서 연명

They drag the semi-conscious SERGEANT MATCH *into the garden.* MRS PRENTICE *enters from the hall,* DR RANCE *from the ward.*

MRS PRENTICE. Someone has stolen the sergeant's helmet from the hall table. Do you suppose it could be my husband?

RANCE. Possibly. His behaviour is so ridiculous one might almost suspect him of being sane.

MRS PRENTICE, *at the french windows, suddenly cries out in alarm.*

What is it, my dear? You seem to express more emotion than is necessary at the mention of a policeman's helmet.

MRS PRENTICE. I've just seen my husband carrying a woman into the shrubbery.

RANCE. Was she struggling?

MRS PRENTICE. No.

RANCE. Then a new and frightening possibility presents itself. The drugs in this box — (*He lifts up the bright red pill-box.*) — may not have been used for suicide, but for murder. Your husband has made away with his secretary![1]

MRS PRENTICE *pours a whisky with a nervous laugh.*

MRS PRENTICE. Isn't that a little melodramatic,[2] doctor?

RANCE. Lunatics *are* melodramatic. The subtleties of drama are wasted on them. The ugly shadow of anti-Christ[3] stalks this house. Having discovered her Father/Lover in Dr Prentice the patient replaces him in a psychological reshuffle by that archetypal

하는 경우가 많았던 것처럼 자신도 파멸하게 될 것이라는 뜻이다. 그런데 여기서 경찰관의 이름이 Match라는 주목할 만하다.

1 Your husband has made away with his secretary!: "당신 남편이 비서를 살해했어요!"

2 melodramatic: (못마땅하게) 멜로드라마 같은. (행동, 반응이) 과장된.

3 anti-Christ: (기독교) 적그리스도.

Father-figure[1] — the Devil himself. Everything is now clear. The final chapters of my book are knitting together: incest, buggery,[2] outrageous women and strange love-cults catering for depraved appetites. All the fashionable bric-à-brac.[3] A beautiful but neurotic girl has influenced the doctor to sacrifice a white virgin to propitiate the dark gods of unreason. 'When they broke into the evil-smelling den they found her poor body bleeding beneath the obscene and half-erect phallus.' (*To* MRS PRENTICE.) My 'unbiased account' of the case of the infamous sex-killer Prentice will undoubtedly add a great deal to our understanding of such creatures. Society must be made aware of the growing menace of pornography. The whole treacherous avant-garde movement will be exposed for what it is — an instrument for inciting decent citizens to commit bizarre[4] crimes against humanity and the state! (*He pauses, a little overcome and wipes his brow.*) You have, under your roof, my dear, one of the most remarkable lunatics of all time. We must institute a search for the corpse. As a transvestite,[5] fetishist,[6] bi-sexual murderer Dr Prentice displays considerable deviation overlap. We may get necrophilia[7] too. As a sort of bonus.

DR PRENTICE *enters from the garden.*

(*Turning, and giving a disdainful stare.*) Would you confirm, Prentice, that your wife saw you carrying a body into the shrubbery?

PRENTICE. Yes. I have an explanation for my conduct.

RANCE. I'm not interested in your explanations. I can provide my own. Where is your secretary?

---

[1] Father-figure: 아버지 같은 존재. 아버지 상.

[2] buggery: 수간. 계간.

[3] bric-à-brac: (자그마한) 장식품들.

[4] bizarre: 기괴한. 특이한.

[5] transvestite: 복장도착자.

[6] fetishist: 특정한 여성의 물건을 통해 성적 쾌감을 얻는 사람.

[7] necrophilia: 시체 성애. 시간.

PRENTICE. I've given her the sack.[1]

RANCE (*aside to* MRS PRENTICE). He killed her and wrapped her body in a sack. The word association is very clear.

PRENTICE. I haven't killed anyone!

RANCE. Your answer is in accord with the complex structure of your neurosis.

PRENTICE. The person my wife saw wasn't dead. They were asleep.

RANCE (*to* MRS PRENTICE). He hopes for a resurrection. We've a link here with primitive religion. (*To* DR PRENTICE.) Why have you turned your back on the God of your Fathers?

PRENTICE. I'm a rationalist.

RANCE. You can't be a rationalist in an irrational world. It isn't rational. (*Picking up the wig and shoes.*) Was it your intention to wear these for auto-erotic[2] excitement?

PRENTICE. No, I'm a perfectly normal man.

RANCE (*to* MRS PRENTICE). His belief in normality is quite abnormal. (*To* DR PRENTICE.) Was the girl killed before or after you took her clothes off?

PRENTICE. He wasn't a girl. He was a man.

MRS PRENTICE. He was wearing a dress.

PRENTICE. He was a man for all that.

RANCE. Women wear dresses, Prentice, not men. I won't be a party to the wanton destruction of a fine old tradition.[3] Did you change clothes with your victim before it died?

PRENTICE. Nobody died! The person you saw me with was a policeman who'd taken an overdose of narcotics.[4]

MRS PRENTICE. Why was he dressed as a woman?

PRENTICE. He was naked when I found him. The dress was readily

[1] I've given her the sack: "나는 그녀를 해고했어요." 이 말에서 sack이 자루라는 뜻도 지니기 때문에 이어지는 대사에서 Dr. Rance는 "He killed her and wrapped her body in a sack"이라고 말하고 있다.

[2] auto-erotic: 자기 색정적인(자기 몸을 통해 성적 흥분을 일으키는).

[3] I won't be a party to the wanton destruction of a fine old tradition: "좋은 옛날 전통을 고의적으로 파괴하는 일당이 되고 싶지는 않소."

[4] narcotics: 마약. 마취제.

to hand.

MRS PRENTICE. Where were his own clothes?

PRENTICE. A boy had stolen them.

DR RANCE *draws* MRS PRENTICE *aside, his face a mask of disapproval.*

RANCE. The time has come to call a halt to this Graeco Roman hallucination. Is there a strait-jacket[1] in the house?

MRS PRENTICE. Modern methods of treatment have rendered the strait-jacket obsolete.

RANCE. I'm well aware of that. We still use them none the less. Have you one in your possession?

MRS PRENTICE. The porter has a few.

RANCE. We can take no chances with your husband in his present condition.

He goes into the hall. DR PRENTICE, *at the desk, pouring whisky, spits his words venomously at his wife.*

PRENTICE. Is this another of your plots to undermine my reputation for sound judgement, you treacherous harpy?[2]

MRS PRENTICE *makes no effort to reply. She smiles and puts a hand upon* DR PRENTICE*'s shoulder.*

MRS PRENTICE (*gently*). You've caused a poor girl's death, darling. You may be called upon to accept a period of restraint.

PRENTICE (*swallowing whisky*). Miss Barclay isn't dead!

MRS PRENTICE. Produce her then[3] and your difficulties will be over.

PRENTICE. I can't.

---

1 strait-jacket: (미친 사람, 광포한 죄수에게 입히는) 구속복.

2 harpy: 잔인하고 탐욕스런 사람. 성을 잘 내는 여자.

3 Produce her then: "그러면 그녀를 데려와라."

MRS PRENTICE. Why not?

PRENTICE. You're wearing her dress. (*With a shrug of resignation.*) You surprised me this morning making an ill-timed attempt to seduce her.

MRS PRENTICE *smiles a smile of quiet disbelief.*

MRS PRENTICE. If we're to save our marriage, my dear, you must admit that you prefer boys to women. Dr Rance has explained the reasons for your aberration.[1] You'll find me quite tolerant. In fact I know a number of charming youths. I could pass a few of the younger ones on to you. It would raise the tone of our marriage considerably.

DR PRENTICE *is stunned by her suggestion. He rounds on her in a fury.*

PRENTICE. I won't have you making scandalous allegations[2] in a matter of which you know nothing.

MRS PRENTICE (*tossing her head*). The page at the hotel accused you of behaving in an indecent manner.

PRENTICE. That wasn't a boy. It was a girl.

MRS PRENTICE. Admit that you prefer your sex to mine. I've no hesitation in saying that I do.

PRENTICE. You filthy degenerate![3] Take your clothes off!

MRS PRENTICE *unzips her dress.*

MRS PRENTICE (*eagerly*). Are you going to beat me? Do if you wish. Your psychotic experiences are immensely valuable to you and should be encouraged rather than thwarted or repressed.[4]

---

1 aberration: (특히 일시적인) 정신이상(착란).

2 allegation: 주장. 진술.

3 degenerate: 변질자. 성욕도착자.

4 rather than thwarted or repressed: 좌절시키거나 억압시키기보다는.

DR PRENTICE *seizes her, smacks*[1] *her face and tears the dress from her. She struggles.*

MRS PRENTICE (*gasping as he slaps her*). Oh, my darling! This is the way to sexual adjustment in marriage.

DR PRENTICE *throws her from him. She crashes into the vase which topples to the floor.* DR RANCE *runs in from the hall with two strait-jackets.* DR PRENTICE *runs into the garden with his wife's dress.* MRS PRENTICE *sits among the overthrown flowers, her hair tousled,*[2] *wearing only her underclothes.*

MRS PRENTICE (*rising, stumbling to the desk*). Oh, doctor, during your absence my husband became violent and struck me. (*She pours a whisky.*)

RANCE. Did you enjoy it?

MRS PRENTICE. At first. But the pleasures of the senses quickly pall.[3]

She drinks the whisky. DR RANCE *stoops and picks up the vase and scattered flowers.*

RANCE. Was there an attempt to destroy these flowers?

MRS PRENTICE. They fell during the struggle.

RANCE. You're aware of the plant allegory? The rose is a common cipher[4] for a woman. He intended to do you harm.

MRS PRENTICE. Yes. I was beaten until I was nearly senseless.

RANCE. Oh, that was a mere physical act with no special psychological significance. We must lose no time in putting Dr Prentice under restraint. We'll need help in the enterprise. Have you no brawny[5] youth upon whom you can call in times of stress?

---

[1] smack: 손바닥으로 철썩 치다.

[2] tousled: 헝클어진.

[3] pall: 시시해지다. 물리다. 김이 빠지다.

[4] cipher: 암호.

[5] brawny: 튼튼한. 건장한.

MRS PRENTICE. I'm a married woman, doctor! Your suggestion is in the worst of taste.

NICK *enters from the garden dressed in the* SERGEANT'*s uniform.*

NICK. I'd like a word with you, doctor, about my brother, Nicholas Beckett. I've just arrested him.

RANCE. Such a touching demonstration of brotherly love is quite in key with the spirit of the age.[1] Why did you arrest him?

NICK. He'd broken the law.

RANCE. And because of that he's to be treated as a criminal? What's happened to the British love of fair play? Where is your brother now?

NICK. In gaol.[2]

RANCE (*to* MRS PRENTICE). Your sleep won't be disturbed tonight, my dear.

MRS PRENTICE. Life is full of disappointments.

RANCE (*to* NICK). Where is Sergeant Match?

NICK. Keeping my brother company.

RANCE. Has he been charged?

NICK. He hasn't committed a crime.

RANCE (*to* MRS PRENTICE). When the punishment for guilt or innocence is the same it becomes an act of logic to commit the crime. (*To* NICK.) Was Dr Prentice in the garden?

NICK. No.

RANCE. You may have difficulty in recognizing him. He was probably dressed as a woman.

MRS PRENTICE. He bas killed his secretary.

NICK (*horrified*). He can't've done. He's an O.B.E.[3]

RANCE. These cabbalistic[4] signs are of no more use in warding off

[1] in key with the spirit of the age: 시대정신과 조화를 이루어.

[2] gaol: jail.

[3] O.B.E: Officer (of the Order) of the British Empire(대영제국 4등 훈사(勳士)); Order of the British Empire(대영제국 4등 훈위(勳位)).

[4] cabbalistic: 신비한. 신비스런.

evil than the moons and stars on a sorcerer's hat. We shall need your help in tracking down the mindless killer of young Geraldine Barclay.

NICK *stares at* DR RANCE.

NICK (*with a groan*). Oh, doctor, I'm obsessed by feelings of guilt. I have to make a confession.

RANCE. You must ring for an appointment. I can't listen to confessions off the cuff.[1]

NICK. I am Nicholas Beckett. I've no right to wear this uniform. (*He takes off his helmet.*) I did it at the doctors request never imagining that I was unwittingly assisting a psychopath.[2]

RANCE. You have no brother? And Sergeant Match isn't in custody?[3]

NICK. No. I'm a page-boy employed by the Station Hotel. I met Dr Prentice quite by chance. I took to him instantly. After a short conversation during which we discussed sex matters in an uninhibited and free-wheeling[4] way, he asked me if I'd mind dressing up as a woman. I agreed to his suggestion having heard that transvestism is no longer held to be a dangerous debilitating[5] vice. The doctor introduced me to his colleagues as 'Miss Barclay'. I was to be paid a sum of money. (*To* MRS PRENTICE.) That's why I objected to being undressed. It would've embarrassed me.

MRS PRENTICE (*to* DR RANCE). You understand what this means, doctor?

RANCE. Yes. Miss Barclay has been missing since this morning. (*To* NICK.) When Dr Prentice asked you to pose as a woman[6] did he give a reason?

---

1 off the cuff: 사전 준비 없이. 즉흥적으로.

2 psychopath: 정신병환자.

3 in custody: 수감되어.

4 free-wheeling: 구속당하지 않는. 자유로운.

5 debilitate: (국가기관들을) 약화시키다.

6 pose as a woman: (남을 속이기 위해) 여자인 체하다.

NICK. No.

MRS PRENTICE. Didn't you consider his request strange?

NICK. No.

RANCE. Have you aided other men in their perverted follies?

NICK. During my last term at school I was the slave of a corporal in the Welsh Fusiliers.[1]

RANCE. Were you never warned of the dangers inherent in such relationships?

NICK. When he was posted abroad[2] he gave me a copy of 'The Way to Healthy Manhood'.

RANCE (*drily, to* MRS PRENTICE). A case of opening the stable door after the horse is in.[3] (*To* NICK.) Your life appears to have been spent among the more brutal and irresponsible members of society. You'd better help me to right the wrongs you've done.

NICK. What do you want me to do, sir? After my recent experiences I'm understandably suspicious.

RANCE. You'll find the demands of medicine easier to satisfy than those of the army. (*He picks up the strait-jacket.*) This is a strait-jacket. I require your help in persuading Dr Prentice to put it on. There may be violence. His body has a mind of its own. (*To* MRS PRENTICE.) Have you a gun?

MRS PRENTICE *opens a drawer in the desk and takes out two guns.*

MRS PRENTICE (*handing one to* DR RANCE). You will make sure before you fire that my husband isn't waving an olive branch?[4]

1 Welsh Fusiliers: 1689년에 설립된 영국군의 보병 연대.

2 When he was posted abroad: 해외 발령을 받자.

3 opening the stable door after the horse is in: 말이 들어간 뒤에 마구간 문을 여는 일. 원래는 'Lock the stable door after the steed is stolen.'인데, 이를 변형시켜서 표현했음.

4 waving an olive branch: 평화를 제안하는 것. 원래 올리브 나무 가지를 상대방에게 건네는 것이 평화를 제안하는 행위인데, 여기서는 올리브 가지가 공격 무기가 될 수도 있다고 Dr. Rance가 말하고 있다.

RANCE. An olive branch can be used as an offensive weapon. If there's trouble I shall blow him from the floor.

NICK (*to* DR RANCE). You're going to flush him from his hiding-place, sir?

RANCE. Yes. Really we should hire beaters, but they'll expect to have their fares paid from Scotland. (*He goes to the french windows, shaking his head.*) I'm loath to certify a fellow psychiatrist.[1] It causes such bad feelings within the profession.

He goes into the garden.

MRS PRENTICE (*to* NICK). Take no chances. Call for help immediately you see Dr Prentice. (*She goes to the hall door, waving the gun.*) Try not to break his arms or legs. It makes the job of adjusting the jacket doubly difficult.

She goes into the hall. NICK *opens the strait-jacket.* DR PRENTICE *enters from the ward carrying the dress taken from* MRS PRENTICE. *He looks harassed.*

PRENTICE. Miss Barclay has fallen from the window of the padded cell. When I asked her to undress she became hysterical.

NICK *nods, understandingly. He walks across to* DR PRENTICE *and takes him firmly by the shoulder.*

NICK. Come along now, doctor, I want you to put this on. (*He lifts the jacket.*)

PRENTICE (*hardly hearing*). I want you to co-operate with me in getting things back to normal in this house.

NICK (*soothingly*). You can rely on me, sir.

PRENTICE. It would help me considerably if you'd take your clothes

[1] I'm loath to certify a fellow psychiatrist: "동료 정신과 의사를 정신병자로 인정하는 것이 썩 내키지 않는군요."

off.

NICK *(pause)*. If I do that, sir, will you put this on? (*He holds up the jacket.*)

PRENTICE (*angry, losing patience*). Of course not! That's a strait-jacket. I won't be a party to kinky capers.[1] You've lived too long at the Station Hotel to know how decent people behave. Now do as I say and undress!

SERGEANT MATCH, *wearing the leopard-spotted dress appears in the french windows.*

MATCH (*swaying, unsteadily*). I'm ready to be examined when you are, doctor.

He stumbles into the dispensary, clutching the furniture, his face pale, his eyes staring. GERALDINE, *wearing* NICK'*s uniform, staggers in from the garden. Her face is bruised and smeared with soil.*[2] *She is white with shock.*

GERALDINE. They're combing[3] the grounds for us, doctor! They've got guns. What shall we do?

PRENTICE. You must lose no time in getting undressed. (*He seizes her and attempts to unbutton her uniform.*)

GERALDINE (*tearful, beating him away*). You're behaving like a maniac!

NICK. He is a maniac. He's murdered. a woman and hidden her body somewhere.

PRENTICE. Who is responsible for these vile stories?

NICK. Dr Rance is having you certified. (*Waving the jacket.*) I've got to get you into this!

---

[1] I won't be a party to kinky capers: "변태적인 행동을 하는 무리에 포함되기 싫소."

[2] bruised and smeared with soil: 멍이 들고 흙이 묻어서 지저분한.

[3] comb: 샅샅이 뒤지다. 찾다.

He leaps upon DR PRENTICE *and attempts to put him into the strait-jacket.* DR PRENTICE *pulls* GERALDINE*'s trousers down. She beats him away, weeping profusely.*[1] *She pulls her trousers up.* DR PRENTICE *wards off*[2] NICK *and tries to prevent* GERALDINE *pulling up her trousers.* SERGEANT MATCH *enters dizzily from the dispensary, stumbling across the room, crashing and upsetting furniture.*

MATCH. I'm ready when you are, doctor!

He reels out into the ward. DR PRENTICE *shakes* NICK *away, furiously.*

PRENTICE (*to* GERALDINE). Give this youth the clothes you're wearing. (*He lifts the dress.*) Put this on. (*To* NICK.) Let the sergeant have his uniform back. When he next passes through we can confiscate my wife's dress and our problems will be solved.

NICK *takes off his uniform.* GERALDINE *pulls down her trousers. A shot is heard from the ward.* SERGEANT MATCH *enters. Blood is pouring down his leg.*

MATCH. I was on the lavatory,[3] doctor, when a man appeared and fired a gun at me. I'd like your opinion as to the extent of the damage.

He reels into the dispensary. A crash is heard. NICK *is now naked except for his underpants.* MRS PRENTICE *enters from the hall.* NICK *ducks behind the desk,* GERALDINE *is concealed from view by the couch.* MRS PRENTICE *advances on* DR PRENTICE.

1 profusely: 풍부하게. 엄청나게.

2 ward off:~을 피하다. 막다.

3 lavatory: 화장실.

MRS PRENTICE (*waving the gun*). Come with me and lie down!
PRENTICE. The woman is insatiable.
MRS PRENTICE. Unless you make love to me I shall shoot you.
PRENTICE. No husband can be expected to give his best at gun-point.[1] (*Backing away.*)

MRS PRENTICE *fires.* DR PRENTICE *ducks and runs quickly from the room into the garden.* MRS PRENTICE *follows and fires again.* SERGEANT MATCH *runs out of the dispensary, terrified. Seeing him* MRS PRENTICE *screams.* SERGEANT MATCH *gives a bellow of fright*[2] *and runs into the hall.* NICK *runs from behind the desk into the hall.* MRS PRENTICE *squeals*[3] *with surprise.* GERALDINE, *wearing the top half of* NICK's *uniform and no trousers, runs into the dispensary.* MRS PRENTICE *runs to the ward door. As she reaches it a shot is heard and* NICK *re-enters, moaning and clutchlng his shoulder. Screaming with terror* MRS PRENTICE *fires wildly at* NICK *who gives a yelp of pain and runs into the garden.* DR RANCE *enters from the ward holding a smoking gun.* MRS PRENTICE *flings herself upon him.*

MRS PRENTICE. Doctor, doctor! The world is full of naked men running in all directions!

DR RANCE *grabs her arm.*

RANCE. Where do you keep your tranquillizers?

MRS PRENTICE *hurries into the dispensary. A cry and a crash are heard and* GERALDINE *runs out. She has taken off the uniform and wears her own panties and bra.*

1 at gun-point: 총구를 들이대고. 총으로 위협하며.
2 a bellow of fright: 겁에 질린 고함소리.
3 squeal: (고통, 공포 따위로) 끽끽 울다.

RANCE (*with a bray of triumph*). At last we've caught the patient!

He points his gun at GERALDINE. MRS PRENTICE *runs from the dispensary with a strait-jacket and flings it over* GERALDINE.

GERALDINE. I'm not a patient. I'm telling the truth!
RANCE. It's much too late to tell the truth.

They drag the weeping girl to the couch and fasten her into the strait-jacket.

RANCE (*watching as* MRS PRENTICE *ties* GERALDINE *down*). These final harrowing[1] scenes will be lavishly illustrated with graphs showing the effect of her downfall upon her poor tortured mind. Meanwhile, in his temple of love, the hideous Dr Prentice and his acolyte[2] are praying to their false gods unaware that the forces of reason have got their measure.

MRS PRENTICE *steps back.*

Fetch a syringe.

MRS PRENTICE *goes into the dispensary.*

GERALDINE (*trussed up,*[3] *unable to move*). What have I done to deserve this? I've always led such a respectable life.
RANCE. Your mind has given way. You'll find the experience invaluable in your efforts to come to terms with twentieth-century living. Why did you persuade your father to kill Geraldine Barclay?
GERALDINE. I am Geraldine Barclay.
RANCE. You imagine you're a secretary. In fact you're the leading

---

1 harrowing: 끔찍한. 참혹한.

2 acolyte: (미사 때 신부를 돕는) 복사(服事). 조수.

3 trussed up: 꽉 묶인 채.

player in one of the most remarkable and sinister stories of recent history. The extent to which you influenced your employer and contributed to his breakdown has yet to be measured.

GERALDINE (*weeping, bitterly*). This is dreadful. Dreadful.

RANCE. I'm glad you're adopting a more responsible attitude. It's most encouraging. Where is the body?

GERALDINE. I don't know.

RANCE. Are you under the seal of the confessional?[1] What black rites were you initiated into by that foul priest of the Unknown?

GERALDINE *sobs, unable to speak.* DR RANCE *abruptly throws himself on to her and holds her in his arms.*

Let me cure your neurosis! It's the only thing I want out of life.

MRS PRENTICE *enters from the dispensary carrying a hypodermic syringe and bowl.*

MRS PRENTICE. What is the meaning of this exhibition?[2]

RANCE (*breaking away from* GERALDINE). It's a new and hitherto untried type of therapy. I think it's viable[3] under the circumstances.[4]

MRS PRENTICE. Your treatment seems designed to plunge the patient deeper into lunacy rather than achieve any lasting cure.

DR RANCE *rounds on her with icy dignity.*[5]

RANCE. Someone whose unconscious is as quirky[6] as your own could hardly be expected to understand my methods.

1 the seal of the confessional: 참회에서 고백한 사실에 대한 비밀을 지켜 주는 것.

2 exhibition: 전시회. 광경.

3 viable: (계획 따위가) 실용 가능한. 실제적인.

4 under the circumstances: 사정이 그러하므로 그런 사정으로 볼 때.

5 with icy dignity: 냉랭하도록 위엄 있게.

6 quirky: 기벽이 있는. 속임이 있는. 기발한.

MRS PRENTICE. What do you mean by that?

RANCE. I'm referring to those manifestations of the penis which you encounter with an increasing degree of frequency.

MRS PRENTICE. You've seen them too.

RANCE. What does that prove? Merely that you've given me your wretched disease. (*He takes the hypodermic from her.*)

MRS PRENTICE. Shall I swab the patient's arm?

RANCE. You don't imagine I'm wasting this stuff on her, do you? (*He rolls back his sleeve.*) At five guineas an ounce it would be criminal. (*He gives himself an injection.*) Go and call the police.

MRS PRENTICE *goes into the hall.* DR RANCE *puts the hypodermic aside.* MRS PRENTICE *re-enters, wild-eyed, her hands smeared with blood.*

MRS PRENTICE. There's a policeman outside. Naked and covered in blood.

RANCE. The bounds of decency have long been overstepped in this house.[1] (*He slaps her face.*) Your subconscious cannot be encouraged in its skulduggery.[2]

MRS PRENTICE (*desperate, showing her hands*). Is this blood real?

RANCE. No.

MRS PRENTICE. Can you see it?

RANCE. Yes.

MRS PRENTICE. Then what explanation is there?

RANCE. I'm a scientist. I state facts, I cannot be expected to provide explanations. Reject any para-normal phenomena.[3] It's the only way to remain sane.

MRS PRENTICE. It seems real.

RANCE. Who are you to decide what reality is? Remain where you

1 The bounds of decency have long been overstepped in this house: "이 집에서 품위의 경계는 이미 넘어선 지가 한참 되었어."

2 skulduggery: (구어·우스개) 야바위. 속임수(trickery)·음모. 부정(dishonesty).

3 para-normal phenomena: (과학으로 설명할 수 없는) 초자연적인 현상.

are. I'll call the police.

He goes into the hall. MRS PRENTICE *pours herself a whisky.* NICK *appears in the french windows, pale, swaying unsteadily and bleeding from a wound on his shoulder. Blood oozes from between his fingers.*

NICK (*anguished, fainting*). I'm in pain. I've been shot. Call a doctor.
MRS PRENTICE (*dropping her glass, hiding her head in her hands*). Oh, I'm losing my mind![1]

She sobs to herself. GERALDINE *calls to* NICK.

GERALDINE. Help me! I'm suffering untold anguish. Untie me.
NICK. Why are you tied up?
GERALDINE. Dr Rance did it. He says I'm mad.
NICK. He's a psychiatrist, he must know. He wouldn't put you in a strait-jacket if you were sane. He'd have to be mad.
GERALDINE. He is mad!

NICK *supports himself on the desk and stares at the sobbing* MRS PRENTICE.

NICK (*to* GERALDINE). Is she mad?
GERALDINE. She thinks she is. She imagines you're a figment of her imagination.[2]
NICK (*to* MRS PRENTICE, *nodding to* GERALDINE). She can see me. Doesn't that prove I'm real?
MRS PRENTICE. No. She's mad.
NICK. If you think I'm a phantom of your subconscious you must be mad.
MRS PRENTICE (*with a hysterical shriek*). I am mad!

[1] I'm losing my mind: "내가 미쳐가고 있어."
[2] a figment of her imagination: 그녀의 상상의 산물.

GERALDINE bursts into tears. NICK hangs over the desk, blood pouring from his wound. DR PRENTICE hurries in from the garden.

PRENTICE. My wife has shot at me. She thinks I'm mad!
NICK. You are mad! I've been told to put you into a strait-jacket.

He picks MRS PRENTICE's gun from the desk, lifts the strait-jacket and advances on DR PRENTICE. MRS PRENTICE covers her face with her hands. DR RANCE runs in from the hall carrying another strait-jacket. He flings it over MRS PRENTICE. They crash to the floor[1] *screaming and struggling.*

PRENTICE (*to* NICK). Put that gun down! (*To* DR RANCE.) A husband must be allowed to put his wife into a strait-jacket. It's one of the few pleasures left in modern marriage.

He makes a move. NICK holds out the jacket with one hand and waves the gun with the other.

You should have that wound attended to.[2] Have you a handkerchief?
NICK. No.
PRENTICE. Borrow mine.

He pulls his handkerchief from his pocket. It is full of flower stalks. He tosses them into NICK's face. NICK is knocked off guard.[3] *DR PRENTICE flings himself on to him. They join DR RANCE and MRS PRENTICE in a struggling, grunting heap on the floor*[4]

---

1 crash to the floor: 큰 소리를 내며 마루에 부딪히다.

2 You should have that wound attended to: "그 상처는 잘 치료해야 해요."

3 off guard: 경계를 푼. 방심한(사이에).

4 in a struggling, grunting heap on the floor: 마룻바닥에서 한 무더기가 되어 서로 다투고 끙끙대면서.

watched by the tearful GERALDINE *from the couch.* DR PRENTICE *wrenches the gun from* NICK *and stands.* NICK *moans and crawls away, his wound streaming blood, his face white and ill.* DR RANCE *stands to his feet having tied* MRS PRENTICE *into a strait-jacket.*

PRENTICE (*waving his gun*). Stay where you are, doctor! Your conduct today has been a model of official irresponsibility and bloody-mindedness. I'm going to certify you.[1]

RANCE (*quietly, with dignity*). No. I am going to certify you.

PRENTICE. I have the weapon. You have the choice. What is it to be? Either madness or death?

RANCE. Neither of your alternatives would enable me to continue to be employed by Her Majesty's Government.

PRENTICE. That isn't true. The higher reaches of the civil service are recruited entirely from corpses or madmen. Press the alarm!

DR RANCE *goes to the wall and presses the alarm. A siren wails. Metal grilles*[2] *fall over each of the doors. The lights go out. The siren wails to a stop. The room is lit only by the glare of a bloody sunset shining through the trees tn the garden.*

An overloading of the circuit![3] We're trapped.

RANCE (*drily*). I hope the security arrangements in the wards are as efficient as those in your consulting-room. We could starve to death.

PRENTICE. A fitting tribute to the effectiveness of our early warning system.

RANCE. Since neither of us can escape your deterrent[4] is useless. Put it down.

[1] I'm going to certify you: "난 당신을 정신병자로 확진하겠소."

[2] Metal grilles: 금속으로 된 (보호·방범용) 창살[안전망].

[3] An overloading of the circuit!: "전기회로에 과부하가 걸렸군!"

[4] deterrent: 억제책. 방해물.

DR PRENTICE *puts the gun on to the desk.* DR RANCE *takes out his own and points it at the astonished* DR PRENTICE.

RANCE (*holding* DR PRENTICE *at bay with one gun*[1] *and picking up the other*). I'll have you in a jacket within the home It's a hat trick!

PRENTICE. Is this a record for you?

RANCE (*slipping* DR PRENTICE'*s gun into his pocket*). By no means. I once put a whole family into a communal strait-jacket.

PRENTICE. How proud your mother must've been.

RANCE. She wasn't, I'm afraid. It was my own family, you see. I've a picture of the scene at home. My foot placed squarely upon my father's head. I sent it to Sigmund Freud and had a channing postcard in reply.

NICK *crawls, almost fainting, to a chair.*

NICK. What about me, sir? I'm not mad.

RANCE (*with a smile*). You're not human.

NICK. I can't be an hallucination. (*He points to his bleeding shoulder.*) Look at this wound. That's real.

RANCE. It appears to be.

NICK. If the pain is real I must be real.

RANCE. I'd rather not get involved in metaphysical speculation.[2]

PRENTICE. This young man is the page-boy from the Station Hotel. He misbehaved himself with my wife. He wasn't an hallucination when he did that.

RANCE. Your wife is subject to a type of nervous disorder which leads her to imagine she is being pursued by unclothed male figures. This young man is one of them. If he is her assailant it fol-

[1] holding DR PRENTICE at bay with one gun: 총 한 자루로 Dr Prentice의 접근을 막으며.

[2] I'd rather not get involved in metaphysical speculation: "나는 형이상학적 사색에 빠져들고 싶지 않소." Rance와 다른 등장인물들이 벌이는 reality에 관한 논쟁은 그 자체로는 우스꽝스럽지만, 그러한 논쟁을 통해 과연 실체(reality)란 무엇인지에 대한 철학적 탐색으로 이어진다.

lows that the assault was a fabrication of her diseased mind.[1]

PRENTICE. But Sergeant Match wishes to arrest the young man.

RANCE. The sergeant too may not exist. According to your wife he also appeared to her naked. For all we know he could be a type of incubus[2] employed by Scotland Yard.[3] He admitted that his brother was a figment of his imagination confirming my own law that the relations of apparitions are also apparitions. (*In a firm voice.*) What have you done with Geraldine Barclay?

GERALDINE (*feebly*). I'm here.

DR PRENTICE *goes to the desk and pours a large whisky.*

PRENTICE (*to* DR RANCE). The story you're about to hear is concerned solely with the heart: the mind and its mysteries could not have been further from my thoughts when, early this morning, I persuaded that young woman to take her clothes off. (*He drinks the whisky.*)

GERALDINE (*to* DR RANCE). Mrs Prentice mistook my dress for her own and, by an oversight,[4] you mistook me for a patient. Dr Prentice asked me to keep quiet in order to protect his good name. What could I do? I was terrified of exposure.

RANCE. You were naked at the time?

GERALDINE. Yes. Under duress[5] I agreed to help the doctor. I've never ceased reproaching myself. The whole day bas been spent fighting to retain my self-respect.

DR RANCE *chews his lip and turns abruptly to* DR PRENTICE.

RANCE. Release her. And your wife. (*As* DR PRENTICE *does so he*

[1] a fabrication of her diseased mind: 그녀의 병든 마음이 빚어낸 거짓. 위조.

[2] incubus: (잠자는 여인을 덮친다는) 악령.

[3] Scotland Yard: (영국의) 런던 경찰국.

[4] by an oversight: 무심결에.

[5] Under duress: 협박당하여. 강제로.

stares, baffled.[1]) I'd be willing to stake my professional reputation upon the fact that this girl has been the victim of an incestuous attack. I won't go back upon my diagnosis. My publishers will sue me for loss of royalties.

GERALDINE (*stepping from the couch*). I'm sure my typing speed has been affected by what I've suffered today. (*Tearful, to* DR PRENTICE.) And I wish to report the loss of my lucky elephant charm.

DR RANCE *takes a brooch from his pocket.*

RANCE. Is this the piece of jewellery to which you refer?

GERALDINE. Yes. It has great sentimental value.[2]

DR RANCE *gives it to her.* NICK *picks up the trousers of his uniform.*

NICK. I've got a brooch like that. (*He shows* GERALDINE *a brooch.*) You see — they make a pair!

MRS PRENTICE, *released now from the strait-jacket, gives a cry of surprise.*

MRS PRENTICE. Let me see those pieces of jewellery. (*The two brooches are shown to her.*) A single brooch can be made of these two fragments. (*She fits the brooch together.*[3]) Oh, my heart is beating like a wild thing!

DR RANCE *examines the brooch.*

RANCE. Two elephants carrying a richly engraved howdah[4] in which is seated a young and beautiful woman — perhaps a princess of

[1] baffled: 당황하여.

[2] It has great sentimental value: "감정적인 가치가 매우 큰 물건이에요."

[3] She fits the brooch together: 그녀는 그 브로치를 한데 맞춰본다.

[4] howdah: 상교(象轎) 코끼리·낙타의 등에 얹은 닫집이 있는 가마.

the royal line — magnificent example of oriental craftsmanship. (*To* MRS PRENTICE.) How did you know this was a single piece?

MRS PRENTICE. It belonged to me once. Many years ago, when I was a young woman, I was raped in a linen cupboard on the second floor of the Station Hotel. As the man left me he pressed that brooch into my hands in part payment.[1]

RANCE. How did these children come to be in possession of the separate halves?

MRS PRENTICE. I paid for my misdemeanour by conceiving twins. It was impossible for me to keep them — I was by then engaged to be married to a promising young psychiatrist. I decided to abandon them to their fate. I broke the brooch in half and pinned a separate piece to each babe. I then placed them at either end of the small country town in which I was resident. Some kind people must've brought the children up as their own. (*Weeping, hugging* NICK *and* GERALDINE.) Oh, children! I am your mother! Can you ever forgive me for what I did?

NICK. What kind of mother must you have been to stay alone at the Station Hotel?

MRS PRENTICE. I was employed as a chambermaid. I did it for a joke[2] shortly after the war. The effect of a Labour Government on the middle-classes had to be seen to be believed.

GERALDINE. Was our father also employed by the Station Hotel?

MRS PRENTICE. I never saw your father. The incident occurred during a power-cut.[3] I became pregnant as I waited for normal service to be resumed.

DR PRENTICE, *his face white with shock, comes forward.*

PRENTICE (*weakly, to* DR RANCE). You'll find an inscription on the back of the brooch, sir —

[1] in part payment: 대가의 일부로.

[2] for a joke: 장난으로. 농담 삼아서.

[3] during a power-cut: 정전이 된 동안에.

DR RANCE *turns the brooch over.*

PRENTICE.-'To Lillian from Avis. Christmas 1939'. I found that brooch many years ago. It was on the pavement outside a large department store.

RANCE. Who were Lillian and Avis?

PRENTICE. I've no idea. It fell from the collar of a pekinese.[1] Lillian and Avis may have been the creature's owners. (*He stares about him in shame.*) I haven't seen it since I pressed it into the hand of a chambermaid whom I debauched shortly before my marriage.[2]

MRS PRENTICE (*with a cry of recognition*). I understand now why you suggested that we spend our wedding night in a linen cupboard!

PRENTICE. I wished to recreate a moment that was very precious to me. If you'd given in to my request our marriage would never have foundered.[3]

MRS PRENTICE From this time on we'll never make love except in a linen cupboard. It's the least I can do after the years of suffering I've caused you!

He embraces her and embraces NICK *and* GERALDINE.

RANCE (*to* PRENTICE, *wild with delight*). If you are this child's father my book can be written in good faith — she is the victim of an incestuous assault!

MRS PRENTICE. And so am I, doctor! My son has a collection of indecent photographs which prove beyond doubt that he made free with me in the same hotel — indeed in the same linen cupboard where his conception took place.[4]

---

[1] the collar of a pekinese: 페키니즈(개 품종의 하나. 아주 작은 몸집에 털은 길고 다리는 짧으며 코가 납작함)의 목걸이.

[2] a chambermaid whom I debauched shortly before my marriage: 내가 결혼하기 얼마 전에 유린했던 객실 담당 여직원.

[3] founder: 무너지다. 허물어지다.

[4] in the same linen cupboard where his conception took place: 그를 임신하게 된 바

RANCE. Oh, what joy this discovery gives me! (*Embracing* MRS PRENTICE, GERALDINE *and* NICK,) Double incest is even more likely to produce a best-seller than murder — and this is as it should be for love *must* bring greater joy than violence.

Everyone embraces one another. The skylight opens, a rope ladder is lowered and, in a great blaze of glory,[1] SERGEANT MATCH, *the leopard-spotted dress torn from one shoulder and streaming with blood, descends.*

We're approaching what our racier novelists term 'the climax'.[2]

Reaching the floor SERGEANT MATCH *stares about him in bewilderment.*

MATCH. Will someone produce or cause to be produced the missing parts of Sir Winston Churchill?

RANCE. We have no knowledge of such things.

MATCH. I must ask for your co-operation in a matter of vital importance to this country. (*He sways, but hangs on to the rope ladder.*) Who was the last to see Mrs Barclay dead?

GERALDINE. The undertaker.

MATCH. Did he have no words of comfort for you as the only living descendant of a woman violated[3] by the hero of 1940?

GERALDINE. He handed me a box.

MATCH. What did it contain?

GERALDINE. I assumed it held the clothes my step-mother wore on the day of her death. I was going to deliver them to some poor and needy person.

MATCH. Where is the box?

로 그 린넨 선반에서.

[1] in a great blaze of glory: 엄청나게 빛나는 광휘 속에서.

[2] what our racier novelists term 'the climax': 짜릿한 소설가들이 '절정'이라고 이름 붙이는 것.

[3] violate: (문어체 또는 구식) 성폭행하다. 강간하다.

GERALDINE *picks up the box which she had upon entering the room. It has remained on the desk ever since.* SERGEANT MATCH *opens the box, looks inside, and gives a sigh.*

The Great Man can once more take up his place in the High Street as an example to us all of the spirit that won the Battle of Britain.[1]

SERGEANT MATCH *takes from the box and holds up a section from a larger than life-sized bronze statue.*[2] *Deep intakes of breath front everyone.*

RANCE (*with admiration*). How much more inspiring if, in those dark days, we'd seen what we see now. Instead we had to be content with a cigar — the symbol falling far short, as we all realize, of the object itself.

The dying sunlight from the garden and the blaze from above gild SERGEANT MATCH *as he holds high the nation's heritage.*

PRENTICE. Well, sergeant, we have been instrumental in uncovering a number of remarkable peccadilloes[3] today. I'm sure you'll co-operate in keeping them out of the papers?

MATCH. I will, sir.

RANCE. I'm glad you don't despise tradition. Let us put our clothes on and face the world.

They pick up their clothes and weary, bleeding, drugged and drunk, climb the rope ladder into the blazing light.

Curtain

[1] the Battle of Britain: 브리튼 전투 (1940년 London 상공에서 벌어진 영국과 독일의 전투).

[2] a larger than life-sized bronze statue: 실물보다 더 큰 청동 동상.

[3] peccadilloes: 가벼운 죄. 사소한 실수 (a very minor or slight sin or offense; a trifling fault).

TEXT OF *LEAR*

ACT ONE

SCENE ONE

Near the wall.
A stack of building materials — shovels, picks,[1] *posts and a tarpaulin.*[2] *Silence. Then (offstage)*[3] *a sudden indistinct shout, a crash, shouts. A* FOREMAN *and* TWO WORKERS *carry on a* DEAD WORKER *and put him down. They are followed by a* SOLDIER.

FIRST WORKER. Get some water! He needs water.
FOREMAN. He's dead.
SOLDIER. Move 'im then!
FOREMAN. Get his legs.
SOLDIER (*to* FOREMAN). Can yer see 'em? Look an' see![4] They're comin' up the ditch on the other side.

FOREMAN *goes upstage to look off.* THIRD *and* FOURTH WORKERS *come on.*

THIRD WORKER (*coming on*). I shouted to him to run.
FOREMAN (*coming downstage*). Go back, go back! Work!

FOURTH WORKER *goes off again.*

THIRD WORKER. You heard me shout!
FIRST WORKER. He says he's dead.
FOREMAN. Work!
SOLDIER (*to* FIRST WORKER). You! — make yerself responsible for

[1] pick: 곡괭이.
[2] tarpaulin: 타르 칠한 방수포. 비나 습기가 스며드는 것을 방지하기 위해 실외에서 사용하는 경우가 많다.
[3] offstage: 무대 밖에서.
[4] Can yer see 'em? Look an' see: Can you see them? Look and see! *yer: you.

'andin' in 'is pick t' stores.[1] (*Suddenly he sees something off stage*[2] *and runs down to the others.*) Cover 'im![3] Quick!

FOREMAN (*points to tarpaulin*). Take that!

They cover the body with the tarpaulin. LEAR, LORD WARRINGTON, *an* OLD COUNCILLOR, *an* OFFICER, *an* ENGINEER *and* LEAR'S DAUGHTERS—BODICE[4] *and* FONTANELLE[5]—*come on. The* SOLDIER, FOREMAN *and* WORKERS *stand stiffly.* WARRINGTON *signs to them and they work by the tarpaulin.*

BODICE (*to* FONTANELLE). We needn't go on. We can see the end.

ENGINEER. The chalk ends here. We'll move faster now.

COUNCILLOR (*looking at his map*). Isn't it a swamp on this map?

FONTANELLE (*to* BODICE). My feet are wet.

LEAR (*points to tarpaulin*). What's that?

ENGINEER. Materials for the —

WARRINGTON (*to* FOREMAN). Who is it?

FOREMAN. Workman.

WARRINGTON. What?

FOREMAN. Accident, sir.

LEAR. Who left that wood in the mud?

ENGINEER. That's just delivered. We're moving that to —

LEAR. It's been rotting there for weeks. (*To* WARRINGTON.) They'll never finish![6] Get more men on it. The officers must make the

---

1 make yerself responsible for 'andin' in 'is pick t' stores: make yourself responsible for handing in his pick to stores. 책임지고 그의 곡괭이를 창고에 반납하라.

2 Suddenly he sees something off stage: 그가 갑자기 무대 밖에서 뭔가를 보다.

3 Cover 'im: Cover him. "시체(him)를 덮어라."

4 Bodice: 원래 코르셋과 같은 여성의 옷을 뜻하지만, 여기서는 서기 61년에 로마인들에 대항한 반란에서 목숨을 잃은 여전사인 Boadicea를 암시하려 한 것으로 보임. (Boddiss와 같이 발음되며, 이름으로는 잘 쓰이지 않음.)

5 Fontanelle: 글자 그대로의 의미는 유아의 두개골에 나 있는 숫구멍(泉門: 천문)을 가리킨다. (역시 이름으로는 잘 쓰이지 않음.)

6 They'll never finish: "그들(일꾼들)은 결코 일을 끝내지 않을 거야." Lear는 벽을 쌓는 일의 진행 속도가 느린 것을 질책하고 있다.

men work!

BODICE (*shakes* ENGINEER'*s hand*). Our visit has been so enjoyable and informative.[1]

FONTANELLE. Such an interesting day.

WARRINGTON. We can't take more men. The countryside would be left derelict[2] and there'd be starvation in the towns.

LEAR. Show me this body.

WARRINGTON *and the* SOLDIER *lift the tarpaulin.*
Blow on the head.[3]

FOREMAN. Axe.

LEAR. What?

FOREMAN. An axe, sir. Fell on him.

LEAR. It's a flogging crime[4] to delay work. (*To* WARRINGTON.) You must deal with this fever.[5] They treat their men like cattle. When they finish work they must be kept in dry huts.[6] All these huts are wet. You waste[7] men.

COUNCILLOR (*making a note*). I'll appoint a hut inspector.

LEAR. They dug the wall up again last night.

OFFICER. Local farmers. We can't catch them, they scuttle[8] back home so fast.

LEAR. Use spring traps.[9] (*To* FOREMAN.) Who dropped the axe?

WARRINGTON (*to* FOREMAN). Be quick!

FOREMAN *and* SOLDIER *push* THIRD WORKER *forward.*

1 informative: 유익한. 견문을 넓히는.

2 derelict: (대지나 건물이) 버려진. 유기된. 이용되지 않는.

3 Blow on th head: 머리를 뭔가에 맞았다.

4 a flogging crime: 채찍질이나 매질을 당하는 형벌을 받을 만한 범죄.

5 You must deal with this fever: "이 열병을 해결하시오."

6 hut: 막사.

7 waste: 약화시키다. 소모하다.

8 scuttle: 황급히 달리다. 허둥지둥 도망가다.

9 spring traps: 스프링의 메커니즘을 활용하여 짐승을 잡는 덫. 자신의 땅에 침입한 사람을 잡기 위해 'man-trap'을 설치하는 경우가 많았지만, 지금은 법으로 금지되어 있다.

LEAR. Court martial him.[1] Fetch a firing squad.[2] A drumhead trial[3] for sabotage.[4]

Quiet murmur of surprise. The OFFICER *goes to fetch the* FIRING SQUAD.

FONTANELLE. My feet are wet.
BODICE. She'll catch cold,[5] father.
LEAR. Who was a witness?
WARRINGTON (*points to* FOREMAN). You!
FOREMAN. He dropped a pickaxe on his head. I've had my eye on him,[6] sir. Always idle and —
LEAR (*to* THIRD WORKER). Prisoner of war?[7]
FOREMAN. No. One of our men. A farmer.
LEAR. I understand! He has a grudge. I took him off his land.

The FIRING SQUAD *is marched in by the* OFFICER.

OFFICER. Squad as a squad — halt!
LEAR. I shall give evidence. He killed a workman on the wall. That alone makes him a traitor. But there's something else suspicious about him. Did you dig up the wall last night?
BODICE (*sighing*). It can easily be checked if he missed their roll calls.[8]
LEAR. I started this wall when I was young. I stopped my enemies

[1] Court martial him: "군사 재판에서 그의 죄를 심의하라."
[2] firing squad: 군대식 장례에서의 조총(弔銃) 발사 부대; 총살형 집행의 사살대.
[3] A drumbhead trial: 전장에서 위법행위가 있을 때 다른 사람들에게 경고하기 위해 즉시 약식으로 진행하는 재판.
[4] sabotage: 사보타주(고의적인 파괴 행위). 고의적인 방해 행위.
[5] catch cold: 감기에 걸리다.
[6] I've had my eyes on him: "그를 눈여겨봐 왔어요." "그를 지켜봐 왔습니다."
[7] Prisoner of war: 전쟁 포로(POW).
[8] roll calls: 출석 조사. 점호.

in the field,[1] but there were always more of them. How could we ever be free? So I built this wall to keep our enemies out. My people will live behind this wall when I'm dead. You may be governed by fools but you'll always live in peace. My wall will make you free. That's why the enemies on our borders — the Duke of Cornwall and the Duke of North — try to stop us building it. I won't ask him which he works for — they're both hand in glove.[2] Have him shot.

THIRD WORKER. Sir.

FONTANELLE (*aside to* BODICE). Thank god we've thought of ourselves.

OFFICER. Squad as a squad to firing positions — move!

LEAR (*indicating the* FIRING SQUAD). They must work on the wall, they're slow enough. (*Turns to* WARRINGTON.) See this is done.[3] I'm going down to the swamp.

BODICE. Father, if you kill this man it will be an injustice.

LEAR. My dear, you want to help me, but you must let me deal with the things I understand. Listen and learn.

BODICE. What is there to learn? It's silly to make so much out of nothing.[4] There was an accident. That's all.

LEAR (*half aside to her*). Of course there was an accident. But the work's slow. I must do something to make the officers move. That's what I came for, otherwise my visit's wasted. And there *are* saboteurs[5] and there *is* something suspicious about this man —

BODICE. But think of the people! They already say you act like a schoolboy or an old spinster[6] —

---

1 the field: 전쟁터.

2 hand in glove (with somebody): (특히 비밀스럽거나 불법적인 일을) 긴밀히 협조하는. 한 통속인.

3 See this is done: "이 일이 처리되는 것을 확인하시오."

4 It's silly to make so much out of nothing: "별 일 아닌 것을 너무 크게 생각하는 것은 어리석은 일이에요."

5 saboteurs: 사보타주(sabotage)하는 사람. 방해 공작원.

6 an old spinster: 결혼하지 않은 노처녀. 'old maidish'나 'spinsterish'라는 표현은 가끔 소심하고, 쉽게 충격을 받는 남성을 가리키기도 한다.

LEAR. Why are they waiting? It's cruel to make him wait.

OFFICER } Sir — you're —
WARRINGTON } Move, sir.

LEAR *moves out of the* FIRING SQUAD'*s way.*

BODICE (*loudly*). Listen to me. All of you notice I disassociate myself from this act.

LEAR. Be quiet, Bodice. You mustn't talk like that in front of me.

FONTANELLE. And I agree with what my sister says.

LEAR. O my poor children, you're too good for this world.[1] (*To the others.*) You see how well they'll govern when I'm dead. Bodice, you're right to be kind and merciful, and when I'm dead you *can* be — because you will have my wall. You'll live inside a fortress. Only I'm not free to be kind or merciful. I must build the fortress.

BODICE. How petty it is to be obstinate over nothing.[2]

LEAR. I have explained and now you must understand!

BODICE. It is small and petty to make —

LEAR. I have explained.

BODICE. Small and petty! All these things are in your head. The Duke of Cornwall is not a monster. The Duke of North has not sworn to destroy you. I have proof of what I say.

LEAR. They're my sworn enemies. I killed the fathers therefore the sons must hate me. And when I killed the fathers I stood on the field among our dead and swore to kill the sons! I'm too old now, they've fooled me. But they won't take my country and dig my bones up when I'm dead. Never.

FONTANELLE (*to* BODICE). This is the moment to tell him.

BODICE. I'm going to marry the Duke of North and my sister's going to marry the Duke of Cornwall.

---

[1] you're too good for this world: "이런 세상에 살기에 너희들은 너무 착해빠졌어." Lear는 세상이 위험과 고난으로 가득 차 있기 때문에 딸들의 생각이 너무 순진하다고 말하고 있다.

[2] How petty it is to be obstinate over nothing. "아무 것도 아닌 일(nothing)에 대해 고집을 피우니 참 옹졸하기도 하지."

FONTANELLE. He's good and reliable and honest, and I trust him as if we'd been brought up together.[1]

BODICE. Good lord! — how can they be your friends if you treat them like enemies? That's why they threatened you: it was political necessity. Well, now that's all in the past![2] We've brought them into your family[3] and you can pull this absurd wall down. There! (*Slight laugh.*) You don't have to make your people slaves to protect you from your sons-in-law.

LEAR. My sons-in-law?

FONTANELLE. Congratulate us, father, give us your blessing.

BODICE. I'm marrying North.

FONTANELLE. And I'm marrying Cornwall.

LEAR (*points to* THIRD WORKER). Tie him straight! He's falling!

BODICE. So now you don't have to shoot him. Our husbands could never allow you to, anyway.

FONTANELLE. I know you'll get on with my husband.[4] He's very understanding, he knows how to deal with old people.

LEAR. Straighter!

BODICE. You'll soon learn to respect them like your sons.

LEAR. I have no sons! I have no daughters! (*Tries to be calmer.*) Tell me — (*Stops, bewildered.*) — you are marrying North and you are marrying —. No, no! They've deceived you. You haven't met them. When did you meet them? Behind my back?[5]

FONTANELLE. We sent each other photographs and letters. I can tell a man from his expression.[6]

LEAR. O now I understand! You haven't met them. You're like blind children. Can't you see they only want to get over the wall?

---

1 as if we'd been brought up together: 마치 우리가 함께 자란 것처럼.

2 now that's all in the past: "이제 그건 모두 옛날 일이에요."

3 We've brought them into your family: "우리가 그들(Duke of Cornwall과 Duke of North)을 당신의 가족으로 받아들였으니."

4 you'll get on with my husband: "아버지는 내 남편과 사이좋게 지내실 수 있을 거에요."

5 Behind my back: 비밀스럽게. 내가 모르게.

6 I can tell a man from his expression: I can see a man's character by looking at his face. "얼굴을 보면 그 사람의 성격을 알 수 있어요."

They'll be like wolves in a fold.[1]

BODICE. Wall, wall, wall! This wall must be pulled down!

FONTANELLE. Certainly. My husband insists on that as part of the marriage contract.[2]

BODICE (*to* OFFICER). I order you not to shoot this man. Our husbands will shoot anyone who shoots him. They offer us peace, we can't shoot innocent men because we think they're their spies!

LEAR. Shoot him!

BODICE. No!

LEAR. This is not possible! I must be obeyed!

WARRINGTON. Sir, this is out of hand.[3] Nothing's gained by being firm in little matters. Keep him under arrest. The Privy Council will meet. There are more important matters to discuss.

LEAR. My orders are not little matters! What duke are you marrying? Who have you sold me to?

BODICE. If the king will not act reasonably it's your legal duty to disobey him.

WARRINGTON. Ma'am, you make this worse. Let me —

LEAR (*takes pistol from the* OFFICER *and threatens the* FIRING SQUAD). Shoot him!

BODICE. There, it's happened. Well, the doctors warned us, of course. (*Loudly.*) My father isn't well. Warrington, take the king back to his camp.

FONTANELLE. He shouldn't have come out today. This mud's too much for him. My feet are wringing.[4]

LEAR. My enemies will not destroy my work! I gave my life to these people. I've seen armies on their hands and knees[5] in blood, insane

[1] like wolves in a fold: 늑대가 우리 속에 양과 함께 있으면 잔인하고 파괴적이 될 것이라는 의미이다.

[2] My husband insists on that as part of the marriage contract: "제 남편도 결혼 조건의 일부로 그것을 주장했죠."

[3] out of hand: 깊이 생각하지 않고. 정도를 넘은.

[4] My feet are wringing: My feet are soaking wet. 내 발이 흠뻑 젖었다.

[5] on their hands and knees: 네 발로 기어서. 넙죽 엎드려서.

women feeding dead children at their empty breasts, dying men spitting blood at me with their last breath, our brave young men in tears —. But I could bear all this! When I'm dead my people will live in freedom and peace and remember my name, no — venerate it! . . . They are my sheep[1] and if one of them is lost I'd take fire to hell to bring him out. I loved and cared for all my children, and now you've sold them to their enemies! (*He shoots* THIRD WORKER, *and his body slumps forwards on the post in a low bow.*) There's no more time, it's too late to learn anything.

BODICE. Yes, you'll ruin yourself. Our husbands can't let you terrorize these people — they'll be *their* people soon. They must protect them from your madness.

LEAR. Work! Get your men to work! Get them on the wall!

WORKERS, SOLDIERS *and* FOREMAN *go out. They take the two bodies with them.*

I knew it would come to this![2] I knew you were malicious! I built my wall against *you* as well as my other enemies! You talk of marriage? You have murdered your family. There will be no more children. Your husbands are impotent. That's not an empty insult. You wrote? My spies know more than that! You will get nothing from this crime. You have perverted lusts. They won't be satisfied. It *is* perverted to want your pleasure where it makes others suffer. I pity the men who share your beds. I've watched you scheme and plan — they'll lie by you when you dream! Where will your ambition end? You will throw old men from their coffins, break children's legs, pull the hair from old women's heads, make young men walk the streets in beggary[3] and cold while their wives grow

---

1 They are my sheep: they are in my care. 백성들을 자신이 지키고 보호해야 할 존재로 여기고 있다. 성서에서 그리스도를 선한 목자로 간주하는 것과 연관됨.

2 I knew it would come to this!: I knew this would be the result! "이렇게 될 줄 알았어."

3 beggary: 거지 신세.

empty and despair — I am ashamed of my tears! You have done this to me. The people will judge between you and me.

LEAR *goes out. The* ENGINEER *and the* OLD COUNCILLOR *follow him.*

WARRINGTON. I'm sorry, ma'am. If you'd spoken another time —
FONTANELLE. You should have taken him away when you were told —
BODICE. You were caught out.[1] Well, learn your lesson. As it happens, no harm's done. Go and keep in with him.[2] We'll let you know what must happen next.

WARRINGTON *and the others go out.* BODICE *and* FONTANELLE *are left alone.*

We must go to our husbands tonight.
FONTANELLE. Happiness at last! I was always terrified of him.
BODICE. We must attack before the wall's finished. I'll talk to my husband and you talk to yours. The four of us will sit in the Council of War.[3] We must help each other. Goodbye.
FONTANELLE. Goodbye.

The daughters go out.

1 caught out: taken by surprise, unprepared.

2 keep in with him: remain in favour. 그와 가까운 사이를 유지하다.

3 Council of War: 긴급 대책 회의. 전략 회의.

SCENE TWO

Parade ground.

A saluting stand.[1] LEAR, OLD COUNCILLOR, WARRINGTON, BISHOP, MILITARY AIDES. *Marching, march music, and parade commands are heard during the scene.* LEAR *stands with both arms stretched out in a gesture of salute and blessing.*

LEAR. Greetings to the eighth regiment![2] (*Still saluting. To* WARRINGTON.) You will command my right flank[3] and circle them on the right. Then I attack the centre. That's how I crushed the fathers. (*Still saluting.*) I salute my loyal comrades!

WARRINGTON. We could refuse this war. We're old, sir. We could retire and let these young men choose what to do with their own lives. Ask your daughters to let you live quietly in the country.

LEAR (*still saluting*). How could I trust myself to them? My daughters are proclaimed outlaws, without rights of prisoners of war. They can be raped-or murdered. Why should they be held for trial? Their crimes aren't covered by my laws. Where does their vileness come from?

WARRINGTON. I've given you advice it was my duty to give. But I'm proud you've rejected it.

LEAR (*still saluting*). Greetings to my glorious ninth![4]

WARRINGTON. I have two letters from your daughters, sir. They both wrote in secret and told me not to let anyone know, especially each other.

LEAR. Give them to me.

WARRINGTON. No, sir. They ask me to betray you and then each other. They'll both make me head of the army and let me share

[1] a saluting stand: 사열대.

[2] regiment: 연대.

[3] right flank: 우측방. 우익. cf) By the right flank, march! 우향 앞으로, 갓!

[4] Greetings to my glorious ninth: 줄리어스 시저(Julius Caesar)가 가장 총애했던 것이 9군단이었다고 한다. Lear는 그러한 역사적 전통 속에 자신을 위치시키고 있다.

their bed.

LEAR. They live in their own fantasies! They chose their husbands well, they should be married to my enemies! Have the war ceremonies taken place? It doesn't matter. (*He takes the letters from* WARRINGTON. *He reads part of one.*) 'He is mad. If he won what security would you have?' (*He reads from the other.*) 'He would turn on you as he turned on us.' (*Salutes as before.*) Greetings to my friends the ninth! (*Still saluting.*) Warrington, if I'm killed or fall into their hands[1] you must take my place and build the wall.

WARRINGTON. Sir. This fry[2] won't take you. Your army is paraded!

BISHOP. Our prayers go with you into war, sir. God blesses the righteous. He has nothing to do with women who make war.[3]

COUNCILLOR. I feel confidence in my bones. That's never failed me. If only I were a young man!

LEAR. The trumpet! I smell victory!

Cheers and trumpet. They go out.

SCENE THREE

Daughters' War Council.

Table, chairs, map. BODICE, FONTANELLE, NORTH, CORNWALL. BODICE *knits.*

NORTH. We share the command between us.

CORNWALL. Yes.

NORTH. We must guess how Lear will attack.

BODICE (*knitting*). He'll send Warrington round the right and attack the centre himself.

---

1 fall into their hands: become their prisoner.

2 fry: 막 부화한 치어처럼 시시한 조무래기들을 가리킴.

3 He has nothing to do with women who make war: "하느님(He)은 전쟁을 일으키는 여자들과는 관련이 없습니다."

CORNWALL. Are you sure, sister?

BODICE. He always has and he's set in his ways.[1]

CORNWALL, NORTH *and* BODICE *study the map.* BODICE *knits at the same time.*

FONTANELLE (*aside*). I'm bitterly disappointed in my husband. How dare he! A civil servant wrote his letters and an actor posed for his photographs. When he gets on top of me I'm so angry I have to count to ten. That's long enough. Then I wait till he's asleep and work myself off.[2] I'm not making do with that for long.[3] I've written to Warrington and told him to use all his men against Bodice and leave my army alone — that'll finish her — and then I paid a young, blond lieutenant on my husband's staff to shoot him while they're busy fighting. Then I'll marry Warrington and let him run the country for me.

NORTH (*studying the map*). They can't get round these mountains.

CORNWALL. No.

BODICE (*aside*). I'm not disappointed in my husband. I expected nothing. There is some satisfaction in listening to him squeak on top of me while he tries to get his little paddle in.[4] I lie still and tell myself while he whines, you'll pay for this, my lad. He sees me smiling and contented and thinks it's his virility.[5] Virility! It'd be easier to get blood out of a stone, and far more probable. I've bribed a major[6] on his staff to shoot him in the battle — they're all corrupt — and I've written to Warrington and told him to use all his force against hers. She'll be crushed and then I'll marry Warrington and run the country through him. So I shall have three countries: my father's, my husband's and my sister and

[1] he's set in his ways: 그런 습관을 바꾸지 못해요.

[2] work myself off: (구어) 스스로 욕정을 풀다. 해소하다.

[3] I'm not making do with that for long: "오랫동안 그런 식으로 그럭저럭 견뎌나가지는 않을 거야."

[4] to get his little paddle in: (속어) 성관계를 가지다.

[5] virility: 사내다움. 생식력.

[6] a major: 소령.

brother-in-law's.

NORTH. Till tomorrow.

CORNWALL. Yes. (*Goes to* FONTANELLE.) Let's go to bed. I need your body before I risk death.

FONTANELLE. My darling. (*Aside.*) I'll get him drunk. He's such a frightened little boy, fighting terrifies him. He'll fidget[1] and mawl[2] all night. I'd rather mop up his vomit.[3]

NORTH (*to* BODICE). Let me take you to bed, my dear. I must feel you on me when I go to the field.

BODICE. Yes, North. (*Aside.*) He must prove himself a man before he plays with his soldiers. He'll fuss and try all night, but he won't be able to raise his standard.[4] I'll help him and make it worse. By the morning he won't know which side he's fighting on. And that'll make it easier for the major.

FONTANELLE. Sleep well.

BODICE. And you.

They all go out.

SCENE FOUR

Prison area.

THREE SOLDIERS (A, B *and* C) *upstage.*

SOLDIER A. 'OW long[5] they goin' a keep us 'ere? The war's over. They wan'a[6] send us 'ome.

---

[1] fidget: 안절부절 못하다.

[2] mawl: 고양이처럼 울어대다.

[3] I'd rather mop up his vomit: 그가 토한 것을 치우기나 해야겠다.

[4] to raise his standard: 연인으로서 만족스런 능력을 발휘하다. 'standard'가 깃발이라는 뜻도 있으므로 성적인 의미와 더불어 대의명분 하에 군대를 모으는 일과 이중적인 의미를 지닌다.

[5] 'Ow long : How long.

[6] They wan'a: They want to / They should (사투리).

SOLDIER B. They'll think a some reason. (*Indicates offstage.*) Watered 'im[1] yet?
SOLDIER A. No point.

BODICE, FONTANELLE *and an* OFFICER *hurry on downstage.*

BODICE. Is our father taken yet?
OFFICER. He got away.
FONTANELLE (*stamps her foot*). Damn! That's spoiled everything!

CORNWALL *comes on.*

(*Aside.*) My husband! Damn! Damn! Damn! Has the lieutenant dared to betray me?
CORNWALL (*kisses* FONTANELLE). A great victory! They fought like devils but we beat them!
BODICE (*aside*). If I hadn't told him father's plans he'd be lying dead under his army by now.

NORTH *comes in.*

(*Aside.*) Damn it! My husband!
NORTH (*kisses* BODICE). Your enemies are routed![2]
FONTANELLE (*to* CORNWALL. *Prying*). What are our losses? Are your staff all safe?
NORTH. I lost one major. He was talking to one of Cornwall's lieutenants before the fighting —
CORNWALL. A young blond man called Crag.
FONTANELLE. Yes, I knew him.
CORNWALL. — the first shell[3] fell between them and blew their heads off.

[1] Watered 'im: Give him a drink of water. 물을 주다.

[2] Your enemies are routed!: "당신의 적은 완패했소."

[3] shell: 포탄.

BODICE (*aside*). One can't allow for everything.[1]
NORTH. Warrington's in the cage.
BODICE (*aside*). Now I must be careful. He didn't attack my sister's men, so I couldn't risk him talking about my letter. I had his tongue cut out.
CORNWALL. Let's go and see what he has to say for himself.
FONTANELLE. Wait . . . (NORTH *and* CORNWALL *stop.*) He was shouting insults about you and I didn't want our troops to be upset. So I let them cut his tongue out. I thought that was best.
CORNWALL. O, my men would have laughed at him.
BODICE (*aside*). I see my sister thinks like me, I must never trust her.
NORTH. It doesn't matter, he's going to be killed anyway.
BODICE. I'll see to that for you. Go and thank our armies. (*Aside.*) He could still make signs.[2] It's better if he dies in silence.
NORTH. Yes, Cornwall, let's go together.

CORNWALL *and* NORTH *go out with the* OFFICER.

BODICE. I'm glad they've gone. Men are squeamish[3] after a war. (*To* SOLDIER A.) Private, you look strong and capable, would you like to go up in the world?
SOLDIER A. Yessam.[4]
FONTANELLE. Good teeth, too.
BODICE. Get rid of them.
SOLDIER A *flicks his head and* SOLDIERS B *and* C *go out.*

Fetch him out.

SOLDIER A *fetches* WARRINGTON *on stage. He is dishevelled, dirty and bound.*

---

[1] One can't allow for everything: "모든 것을 다 예측할 수는 없는 법이다."

[2] He could still make signs: "아직 신호는 보낼 수가 있어."

[3] squeamish: 신경질적인. 꽤 까다로운.

[4] Yessam: Yes, madam (사투리).

SOLDIER A. Yer wan' 'im done in in a fancy way?[1] Thass sometimes arst for.[2] I once 'ad t' cut a throat for some ladies t' see once.

FONTANELLE. It's difficult to choose.

BODICE (*sits on her riding stick and takes out her knitting*). Let him choose. (*Knits.*)

SOLDIER A. I once give a 'and t' flay a man.[3] I couldn't manage that on me own. Yer need two at least for that. Shall I beat 'im up?

FONTANELLE. You're all talk! Wind and piss![4]

SOLDIER A. Juss for a start. Don't get me wrong, thass juss for a start.[5] Get it goin'[6] and see 'ow it goes from there.

FONTANELLE. But I want something —

BODICE (*knitting*). O shut up and let him get on with it. (*Nods at* SOLDIER A *to go on.*)

SOLDIER A. Thankyermum.[7] Right, less see 'ow long it takes t' turn yer inside out.[8]

FONTANELLE. Literally?

SOLDIER A (*hits* WARRINGTON). O, 'e wants it the 'ard way.[9] (*Hits him.*) Look at 'im puttin' on the officer class![10] (*Hits him.*) Don't pull yer pips on me, laddie.[11]

FONTANELI.E. Use the boot! (SOLDIER A *kicks him.*) Jump on him!

---

[1] Yer wan' 'im done in in a fancy way?: You want him to be done in in a fancy way?

[2] Thass sometimes arst for: That is sometimes asked for. (사투리)

[3] give a 'and t' flay a man: helped to strip the skin off a man. 중세 교회에서 행해지던 형벌이었음.

[4] wind and piss: 허풍선이. 호언장담.

[5] thass juss for a start: that is just a first step.

[6] Get it goin': 일을 시작하다.

[7] Thankyermum: Thank you, ma'am.

[8] t' turn yer inside out: Bond는 이 부분이 "피해자의 장기를 외부로 끄집어낸다"는 글자 그대로의 뜻을 의미한다고 말한 바 있다.

[9] 'e wants it the 'ard way: 고통을 드러내지 않으려는 그의 노력으로 인해 더 심한 고통도 견딜 준비가 되어 있다는 뜻.

[10] puttin' on the officer class: 장교가 그래야 하는 것처럼 용감한 척 한다.

[11] Don't pull yer pips on me, laddie: Don't try to impress me with your superior rank.

(*She pushes* SOLDIER A.) Jump on his head!

SOLDIER A. Lay off,[1] lady, lay off! 'Oo's killin' 'im, me or you?

BODICE (*knits*). One plain, two pearl,[2] one plain.

FONTANELLE. Throw him up and drop him. I want to hear him drop.

SOLDIER A. Thass a bit 'eavy,[3] yer need proper gear t' drop 'em —

FONTANELLE. Do something! Don't let him get away with it. O Christ, why did I cut his tongue out? I want to hear him scream!

SOLDIER A (*jerks* WARRINGTON*'s head up*). Look at 'is eyes, Miss. Thass boney-fidey sufferin'.[4]

FONTANELLE. O yes, tears and blood. I wish my father was here. I wish he could see him. Look at his hands! Look at them going! What's he praying or clutching? Smash his hands!

SOLDIER A *and* FONTANELLE *jump on* WARRINGTON*'s hands.*

Kill his hands! Kill his feet! Jump on it — all of it! He can't hit us now. Look at his hands like boiling crabs! Kill it! Kill all of it! Kill him inside! Make him dead! Father! Father! I want to sit on his lungs!

BODICE (*knits*). Plain, pearl, plain. She was just the same at school.

FONTANELLE. I've always wanted to sit on a man's lungs. Let me. Give me his lungs.

BODICE (*to* SOLDIER A). Down on your knees.

SOLDIER A. Me?

BODICE. Down! (SOLDIER A *kneels.*) Beg for his life.

SOLDIER A (*confused*). 'Is? (*Aside.*) What a pair! — O spare 'im,

---

1 Lay off: "그만 둬." "방해하지 마."

2 One plain, two pearl: 뜨개질의 무척 평범한 순서임.

3 Thass a bit 'eavy: Warrington이 너무 무거워서 도움 없이는 들어 올릴 수 없다는 뜻과 Fontanelle의 요구가 합리적인 경계를 넘어선다는 뜻이 모두 들어 있음.

4 Thass boney-fidey sufferin': that is genuine suffering. *boney-fidey: bona fide. (사투리).

mum.

BODICE (*knits*). No.

SOLDIER A. If yer could see yer way to. 'E's a poor ol' gent, lonely ol' bugger.[1]

BODICE. It can't be pearl? I think there's an error in this pattern book.

FONTANELLE. O let me sit on his lungs. Get them out for me.

BODICE. I shall refuse his pardon. That always gives me my deepest satisfaction. Hold him up.

SOLDIER A *sits* WARRINGTON *upright.*

FONTANELLE. Look at his mouth! He wants to say something. I'd die to listen.[2] O why did I cut his tongue out?

SOLDIER A. 'E's wonderin' what comes next. Yer can tell from 'is eyes.

BODICE (*pulls the needles from her knitting and hands the knitting to* FONTANELLE). Hold that and be careful.

SOLDIER A. Look at 'is eyes!

BODICE. It's my duty to inform you[3] —

SOLDIER A. Keep still! Keep yer eyes on madam when she talks t'yer.

BODICE. — that your pardon has been refused. He can't talk or write, but he's cunning — he'll find some way of telling his lies. We must shut him up inside himself. (*She pokes the needles into* WARRINGTON*'s ears.*) I'll just jog these in and out[4] a little. Doodee, doodee, doodee, doo.

FONTANELLE. He can see my face but he can't hear me laugh!

BODICE. Fancy! Like staring into a silent storm.

FONTANELLE. And now his eyes.

---

[1] 'E's a poor ol' gent, lonely ol' bugger: he's a pathetic old man, with no friends. bugger는 욕하는 말로 '새끼, 녀석'에 해당함.

[2] I'd die to listen: "정말로 듣고 싶다."

[3] It's my duty to inform you: Bodice는 이 부분에서 경찰이나 법정 관리들의 공식적인 언어를 사용하고 있다.

[4] jog these in and out: push with a jerk.

BODICE. No . . . I think not. (*To* SOLDIER A.) Take him out in a truck and let him loose. Let people know what happens when you try to help my father. (*To* FONTANELLE.) Let me sit on his lungs! You old vulture![1] Go and flap round the battlefield.

FONTANELLE. Don't make fun of me. You're so stupid. You don't understand anything.

BODICE. I don't think I'd like to understand you. (*Takes her knitting from* FONTANELLE.) You've let my knitting run! (*Starts to go.*) Come on, we've won the war but we can't dilly-dally,[2] there's still part of the day left. I must see what my husband's up to.[3]

BODICE *and* FONTANELLE *go out.* SOLDIER A *starts to take* WARRINGTON *out.*

SOLDIER A. It's all over. Walking offal![4] Don't blame me, I've got a job t' do. If we was fightin' again t'morra[5] I could end up envyin' you anytime. Come on then, less 'ave yer.[6] Yer'll live if yer want to.

They go out.

SCENE FIVE

Woods.

A large empty plate and jug on the bare stage. Further down, a piece of bread. LEAR *and the* OLD COUNCILLOR *come in. They are ragged, tired, dirty and frightened.*

---

1 You old vulture: Fontanelle이 섬뜩할 정도로 타인의 고통과 죽음을 즐기는 것에 대해 모욕적으로 언급하고 있음.

2 dilly-dally: 꾸물거리다. 빈둥거리며 지내다.

3 I must see what my husband's up to: "내 남편이 무슨 일을 하고 있는지 봐야겠다."

4 offal: 부스러기. 찌꺼기. 썩은 고기.

5 t'morra: tomorrow의 사투리.

6 less 'ave yer: let's get you to your feet and on your way. (사투리)

COUNCILLOR. I've studied people, sir. Your daughters aren't bad. Put yourself in their hands.[1] They'll respond to your trust.

LEAR. Never. (*Stops.*) A jug and a plate. Empty!

COUNCILLOR. At least there are people about! I thought this was the end of the world. Wait here, sir, and I'll look.

LEAR. No, don't leave me!

COUNCILLOR. There might be a village and I can get some food. I'll be careful, sir. Sit down and rest.

OLD COUNCILLOR *goes out.* LEAR *finds the bread on the ground.*

LEAR. Bread! Someone was eating this and they dropped it and ran away. (*He eats it.*) That's all there is.

LEAR *sits down. He is very tired.* WARRINGTON *comes on upstage. He is crippled and his face looks as if it's covered with bad plastic surgery.*[2] *He carries a knife awkwardly. He's already seen* LEAR *and comes on creeping towards him from behind.*

My daughters have taken the bread from my stomach. They grind it with my tears and the cries of famished children[3] — and eat. The night is a black cloth on their table and the stars are crumbs, and I am a famished dog that sits on the earth and howls. I open my mouth and they place an old coin on my tongue. They lock the door of my coffin and tell me to die. My blood seeps out and they write in it with a finger. I'm old and too weak to climb out of this grave again.

WARRINGTON *sees someone coming and goes out.*

[1] Put yourself in their hands: "그들에게 당신을 맡기시오."

[2] plastic surgery: 성형수술.

[3] famished children: 굶주린 아이들.

(*Looking off.*) Is this one of my daughters' men?

The GRAVEDIGGER'S BOY *comes on. He carries bread and water.*

No, there's no blood on him. — Who are you?
BOY. I live near here.
LEAR. Is that bread?
BOY. Yes.
LEAR. Is it poisoned?
BOY. No.
LEAR. Then my daughters didn't send him. They'd never miss a chance to poison good bread. Who's it for?
BOY. There's a man who roams round here.[1] He's wild. They say he was wounded in the war.
LEAR. I'm hungry. I know you have no pity to sell, there's always a shortage of that in wartime, but you could sell me some bread. I can pay. (*Looks round.*) My friend keeps my money.
BOY. Take it. It's not much. (LEAR *eats.*) Have you come far?
LEAR. No.
BOY. Where are you going?
LEAR. I shan't know till I get there.
BOY. Was that your friend with the stick? He's left you, he wanted a horse to take him to town.
LEAR. The traitor! Give him a bad horse and let him break his neck!
BOY. I can't leave you out here on your own. I think you'd better come to my place for the night. Then you can think what to do.
LEAR. Your place? Have you any daughters?
BOY. No.
LEAR. Then I'll come. No daughters! Where he lives the rain can't be wet or the wind cold, and the holes cry out when you're going to tread in them.

The BOY *leads* LEAR *out.*

[1] There's a man who roams round here: "여기 주위를 떠돌아다니는 사람이 있어요."

SCENE SIX

The GRAVEDIGGER'S BOY*'s house.*
Wooden house upstage. A few steps to the front door. A well. A bench with bedding on it.[1]
LEAR *and the* BOY *are sitting on the ground.*

BOY. My father was the village gravedigger. I liked to help him when I was a boy, and he taught me the work. He didn't want to be buried in a graveyard — you wouldn't want to be buried where you work.

The BOY'S WIFE *comes from the house with three bowls of soup. She gives the bowls out and sits by the* BOY. *The three eat.*

So when he died I found this place and started to dig his grave. And when I got down I struck a well.[2] I thought, there's water here and some land, why do I want to dig graves all my life? So I live here and built this farm. (*Nods at bowl.*) It's good.

LEAR (*eating. To himself. The* BOY'S WIFE *stares at him*). The mouse comes out of his hole and stares. The giant wants to eat the dragon, but the dragon has grabbed the carving knife.

BOY. My wife keeps pigs. I've got two fields and I catch things. No one minds out here.[3] Any more?

LEAR *shakes his head. The* WIFE *takes the bowls inside.*

Now the nights are hot we've started to sleep outside. You can sleep inside if you like.

LEAR. I can't sleep on my own since I lost my army.

BOY. Then sleep out here. (*Indicates well.*) The well went dry in the

1 A bench with bedding on it: 침구가 깔려 있는 벤치.

2 I struck a well: "우물을 발견했어요."

3 No one minds out here: "아무도 이곳은 신경 쓰지 않아요."

summer. I had to dig down again. But it's all right now, I'm down to the spring.[1]

LEAR (*to himself*). My daughters turned a dog out of its kennel[2] because it got fond of its sack.

BOY. The pigs don't cost anything, I let them grub round[3] all day and lock them up at night. They fatten themselves and I just have to slaughter them. Would you like a walk? I'll show you where we keep them. And then we must get to bed. I'm up early in the mornings. (*They stand. He calls into the house.*) Won't be long.[4] Can you fetch the spare blanket? (*To* LEAR.) Take my arm.

LEAR. No. I once knew a man who was drowned on a bridge in a flood.

LEAR *and the* BOY *go out. After a moment* WARRINGTON *comes on, still holding the knife. He has been watching* LEAR *and he now stares after him. He sees a movement through the doorway and hides. The* WIFE *comes out of the house with a blanket. She cries quietly, persistently and evenly, as if out of habit.*[5] *She sees* WARRINGTON.

WIFE. Go away! (*She throws the blanket at him.*) Beggars, scroungers,[6] filthy old men!

She looks round for something to throw. She runs into the house, crying loudly. WARRINGTON *looks round in terror. He hides down the well. The* WIFE *comes out of the house with a soup bowl ready to throw. She can't see* WARRINGTON. *She sits down and cries loudly and bitterly.*

1 I'm down to the spring: "수원(水源)까지 파 내려갔어요."

2 kennel: 개집. 개 사육장.

3 grub round: 땅바닥에서 음식을 찾아다니다.

4 Won't be long: "오래 걸리지 않을 거예요."

5 out of habit: 습관적으로.

6 scrounger: 거렁뱅이.

The BOY *runs in.*

BOY. What is it? Are you all right?
WIFE (*crying*). Your wild man was here!
BOY. What did he do? Are you all right?

LEAR *walks in.*

LEAR. There's no one here.
WIFE (*crying*). Of course not! He ran away.
BOY. Don't cry.
WIFE (*crying*). I'm trying to stop.
BOY. He only wanted his food. I'll go up and feed him in the morning. Look, come and lie down. You're shivering. (*He spreads the blanket and pillow for her.*) Let me cover you up.

She lies down. She cries more quietly.

That's better. (*To* LEAR.) It's because she's carrying.[1]
LEAR. Poor woman.
BOY (*taking* LEAR *to the other side of the stage*). We'd all better go to sleep, we don't want to disturb her. You can sleep here. (*He spreads a blanket and pillow.*) You'll be fine here. Good night.

BOY *goes back to his* WIFE *and lies beside her.* LEAR *sits on his blanket.*

LEAR (*to himself*). It is night. My daughters empty their prisons and feed the men to the dead in their graveyards.[2] The wolf crawls

[1] she's carrying: "그녀는 임신했어요."

[2] My daughters empty their prisons and feed the men to the dead in their graveyards: Lear는 자신의 딸들이 감옥에 있는 사람들을 모두 죽여서 무덤으로 보낸다고 말하고 있다.

away in terror and hides with the rats. Hup,[1] prince! Hup rebel! Do tricks for human flesh! When the dead have eaten they go home to their pits and sleep. (*He lies down in an awkward pose and sleeps.*)

WIFE (*crying*). Hold me. Stop me crying.

BOY (*holding her*). You must take things easy now. You work too hard.

WIFE. Don't say that! It's not true!

BOY. All right, I won't.

WIFE. But you don't believe me.

BOY. Yes I do.

WIFE. You don't. I can see you don't. Why can't I make you happy?

BOY. I am happy.

WIFE. You're not. I know you're not. You make me happy —my father said I'd be unhappy here, but I'm not, you've made me so happy — why can't I make you happy? Look at the way you brought that man here! The first one you find! Why? I'm so afraid something will happen.

BOY. Does he matter to you?[2]

WIFE. Of course he matters! And he's a tramp![3]

BOY. I'll make him wash.

WIFE. You see! You don't understand! Who is he?

BOY. I don't know. He told me he was an officer, but that's not true. Who'd take their orders from him!

WIFE. And he talks to himself. I'm afraid of him.

BOY. That's only a habit. He's lonely. You'll be all right, I thought you'd like someone to help you. He can look after the pigs.

WIFE. I knew it! You're going to ask him to stay!

BOY. What else can I do? He can't look after himself. He's a poor old man — how can I throw him out?[4] Who'd look after him then? I

[1] Hup: 하나, 둘, 셋, 걸을 때의 구령. 어이, 이랴 등의 구령.

[2] Does he matter to you?: "그 사람이 문제가 되오?"

[3] a tramp: 방랑자. 뜨내기.

[4] how can I throw him out: "어떻게 그를 내쫓겠소?"

won't do it!

WIFE. O you're a fool! Can anyone come who likes? Don't you have any sense of responsibility?

BOY. Responsibility!

LEAR. . . . When he saluted I saw blood on his hand . . .

WIFE. Listen!

LEAR. . . . I slept in the morning because all the birds were dead . . .

WIFE. . . . He's stopped.

BOY. O go to sleep. Please. For the child's sake.

Silence. They all sleep. WARRINGTON *comes out of the well. He still carries the knife. He goes to the* BOY *and his* WIFE *and peers down to see who they are. He crosses to* LEAR *and stops. Peers. Throws himself on* LEAR, *roars, and hits him with the knife.* LEAR *jumps up.*

LEAR (*still dreaming*). My daughters — help me! There! Guards! (*Grabs* WARRINGTON *and stares at his face.*) What's this? . . . No! No!

The BOY *runs to* LEAR *and* WARRINGTON *runs out.*

A ghost!

BOY. He's gone! He ran!

LEAR. A ghost!

WIFE. It's the wild man! I saw him!

BOY. A light![1] (*The* WIFE *runs into the house.*) He's bleeding! Water! Cloth! (*To* LEAR.) Your arm! It's cut.

LEAR. He's dead! I saw his face! It was like a stone! I shall die!

The WIFE *comes out with a light.*

BOY. Water —

WIFE. Bring him inside! It's not safe out here!

[1] A light!: "불을 밝히라"고 고함을 지르는 소리.

BOY (*helping* LEAR *into the house*). Yes. Fetch the blanket. Quick. He's bleeding.
LEAR. I'll die! I've seen a ghost. I'm going to die. That's why he came back. I'll die.
BOY. The steps.

> BOY *takes* LEAR *into the house. His* WIFE *picks up the blankets and follows them in.*

SCENE SEVEN

Same.
The next afternoon. There is no one there. The BOY *comes in. Takes off his hat and hangs it up on the side of the house. His* WIFE *comes in from the opposite side. She carries a pig pole and an empty swill bucket.*[1]

WIFE. Is he still asleep?
BOY. I don't know. I just got back.
WIFE. You haven't asked him about last night.
BOY. Not yet. (*He kisses her.*) You're better.
WIFE. Yes. (*She takes the pole and bucket to the side of the house.*) The well's dirty, I saw it this morning when I did the washing.
BOY. O lord! I'll go down later on.

> *The* CARPENTER *comes in. He is tall and dark and carries a wooden box.*

Hello.
CARPENTER. Hello.
BOY. How are you?
CARPENTER. Fine. A bit busy.
BOY (*points to box*). What is it?

[1] swill bucket: 음식찌꺼기를 담은 통.

CARPENTER. Something I made.
BOY. It's early, but I'll go and shut the pigs up.[1]

The BOY *goes out.*

WIFE. What is it?
CARPENTER. A cradle.[2] (*He gives it to her.*)
WIFE. O.
CARPENTER. He doesn't mind.
WIFE. It's beautiful.

The CARPENTER *sits and looks at her. Slight pause.*

He's got someone staying here. An old man. You haven't seen him in the village?
CARPENTER. No. Who is he? I'll try and find out.
WIFE. He just brought him here to look after the pigs. Why? It's so silly, so silly . . .
CARPENTER (*after another slight pause*). Any jobs I can do?
WIFE. The door wants mending, but he'll do that.
CARPENTER. No, I left my tools in the cart down on the road. I'll fix it.
BOY (*off*[3]). I-yoo! I-yoo! I-yoo! (*Two or three pigs squeal.*[4])

LEAR *comes out of the house.*

LEAR (*puzzled*[5]). I've slept all day. It's evening. (*Sees* CARPENTER.) Who's that?

[1] shut the pigs up: 돼지를 우리에 가둔다는 뜻과 조용히 입을 닥치게 한다는 두 가지 뜻이 있음.
[2] a cradle: 요람.
[3] off: 무대 밖에서.
[4] squeal: 끽끽 울다.
[5] puzzled: 난처해하며. 어쩔 줄 몰라 하며.

WIFE. A man from the village.
LEAR. O. (*He sits on the cradle.*)

CARPENTER.	}	Not on that!
WIFE.		You'll break it!

LEAR (*stands*). Where's your husband?
WIFE. He'll be here. I suppose you'll go away now after last night.
LEAR (*confused*). I don't know. I dreamed —

The BOY *comes in.*

BOY. How are you? I thought I heard you up. Let me see your arm.
WIFE. John brought this.
BOY (*looks at the cradle*). O that's very clever. For the child. Thanks. (*The* CARPENTER *stands.*) You needn't go.
CARPENTER. Your wife wants me to fix her door.

The CARPENTER *goes out. The* BOY *looks at* LEAR*'s cut.*

WIFE (*picking up the cradle*). It's not deep.
BOY. It needs washing.

The WIFE *goes into the house with the cradle.*

LEAR. Who is he?
BOY. Village carpenter. He makes coffins and cradles and mends chairs, anything. He's very good. Don't worry about him, he's always hanging around.[1] He's in love with my wife.
LEAR. Last night I saw a ghost.
BOY (*amused*). My father said there aren't any, and he should know. It was this wild man.
LEAR. I see, I see . . . then it was all in my dream. (*Slight pause.*) I should have spent my life here.
BOY (*looking at the cut*). I'm sorry about this.

[1] he's always hanging around: 항상 주위를 어슬렁거린다.

LEAR (*still confused and puzzled*). I've been cut before. It's almost gone. I was worse when I came here. You've looked after me well. I slept like a child in this silence all day. It's so long since I slept like that, I'd forgotten . . . And now I shall get well again. It's so simple and easy here. (*Becoming angry.*) But where shall I go now, how can I live, what will become of me?

BOY. Stay here. You can look after my pigs. I can't pay you but you can eat and sleep with us.

LEAR. No. I'd get you into trouble.[1] No, no. I must go away.

BOY. Listen, how many men were you in charge of?

LEAR. A few.

BOY. Well they won't come all this way for one old man who was in charge of a few other men. So stay.

LEAR. I could have a new life here. I could forget all the things that frighten me — the years I've wasted, my enemies, my anger, my mistakes. I've been too trusting, too lenient![2] I'm tormented by regrets — I must forget it all, throw it away! Yes! — let me live here and work for you.

BOY. Good. You'll be a real help to me when you've settled in.[3] I'll be able to clear some more fields. You needn't worry about the soldiers. They're too busy looking for the king to worry about you. Did you know they're pulling his wall down?

LEAR. The wall?

BOY. Up and down, up and down. The king was mad. He took all the men from this village. But I hid. They'd worked with their hands all their lives but when they started on the wall their hands bled for a week.

LEAR. No.

BOY. You died of work or they shot you for not working. There was a disease —

LEAR. They tried to stop that.

---

[1] I'd get you into trouble: "나 때문에 곤란한 일을 겪게 될 거네."

[2] lenient: 관대한. 자비로운.

[3] when you've settled in: 자리를 잡으면(안정되면).

BOY. — 'Wall death'. Their feet used to swell with the mud. The stink[1] of it even when you were asleep! Living in a grave! He should come here — I'd go back to my old job and dig a grave for him! We used to dig his wall up at nights, when they were working near here. (*Sighs.*) Let's talk about something else. (LEAR *stops listening to him.*) My wife will be all right. She'll be a bit cold[2] at first, but she'll soon be glad to have you helping us . . . We're supposed to be a bad match.[3] I know her father didn't want us to marry. He's never come to see us. I asked him. I don't like that, it makes you feel bad. He's a priest, he taught her everything. She's very clever, but she can't understand how I live. I've got my house, my farm, my wife — and every night I tell her I love her. How could I be unhappy? She's afraid it will change, she'd like to put a fence round us and shut everyone else out.

His WIFE *comes out of the house with a long rope. She fixes it across the back of the stage as a long clothes line.*[4] *Short silence.*

LEAR. I remember some of my dream. There was a king and he had a fountain in his garden. It was as big as the sea. One night the fountain howled and in the morning the king went to look at it. It was red. The servants emptied it and under the sea they found a desert. The king looked in the sand and there was a helmet and sword.

The WIFE *goes into the house.*

So the king —

BOY. I know that. A clown told it to us at the fair.

LEAR *stares at him. The* WIFE *comes out of the house with a bas-*

[1] the stink: 역겨운 냄새.

[2] a bit cold: 다소 쌀쌀맞은. 냉정한.

[3] a bad match: 결혼상대로 어울리지 않는 짝.

[4] as a long clothes line: 긴 빨랫줄 용도로.

ket of washing.

WIFE. I want some more water but it's dirty.
BOY (*stands*). I'll go down.

The WIFE *takes some pegs*[1] *from the wall and starts to peg out a line of white sheets. The* BOY *climbs into the well and goes out of sight.*

LEAR (*to* WIFE). I'll do that. You mustn't work too hard.

She doesn't answer, but LEAR *helps her. They hang the sheets so that the bottoms just clear the ground.*[2]

WIFE (*pegging*). Who is the wild man? You recognized him last night.
LEAR (*holding up a sheet*). No. I was dreaming.
WIFE (*taking the sheet).* When are you going?
LEAR (*picking up pegs*). Your husband's asked me to work for him.
WIFE (*pegging*). You're not stopping here. I won't have you.
LEAR (*handing her pegs*). He needs me. He said so.
WIFE (*taking the pegs*). I'm not having any dirty old tramps about. I'm carrying.[3] I mustn't let myself get upset.
LEAR (*adjusting a sheet. Becoming angry*). You don't hang them straight.
WIFE (*pegging*). I could easily make him send you away.
LEAR. Straight.
WIFE (*pegging*). I don't want to have to do that. I'm not arguing and shouting any more, it upsets him too much. Please go — and don't tell him I made you.
LEAR (*holding up a sheet*). Where can I go?

1 pegs: 빨래집게.

2 They hang the sheets so that the bottoms just clear the ground: 끝자락이 땅에서 살짝 올라가도록 시트를 건다.

3 I'm carrying: "전 임신 중이에요."

WIFE (*taking the sheet*). Anywhere. You're free. You've got the whole world.

LEAR. He asked me to stay! No, I won't go! (*He crosses to the well.*) He said I could stay. He won't break his word.[1] I'm too old to look after myself. I can't live in ditches and barns and beg for scraps and hire myself to[2] peasants! No, I won't be at everyone's call! My daughters sent you! You go! It's you who're destroying this place! We must get rid of you! — (*He stops short and stares at the bucket.*)

WIFE. What is it?

LEAR. Blood.

WIFE. What?

LEAR. Blood. That's blood in the water. I've seen it before. (*Calls down the well.*) What are you doing? Where are you?

BOY (*off*). What?

WIFE. That's where he was hiding! (*Calls down well.*) He hid down there last night — (*To* LEAR.) — and then he came up and tried to kill you and ran away!

LEAR (*afraid*). No. There's too much blood . . . He came back and he's down there now . . .

Silence. A SERGEANT *and THREE* SOLDIERS *(*D, E *and* F*) come on. They all carry rifles.*

SOLDIER D. Don't run. I don't like breakin' women's legs.

SERGEANT. Turn it over inside.[3]

SOLDIERS D *and* E *go into the house.*

'Oo else yer got knockin' around?[4]

---

1 He won't break his word: "그는 약속을 어기지 않을 거요."

2 hire myself to: agree to work for payment. Lear는 이들에게 고용되어 일하는 것이 자신의 존엄성에 손상이 가는 일이라는 어감을 주고 있다.

3 Turn it over inside: "집안을 수색하라."

4 'Oo else yer got knockin' around?: Who else is likely to be here? (사투리)

LEAR. No one. You want me. We can go now.

He starts to go. SOLDIER F *stops him.*

No, no! We must go.

SOLDIER F. 'Oo else? Shouldn't lie your age,[1] time yer knowd[2] better.

SERGEANT. Come on, darlin', yer must a 'ad some one t' put yer in that class.[3]

SOLDIER F. Couldn't a bin 'im.[4]

SOLDIER D *comes out of the house.*

SOLDIER D. 'E'd 'ave t' use a carrot.[5]

SOLDIER F. 'E would, the dirty ol' toe rag.[6]

WIFE. Go away —

SOLDIER D (*to* SERGEANT). Empty.

WIFE. — he's gone.

SERGEANT. 'Oo'd leave a nice little lay[7] like you?

SOLDIER E *comes from behind the house.*

SOLDIER E. Pigs out the back.

LEAR. I look after them!

SERGEANT. We know there's a young fella.

LEAR. There's no one else. Take me away.

BOY (*off*). He's here! I've got him!

---

[1] Shouldn't lie your age: You are too old to be telling lies. (사투리)

[2] yer knowd: you knew (사투리)

[3] yer must a 'ad some one t' put yer in that class: there must have been someone here to make you pregnant. (사투리)

[4] a bin 'im: have been him (사투리)

[5] 'E'd 'ave t' use a carrot: Lear가 너무 늙어서 여자를 임신시킬 수 없는 것이 분명하다며 음란한 말을 하고 있다.

[6] dirty ol' toe rag: filthy, old beggar. (사투리)

[7] a nice little lay: (속어) 성적으로 매력적인 젊은 여자.

The SOLDIERS *stare. They are puzzled.*

LEAR. We can go. The girl didn't know who I am. I'll report you for —

SOLDIER F *puts his hand over* LEAR*'s mouth. Silence.*

BOY (*off*). His neck's broken.

SOLDIER D *points to the well.*

SERGEANT (*threatens* LEAR *with his rifle*). Tell 'im somethin'.
LEAR (*speaking down the well*). Yes.
BOY (*off*). He's dead. I'll bring him up. Pull the rope.

The SERGEANT *pulls the rope. The* SOLDIERS *take the* WIFE *and hide behind the sheets with her.*

(*Off. Nearer.*) Steady.

LEAR *goes upstage,*[1] *sits on the steps or the bench and watches. The* SERGEANT *goes behind the sheets. The* BOY *comes out of the well, carrying* WARRINGTON. WARRINGTON *is dripping wet.*

He fell down. He must have died straight away. My God! — he's breathing. There's bubbles on his mouth! Look! Help me!

He puts WARRINGTON *down. A pool forms round him.*[2] *The* BOY *looks at* LEAR. *Stops. Suddenly he panics and shouts.*

Cordelia![3]

---

1 upstage: 무대 안쪽. 관객들에 가까운 쪽을 downstage, 먼 안쪽을 upstage라고 한다.

2 A pool forms round him: Warrington의 시체가 물에 젖어 있어서 내려놓으니 옷에서 물이 나와 웅덩이처럼 된 상태를 가리킨다.

3 Cordelia: 원래 Shakespeare의 *King Lear*에서는 Lear의 막내딸이었지만, 여기서는 혈연 관계로 맺어지지 않았다는 점에 주목할 것.

The SERGEANT *and* SOLDIERS E *and* F *come from behind the sheets.*

Cordelia!

SOLDIER E *shoots him. He staggers upstage towards the sheets. His head is down. He clutches a sheet and pulls it from the line.* CORDELIA *stands behind it. Her head is down and she covers her face with her hands.* SOLDIER D *is preparing to rape her. The* BOY *turns slowly away and as he does so the sheet folds round him. For a second he stands in silence with the white sheet draped round him. Only his head is seen. It is pushed back in shock and his eyes and mouth are open. He stands rigid. Suddenly a huge red stain spreads on the sheet.*

SERGEANT. Kill the pigs.

SOLDIER E *runs off.*

SOLDIER F (*peering down at* WARRINGTON). Chriss look at this!
SERGEANT (*to* SOLDIER D). Do that inside.
LEAR. She's pregnant.
SOLDIER D. It can play with the end.
SOLDIER F (*poking* WARRINGTON*'s mouth with the end of his rifle*). Look at this blowin' bubbles!

Off, squealing starts as the pigs are slaughtered. SOLDIER D *takes the* WIFE *into the house. The* BOY *suddenly drops dead.*

SERGEANT. Drop 'im down the 'ole.
The SERGEANT *and* SOLDIER F *drop* WARRINGTON *down the well.*

SOLDIER F. 'Ere's another — one.
SERGEANT. Up!

They drop the BOY *down the well. He points to* LEAR.

An' run 'im down t' the truck.[1]

The SERGEANT *goes into the house.*

SOLDIER F. Some jammy bastards[2] 'ave all the fun. I don't fancy[3] old grandads.

Off, the pig squealing stops.

LEAR (*stands*). O burn the house! You've murdered the husband, slaughtered the cattle, poisoned the well, raped the mother, killed the child — you must burn the house! You're soldiers — you must do your duty! My daughters expect it! O burn the house! Burn the house! Burn the house!

SOLDIER F. Shut it[4] an' move.

SOLDIER F *takes* LEAR *outside.* SOLDIER E *comes on from behind the house.*

LEAR (*going*). O burn it down! Burn it!

There is blood on SOLDIER E*'s face, neck, hands, clothes and boots. In the house* CORDELIA *gives a high, short gasp.*

SOLDIER E (*muttering contentedly*). An' I'll 'ave 'er reekin' a pig blood.[5] Somethin' t' write 'ome t' tell mother.

---

[1] An' run 'im down t' the truck: march him quickly down to the truck.

[2] jammy bastard: 운 좋은 놈. 자기보다 더 편한 일을 하는 것처럼 보이는 사람에게 말하는 속어.

[3] fancy: 좋아하다. 끌리다.

[4] Shut it: Be quiet

[5] An' I'll 'ave 'er reekin' a pig blood: When I have sexual intercourse with her I'll be smelling of pigs' blood. (사투리)

The CARPENTER *follows him on. He carries his tool pack. He takes a cold chisel*[1] *from it.*

(*Sees* CARPENTER.) Yes? (*A fraction later*[2] *he calls towards the house.*) Sarge!

The CARPENTER *kills him with a blow from the cold chisel.*

CARPENTER (*looks towards the house*). Are there more of you?

The CARPENTER *picks up* SOLDIER D*'s rifle and goes into the house. Slight pause. Three rifle shots from inside the house. Silence.*

ACT TWO

SCENE TWO

Courtroom.
NORTH *and* CORNWALL *enter and talk quietly together while the court assembles. There is a* JUDGE, USHER, CLERK *and other Officials.*

CORNWALL. Our wives will condemn him and have his life.[3]
NORTH. Yes.
CORNWALL. I don't think we should let them have their way in too many things.
NORTH. Bodice is a good woman. But she's had to bear her troubles on her own too long. Perhaps it's too late for her to trust anyone.
CORNWALL. That's true of both of them. We'll put him in a safe prison.[4] He'll die without us.

[1] chisel: 끌. (조각용) 정.

[2] A fraction later: 아주 잠시 후에.

[3] have his life: 그의 목숨을 취하다.

[4] a safe prison: 보통 감옥은 범죄자로부터 사회를 안전하게 보호하기 위한 것이지만, 여

BODICE *and* FONTANELLE *come on. The* JUDGE *goes to them.*

BODICE. You've studied your instructions?
JUDGE. Indeed, ma'am.
BODICE. This is a political trial: politics is the higher form of justice. The old king's mad and it's dangerous to let him live. Family sentiment doesn't cloud our judgement.[1] I've arranged to call the people who upset him most.
FONTANELLE. I'm a witness.
BODICE. Let him rattle on[2] and condemn himself. Goad him if it helps[3] — but not too openly.
JUDGE. I understand ma'am.

The JUDGE *takes his place.* LEAR *is brought in under guard.*

BODICE (*to* FONTANELLE). He's deteriorated. I must put the gaoler on the Honours List.[4]
JUDGE. You are the late king?[5]
LEAR. You know who I am. I gave you your job.
JUDGE. And these ladies are your daughters.
LEAR. No.
JUDGE. They are your daughters.
LEAR. No.
JUDGE. Don't you recognize them?
LEAR. I've never seen them.
JUDGE. Sit. (LEAR *sits.*) The late king says his daughters —
LEAR. They're not my daughters!

기서는 딸들로부터 Lear가 안전할 수 있는 그런 곳이 되었다.

1 Family sentiment doesn't cloud our judgement: 우리의 판단력은 아버지에 대한 가족으로서의 감정에 영향을 받지 않는다는 뜻.

2 rattle on: 빠른 말로 생각 없이 재잘거리다.

3 Goad him if it helps: "필요하면 그를 자극해라."

4 I must put the gaoler on the Honours List: "교도소장을 서훈자 명단에 넣겠소."

5 the late king: 여기서는 세상을 떠난 선왕을 가리키는 것이 아니라, 전(前) 왕이라는 뜻으로 쓰였다.

BODICE *pushes* FONTANELLE. FONTANELLE *goes to the witness stand.*[1]

FONTANELLE. I will tell the truth.

JUDGE. Ma'am, try to make the late king remember you.

FONTANELLE. Father, once you found a white horse on a battlefield. You gave it to me and it broke its leg on the ice. They tied it to a tree and shot it. Poor little Fontanelle cried.

LEAR. Poor horse.

FONTANELLE. Another time I asked you how high the wall would be. You held me over your head and said you still couldn't see over the top.

LEAR. I was always exact. — Take me back to my prison. We are freer there.

FONTANELLE *shrugs and goes back to her seat beside* BODICE. BODICE *smiles at her. An* OLD SAILOR *is led to the witness stand.*

OLD SAILOR. I will tell the truth. I can't see. I was a sailor and the sea blinded me. I have a little sight, but in a mist.[2] I showed you how to sail. Your voice hasn't changed. You came back when you were king and showed me your daughters. I could see in those days. These are your daughters, sir.

LEAR. Are you taken care of?

OLD SAILOR. I've been blind seven years, sir. They say I have clear eyes, but they don't see for me.

LEAR. Are you well looked after, sir?

OLD SAILOR. Yes, sir. I have a good daughter.

LEAR. Go home and watch her. They change faster than the wind at sea.

The OLD SAILOR *is led away. The* OLD COUNCILLOR *goes to*

[1] witness stand: 증인석.

[2] I have a little sight, but in a mist: "약간 시력이 있지만, 흐릿하게 안개가 낀 것 같아요."

the witness stand.

COUNCILLOR. I will tell the truth. (*Takes out his notebook.*) Sir, you know me.

LEAR. Through and through.

COUNCILLOR (*looks in notebook*). I helped you to escape on —

LEAR. You ran after me to be saved.[1]

COUNCILLOR. Now you shouldn't say —

LEAR. And when you saw that I was finished you ran back here.

COUNCILLOR. I did my duty as a man of conscience —

LEAR. Convenience!

COUNCILLOR. Sir, when I saw that —

LEAR. I would be caught —

COUNCILLOR. — you were mentally disturbed[2] —

LEAR. — you betrayed me! Is there no honour between old men? You've been corrupted by your children!

BODICE. Give him my mirror! (*Aside to* JUDGE.) Madmen are frightened of themselves!

The USHER *goes towards her but* BODICE *walks past him and takes the mirror to* LEAR.

LEAR. How ugly that voice is! That's not my daughter's voice. It sounds like chains on a prison wall. (BODICE *puts the mirror in his hand and walks back to her chair.*) And she walks like something struggling in a sack. (LEAR *glances down briefly at the mirror.*) No, that's not the king.

JUDGE. Take the oath first.[3]

LEAR. You have no right to sit there![4]

[1] You ran after me to be saved: "당신은 목숨을 구하기 위해 나를 앞질러 갔지."

[2] mentally disturbed: 정신적으로 장애가 있는.

[3] Take the oath first: (진실만을 말하겠다는 증인으로서의) "선서를 먼저 하시오."

[4] You have no right to sit there: Lear의 이런 반응은 Cromwell의 통치 하에서 의회가 소환한 법정에서 Charles I세가 자신을 심리할 권리가 없다고 했던 것을 상기시킨다.

JUDGE. Take the oath.

LEAR. I gave you your job because you were corrupt!

JUDGE. Take the oath.

LEAR. The king is always on oath! (*He stares down at the mirror.*) No, that's not the king . . . This is a little cage of bars with an animal in it. (*Peers closer.*) No, no, that's not the king! (*Suddenly gestures violently. The* USHER *takes the mirror.*) Who shut that animal in that cage? Let it out.[1] Have you seen its face behind the bars? There's a poor animal with blood on its head and tears running down its face. Who did that to it? Is it a bird or a horse? It's lying in the dust and its wings are broken. Who broke its wings? Who cut off its hands so that it can't shake the bars? It's pressing its snout[2] on the glass. Who shut that animal in a glass cage? O god, there's no pity in this world. You let it lick the blood from its hair in the corner of a cage with nowhere to hide from its tormentors. No shadow, no hole! Let that animal out of its cage! (*He takes the mirror and shows it round.*) Look! Look! Have pity. Look at its claws trying to open the cage. It's dragging its broken body over the floor. You are cruel! Cruel! Look at it lying in its corner! It's shocked and cut and shaking and licking the blood on its sides. (USHER *again takes the mirror from* LEAR.) No, no! Where are they taking it now! Not out of my sight! What will they do to it? O god, give it to me! Let me hold it and stroke it and wipe its blood! (BODICE *takes the mirror from the* USHER.) No!

BODICE. I'll polish it every day and see it's not cracked.

LEAR. Then kill it. Kill it. Kill it. Don't let her torment it. I can't live with that suffering in the world.

JUDGE. See the king's madness.

LEAR. My daughters have been murdered and these monsters have taken their place! I hear all their victims cry, where is justice?

BODICE. Yes! I've locked this animal in its cage and I will not let it out!

[1] Let it out: "풀어주어라."

[2] its snout: its nose and mouth.

FONTANELLE (*laughing and jumping up and down in her seat*). Look at his tears!

LEAR. Cruelty! Cruelty! See where they hauled it up by its hair!

BODICE (*to* CLERK). Get it all down!

CLERK. Ma'am.

JUDGE. The court is adjourned.[1]

LEAR *is taken quickly away, and the court goes.*

LEAR (*going*). Its blood's on the steps where the prisoners come!

The JUDGE *goes to* BODICE *and* FONTANELLE.

JUDGE. That went better than I expected, ma'am.

BODICE. It went as I planned. There's to be a death sentence but it's not yet decided. Good day.

The JUDGE *bows and goes.* BODICE *and* FONTANELLE *are alone.*

FONTANELLE. It *was* — till your husband interfered.

BODICE. And yours! Keep him on a tighter leash![2] Well, they must be brought to sense. Men are always obstinate, it's their form of maturity. I've bad news. My spies have found agitators and malcontents in every village. There's going to be serious fighting — civil war.

FONTANELLE. Good! If it's there let's root it out.[3] Meet it head on.[4] Did you know this riffraff[5] is commanded by a woman? Called Cordelia.

---

[1] The court is adjourned: "휴정하겠습니다."

[2] leash: 끈. 사슬.

[3] If it's there let's root it out: "역도들이 있다면 뿌리를 뽑읍시다."

[4] Meet it head on: "정면으로 맞서자."

[5] riffraff: 쓰레기. 잡동사니.

BODICE (*aside*). Yes, my sister has her own spies. Power goes to her head.[1] The head must be squeezed.[2] As it happens, her spies are in my pay so she can never know more than I know. But from now on I shall trust her even less. If things go well her days are numbered.[3] (*To* FONTANELLE.) Well, we'd better go and see to our husbands. This campaign needs proper preparation.

FONTANELLE. Then we can't leave it to them!

BODICE. And the army must be purged.[4] Victory is bad for soldiers, it lowers their morale.

They go out together.

SCENE TWO

LEAR*'s cell.*

Bare, empty. A stone shelf for sitting on. SOLDIERS G *and* H *bring* LEAR *in.* SOLDIER H *drops a roll of sacking*[5] *on the floor.* SOLDIER G *stands by the door. They ignore* LEAR.

SOLDIER G. Not a bad way t' earn yer livin' if it weren't for the smell.

SOLDIER H. It won't last.

SOLDIER G. Nah, they'll send us up the front with the rest.

SOLDIER H. Cross laddie 'ere off.[6]

SOLDIER G *marks a list and the* TWO SOLDIERS *go out.*

---

1 goes to her head: makes her act extravagantly or over-ambitiously.

2 The head must be squeezed: 여기서 head는 부스럼의 꼭지와 사람의 머리라는 이중적인 의미로 사용되었다.

3 If things go well her days are numbered: 일이 잘 되면, 그녀가 살날도 얼마 남지 않았다.

4 purged: cleared of any treacherous or hostile elements.

5 sacking: 거친 천.

6 Cross laddie 'ere off: Cross this fellow's name off the list (사투리)

LEAR. I must forget! I must forget!

The GHOST OF THE GRAVE DIGGER*'s* BOY *appears. His skin and clothes are faded. There's old, dry blood on them.*

GHOST. I heard you shout.
LEAR. Are you dead?
GHOST. Yes.
LEAR. There's an animal in a cage. I must let it out or the earth will be destroyed. There'll be great fires and the water will dry up. All the people will be burned and the wind will blow their ashes into huge columns of dust and they'll go round and round the earth for ever! We must let it out! (*Calls, bangs on the wall.*) Here! Pull your chain! Here! Break it! (*There is banging from the other side of the wall.*) What? It's here! A horse!
GHOST. No. It's other prisoners.
LEAR. Help me!
GHOST. What animal is it? I've never seen it!
LEAR. Where are my daughters! They'd help me!
GHOST. I can fetch them.
LEAR. My daughters? You can fetch them here?
GHOST. Yes.
LEAR. Fetch them! Quickly! (*The* GHOST *whistles softly.*) Where are they?
GHOST. You'll see them. Wait. (*Whistles softly again.*)

FONTANELLE'S GHOST *appears.*

LEAR. Fontanelle!

GHOST *whistles.* BODICE'S GHOST *appears.*

Bodice!
GHOST. Let them speak first.

The DAUGHTERS' GHOSTS *move slowly at first, as if they'd been asleep.*

FONTANELLE. Do my hair . . . Father comes home today.

BODICE. I must put on my dress.

FONTANELLE. O you dress so quickly! Do my hair. (BODICE *attends to her hair.*)

LEAR. My daughters!

BODICE. They're burying soldiers in the churchyard. Father's brought the coffins on carts. The palls[1] are covered with snow. Look, one of the horses is licking its hoof.

FONTANELLE. This morning I lay in bed and watched the wind pulling the curtains. Pull, pull, pull . . . Now I can hear that terrible bell.[2]

LEAR. Fontanelle, you're such a little girl. (*He sits on the stone shelf.*) Sit here.

FONTANELLE. No.

LEAR. On my knees. (*He sits her on his knees.*) Such a little girl.

BODICE (*listening*). Father! I must get dressed! I must get dressed. (*She struggles frantically into her dress.*)

LEAR. That's better.

FONTANELLE. Listen to the bell and the wind.

LEAR (*wets his finger*[3] *and holds it in the air*). Which way is it blowing? (BODICE *gets into the dress and comes down to him. He points at her.*) Take it off!

BODICE. No.

LEAR. Take it off. Your mother's dress!

BODICE. She's dead! She gave it to me!

LEAR (*pointing*). Take it off!

---

[1] pall: 관[영구차, 무덤(등)]을 덮는 보(보통 검정·자주 또는 흰색의 벨벳).

[2] that terrible bell: 장례식을 알리는 조종과 티 타임(tea time)을 알려주는 종소리의 두 가지 뜻이 있음.

[3] wets his finger: 손가락에 침이나 물을 바르다. Lear는 손가락을 적셔서 바람의 방향을 파악하고 있음.

BODICE. No!

LEAR. Yes, or you will always wear it! (*He pulls her to him.*) Bodice! My poor child, you might as well have worn her shroud.

BODICE *cries against him.* BEN, *a young orderly,*[1] *comes in with a small jug and plate. He sets them on the floor.*

BEN. Don't 'ang it out, grandad.[2] They'll be round for the empties[3] in a minute. Don't blame me if it ain't 'ow yer like it. I ain't the chef, I'm only the 'ead waiter.[4]

BEN *goes out. The* DAUGHTERS' GHOSTS *sit on the floor beside* LEAR *and rest their heads on his knees. He strokes their hair.*

BODICE. Where are we?

LEAR. In a prison.

BODICE. Why?

LEAR. I don't know.

BODICE. Who put us here?

LEAR. I don't know.

FONTANELLE. I'm afraid.

LEAR. Try not to be.

BODICE. Will we get out?

LEAR. Yes.

BODICE. Are you sure?

LEAR. O yes.

BODICE. If I could hope! But this prison, the pain —

LEAR. I know it will end. Everything passes, even the waste. The fools will be silent. We won't chain ourselves to the dead, or send our

---

[1] orderly: 전령. 당번병.

[2] Don't 'ang it out, grandad: "너무 꾸물거리지 마세요, 노인 양반."

[3] the empties: 다 먹고 비운 접시나 컵.

[4] I ain't the chef, I'm only the 'ead waiter: 자신은 요리사가 아니라 음식을 서빙했을 뿐이니, 자신에게 불만을 토로하지 말라고 수다스럽게 말하고 있음.

children to school in the graveyard. The torturers and ministers and priests will lose their office. And we'll pass each other in the street without shuddering at what we've done to each other.

BODICE. It's peaceful now.

FONTANELLE. And still.

LEAR. The animal will slip out of its cage, and lie in the fields, and run by the river, and groom itself in the sun, and sleep in its hole from night to morning.

THREE SOLDIERS (G, H *and* I) *come in. They are methodical*[1] *and quiet.*

SOLDIER H. Watch careful an' take it all in.[2]

SOLDIER I. Corp.

SOLDIER H. Under the sack an' in the corners, (SOLDIER G *shows him how to search.*) Can yer remember it? Five times a day. Yer skip the personal.[3]

SOLDIER I. Corp.

SOLDIER H. Less see yer try.

SOLDIER I (*searching in the corners*). When yer off?[4]

SOLDIER G. Tmorra. Least it's out a this 'ole.[5]

SOLDIER I. I'll stay out a the fightin' any day!

SOLDIER H. Yer don't know nothin' about it. When there's a war on yer all end up fightin'.

SOLDIER I (*finishes his search*) Corp.

SOLDIER H. So yer're ready t' mark yer list.

SOLDIER I. Corp. (*Goes to mark his list.*)

SOLDIER H. An' did yer look under the beddin'?

---

[1] methodical: 규율 있는. 질서정연한.

[2] an' take it all in: and pay attention to everything so that you'll remember it all

[3] Yer skip the personal: "죄수의 몸을 뒤지는 일은 하지 마라."

[4] When yer off?: When are you going away? (사투리)

[5] Tmora. Least it's out a this 'ole: Tomorrow. At least it will mean leaving this terrible place. (사투리)

SOLDIER I. Corp.
SOLDIER H. Then look under the beddin'.
SOLDIER I (*looks under the bedding*). Corp.[1]
SOLDIER H. An' now yer can mark yer list.
SOLDIER I. Corp. (*Marks his list.*)
SOLDIER H. Nignogs![2] . . . (*When* SOLDIER I *has finished.*) An' on t' the next one.

The THREE SOLDIERS *go out.*

BODICE. Listen. (*She stands.*)
LEAR. Where are you going?
BODICE. Mother's dead. I must serve tea. They're ringing the bell.
LEAR. Stay here.
FONTANELLE. They're waiting. There's a long line behind the coffins. They're standing so still!
LEAR. Stay here and they can't begin. We can stay here together!
GHOST. They must go! You can't stop them!
LEAR. But my mind! My mind!

The DAUGHTERS go.

Listen! The animal's scratching! There's blood in its mouth. The muzzle's bleeding. It's trying to dig. It's found someone! (*He falls unconscious on his sack.*)

An OLD ORDERLY *comes in.*

OLD ORDERLY. Sing away, I won't 'urt you. I come for the plate. (*He sees it's untouched.*) O. Shall I come back? Writin' petitions an' appeals an' retainin' yer self respect an' keepin' yer mind occupied —

1 Corp: Corporal의 약어. 상병에 해당함.

2 Nignogs: (속어) 주로 외국인을 비하하는 표현이지만, 여기서는 신병의 얼떨떨한 모습을 질책하는 표현으로 사용되었다.

thass all right, but yer must eat. Well, yer know yer own stomach.[1] (*Reassuringly.*) I ain' on the staff.[2] (*Slight pause.*) They're sendin' the young filth up the front. Let 'em rot. Waste a good bullets. I come in 'ere thousands a years[3] back, 'undreds a thousands. I don't know what I come in for. I forgot. I 'eard so many tell what they come in for it's all mixed up in me 'ead. I've 'eard every crime in the book confessed t' me. Must be a record. Don't know which was mine now. Murder? Robbin'? Violence? I'd like t' know. Juss t' put me mind t' rest.[4] Satisfy me conscience. But no one knows now. It's all gone. Long ago. The records is lost. 'Undreds[5] a years back. (*Points to plate.*) Shall I wait? (*No answer.*) The customer knows what 'e wants.[6]

The OLD ORDERLY *takes the plate and mug and goes out.*

LEAR. I shouldn't have looked. I killed so many people and never looked at one of their faces. But I looked at that animal. Wrong. Wrong. Wrong. It's made me a stupid old man. What colour's my hair?

GHOST. White.

LEAR. I'm frightened to look. There's blood on it where I pulled it with these hands.

GHOST. Let me stay with you, Lear. When I died I went somewhere. I don't know where it was. I waited and nothing happened. And then I started to rot, like a body in the ground. Look at my hands, they're like an old man's. They're withered. I'm young but my stomach's shrivelled up and the hair's turned white. Look, my arms! Feel how thin I am. (LEAR *doesn't move.*) Are you afraid to

---

[1] yer know yer own stomach: “배가 고픈지는 본인이 가장 잘 알겠지.”

[2] I ain' on the staff: 자신이 공식적으로 업무를 담당하는 스태프가 아니라고 말하고 있다. 화자는 죄수 중에서 잡일을 맡고 있는 것으로 보인다.

[3] thousands a years: thousands of years.

[4] Juss t' put me mind t' rest: just to stop me worrying. (사투리)

[5] Undreds: Hundreds.

[6] The customer knows what 'e wants: 'the customer is always right'을 살짝 변형시킨 것으로 이들은 마치 자신들이 감옥이 아니라 식당에 있는 것처럼 여기고 있다.

touch me?

LEAR. No.

GHOST. Feel.

LEAR (*hesitates. Feels*). Yes, thin.

GHOST. I'm afraid. Let me stay with you, keep me here, please.

LEAR. Yes, yes, poor boy. Lie down by me. Here. I'll hold you. We'll help each other. Cry while I sleep, and I'll cry and watch you while you sleep. We'll take turns. The sound of the human voice will comfort us.

SCENE THREE

Rebel field post.[1]

CORDELIA *and some* REBEL SOLDIERS. PETE *nurses a* WOUNDED REBEL SOLDIER *called* TERRY. LEWIS *stands upstage as look-out.*[2] SOLDIER I *sits with his hands tied behind his back and no cap. Beside him is a* CROUCHING REBEL SOLDIER *with a rifle. Some of the other* REBEL SOLDIERS *carry rifles. They wear simple, utilitarian clothes,*[3] *not uniforms. There is a tense silence.*

LEWIS (*looks off*). They're coming.

CORDELIA (*relaxes a little and goes to the* WOUNDED REBEL SOLDIER). Is he all right?

PETE. There's no. drugs, no equipment, nothing.

The CARPENTER *comes on with two more* REBEL SOLDIERS. *They carry rifles and bundles.*

CARPENTER. What was the firing?

CORDELIA. Some scouts found us. It's all right, we got them. What

[1] Rebel field post: 반란군의 야전 지휘소.

[2] look-out: 망보는 사람.

[3] utilitarian clothes: 실용복.

did you bring?

CARPENTER. Tea, spuds,[1] two blankets. They won't take money. They want to join us.

CORDELIA. How many?

CARPENTER. Up to twenty.

CORDELIA. Will they bring their own supplies?

CARPENTER. Yes.

CORDELIA. We'll pick them up when we move through. We're almost ready.

CARPENTER (*indicates* SOLDIER I). One of the scouts?

CORDELIA. Yes. The rest were shot. I wanted to talk to him first. Terry was hit.

CARPENTER. O . . .

The two REBEL SOLDIERS *who have just arrived drink tea quickly. The other* REBEL SOLDIERS *carry their bundles offstage. A* REBEL SOLDIER *hands a mug of tea to the* CARPENTER.

CORDELIA (*to* SOLDIER I). How far did you come?

SOLDIER I. 'Ard t' say. We never come straight an' the maps is US.[2] I was born in the city. These fields are China t' me.[3]

CORDELIA. How long did you march?

SOLDIER I. O I can tell yer that. We moved off at first light.

CARPENTER (*sips his tea*). They've reached the river.

SOLDIER I. Yeh, we come over a river. On a rope — that was a giggle. The farmers'd burned the real bridge. My life!

CORDELIA. What are your supplies like?

SOLDIER I. Nothin'. They used t' be regular.[4] Now everythin's burned. We come through this town. Same thing — burned. Nothin' t'

---

1 spuds: (속어) potatoes.

2 US: useless.

3 These fields are China t' me: 이 전쟁터가 내게는 중국이나 마찬가지로 전혀 모르는 곳이라는 뜻.

4 regular: regular supplies of arms, equipment and food.

loot. A nice place once.

CORDELIA. Why d'you fight us?

SOLDIER I. I'm more afraid a me own lot than I am a yourn.[1] I'd make a run for it but I'd get a bullet in me back. Not that I'm knockin' your lads![2] After all, I'm one a you if yer like t' look at it. If I lived out in the sticks[3] I'd be fightin' with you lot, wouldn't I?

CORDELIA *and the* CARPENTER *walk away.*

CARPENTER. Let him join us.

CORDELIA. He's a child, he crawls where he's put down. He'd talk to anyone who caught him. To fight like us you must hate, we can't trust a man unless he hates. Otherwise he has no use. (*To* CROUCHING REBEL SOLDIER.) We've finished.

CROUCHING REBEL SOLDIER *and* LEWIS *start to take* SOLDIER I *out. Another* SOLDIER *takes* LEWIS'*s place as look-out.*

SOLDIER I. 'Ello, we goin' then?[4]

The three go out. CARPENTER *looks at the* WOUNDED REBEL SOLDIER.

CARPENTER. Where?

PETE. Stomach.

WOUNDED SOLDIER. It's all right, don't whisper. I won't be a nuisance. We said we'd die quietly, if we could. Don't scream or ask for anything. It upsets the others and holds them up . . .

CORDELIA. You must rest before we —

---

1 a yourn: of yours (사투리)

2 Not that I'm knockin' your lads!: Not that I am trying to belittle or insult your soldiers.

3 the sticks: 외딴 시골. 벽지.

4 'Ello, we goin' then?: Hello, are we setting off now?

WOUNDED SOLDIER. Yes, yes. Don't treat me like a child because I'm dying. Let me drink some water.

PETE. No.

WOUNDED SOLDIER. It doesn't matter about my stomach. It'll help my throat. (CARPENTER *gives him some water.*) Yes. Now go and get ready.

They leave him and get ready to move.

CORDELIA (*to the* LOOK-OUT). Tell them to start moving. Keep off the road.

The LOOK-OUT *goes out.*

WOUNDED SOLDIER. When it's dark I'll pretend my wife's come to meet me and they're coming up the road. I put our girl on my shoulder and she pulls my hair and I say ah . . .

PETE. More tea?

CARPENTER. No.

PETE *empties the tea can and packs it.*

WOUNDED SOLDIER. She sees a bird and asks me what it is and I say it's a wader[1] but I don't know . . . Who'll tell my wife I'm dead?

Off, a single shot. No one reacts.

It's dark, there are the stars . . . look . . .

LEWIS *and the* CROUCHING SOLDIER *come back. They pick up their things.*

---

[1] a wader: 섭금류. 백로처럼 다리가 긴 새.

CORDELIA. When we have power these things won't be necessary.
Everyone goes off except the WOUNDED SOLDIER.

WOUNDED SOLDIER. The stars . . . Look . . . One . . . Two . . . Three . . .

Silence.

SCENE FOUR

HQ.[1]
BODICE *sleeps slumped forward over a desk.*[2] *On the desk a map, documents, pen, ink, teacher's bell. By the desk,* BODICE'*s knitting bag full of documents. Off, a knock.* BODICE *hears and moves but doesn't sit up. Off, a second knock.* BODICE *sits up and rings the bell once. An* AIDE[3] *comes in.*

AIDE. Your sister's here now, ma'am.
BODICE. What time is it?
AIDE. Two.
BODICE. Let her in.

AIDE *lets* FONTANELLE *in and goes out.*

FONTANELLE. Your aide says our husbands have run away!
BODICE. They met the Chiefs of Staff[4] this afternoon. The army thinks we'll lose the war.
FONTANELLE. Impossible. We're fighting peasants.
BODICE. The army thinks —

[1] HQ: Headquarters. 본부. 사령부.
[2] slumped forward over a desk: 책상 위로 구부정한 자세를 취한 채로.
[3] Aide: Aide-de-camp. 장관 전속 부관.
[4] Chiefs of Staff: 참모총장들.

FONTANELLE. They can't think! Our husbands ran our campaign, that's why we lost. But if they're gone now, we'll win!

BODICE. You silly woman, haven't you learned anything yet? I had to send troops to bring them back. They're downstairs now.

FONTANELLE. Why?

BODICE. Why? We need their armies!

FONTANELLE. O — they'll fight for us!

BODICE. They wouldn't break a grasshopper's leg for us. Why d'you think I put up with my husband for so long?

FONTANELLE. Put up with him?

BODICE. O don't waste your hypocrisy on me. You tried to kill yours once. My spies told me and they don't lie. They're the only moral institution in this country.[1]

FONTANELLE (*shrugs*). Well, I don't bother any more. He's stopped slobbering[2] over me and I sleep with whom I like.

BODICE. It must be getting difficult to find someone.

FONTANELLE (*after a pause, in a small voice*). Well I don't wake them up in the middle of the night to ask them to hold my wool. Is that why you sleep alone?

BODICE. At least they'd get to sleep first. Sign these before you go.

FONTANELLE. What are they?

BODICE. Various warrants. We'll have to run the country between us — but you're no good at office work, it's a waste of time you trying.

FONTANELLE. I'll only sign what doesn't conflict with my conscience. (*Picks up a document.*) What's this?

BODICE. Father's death warrant.

FONTANELLE. Where's the pen?

BODICE (*as* FONTANELLE *signs*). There are a number of old matters it's politically dangerous to leave open.[3] They should have been

---

[1] They are the only moral institution in this country: "이 나라에서 그들(spies)만이 도덕적인 사람들이야." 적을 속이고 정탐행위를 하는 스파이를 이렇게 부르는 상황이 아이러니하다.

[2] slobbering: 감상적으로 애정 표현을 해 대는.

[3] to leave open: to leave undecided.

closed long ago, but it's been left to us, of course!

FONTANELLE. Where is he?

BODICE. They're bringing a batch of prisoners to HQ. They had to evacuate the prisons. The warrants will be carried out when they arrive. Sign the others.

A signal is tapped on the door. BODICE *rings the bell once.* TWO PLAINCLOTHES SPIES[1] *bring the* DUKES OF CORNWALL *and* NORTH *in. They have been questioned*[2] *but not marked. Their jackets, belts and laces have been removed. They look flushed.* BODICE *stands.*

No — be silent! Not one word! There's nothing to explain. My spies have learned more about you than you know yourselves, and none of it came as a surprise to me.

FONTANELLE. Burn them!

BODICE. Be quiet! You will be kept in cells until we need you to be seen in public, or for any other reason. (NORTH *opens his mouth to speak.*) Be quiet! While you are out of your cells you will at all times be accompanied by my plainclothes spies. If you misbehave in any way you will be instantly shot. (NORTH *opens his mouth to speak.*) Will you be quiet! — We would explain it away as an assassination by the enemy.

FONTANELLE. Burn them! I'm superstitious, they'll bring us bad luck.

BODICE. Take them downstairs.

The TWO PLAINCLOTHES SPIES *take the* DUKES OF NORTH *and* CORNWALL *out.*

FONTANELLE. And what will you do about the war?

BODICE (*rings the bell once*). You'd better go back to bed. You mustn't

1 PLAINCLOTHES SPIES: 군복이 아닌 사복을 입은 스파이.

2 questioned: 심문을 받다.

keep your chauffeur waiting.

FONTANELLE *goes towards the door and meets the* AIDE *coming in.*

FONTANELLE. Major Pellet, don't let my sister overwork you.
AIDE. We're very busy, ma'am.
FONTANELLE. If she bullies you let me know.
AIDE. Ma'am.

FONTANELLE *goes out.* BODICE *hands him the warrants.*

BODICE. Hand these to the adjutant.[1] Morning will do.
AIDE. Yes, ma'am.

The AIDE *goes out.* BODICE *looks at the map.*

BODICE. War. Power. (*Off,* FONTANELLE *laughs briefly, and then the* AIDE *laughs briefly.*) I'm forced to sit at this desk, work with my sister, walk beside my husband. They say decide this and that, but I don't decide anything. My decisions are forced on me. I change people's lives and things get done — it's like a mountain moving forward, but not because I tell it to. I started to pull the wall down, and I had to stop that — the men are needed here. (*She taps the map with the finger tips of one hand.*) And now I must move them here and here — (*She moves her index finger on the map.*) — because the map's my straitjacket[2] and that's all I can do. I'm trapped. (*Off, a clock strikes rapidly. Silence. She thinks about her life, but not reflectively.*[3] *She is trying to understand what*

[1] adjutant: 부관. 조수.

[2] straitjacket: (미친 사람, 광포한 죄수에게 입히는) 구속복. Bodice는 자신이 실질적인 힘을 지니지 못하다는 것을 이렇게 표현하고 있는데, 이는 나중에 Lear가 눈이 먼 후에 구속복을 입고 실질적으로 자유를 상실한 것을 전조한다.

[3] not reflectively: Bodice는 단순히 생각만 하는 것이 아니라 적극적으로 생각하고 분석하고 상황을 해결할 방법을 찾고 있다.

has happened to her.) I hated being a girl, but at least I was happy sometimes. And it was better when I grew up, I could be myself — they didn't humiliate me then. I was almost free! I made so many plans, one day I'd be my own master! Now I have all the power . . . and I'm a slave. Worse! (*Rings the bell once.*) Pellet! — I shall work. I shall pounce on every mistake my enemy makes![1] (*Rings the bell once.*) War is so full of chances! I only need a little luck. (*Rings the bell twice.*) Pellet! Pellet! (*Picks up the map and starts to go.*) Are you asleep?

She goes out.

SCENE FIVE

Road.
Prison convoy[2] *on a country road.* LEAR *and* FOUR PRISONERS *chained together by the neck and blindfolded.* LEAR *is also gagged.*[3] *They are led and guarded by* THREE SOLDIERS (J, K *and* L). *Everyone is tired and dirty. They talk nervously and quietly, all except* LEAR. *Continuous heavy gun fire in the distance.*

SOLDIER J (*looking at a map*). Useless bloody[4] map!
SOLDIER K (*looks round*). We're lost!
SOLDIER J. Shut up! (*To* PRISONERS.) Hup hup![5]
FIRST PRISONER (*quietly*). Can't go anymore.
SECOND PRISONER. Lean on me.
SOLDIER K. Hup.

[1] I shall pounce on every mistake my enemy makes: 적군이 저지르는 실수를 모두 닦아세울 것이다. 적군이 실수를 저지르면 그 기회를 잡아서 적군을 몰아붙이겠다는 뜻.

[2] convoy: 호송팀.

[3] gagged: 재갈을 물린.

[4] bloody: 어처구니없는(damned).

[5] Hup hup: Get up and move. 군대에서 사용하는 용어임.

THIRD PRISONER (*to* SECOND PRISONER). Let 'im go. 'E knows when e's 'ad enough.[1]

SOLDIER L. Hup.

SECOND PRISONER. No. They'll shoot him.

SOLDIER K. We're 'eadin' back the way we come.[2]

SOLDIER J. 'Alt! (*The* PRISONERS *stop immediately.*) Down. (*They sit. To* SOLDIER K.) Go'an'ave a little reccy.[3] You're good at directions.[4]

SOLDIER K *goes out. The* PRISONERS *pass round a water can. They don't remove their blindfolds.*

FOURTH PRISONER. I'm next.

SOLDIER J (*crouches and studies map*). They must a issued this for the Crimea.[5]

SECOND PRISONER (*gives water to* FIRST PRISONER). I'll hold it.

SOLDIER L. I tol' yer t' wrap it.[6]

SOLDIER J. Wha' direction's the firin' comin' from?

SOLDIER L. Moves about.

SECOND PRISONER. Enough.

FIRST PRISONER. Thank you.

SECOND PRISONER. I'll try to look where we are. Keep in front of me.

FOURTH PRISONER. Here. (*The water can is passed to him. It's almost empty.*) Bastards! It's empty! (*Drinks.*)

THIRD PRISONER. Leave some. (*Takes the water can.*)

SOLDIER L (*sees* SECOND PRISONER *trying to look*). Oi wass your

---

[1] 'E knows when e's 'ad enough: He knows when he's had enough; He knows when he can do no more, go no further. (사투리)

[2] We're 'eadin' back the way we come: "우리는 온 길을 되짚어 가고 있어요." (사투리)

[3] Go'an'ave a little reccy: "가서 주변 좀 살펴보시오." (*reccy: reconnoitre)

[4] You are good at directions: "방향(길)을 잘 찾으시잖소."

[5] They must a issued this for the Crimea: "그들은 이 지도를 크리미아 전쟁(1853-6)때 발행했을 거예요." 즉 너무 구식이고 낡아서 쓸모가 없다는 뜻.

[6] I tol' yer t' wrap it: I told you to stay silent. (사투리)

game![1]

SOLDIER J. Wass up?[2]

SECOND PRISONER. Nothing. Nothing.

SOLDIER L. I saw yer look.

SECOND PRISONER. No.

SOLDIER J. 'E look?

SOLDIER L. Yeh! Any more out a you and yer'll look through a 'ole in yer 'ead.[3] I got the enemy breathin' up me arse.[4] Iain' messin' about with you, sonny.

The TWO SOLDIERS *go back to the map.*

SOLDIER J (*looking off*). Wass keepin' 'im?[5]

SOLDIER L. Don't tell me 'e's gone an' got lost now. Why don't we run for it?

SOLDIER J (*indicates* PRISONERS). What about these darlin's?[6]

SOLDIER L. Leave 'em, kill 'em.

SOLDIER J. Give it another minute. Best t' stick t' orders as long as yer can.

SOLDIER L (*grumbling nastily*). I ain' cartin' this garbage round[7] much longer, we ain' safe ourselves. (*Suddenly calls after* SOLDIER K, *low and intense.*) Billy? (*Silence.*) 'E don't 'ear. Reckon 'e's scarpered?[8]

SOLDIER J. Billy? Nah.[9]

---

[1] Oi wass your game!: Hey, what are you trying to do! "어이, 뭐 하는 짓이야!" (사투리)

[2] Wass up?: What's up?

[3] Any more out a you and yer'll look through a 'ole in yer 'ead: If you cause any more trouble, I'll shoot you in the head. (사투리)

[4] I got the enemy breathin' up me arse: "적군이 우리 바로 뒤에 다가와 있소."

[5] Wass keepin' 'im?: What's keeping him?

[6] darlin's: 죄수들을 다소 비웃듯 지칭함.

[7] I ain' cartin' this garbage round: I am not taking on the responsibility and bother of marching these worthless prisoners around. (사투리)

[8] Reckon 'e's scarpered?: Do you think he's run away? (사투리)

[9] Nah: No

THIRD PRISONER (*removes gag from* LEAR'*s mouth and holds the water can against it*). 'Ere, drink this an' be quiet.

LEAR (*after drinking a mouthful*). More.

FOURTH PRISONER. It's gone.

LEAR. I can't see.

THIRD PRISONER. Our eyes are covered.

LEAR. Where are we?

SOLDIER L. Joker. 'Oo unplugged 'is gob?[1]

LEAR (*loudly and serenely*). Why do they pull me about like this? Why do they waste their time on me. If they let me I'd go away quietly. How could I harm them? They're young, why do they waste their life leading an old man on a rope?

The distant guns sound louder.

SOLDIER L. 'Ark at it![2] (*Calls as before.*) Billy?

SOLDIER J. Leave it.

SOLDIER L. I'll go an' look for 'im.

SOLDIER J. O no you don't.

LEAR. I've lost my boy.

SOLDIER L (*to* PRISONERS). I ain' warnin' yer. Keep 'im quiet.

LEAR. There are so many voices! I must find him. I had a terrible pain in my head and he stopped it and now I must help him. He's lost. He needs me. What will they do to him if I'm not there to call them off? Boy! Boy! Hey!

SOLDIER L. All right, bloody 'ush![3]

LEAR (*stands*). Here! Here!

FOURTH PRISONER. Stop him! My neck!

SOLDIER J. E's bloody mad!

FOURTH PRISONER. Kick him!

SOLDIER L (*runs to* LEAR *and gags him*). I said stow it, grandad.[4]

1 'Oo unplugged 'is gob?: Who took his gag off so he could talk? (사투리)

2 'Ark at it: Listen to this. (사투리)

3 'ush: hush

4 I said stow it, grandad: I told you to be quiet, old man. (사투리)

Now bloody talk t' yerself. (*He goes back to* SOLDIER J, *who is still by the map.*) Get yer rifle. They've 'ad long enough.

SOLDIER J. Give 'em a little bit longer. (*He kneels in front of the map.*) We must be on 'ere somewhere.

Pause. LEAR *makes sounds through his gag. Slowly* SOLDIERS J *and* L *raise their hands over their heads—they look like Moslems about to pray.* SOLDIER K *comes on with his hands above his head. They stay like this in silence for a few moments. The* CARPENTER, LEWIS, PETE *and other* REBEL SOLDIERS *come on. They are quick, quiet and tense.*

CARPENTER. This them?

SOLDIER K. Yeh.

LEWIS *goes upstage as Look Out. A* REBEL SOLDIER *picks up* SOLDIERS J *and* L*'s rifles.*

CARPENTER. Anyone in charge?

SOLDIER J. 'Ere.

CARPENTER. Where were you wanting to get to?

SOLDIER J. HQ. Evacuating that lot.

CARPENTER. You haven't got an HQ left.[1]

FOURTH PRISONER (*takes off his blindfold*). We're free . . . (*The* PRISONERS *hesitate awkwardly.*) Can we take the chains off?

CARPENTER. No. Not till the political officers have been through you. (*Points to* SOLDIERS J, K *and* L.) Tie them up.

The THREE SOLDIER*'s hands are tied behind their backs. The* CARPENTER *goes to the side of the stage, whistles, and gestures to someone to come on.*

[1] You haven't got an HQ left: 이미 사령부가 반란군에게 점령당해서 남아 있지 않다는 뜻.

FOURTH PRISONER. You can undo me. I'm a political prisoner. On your side. I shall have influence when things are changed. I'll put in a word[1] for you soldiers. You've saved my life.

FONTANELLE *and a* REBEL SOLDIER *come on from the direction of the* CARPENTER*'s whistle. Her hands are tied behind her back. She is dirty and dishevelled*[2] *and her clothes are torn.*

CARPENTER. Tie her on the end.

PETE (*tying* FONTANELLE *on to the chain of* PRISONERS). Can they take their blindfolds off?

CARPENTER. If you like.

The PRISONERS *remove their blindfolds.* THIRD PRISONER *takes* LEAR*'s off.*

LEAR. Undo this chain. My hands are white.[3] There's no blood in them. My neck's like old leather. You'd have a job to hang me now. I don't want to live except for the boy. Who'd look after him?

FONTANELLE. Don't tie me up with him! (*Cries with anger.*) O God, how foul . . .

LEAR. Who's crying? (*Still serenely.*[4] *He doesn't recognize her.*) Stop that, child. Ask them quietly. You're a woman, you should know how to do that. Some of them are kind, some of them listen.

FONTANELLE. You stupid, stupid, wicked fool!

LEAR. You mustn't shout. No one will listen to that. They all shout here.

CARPENTER. Who is he? I've seen him before.

---

[1] put in a word: 말참견하다. 한 마디 해주다.

[2] dishevelled: 머리와 복장이 흐트러진.

[3] My hands are white: “나는 아무 죄도 없소.”

[4] serenely: 침착하게. 차분하게.

SOLDIER J. Don't know any of 'em from Adam.[1] That one thinks 'e's king.

CARPENTER. It'd be safer to be Jesus Christ.

Off, a whistle.

LEWIS. We're off. (*He whistles back.*)

PETE. On your feet. (*The* PRISONERS *stand.*)

FONTANELLE. Don't take me like this. The people will throw stones at me and shout. They hate me. I'm afraid. I'll faint and scream. I've never been humiliated, I don't know how to behave. Help me. Please.

LEAR. Don't ask them for favours. Walk with us. Be gentle and don't pull.

CARPENTER. Watch that old one. He's a trouble maker.

LEAR. We'll go decently and quietly and look for my boy. He was very good to me. He saved my mind when I went mad. And to tell you the truth I did him a great wrong once, a very great wrong. He's never blamed me. I must be kind to him now. Come on, we'll find him together.

They go out in the direction from which the PRISONERS *came on.*

SCENE SIX

LEAR'*s second cell.*

It is darker than before. LEAR, FONTANELLE *and the* PRISONERS *from the chain gang*[2] *(except* FOURTH PRISONER) *are sitting on the ground. A bare electric bulb hangs from the ceiling. It is unlit. Off, a sudden burst of rifle shots.*

---

[1] Don't know any of 'em from Adam: "누가 누구인지 모르겠군."

[2] chain gang: 하나의 사슬에 묶여 있는 죄수.

FIRST PRISONER (*jumps up*). They're starting again!

SECOND PRISONER. No. They said last week it was only once. They got rid of the undesirables[1] then. (*Trying to sound calm.*) We mustn't panic.

The OLD ORDERLY *comes on with a bucket and puts it down upstage.*

THIRD PRISONER. Yeh, they're still feedin' us. They wouldn't waste grub[2] . . .

SECOND PRISONER (*to* OLD ORDERLY). What are they doing?

OLD ORDERLY. Never noticed.

FIRST PRISONER. We heard shooting.

OLD ORDERLY. Could 'ave. My 'earin' went 'undred a years back.[3]

THIRD PRISONER. Why are they keepin' us 'ere? We should a bin out[4] by now.

OLD ORDERLY. No orders, no papers, no forms, nothing comes through — no one knows what to do.

The OLD ORDERLY *goes out. Everyone eats' except* LEAR *and* FIRST PRISONER. *They watch each other hungrily while they eat.* FONTANELLE *only eats a little.* LEAR *sits on the ground. He is still calm and remote.*

SECOND PRISONER (*jostling*[5] *at the bucket*). Steady!

The GRAVEDIGGER'S BOY'S GHOST *comes on. He is white and thin.*

---

[1] got rid of the undesirables: 탐탁지 않은 사람들을 모두 제거했다(죽였다).

[2] grub: (구어) 음식물.

[3] My 'earin' went 'undred a years back: My hearing went hundred of years back. *go back: 나빠지다.

[4] should a bin out: 풀려났어야 했다. (사투리)

[5] jostling: 난폭하게 떠밀다.

LEAR. Where have you been? Are you in pain?

GHOST. What? I don't know. I'm so cold. See how thin I am. Look at my legs. I think my chest's empty inside. Where have you been?

LEAR. Some men took us out of the town and along a road and some more men stopped us and brought us back again. I was lonely without you and worried, but I knew I'd find you. (LEAR *and the* GHOST *sit and lean against each other.*)

GHOST. Tell me what you saw. This city's like a grave. I tried to follow you but when we got out in the open the wind was too strong, it pushed me back.

LEAR. There was so much sky. I could hardly see. I've always looked down at the hills and banks where the enemy was hiding. But there's only a little strip of earth[1] and all the sky. You're like my son now. I wish I'd been your father. I'd have looked after you so well.

The COMMANDANT, OLD ORDERLY *and* THREE SOLDIERS (M, N *and* O) *come in. The* SOLDIERS *carry rifles.*

COMMANDANT. What's that food bucket doing here?

OLD ORDERLY. They're always fed at this time. It's on standin' orders.[2]

COMMANDANT. You old fool. (*Reads from a list.*) Evans.

THIRD PRISONER. Yeh.

COMMANDANT. M413. Leave that. L37 Hewit.

SECOND PRISONER. Yes.

COMMANDANT. H257 Wellstone.

FIRST PRISONER. Yes.

COMMANDANT. Outside.

SOLDIER M. Get fell in sharp.[3]

---

[1] a little strip of earth: 좁고 긴 땅.

[2] standin' orders: : 여기서는 군대에서의 내무(복무) 규정을 가리킴. 영국에서는 (은행에 대한) 자동대체를 가리키기도 함.

[3] Get fell in sharp: "재빨리 정렬하라."

SECOND PRISONER. We're on the wrong list.

SOLDIER N. Tell me that outside.

THIRD PRISONER. We're politicals.[1]

SECOND PRISONER. I was on your side.[2] That's why I'm here.

COMMANDANT. It's all been cleared up. You're transferees.[3] Outside, there's good lads.

SECOND PRISONER. No.

SOLDIERS M *and* N *run* SECOND PRISONER *out. He shouts 'No!' once more before he goes.* COMMANDANT *and* SOLDIER O *take* FIRST *and* THIRD PRISONERS *outside. The* OLD ORDERLY *picks up some scraps of food from the floor and drops them in the bucket.* LEAR *goes to the bucket to feed.*

OLD ORDERLY. Throw their muck anywhere.[4]

FONTANELLE. For as long as I can remember there was misery and waste and suffering wherever you were. You live in your own mad world, you can't hear me. You've wasted my life and I can't even tell you. O god, where can I find justice?

LEAR. They didn't leave much.

Off, a burst of rifle shots.

OLD ORDERLY. Do this, run there, fetch that, carry this. Finished? (*He picks up the bucket.*) No one can put a foot right[5] today. Job like this upsets the whole place. (*Starts to go.*) Work. Work. Work.

The OLD ORDERLY *goes out.* FONTANELLE *goes to* LEAR.

---

[1] politicals: political prisoners.

[2] I was on your side: "난 당신들 편이었어요."

[3] transferee: (신조어) 한 곳에서 다른 곳으로 이송될 사람.

[4] Throw their muck anywhere: 쓰레기를 아무데나 버린다는 뜻.

[5] put a foot right: do the correct thing.

FONTANELLE. Talk to them! Say you know something the government ought to know. Promise them something. Anything. Make them — negotiate! — put us on trial! O father, you must think!

LEAR. He's taken the bucket. I always scrape it.

FONTANELLE. Bodice is still fighting. She'll beat them, she always does. Help me, father. If Bodice saves us I'll look after you. I understand you now. Take everything back. God knows I don't want it. Look, let me help you. Father, think. Try. Talk to them, argue with them — you're so good at that. Sit down. (*She brushes hair from his face.*) We mustn't shout at each other. I do love you. I'm such a stupid woman. Yes (*She laughs.*) — stupid, stupid! But you understand me. What will you say to them?

LEAR. All the sky.

FONTANELLE. Remember! Remember!

LEAR. And a little piece of earth.

The CARPENTER, COMMANDANT, OLD ORDERLY, FOURTH PRISONER *and* SOLDIERS M, N *and* O *come in.* FOURTH PRISONER *wears a crumpled, dark-blue striped suit.*

COMMANDANT (*to* SOLDIERS, *indicating the cell*). Keep this one separate for the family.

FONTANELLE. Are you putting us on trial?

CARPENTER. Your father's case is still open. But yours has been closed.[1]

FONTANELLE (*calmer*). If I appealed[2] it would go to you?

CARPENTER. Yes.

FONTANELLE. My sister will punish you if you do anything to us!

CARPENTER. We've got her.[3] We're bringing her here.

Off, a burst of rifle shots.

[1] But yours has been closed: "그러나 당신의 경우는 이미 판결이 났소."

[2] If I appealed.: "내가 만약 항소를 하면. . ."

[3] We've got her: "우리가 그녀를 체포했소."

FONTANELLE (*agitated again*). Let me swallow poison. You don't care how I die as long as you get rid of me. Why must you hurt me?

CARPENTER (*shakes his head*). No. I can't stay long and I must see it finished. I have to identify the body.

SOLDIER N *shoots* FONTANELLE *from behind. She falls dead immediately.*

COMMANDANT. Will you wait in my office? It's warmer.

CARPENTER. Thank you.

The COMMANDANT *and* CARPENTER *go out wearily.* SOLDIERS M *and* N *follow them.* LEAR, GHOST, FOURTH PRISONER *and* SOLDIER O *are left.* SOLDIER O *helps* FOURTH PRISONER *to erect a trestle table.*[1]

FOURTH PRISONER. Bring this here.

SOLDIER O *helps* FOURTH PRISONER *to put* FONTANELLE'*s body on the table. They move quietly and efficiently.* FOURTH PRISONER *switches on the bare electric light over the table. He has turned his white shirt-cuffs back over his jacket sleeves. The* GHOST *cringes away.*[2] LEAR *stares at* FOURTH PRISONER. *Slowly he stands. He begins to see where he is.*

GHOST. It's beginning.

LEAR. What?

GHOST. Quickly, Lear! I'll take you away! We'll go to the place where I was lost!

LEAR. No. I ran away so often, but my life was ruined just the same. Now I'll stay. (*He stares at* FOURTH PRISONER.)

[1] a trestle table: 가대식 식탁(2-3개의 trestles 위에 판을 얹은).

[2] cringe away: 무서워서 꽁무니를 빼다.

FOURTH PRISONER (*efficiently*). I'm the prison medical doctor. We met in less happy times. I said I was in good standing with the government.[1] My papers confirmed that. I'm just waiting for more papers and then I'll be given a post of more obvious trust and importance. We're ready to begin.

LEAR. What are you doing?

FOURTH PRISONER. A little autopsy.[2] Not a big one. We know what she died of. But I handle this routine work methodically. Otherwise they think you can't be trusted with bigger things. My new papers will open up many new opportunities for me.

LEAR. Who was she?

FOURTH PRISONER. Your daughter.

LEAR. Did I have a daughter?

FOURTH PRISONER. Yes, it's on her chart. That's her stomach and the liver underneath. I'm just making a few incisions[3] to satisfy the authorities.[4]

LEAR. Is that my daughter . . .? (*Points.*) That's . . .?

FOURTH PRISONER. The stomach.

LEAR (*points*). That?

FOURTH PRISONER. The lungs. You can see how she died. The bullet track goes through the lady's lungs.

LEAR. But where is the . . . She was cruel and angry and hard . . .

FOURTH PRISONER (*points*). The womb.

LEAR. So much blood and bits and pieces packed in with all that care. Where is the . . . where . . .?

FOURTH PRISONER. What is the question?

LEAR. Where is the beast? The blood is as still as a lake. Where . . .? Where . . .?

FOURTH PRISONER (*to* SOLDIER O). What's the man asking? (*No*

---

[1] I was in good standing with the government: "나는 정부와 좋은 관계를 맺고 있었지요."

[2] little autopsy: 간단한 검시. 해부.

[3] incision: 절개.

[4] to satisfy the authorities: 관계 당국의 요구를 충족시키기 위해.

response.)

LEAR. She sleeps inside like a lion and a lamb and a child.[1] The things are so beautiful. I am astonished. I have never seen anything so beautiful. If I had known she was so beautiful . . . Her body was made by the hand of a child, so sure and nothing unclean . . . If I had known this beauty and patience and care, how I would have loved her.

The GHOST *starts to cry but remains perfectly still.*

Did I make this — and destroy it?

BODICE *is brought in by* SOLDIERS M *and* N. *She is dirty and dishevelled, but she has tried to clean herself and tidy her hair. She tries to sound eager and in control.*[2]

BODICE. In here? Yes. Thank you. Did my letter go to the government?

SOLDIER M. Wait 'ere.

BODICE. Yes. Thank you. I must see someone in authority. I want to explain my letter, you see. (*Sees* LEAR.) O, yes, they've put us together. That must be a friendly sign. Now I know they mean to act properly!

FOURTH PRISONER. Pass me my forms. (SOLDIER O *hands him some forms.*)

BODICE (*brightly trying to show interest*). What are you doing?

LEAR. That's your sister.

BODICE. No!

LEAR. I destroyed her.

BODICE. Destroyed? No, no! We admit nothing. We acted for the best.[3] Did what we had to do.

[1] like a lion and a lamb and a child: 구약성서에 그려진 목가적이고 조화로운 자연계를 묘사하는 구절과 연관된다.

[2] in control: (감정을) 잘 절제하는.

[3] acted for the best: did what we believed to be right in the circumstances

LEAR. I destroyed her! I knew nothing, saw nothing, learned nothing! Fool! Fool! Worse than I knew! (*He puts his hands into* FONTANELLE *and brings them out covered with dark blood and smeared with viscera.*[1] *The* SOLDIERS *react awkwardly and ineffectually.*) Look at my dead daughter!

BODICE. No! No!

LEAR. Look! I killed her! Her blood is on my hands![2] Destroyer! Murderer! And now I must begin again. I must walk through my life, step after step, I must walk in weariness and bitterness, I must become a child, hungry and stripped and shivering in blood, I must open my eyes and see!

The COMMANDANT *runs in shouting and pointing at the* SOLDIERS.

COMMANDANT. You! — You! — What is this? Get it under control!

FOURTH PRISONER. I tried to stop them — saboteurs![3] — don't let this stop my petition[4] —

The CARPENTER *comes in.*

BODICE. Thank god! At last! I wrote to your wife. She's sent you to me. She accepts my offer to collaborate. I was against the fighting. I can show you minutes.[5] My father's mad, you can see that — and my sister drove him on!

CARPENTER. The government found no extenuating circumstances[6] in your case.

BODICE. O — but you haven't been told everything. You must ac-

---

1 viscera: (동물 체내의) 내장.

2 Her blood is on my hands!: 실제로 그렇기도 하지만, Lear는 자신의 죄책감을 은유적으로 표현하고 있기도 하다. 앞에서 "My hands are white"라고 했던 것과 대비된다.

3 saboteur: 파괴(방해) 활동가.

4 petition: 탄원(서).

5 show you minutes: 위원회 회의에서 논의하고 결정한 기록을 보여주다.

6 extenuating circumstances: (죄를) 경감해 줄 상황.

quaint yourself with the facts. No, I don't expect you to let me go. I'm culpable by association.[1] I've been foolish. I accept that. Now there must be a term of imprisonment. I fully accept it.

CARPENTER. You were sentenced to death.

BODICE. No! You have no right! I will not be dealt with by your — committee! I have a right to justice in court! O you are cruel when you get a little power — when you have the power I had you beg people to accept your mercy so that god will not judge you! (*Falls down.*) Please. Please. Please.

CARPENTER. Be quick.

SOLDIER N *moves behind* BODICE *with a pistol. She sees him and fights furiously.* SOLDIER M *and* O *join in. They can't see to aim.* SOLDIER O *fixes a bayonet.*[2] BODICE *bites* SOLDIER M.

SOLDIER M. Bitch!

SOLDIER M *throws her to the ground again. She writhes away*[3] *and screams.*

'Old 'er still!

SOLDIER N *kicks her.* SOLDIERS M *and* N *pinion*[4] *her with their boots. She writhes and screams.*

'Old 'er! 'Old 'er!

SOLDIER O *bayonets her three times. Slight pause. She writhes. He bayonets her once again. She gives a spasm and dies.*

---

1 culpable by association: (죄가 있는 사람과) 연루되었다는 점에서 죄가 있는.

2 fixes a bayonet: 총검을 장착하다.

3 writhes away: 겁에 질려 뱀처럼 꿈틀거리며 멀어지다.

4 pinion: 사람의 양팔을 묶다.

CARPENTER. Thank you. I'm sorry. You're good lads.
SOLDIER O. . . . Blimey.[1]
COMMANDANT (*to* SOLDIERS). Clear up, lads.

The CARPENTER *starts to go. The* COMMANDANT *stops him. While the* COMMANDANT *and the* CARPENTER *talk,* SOLDIERS *remove* FONTANELLE, BODICE *and the trestle table.*

(*He tries to force the* CARPENTER.) We should finish everything. There's still the old man.
CARPENTER. You know I can't. My wife says no. She knew him.
COMMANDANT. I've been having a word with the prison MO.[2] Very reliable man, sir. (*He beckons* FOURTH PRISONER *over.*) About the old one.
FOURTH PRISONER. If he has to be kept alive —
CARPENTER. I've already explained that —
FORTH PRISONER. I follow, sir. Then he could be made politically ineffective.[3]
CARPENTER. What does that mean?
FOURTH PRISONER. Madmen often harm themselves.
CARPENTER. But not killed. That's too obvious.
FOURTH PRISONER. Only harmed.
CARPENTER. Well, anything happens in a war.
COMMANDANT. Good.

The COMMANDANT *and* CARPENTER *go out.*

FOURTH PRISONER. This is a chance to bring myself to notice.

---

1 Blimey: God blind me. 아뿔싸!, 빌어먹을!

2 MO: medical officer.

3 politically ineffective: Lear가 앞으로 정치활동을 할 수 없는 그런 상태에 놓이게 될 것이라는 뜻과 정치적인 방법으로 대중의 분노를 사지 않으면서 장애를 가하겠다는 두 가지 뜻으로 해석될 수 있다.

FOURTH PRISONER *goes upstage into the dark.*

SOLDIER M. She bit me. What yer do for snake bite?
SOLDIER N (*looks*). I'd burn that.
SOLDIER O. Thass only a dose a rabbies.[1]

FOURTH PRISONER *comes downstage with a heap of equipment. The* GHOST *stands and watches silently.* LEAR *is immobile. He is completely withdrawn.*

FOURTH PRISONER. Right. (*He goes to* LEAR.) Good morning. Time for your drive. Into your coat. (LEAR *is put into a straitjacket. He doesn't help in any way.*) Cross your arms and hold your regalia.[2] Now the buttons. This nasty wind gets in everywhere. You've been inside too long to trust yourself to fresh air. (LEAR *is seated on a chair.*) Get settled down. (*His legs are strapped to the chair legs.*) And last your crown. (*A square frame is lowered over his head and face.* FOURTH PRISONER *steps back. Then* LEAR *speaks.*)
LEAR. You've turned me into a king again.
FOURTH PRISONER (*produces a tool*). Here's a device I perfected on dogs[3] for removing human eyes.
LEAR. No, no. You mustn't touch my eyes. I must have my eyes!
FOURTH PRISONER. With this device you extract the eye undamaged and then it can be put to good use. It's based on a scouting gadget[4] I had as a boy.
SOLDIER N. Get on. It's late.
FOURTH PRISONER. Understand, this isn't an instrument of torture, but a scientific device. See how it clips the lid back to leave it un-

[1] Thass only a dose a rabbies: Bodice에게 물리는 것은 광견병에 걸린 개에게 물리는 것과 같다는 뜻.

[2] regalia: (공식 행사 때 입거나 몸에 지니는) 왕위의 표시, 예복이나 휘장 등을 가리킴.

[3] perfected on dogs: completed the design satisfactorily by experimenting on dogs.

[4] a scouting gadget: 보이 스카우트가 사용하는 장비.

marked.

LEAR. No — no!

FOURTH PRISONER. Nice and steady. (*He removes one of LEAR's eyes.*)

LEAR. Aahh!

FOURTH PRISONER. Note how the eye passes into the lower chamber and is received into a soothing solution[1] of formaldehyde crystals. One more, please. (*He removes* LEAR'*s other eye.*)

LEAR. Aaahhh!

FOURTH PRISONER (*looking at the eyes in the glass container*). Perfect.

LEAR (*jerking in the chair*). Aaahhh! The sun! It hurts my eyes!

FOURTH PRISONER (*sprays an aerosol into* LEAR'*s eye sockets*). That will assist the formation of scab[2] and discourage flies. (*To* SOLDIERS.) Clean this up with a bucket and mop.

FOURTH PRISONER *starts to leave.*

LEAR. Aaahhh! It hurts!

FOURTH PRISONER. Keep still. You make it worse.

FOURTH PRISONER *goes out.*

SOLDIER M. Less get away an' shut the door.

SOLDIER N. 'E'll 'ave the 'ole bloody place up.[3]

SOLDIER O. O lor.[4]

The THREE SOLDIERS *go out.* LEAR *and the* GHOST *are left.*

LEAR. Aaahhh! The roaring in my head. I see blood. (*Spits.*) Blood in

---

[1] solution: 용액.

[2] scab: (상처의) 딱지.

[3] 'E'll 'ave the 'ole bloody place up: He'll rouse everybody.

[4] O lor: Oh, Lord. (사투리)

my mouth. (*Jerks.*)[1] My hands — undo my hands[2] and let me kill myself.

GHOST. Lear.

LEAR. Who's that! What d'you want? You can't take my eyes, but take the rest! Kill me! Kill me!

GHOST. No — people will be kind to you now. Surely you've suffered enough.

LEAR. You. (*The* GHOST *starts to unfasten* LEAR.) Tell me the pain will stop! This pain must stop! O stop, stop, stop!

GHOST. It will stop. Sometimes it might come back, but you'll learn to bear it. I can stay with you now you need me.

LEAR. Wipe my mouth. There's blood. I'm swallowing blood.

GHOST. Stand. Please. (LEAR *stumbles to his feet.*) Walk as if you could see. Try. We'll go back to my house. It's quiet there, they'll leave you in peace at last.

LEAR (*stumbling forward*). Take me away! This pain must stop! Ah! (*Stumbling out.*) Take me somewhere to die!

LEAR *stumbles out with the* GHOST.

SCENE SEVEN[3]

Near the wall.
Open fields.
A FARMER, *his* WIFE *and* SON *hurry on. They cross upstage. They carry bundles.*

SON. Doo come. Thass late.

[1] Jerks: 홱 움직이다.

[2] undo my hands: "내 손을 풀어주시오."

[3] 농부, 그의 아내와 아들은 England의 East Anglican 지역의 시골 방언을 쓰고 있음을 감안하여 읽도록 한다. 가장 특징적인 사항은 'o'를 'oo'로 길게 발음하는 것, 'ont'가 'have not'을 뜻하는 것, 'him' 대신에 'en'을 사용하는 것을 들 수 있다.

FARMER'S WIFE. Don't fret.[1] Goo on, we'll keep up.

LEAR *stumbles on downstage with the* GHOST. LEAR *now carries a stick.*

LEAR. Where are we, where are we? The wind's stinging my eyes. They're full of dust.
GHOST. We're near the wall. It'll be easier to walk along the top. Stop. There's some people here. Shall we hide in the scrub?[2]
LEAR. No. I must beg.

LEAR *takes out a bowl and begs.*

Alms! I'm not a criminal, I wasn't blinded by a judge. Alms!

The FARMER, *his* WIFE *and* SON *come down to* LEAR.

FARMER. Good day, father. (*He looks at the bowl. His* SON *makes a gesture of refusal.*) We ont got no bait for yoo.[3] We're poor people off the land. Thass my wife an' my littl' ol' boy by me here.
LEAR. Can I rest in your house? I'm so tired.
FARMER. Yoo'd be welcome an' more, but thass gone. See, sir, when the ol' king went mad they stop buildin' his wall, an' a great crowd a people come up these parts. The ol' king cleared a good strip a land both sides his wall. Rare land[4] that was. So we took a plow an' built ourselves homes.
FARMER'S WIFE. An' now they're buildin' the wall again, count a[5] the govermin's changed.[6]

[1] Don't fret: Don't upset yourself.

[2] in the scrub: 이 자그마한 덤불 속에.

[3] We ont got no bait for yoo: We've got no food to spare for you. "당신에게 줄 식량이 없어요."

[4] Rare land: 유달리 비옥한 땅.

[5] count a: because (사투리)

[6] the govermin's changed: the government's changed.

FARMER. So the soldier boys turned us out on our land. Now everyone's off to the work camp to work on the wall. We'd best move sharp,[1] do there'll be no more room.

FARMER'S WIFE. The women as well.

FARMER. An' the boy's off to be a soldier.

FARMER'S WIFE. We can't bait en an' dress en n' more.[2]

LEAR. But they'll kill him in the army.

FARMER'S WIFE. We must hope they won't.

SON. Thass late. T'ent time t' natter.[3] Doo come.

The SON *goes out.*

FARMER'S WIFE. We're speedin', boy.

The FARMER *and his* WIFE *go out after their* SON.

LEAR. I could learn to endure my blindness with patience, I could never endure this! (*Calls.*) Children! Ah!

LEAR *falls down on to his knees.*

FARMER'S WIFE (*off*). The poor gentleman's toppled over.[4]

The FARMER *and his* WIFE *and* SON *hurry on.*

LEAR. I am the King! I kneel by this wall. How many lives have I ended here? Go away. Go anywhere. Go far away. Run. I will not move till you go!

FARMER'S WIFE. Do stand, sir.

LEAR. I've heard your voices. I'd never seen a poor man! You take too

---

[1] We'd best move sharp: We had better go quickly. (사투리)

[2] We can't bait en an' dress en n' more: We can no longer manage to feed and clothe him. (사투리)

[3] T'ent time t' natter: There's no time now for idle talk. (사투리)

[4] toppled over: 머리 무게 때문에 균형이 잡히지 않아 쓰러지는 모습을 가리킨다. 왕이 왕좌에서 밀려나는 데에도 이런 표현을 쓸 수 있다.

much pity out of me, if there's no pity I shall die of this grief.

SON. That ol' boy's a great rambler.[1]

LEAR. They feed you and clothe you — is that why you can't see? All life seeks its safety. A wolf, a fox, a horse — they'd run away, they're sane. Why d'you run to meet your butchers? Why?

SON. I'll see you in the camp.

The FARMER'S SON *goes out.*

FARMER'S WIFE. Tent decent[2] leavin' en out here on his own, dad.

FARMER. Poor man. If yoo take en someplace they'll beat en an' chain en. Let en be,[3] he's at home in the fields. Let en bear his cross in peace.[4]

The FARMER *and the* FARMER'S WIFE *go out.*

LEAR (*stumbles to his feet*). Men destroy themselves and say it's their duty? It's not possible! How can they be so abused? Cordelia doesn't know what she's doing! I must tell her — write to her!

GHOST. No, no, no! They never listen!

LEAR. I can't be silent! O my eyes! This crying's opened my wounds! There's blood again! Quick, quick, help me! My eyes, my eyes! I must stop her before I die!

LEAR *stumbles out on the* GHOST'S *arm.*

---

1 That ol' boy's a great rambler: "저 노인네가 황당한 소리를 많이 하는구나." (사투리)

2 Tent decent: It's not decent. (사투리)

3 Let en be: Leave him alone. (사투리)

4 Let en bear his cross in peace: "그가 자신의 고통을 스스로 짊어지게 해라." 신약성서에서 예수가 십자가를 지는 것에 비유해서 표현하고 있음.

ACT THREE

SCENE ONE

The GRAVEDIGGER'S BOY'*s house.*
More dilapidated,[1] *but obviously lived in. The stage is empty for a moment.* THOMAS *and* JOHN *come in.*

THOMAS (*calls*). We're home! (*Stretches and yawns happily.*) I'm all in.[2]

JOHN *draws water from the well and washes himself.* SUSAN *comes to the door with* LEAR. THOMAS *embraces her.*

SUSAN. Have you been busy?
LEAR. No news from the village?
THOMAS. No.
LEAR. None? (THOMAS *starts to lead* LEAR *to a bench.*) Cordelia should have answered my last letter. It was stronger than the others. I thought she'd have to answer —
THOMAS (*calming him*). I know, I know.
JOHN. I'll eat in the village tonight with my girl's family.
SUSAN (*slightly annoyed*). You should have told me. (*To* THOMAS.) It won't be long.
THOMAS. I'm starving!

SUSAN *goes into the house with* THOMAS. JOHN *throws his water away. A* SMALL MAN *comes in. He is dirty and frightened and in rags.*

SMALL MAN. I was lookin' — for someone. Could you give us some water?

---

[1] dilapidated: 황폐해진. 허물어져가는.
[2] I'm all in: I'm exhausted.

JOHN *nods to a pitcher by the well.*[1] *The* SMALL MAN *drinks noisily.*

JOHN. You're off the road.[2]

SMALL MAN (*sees* LEAR). Ah, sir. It was you I was lookin' for, sir. They said — (*He stops.*) You knew me when I was a soldier, sir. Small dark man. Black hair.

LEAR. What's your name?

SMALL MAN. O yes. McFearson.

JOHN. How did you get in that state?

THOMAS *comes out of the house. He puts his hand on* LEAR*'s shoulder.*

SMALL MAN. On the road. Thass why I'm 'ungry.

LEAR. Yes, I think I remember you. If you're hungry you'd better stay to dinner.

SMALL MAN. Thank you, thanks.

LEAR. Give him John's. He's going down to the village. Take him into the house.

THOMAS *takes the* SMALL MAN *into the house.* THOMAS *turns in the doorway.*

THOMAS (*to* LEAR). He can't stay. Apart from anything else there isn't enough food.

LEAR. I'll tell him.

THOMAS *goes on into the house. The* GHOST *has come on. He looks thinner and more wasted.*

---

[1] JOHN nods to a pitcher by the well: 존은 우물가에 있는 물주전자를 향해 고개를 끄덕인다.

[2] off the road: 바른 길에서 벗어나 있는.

GHOST. D'you know who he is?
LEAR. A soldier.

JOHN *turns to watch* LEAR.

GHOST. That's right, a deserter.[1] I suppose the fool didn't keep out of sight, moved by day, asked everyone where you were. It won't take them long to follow him. Get rid of the lot of them! Then we'll be safe.

The SMALL MAN *comes out of the house.*

SMALL MAN. Didn't want to get under the lady's feet.[2] It's good of you to let me — (*He stops.*) I thought, for old time's sake . . . The 'ole regiment said you was one a the best.[3]
JOHN (*putting on his jacket*). I'm off.

JOHN *goes and the* SMALL MAN *immediately sits down on the bench.*

SMALL MAN. Good old days, really. (*Laughs.*) Only yer never know it at the time. Nice 'ere, nice place. You're very well fixed[4] — considerin'.
LEAR. Yes.
SMALL MAN. Mind you, yer must be hard pressed.[5] Not a lot t' do everythin'. Juss the two men an' the girl, is it? (*No reply.*) An' you must take a fair bit a[6] lookin' after. An' why shouldn't yer be

---

1 a deserter: 탈영병.

2 under the lady's feet: 그 부인에게 방해가 되는. *under one's feet: acting annoyingly; being in the way.

3 one a the best: one of the most trustworthy and humane men in the world.

4 very well fixed: 편히 잘 지내고 있는.

5 be hard pressed: 무척 힘들다.

6 a fair bit a: a good deal of (사투리)

looked after? Yer deserve it. Yes. I was a batman[1] — as I suppose yer remember.

LEAR. I'm sorry. I was thinking about something else. I've written to Cordelia, but she doesn't answer. Yes, there's just the four of us. They moved in when the house was empty, and they've looked after me since I came back. I thought I'd die but they saved me. But tell me about your life. I'd like to know how you've lived and what you've done.

SMALL MAN. O nothin'. Not t' interest your class a person.[2] Not worth tellin'.

LEAR. But you've fought in great wars and helped to make great changes in the world.

SMALL MAN. What?

THOMAS *comes out of the house and the* SMALL MAN *jumps up.*

O — this your place?

THOMAS. Where've you come from?

SMALL MAN. Well, my wife dies so I was on me own. I says t' meself — travel! See the world while it's still there. New bed every night, a new life every mornin' —

THOMAS. But why are you in that state?

SMALL MAN. Well. (*Sits.*) Yes, why shouldn't I tell yer. I wasn't goin' t' tell yer — the truth upsets people. But you're men of the world.[3] I got beaten up. These thugs,[4] they'd feed their own kids to a guard dog t' keep it quiet —

THOMAS. He's lying —

SMALL MAN. I take an oath — as I stand 'ere —

THOMAS. You're lying!

---

1 a batman: (장교의) 당번병.

2 your class a person: 당신과 같은 신분의 사람.

3 men of the world: 세상 물정에 밝은 사람.

4 thug: 자객. 흉악범. 악당.

LEAR. Of course he's lying! Did it take you that long to find out?

THOMAS. Anyone could have sent him! He might be dangerous!

SMALL MAN. No, no, that's not true. Dangerous! (*Half laughs.*) God knows I couldn't 'urt a fly.[1]

THOMAS. Then who are you? Tell me!

SMALL MAN. No! I came t' see 'im, not you!

THOMAS. Who are you?

SMALL MAN. Nobody! I'm from the wall a course — are you stupid? I ran away! I couldn't work. Anyone can see I'm sick. I spit blood. So they put me in a punishment squad.[2] And then the black market[3] . . . (*He stops.*) But if yer can't work they don't feed yer! So I ran. God knows what I was doin'. I must a bin off me 'ead.[4] It's too late now.

THOMAS. But why did you come here?

SMALL MAN. I 'id in the trees but they was everywhere. — What made me what? They're all afraid in the camps so news travels fast. Thass 'ow we 'eard a you.[5]

SUSAN (*off*). It's ready.

SMALL MAN. When I come here I said — say it ain't true, juss talk, an' they give yer up? O Chriss, I didn't know what t' think. Thass why I said yer knew me. You bein' blind I thought —

LEAR. What did you hear in the camp?

SMALL MAN. Yer wan'a get rid a the army an' blow up the wall, an' shut the camps an' send the prisoners home. Yer give money to a deserter.

THOMAS. Did you?

SMALL MAN. An' I was goin t' die on the wall.

---

[1] I couldn't 'urt a fly: "파리 한 마리도 해치지 못해요." 자신이 다른 사람에게 피해를 끼치는 그런 사람이 아니라는 뜻.

[2] a punishment squad: 어떤 행위에 대한 처벌로 특별히 힘들거나 나쁜 일을 하도록 되어 있는 그런 일꾼의 무리.

[3] black market: 암시장.

[4] I must a bin off me 'ead: "내가 정신이 나갔나 봐요." (사투리)

[5] Thass 'ow we 'eard a you: That's how we heard about you.

JOHN *comes in.*

JOHN. There's soldiers coming up the hill.

LEAR. Take him in the woods.

THOMAS. Lear! —

LEAR. No! Tell me all that later. Hide him. Warn Susan. He hasn't been here.

SMALL MAN *whimpers.*[1] THOMAS *hurries with him into the house.*

Sit down. (JOHN *and* LEAR *sit. Pause. He talks to fill the silence, so that they will seem at ease.*) Your young girl will be waiting in the village.

JOHN. Yes. I'm late again. Something always happens, and she gets upset . . .

LEAR. Will you marry her?

JOHN (*listening*). They're coming.

LEAR. Have you asked her? She might not have you.

JOHN. No, not yet.

An OFFICER *and* THREE SOLDIERS (P, Q, *and* R) *come in.*

There's some soldiers here, Lear.

LEAR (*nods*). Is there anything you want? Water or food?

OFFICER. Who else is here?

LEAR. There's a woman in the house and another man somewhere.

OFFICER. Who else?

LEAR. No one.

OFFICER (*to* SOLDIERS). Look round. (SOLDIERS P *and* Q *go into the house. To* JOHN.) Have you seen anyone?

LEAR. He was at work, he's just got back.

[1] whimper: 처량하게 울다.

SOLDIER R (*offering to go*). Scout round the woods, sir?[1]
OFFICER (*irritated*). You'll never find him in there.

SUSAN *comes out of the house and stands still.*

(*To* LEAR.) A man was asking for you in the village. Small, dark man.

LEAR. Well, he'll turn up[2] if they told him where I am. I'll let you know.

SOLDIERS P *and* Q *come out of the house.*

SOLDIER P (*shakes his head*). Dead.
OFFICER (*to* LEAR). Very well. This place will be watched in future.

The OFFICER *and* THREE SOLDIERS *leave.*

JOHN. They've gone.
LEAR. Go and see them off.

JOHN *goes out.* SUSAN *goes upstage and calls.*

SUSAN. Tom! (*To* LEAR.) They can't do anything to us. We didn't ask him to come. I'll give him some food to take with him. If he's caught he can say he stole it.

THOMAS *comes in.* SUSAN *goes to him.*

THOMAS. What happened? What did they say?
LEAR. I don't know. I didn't listen. They were just soldiers. No rank.[3]
THOMAS. We must get rid of him quick. If he's caught here now

1 Scout round the woods, sir?: "숲 주위를 살펴볼까요?"

2 he'll turn up: he'll suddenly appear.

3 No rank: "고관이 아니다."

we're for it.[1]

BEN, *the young orderly, comes in. He is dirty, dishevelled, ragged and breathless. They stare at him.*

BEN. There were soldiers out on the road. I 'ad t' crawl the last bit on me 'ands an' knees.[2]

The SMALL MAN *comes in and watches.*

(*Goes to* LEAR.) I looked after you in the cage, sir. They put me on the wall for floggin' snout t' cons.[3]

LEAR. Yes. You fed me in prison. You can stay here.

THOMAS. No!

LEAR. He can stay.

THOMAS. But we'll all be responsible. They'll say we encourage them! They'll blame us for everything! It's insane!

LEAR. Where else can he go? You go if you're afraid!

THOMAS. How can you be so obstinate, how can you be such a fool?

BEN (*to* LEAR). Yeh, you ain' some prisoner no one's ever 'eard of, they can't mess you about.[4]

LEAR. No, you mustn't say that. I'm not a king. I have no power. But you can stay. You're doing no harm. Now I'm hungry, take me inside. I'll write to Cordelia again. She means well, she only needs someone to make her see sense. Take me in. I came here when I was cold and hungry and afraid. I wasn't turned away, and I won't turn anyone away. They can eat my food while it lasts and when it's gone they can go if they like, but I won't send anyone away. That's how I'll end my life. I'll be shut up in a grave soon, and till then this door is open. (*He smiles.*)

---

[1] we're for it: 우리가 혼날 게 뻔하다.

[2] on me 'ands an' knees: on my hands and knees.

[3] floggin' snout t' cons: selling tobacco to the prisoners. (사투리)

[4] they can't mess you about: "그들이 너를 귀찮게 하지 않을 것이다."

LEAR *and the others go towards the house.*

SMALL MAN (*following them. He speaks half to himself*). Thass all very well. But yer never seen 'is sort on the wall. We can't let everyone in. We 'ave t' act fly.[1]

The SMALL MAN *follows the others into the house.*

SCENE TWO

Same.
Months later. Many strangers have gathered to listen to LEAR. THOMAS *leads him out of the house and down to the audience and turns* LEAR *to face them. As* LEAR *comes down a few* STRANGERS *say 'Good morning' and* LEAR *smiles at them and says 'Good morning'.* THOMAS *stands at* LEAR*'s side and* JOHN *stands a little way back.*[2] *The* STRANGERS *watch with respect.*

LEAR (*to the audience*). A man woke up one morning and found he'd lost his voice. So he went to look for it, and when he came to the wood there was the bird who'd stolen it. It was singing beautifully and the man said 'Now I sing so beautifully I shall be rich and famous'. He put the bird in a cage and said 'When I open my mouth wide you must sing'. Then he went to the king and said 'I will sing your majesty's praises'. But when he opened his mouth the bird could only groan and cry because it was in a cage, and the king had the man whipped. The man took the bird home, but his family couldn't stand the bird's groaning and crying[3] and they left him. So in the end the man took the bird back to the

[1] We 'ave t' act fly: "우리는 신중하고 노련하게 행동해야 해." (사투리)

[2] a little way back: 약간 뒤쪽에.

[3] his family couldn't stand the bird's groaning and crying: "그의 가족들은 그 새의 신음소리와 울음소리를 견딜 수가 없었다."

wood and let it out of the cage. But the man believed the king had treated him unjustly and he kept saying to himself 'The king's a fool' and as the bird still had the man's voice it kept singing this all over the wood and soon the other birds learned it. The next time the king went hunting he was surprised to hear all the birds singing 'The king's a fool'. He caught the bird who'd started it and pulled out its feathers, broke its wings and nailed it to a branch as a warning to all the other birds. The forest was silent. And just as the bird had the man's voice the man now had the bird's pain. He ran round silently waving his head and stamping his feet, and he was locked up for the rest of his life in a cage.

The STRANGERS *murmur.*

A STRANGER. Tell me, Lear —
THOMAS. Later. He must rest now.

THOMAS *leads* LEAR *to one side. The* STRANGERS *break up into groups and talk. A few leave.*

I want you to send Ben back to the wall.
LEAR. Why?
THOMAS. Hundreds of people come to hear you now. The government can't let this go on, and they could crush us like that! We need support. We must infiltrate the camps.[1]

BEN *has been watching intensely. He comes over to them.*

BEN. Has he told you? I'll give myself up.[2] They'll put me in a punishment squad. I'll be beaten and starved and worked like an animal. I may not survive — but at least I'll use what time I've got left. I'll

[1] We must infiltrate the camps: "우리의 지지자들을 군대와 포로 캠프에 몰래 잠입시켜야겠다."

[2] I'll give myself up: "나는 항복(투항)하겠다."

help them to organize and be ready. I can bring them hope. You must give me a message to take —

LEAR. If I saw Christ on his cross I would spit at him.

BEN. What?

LEAR. Take me away.

THOMAS. You haven't listened!

BEN. Listen to us!

LEAR. Take me away!

THOMAS *leads* LEAR *towards the house. Some of the* STRANGERS *meet him and take him inside.* BEN *and* THOMAS *look at one another in silence.* SUSAN *puts an arm round* THOMAS *to comfort him.*

THOMAS. You look tired.

SUSAN. No.

THOMAS (*sitting down with her*). Don't work too hard.

SUSAN. I'm not.

THOMAS (*presses her*). And don't run round after all these people. They can look after themselves.

SUSAN. O I don't mind them. But when we have our baby —

THOMAS. You don't have to worry about that. They'll all help.

SUSAN. Only it's a small house. Sometimes I'd like to speak to you and there are so many people —

THOMAS. Speak about what? You can always speak to me.

SUSAN. O I don't know. I meant . . . (*She is silent.*)

THOMAS (*thinking about* LEAR. *After a slight pause*). We talk to people but we don't really help them. We shouldn't let them come here if that's all we can do. It's dangerous to tell the truth, truth without power is always dangerous. And we *should* fight! Freedom's not an idea, it's a passion![1] If you haven't got it you fight like a fish out of water fighting for air!

[1] a passion: 열정. 예수의 수난(the Passion of Christ)처럼 고귀한 고통을 가리키기도 함.

The STRANGERS *who left hurry on quickly.*

STRANGERS (*quietly and intensely*). Soldiers. Soldiers.

THOMAS *stands.*

THOMAS. What is it?

The OLD COUNCILLOR, *an* OFFICER *and* SOLDIERS P, Q *and* R *come on.*

OFFICER (*reads from a form*). Rossman — (BEN *comes forward.*) — and — (*He points at the* SMALL MAN *as he tries to slip away.*) — grab him — (SOLDIERS P *and* Q *stop the* SMALL MAN.) — Jones —

SMALL MAN. Thass not me! I'm Simpson!

OFFICER. — I'm taking you into custody as absentees from your work camps.[1]

LEAR *is led from the house. He stands on the steps surrounded by* STRANGERS.

LEAR. Who is it? What d'you want?

OFFICER. You're harbouring[2] deserters.

LEAR. I don't ask my friends who they are.

BEN. Let them take me!

SOLDIER R. Shut it!

OFFICER. I'm returning them under guard to the area military commandant.

SMALL MAN (*tries to go to* LEAR *but the* SOLDIERS *stop him*). For God's sake what d'you want me for? Yer can see I'm ill! What

[1] I'm taking you into custody as absentees from your work camps: "수용소에서 무단 결근한 사람으로 당신을 수감하겠소."

[2] harbouring: 사람들에게 머물 곳을 제공하는 일.

work can I do? I'm in everyone's way. For god's sake leave me alone.

OFFICER. You're not going back to work. Certain economic offences have been made capital with retrospective effect.[1] You were found guilty of dealing on the unauthorized market. The revised sentence is mandatory.[2]

SMALL MAN (*bewildered*). I don't understand that.

OFFICER. You're a social liability. You're going back to be hanged.

SMALL MAN (*vaguely*). Yer can't . . . I've already been dealt with. It's on me records,[3] sir. I don't understand.

LEAR. Take me to him. (LEAR *is led to the* OFFICER. *He puts his hand on the* OFFICER'*s arm. Quietly.*) You're a soldier, how many deaths are on your conscience?[4] Don't burden yourself with two more.[5] Go back and say you can't find them.

COUNCILLOR. Lear, every word you say is treason.

LEAR. Who's that? Who's there?

COUNCILLOR. I was your minister —

LEAR. Yes — I know you!

COUNCILLOR. Out of respect for your age and sufferings Cordelia has tolerated your activities, but now they must stop. In future you will not speak in public or involve yourself in any public affairs. Your visitors will be vetted[6] by the area military authorities. All these people must go. The government will appoint a man and woman to look after you. You will live in decent quietness, as a man of your years should.

LEAR. Are you in their new government?

COUNCILLOR. Like many of my colleagues I gave the new under-

1 retrospective effect: 소급적 효과. 법률 등이 제정된 이전의 행위에 대해서까지 소급해서 효력을 발휘하는 것.

2 The revised sentence is mandatory: "수정된 형을 받는 것은 의무적이다."

3 on me records: 내 기록상으로.

4 how many deaths are on your conscience?: "몇 명의 죽음이 자네 양심에 걸리는가?"

5 Don't burden yourself with two more: "두 명의 죽음으로 더 마음의 부담을 짓지 마라. 두 명을 더 죽여서 마음이 불편한 그런 일은 하지 말라는 뜻."

6 vet: 상세히 조사하다.

taking of loyalty. I've always tried to serve people. I see that as my chief duty. If we abandon the administration there'd be chaos.

LEAR. Yes, yes — but you won't hang this man for money?

SMALL MAN. The records must be wrong . . . That's it!

OFFICER. Take him down to the road.

SMALL MAN (*bewildered. Whimpers*). No.

LEAR (*to* COUNCILLOR). Stop them.

COUNCILLOR. It isn't my concern at all. I came to speak to *you*.

LEAR. I see. Savages have taken my power. You commit crimes and call them the law! The giant must stand on his toes to prove he's tall! — No, I'm wrong to shout at you, you have so much to do, things to put right, all my mistakes, I understand all that . . . But he's a little swindler![1] A petty swindler! Think of the crimes you commit every day in your office, day after day till it's just routine, think of the waste and misery of that!

COUNCILLOR. I was sent to talk to you as an old friend, not to be insulted, Lear. He'll be taken back to the wall and hanged. And — as you are interested in my views — I think he should be.

LEAR. O I know what you think! Whatever's trite[2] and vulgar and hard and shallow and cruel, with no mercy or sympathy — that's what you think, and you're proud of it! You good, decent, honest, upright, lawful men who believe in order — when the last man dies, you will have killed him! I have lived with murderers and thugs, there are limits to their greed and violence, but you decent, honest men devour the earth!

SOLDIERS P *and* Q *start to take the* SMALL MAN *out.*

SMALL MAN. No — stop them!

LEAR. There's nothing I can do! The government's mad. The law's mad.

SMALL MAN (*throws himself at* LEAR). Then why did yer let me

---

[1] a little swindler: 사소한 사기꾼.

[2] trite: 흔해빠진. 진부한.

come 'ere? O God, I know I'm bad sometimes and I don't deserve to — O God, please!

LEAR. There's nothing I can do!

SMALL MAN. Then I should a stayed an' be shot like a dog. I lived like a dog, what did it matter? It'd be finished now. Why've I suffered all this?

The SMALL MAN *is taken out crying. The* OFFICER, OLD COUNCILLOR, BEN *and* SOLDIERS *go with him.* LEAR *starts to push the* STRANGERS *out.*

LEAR. Send them away!

JOHN. You'll fall!

LEAR (*stumbling up and down. Flailing*[1] *with his stick*). Send them away! The government's given its orders. Power has spoken. Get out! What are you doing here? What have I been telling you? There's nothing to learn here! I'm a fool! A fool! Get out!

SUSAN (*turning away*). O god.

LEAR. Send them away! Throw them out!

THOMAS. They're going. (*He talks as quietly as he can to the* STRANGERS.) Wait in the village. I'll talk to him.

LEAR. Get out! Get out! I said get rid of them!

The STRANGERS *go.* LEAR, SUSAN, THOMAS *and* JOHN *are left.*

THOMAS. They've gone.

LEAR. Get out! All of you! Leave me alone!

THOMAS. No! I must know what to tell them. We're not backing out[2] now.

LEAR. O go away! Go! Go! Go! Who is this stupid man who keeps talking to me?

[1] flail: 계속 때리다. 도리깨질하다.

[2] backing out: giving up. retreating.

JOHN (*pulls* THOMAS). Come on.
THOMAS. Sit! I'll go if you sit!
LEAR. O go . . . Go.

LEAR *sits.* THOMAS, JOHN *and* SUSAN *go into the house.*

What can I do? I left my prison, pulled it down, broke the key, and still I'm a prisoner. I hit my head against a wall all the time. There's a wall everywhere. I'm buried alive in a wall. Does this suffering and misery last for ever? Do we work to build ruins, waste all these lives to make a desert no one could live in? There's no one to explain it to me, no one I can go to for justice. I'm old, I should know how to live by now, but I know nothing, I can do nothing, I am nothing.

The GHOST *comes in. It is thinner, shrunk, a livid*[1] *white.*

GHOST. Look at my hands! They're like claws. See how thin I am.
LEAR. Yes, you. Go with the rest. Get out. It's finished. There's nothing here now, nothing. Nothing's left.
GHOST. There's too much. Send these people away. Let them learn to bear their own sufferings. No, that hurts too much. That's what you can't bear: they suffer and no one can give them justice.
LEAR. Every night my life is laid waste by a cry. I go out in the dark but I never find who's there. How do most men live? They're hungry and no one feeds them, so they call for help and no one comes. And when their hunger's worse they scream — and jackals and wolves come to tear them to pieces.
GHOST. Yes. That's the world you have to learn to live in. Learn it! Let me poison the well.
LEAR. Why?
GHOST. Then no one can live here, they'll have to leave you alone. There's a spring hidden in the wood. I'll take you there every day

[1] livid: 납빛의. 창백한.

to drink. Lie down. Look how tired you are. Lie down.

LEAR *lies down.*

Cordelia will come tomorrow and you can tell her you know how to keep silent at last.

It's dark. LEAR *sleeps on the bench.* JOHN *comes out of the house with a bundle. He crosses the stage.* SUSAN *comes to the door. He sees her and stops.*

SUSAN. Why are you taking your things?
JOHN. Come with me.
SUSAN. No.
JOHN. I love you. Your husband doesn't any more. He's full of Lear.[1]
SUSAN (*angrily*). He does love me!
JOHN. I see. (*Slight pause.*) I was used to saying nothing, but you came out so I told you. How beautiful you are. There's nothing to say, you know all about me. I'll wait in the village. If you don't come I'll marry the girl down there. But I'll wait a few days, or I'll always be sorry.

JOHN *goes.* SUSAN *sits on the steps and starts to cry, quietly and methodically.*[2] THOMAS *comes in the doorway behind her.*

THOMAS. Stop crying.
SUSAN. Take me away.
THOMAS. I can't leave him now. It'd be cruel.
SUSAN (*still crying*). I know he's mad. You shouldn't keep me here when I'm like this.
THOMAS (*calmly and quietly*). There's been enough tears for one day. Stop crying and come inside.

[1] He's full of Lear: "그의 마음은 Lear로 가득 차 있다."
[2] methodically: 단정하게. 어수선하지 않게.

THOMAS *goes back into the house.* SUSAN *stops crying and follows him in.*

SCENE THREE

Woods.

LEAR *is alone. He wears outdoor clothes. He gropes on his hands and knees. Off, the pigs start to squeal*[1] *angrily.* LEAR *stands. The* GHOST *comes in. Its flesh has dried up, its hair is matted,*[2] *its face is like a seashell, the eyes are full of terror.*

GHOST. I frighten the pigs. They run when they see me.
LEAR. I was collecting acorns for them. (*He stands.*)
GHOST. The soldiers are moving into the village. They're sealing you off.[3] Will you send the people away?
LEAR. No.
GHOST. I thought you'd forget all this: crowds, wars, arguments. . . . We could have been happy living here. I used to be happy. I'd have led you about and watched you grow old, your beautiful old age . . .
LEAR. We buried your body here. And Warrington's. It's beautiful under the trees. I thought I might think of something to tell Cordelia out here. I don't know . . . They're coming to bury me and I'm still asking how to live. Can you hear the wind?
GHOST. No. My mind goes.[4] You hear very well when you're blind.
LEAR. Yes.
GHOST. Can you hear an owl[5] on the hill?
LEAR. Yes.

---

1 squeal: (고통, 공포 따위로) 끽끽 울다.

2 matted: 헝클어진.

3 They are sealing you off: "그들은 당신을 가둬 놓을 거예요."

4 My mind goes: "내 정신이 망가지고 있어요."

5 owl: 전통적으로 죽음과 연관된 새임.

GHOST. But not the fox.[1]

LEAR. No.

GHOST. No. (*He starts to cry.*)

LEAR (*listens to him crying*). Why?

GHOST. Because I'm dead. I knew how to live. You'll never know. It was so easy, I had everything I wanted here. I was afraid sometimes, like sheep are, but it never haunted me, it would go . . . Now I'm dead I'm afraid of death. I'm wasting away, my mind doesn't work . . . I go away somewhere and suddenly I find myself standing by the house or out in the fields . . . It happens more now . . .

CORDELIA *and the* CARPENTER *come in.*

CORDELIA. Lear. (*She holds* LEAR*'s hand for a moment.*) I've brought my husband.

LEAR. You've been to the house? Did it upset you?

CORDELIA. No. I wanted to see it.

LEAR. Are you well?

CORDELIA. Yes. And you? D'you need anything?

LEAR. No.

CORDELIA. I came because the cabinet wants you to be tried. There could only be one sentence. Your daughters were killed. And it's clear there's no real difference between you and them.

LEAR. None.

CORDELIA. You were here when they killed my husband. I watched them kill him. I covered my face with my hands, but my fingers opened so I watched. I watched them rape me, and John kill them, and my child miscarry.[2] I didn't miss anything.[3] I watched and I said we won't be at the mercy of brutes anymore,[4] we'll live

[1] fox: 계략을 잘 써서 살아남는데 솜씨가 뛰어난 것으로 여겨지는 동물임.

[2] my child miscarry: "애를 유산했죠."

[3] I didn't miss anything: "아무 것도 놓치지 않았어요."

[4] we won't be at the mercy of brutes anymore: "야만스런 놈들에게 더 이상 휘둘리지

a new life and help one another. The government's creating that new life — you must stop speaking against us.

LEAR. Stop people listening.

CORDELIA. I can't. You say what they want to hear.

LEAR. If that's true — if only some of them want to hear — I must speak.

CORDELIA. Yes, you sound like the voice of my conscience. But if you listened to everything your conscience told you you'd go mad. You'd never get anything done — and there's a lot to do, some of it very hard.

OST. Tell her I'm here. Make her talk about me.

LEAR. Don't build the wall.

CORDELIA. We must.

LEAR. Then nothing's changed! A revolution must at least reform!

CORDELIA. Everything *else* is changed!

LEAR. Not if you keep the wall! Pull it down!

CORDELIA. We'd be attacked by our enemies!

LEAR. The wall will destroy you. It's already doing it. How can I make you see?

GHOST. Tell her I'm here. Tell her.

CARPENTER. We came to talk to you, not listen. My wife wants to tell you something.

LEAR. She came like the rest! And she'll listen like the rest! I didn't go out of my way to make trouble. But I will not be quiet when people come here. And if you stop them — that would be easy! — they'll know I'm here or was here *once*! I've suffered so much, I made all the mistakes in the world and I pay for each of them. I cannot be forgotten. I am in their minds. To kill me you must kill them all. Yes, that's who I am. Listen, Cordelia. You have two enemies, lies *and* the truth. You sacrifice truth to destroy lies, and you sacrifice life to destroy death. It isn't sane. You squeeze a stone till your hand bleeds and call that a miracle. I'm old, but I'm as weak and clumsy as a child, too heavy for my legs. But I've learned this,

않겠다."

and you must learn it or you'll die. Listen, Cordelia. If a god had made the world, might would always be right,[1] that would be so wise, we'd be spared so much suffering. But we made the world — out of our smallness and weakness. Our lives are awkward and fragile and we have only one thing to keep us sane: pity, and the man without pity is mad.

The GHOST *starts to cry as* CORDELIA *speaks.*

CORDELIA. You only understand self-pity. We must go back, the government's waiting. There are things you haven't been told. We have other opponents, more ruthless than you. In this situation a good government acts strongly. I knew you wouldn't co-operate, but I wanted to come and tell you this before we put you on trial: we'll make the society you only dream of.

LEAR. It's strange that you should have me killed, Cordelia, but it's obvious you would. How simple! Your law always does more harm than crime, and your morality is a form of violence.

CORDELIA (*to* CARPENTER). The sooner it's finished now the better. Call a cabinet for the morning.[2]

CORDELIA *and the* CARPENTER *go out.*

GHOST. Why didn't you tell her I was here? She wanted to talk about me. She couldn't forget me. I made love to her in that house night after night, and on this grass. Look at me now! I've turned into this — I can't even touch her!

---

[1] might would always be right: 일반적으로는 권력을 지닌 사람들은 무슨 일을 하건 정당화된다는 뜻으로 여겨지지만, Bond는 이를 다른 의미로 설명하고 있다. *"I think this means that if a god had really made the world he wouldn't have included in it evil and so there would be no weak and helpless at the mercy of the predatious. In other words, the weak and helpless would automatically have rights, or rather (since this would be paradise) they wouldn't have no claim rights in what would automatically be given to them anyway."*

[2] Call a cabinet for the morning: "아침에 각료 회의를 소집하세요."

LEAR. Where are you going?
GHOST. I can watch her go.

The GHOST *goes out.* THOMAS *and* SUSAN *come on. They have dressed up a little because of the visitors.*

THOMAS. We waited till they went. Shall I take you back?
LEAR. Listen, I must talk to you. I'm going on a journey and Susan will lead me.
THOMAS. Yes, go into hiding! Don't let them get their filthy hands on you.[1]
LEAR. Tomorrow morning we'll get up and have breakfast together and you'll go to work, but Susan will stay with me. She may not be back tomorrow evening, but she'll be back soon, I promise you. You're fond of me and I've been happy with you. I'm lucky. Now I have only one more wish — to live till I'm much older and become as cunning as the fox, who knows how to live. *Then* I could teach you.

Off, distant squealing of angry pigs, further off than at the end of Act One, Scene Seven.

THOMAS. The pigs!
SUSAN. What is it?

SUSAN *and* THOMAS *run off.* LEAR *stands by himself.*

THOMAS (*off*). They've gone mad!
SUSAN (*off*). Quick!
THOMAS (*off*). That way!
SUSAN (*off*). Look out!
THOMAS (*off*). Berserk![2] Wup-wup-wup-wup-wup-wup-wup!

[1] Don't let them get their filthy hands on you!: "그놈들이 그 더러운 손으로 당신을 건드리지 못하게 하겠어요!"

[2] Berserk: "미쳐 날뛰는군!"

SUSAN (*off*). Wup-wup-wup! Mad!

The GHOST *stumbles in. It is covered with blood. The pig squeals slowly die out. A few more isolated calls of 'wup'.*

GHOST. The pigs! I'm torn! They gored[1] me! Help me, help me! I'll die!
LEAR (*holds him*). I can't!
GHOST. Lear! Hold me!
LEAR. No, too late! It's far too late! You were killed long ago! You must die! I love you, I'll always remember you, but I can't help you. Die, for your own sake die!
GHOST. O Lear, I am dead!

The GHOST*'s head falls back. It is dead. It drops at* LEAR*'s feet. The calls and pig squeals stop.*

LEAR. I see my life, a black tree by a pool. The branches are covered with tears. The tears are shining with light. The wind blows the tears in the sky. And my tears fall down on me.

SCENE FOUR

The wall.
A steep earth bank. A stack of tools at the bottom of the bank. Clear daylight. SUSAN *leads* LEAR *on. He has no stick.*

SUSAN. This is the wall.
LEAR. Where are the tools?
SUSAN. On the ground in front of you.
LEAR. You were angry with me.
SUSAN. I was, but I'm not now.
LEAR (*kisses her*). Goodbye. Go back alone.

[1] gore: 들이받다.

SUSAN. I can't! Who'll look after you. My husband would be angry.
LEAR. No. He'll understand now.

SUSAN *goes out.* LEAR *goes to the tools. He finds a shovel.*

A shovel. (*He climbs the wall.*) It's built to last.[1] So steep, and my breath's short.[2] (*He reaches the top.*) The wind's cold, I must be quick. (*He digs the shovel in.*) Work soon warms you up.

He throws a shovel of earth down the side and digs the shovel in again. A BOY *comes on and stares at* LEAR. LEAR *throws another shovel of earth down. The* BOY *goes out in the direction he came.*

This will be three. (*He digs the shovel in again.*) The tool's got no edge.[3] No one cares for it.

A group of WORKERS *come on and stare at* LEAR. *He leaves the shovel stuck in the earth. He takes off his coat and folds it neatly. A junior officer*[4] *comes in. It is the* FARMER'S SON. *He watches.* LEAR *lays his folded coat on the ground and turns back to the shovel.*

FARMER'S SON. Oi, I know yoo, boy. What yoo up to now?

The FARMER'S SON *aims his pistol.*

LEAR (*spits on his hand and grips the shovel*). I'm not as fit as I was. I can still make my mark.[5]
LEAR *digs the shovel into the earth. The* FARMER'S SON *fires.*

[1] built to last: 오래 버티도록 튼튼하게 만들었다.
[2] my breath's short: "숨이 가쁘군."
[3] got no edge: 날이 다 무뎌졌다.
[4] junior officer: 하급 장교.
[5] make my mark: 기억될만한 일을 하다.

LEAR *is killed instantly. He falls down the wall. The shovel stays upright in the earth. Some of the* WORKERS *move toward the body with curiosity.*

FARMER'S SON. Leave that. They'll pick en up.[1] Off now.

The WORKERS *go quickly and orderly.*[2] *One of them looks back. The* FARMER'S SON *shepherds*[3] *them off, and marches off after them.* LEAR*'s body is left alone on stage.*

END

[1] pick en up: take the body away.

[2] *orderly*: 규율 있게. 질서정연하게.

[3] shepherds: 가축을 몰듯이 사람들을 그 자리에서 떠나도록 재촉하다.

TEXT OF *PLENTY*

PLENTY WAS FIRST PERFORMED AT THE LYTTELTON THEATRE, LONDON, ON 7 APRIL 1978. THE CAST WAS AS FOLLOWS:

SUSAN TRAHERNE	KATE NELLIGAN
ALICE PARK	JULIE COVINGTON
RAYMOND BROCK	STEPHEN MOORE
CODENAME LAZAR	PAUL FREEMAN
A FRENCHMAN	ROBERT RALPH
SIR LEONARD DARWIN	BASIL HENSON
MICK	DAVID SCHOFIELD
LOUISE	GIL BRAILEY
M. WONG	KRISTOPHER KUM
MME WONG	ME ME LAI
DORCAS FREY	LINDSAY DUNCAN
SIR ANDREW CHARLESON	FREDERICK TREVES
ANOTHER FRENCHMAN	TIMONTHY DAVIES

Director	David Hare
Settings	Hayden Griffin
Costumes	Deirdre Clancy
Music	Nick Bicât

CHARACTERS

SUSAN TRAHERNE
ALICE PARK
RAYMOND BROCK
CODENAME LAZAR
A FRENCHMAN
LEONARD DARWIN
MICK
LOUISE
M. WONG
MME WONG
DORCAS FREY
JOHN BEGLEY
SIR ANDREW CHARLESON
ANOTHER FRENCHMAN

SCENE ONE

Knightsbridge.[1] *Easter 1962.*

A wooden floor. At the back of the stage high windows give the impression of a room which has been stripped bare. Around the floor are packing cases full of fine objects. At the front lies a single mattress, on which a naked man is sleeping face downwards.

SUSAN *sits on one of the packing cases. In her middle thirties, she is thin and well-presented.*[2] *She wastes no energy. She now rolls an Old Holborn*[3] *and lights it.*

ALICE *comes in from the street, a blanket over her head. She carries a small tinfoil parcel. She is small-featured, slightly younger and busier than* SUSAN. *She wears jeans. She drops the blanket and shakes the rain off herself.*

ALICE: I don't know why anybody lives in this country. No wonder everyone has colds all the time. Even what they call passion, it still comes at you down a blocked nose.[4]

(SUSAN *smokes quietly.* ALICE *is distracted by some stray object which she tosses into a packing case. The man stirs and turns over. He is middle aged, running to fat and covered in dried blood.* SUSAN *cues* ALICE.)

SUSAN: And the food.

ALICE: Yeah. The wet. The cold. The flu. The food. The loveless English. How is he?

SUSAN: Fine.

(ALICE *kneels down beside him.*)

[1] Knightsbridge: 런던의 서 중앙부에 위치한 지역으로 고급 백화점과 상점이 밀집되어 있다. 런던의 문화적 유행을 선도하는 지역이며 경제적으로 부유한 사회 엘리트들이 주로 거주하는 장소이다. Susan의 아파트가 이 지역에 위치하고 있다는 사실은 그녀가 최소한 경제적으로는 풍족한 삶을 누리고 있다는 증거이다.

[2] well-presented: 단정한. 교양 있게 차려 입은.

[3] Old Holborn: 말아 피우는 영국산 담배.

[4] Even what they call passion, it still comes at you down a blocked nose: "열정이니 뭐니 하고 떠들어 댈 때에도 여전히 코가 막혀 코맹맹이 소리를 한다니까."

ALICE: The blood is spectacular.
SUSAN: The blood is from his thumb.
(ALICE *takes his penis between her thumb and forefinger.*)
ALICE: Turkey neck and turkey gristle, isn't that what they say?[1]
(*A pause.* SUSAN *smokes.*)
Are you sure he's O.K?
SUSAN: He had a couple of Nembutal and twelve fingers of Scotch.[2] It's nothing else, don't worry.
ALICE: And a fight.
SUSAN: A short fight.
(ALICE *takes the tinfoil parcel and opens it. Steam rises.*)
ALICE: Chinese takeaway. Want some?
SUSAN: It's six o'clock in the morning.
ALICE: Sweet and sour prawn.[3]
SUSAN: No thanks.
ALICE: You should. You worked as hard as I did. When we started last night, I didn't think it could be done.
(ALICE *gestures round the empty room. Then eats.* SUSAN *watches, then gets up and stands behind her with a key.*)
SUSAN: It's a Yale.[4] There's a mortise as well but I've lost the key.[5] There's a cleaning lady next door, should you want one, her work's good but don't try talking about the blacks. You have a share in that garden in the centre of the square, you know all those trees and flowers they keep locked up. The milkman calls daily, again he's nice, but don't touch the yoghurt, it's green, we call it Venusian sperm.

---

1 Turkey neck and turkey gristle, isn't that what they say?: "이것이 말하자면 칠면조 목, 칠면조 연골이라고 부르는 것 아니야?" Alice는 잠자고 있는 남자의 성기를 장난스럽게 표현하고 있다.

2 a couple of Nembutal and twelve fingers of Scotch: 진정제 두 세 알과 스카치 열두 핑거. Finger는 액체 등의 깊이를 재는 단위로서, 텀블러(tumbler) 잔을 기준으로 대략 손가락 폭 (약 4분의 3인치) 만큼의 술을 따른 양이 1 핑거임.

3 Sweet and sour prawn: 새콤달콤한 소스로 요리한 새우 요리.

4 Yale: 1868년에 설립된 자물쇠 회사. 여기서는 그 자물쇠.

5 mortise: 붙박이식 잠금 장치.

(*Pause.*)

Good luck with your girls.[1]

(SUSAN *turns to go.* ALICE *gets up.*)

ALICE: Are you sure you can't stay? I think you'd like them.

SUSAN: Unmarried mothers, I don't think I'd get on.

ALICE: I'm going to ring round at nine o'clock. If you just stayed on for a couple of hours ···

SUSAN: You don't really want that, nobody would.

(*Pause.*)

You must tell my husband ···

ALICE: You've given me the house, and you went on your way.

SUSAN: Tell him I left with nothing that was his. I just walked out on him. Everything to go.

(SUSAN *smiles again and goes out. There is a pause. The man stirs again at the front of the stage.* ALICE *stands still holding the sweet and sour prawn.*)

BROCK: Darling.

(BROCK *is still asleep. His eyes don't open as he turns over.* ALICE *watches very beadily.*[2] *There is a long pause. Then he murmurs.*)

What's for breakfast?[3]

ALICE: Fish.

SCENE TWO

St Benoît.[4] *November 1943.*

Darkness. From the dark the sound of the wireless. From offstage, a beam of light flashes irregularly, cutting up through the night. Then

[1] Good luck with your girls: "여자애들하고 잘해봐." Susan은 미혼모들을 위해 일하는 Alice에게 자신의 집을 공짜로 주고 떠나려고 한다. 여기에서 girls는 미혼모들을 지칭.

[2] watches very beadily: (흥미롭다는 듯이) 말똥말똥 지켜보다.

[3] What's for breakfast?: "아침은 뭐 먹을 거야?"

[4] St Benoît: 프랑스 남부에 위치한 조그만 마을.

back to dark.

ANNOUNCER: Ici Londres. Les voix de la liberté. Ensuite quelques messages personnels. Mon Oncle Albert a perdu son chien. Mon-Oncle-Albert-a-perdu-son-chien.[1]

(*A heavy thump in the darkness. Then the sound of someone running towards the noise. A small amount of light shows us the scene.* LAZAR *is trying to disentangle himself from his parachute. He has landed at the edge of the wood. At the back* SUSAN *runs on from a great distance, wrapped in a greatcoat against the cold. She has a scarf round her face so that only her eyes can be seen. She is extremely nervous and vulnerable, and her uncertainty makes her rude and abrupt.*[2])

SUSAN: Eh, qu'est-ce que vous faites ici?[3]

LAZAR: Ah rien. Laisse-moi un moment, je peux tout expliquer.[4]

(SUSAN *takes a revolver from her pocket and moves towards him. She stoops down, feels the edge of* LAZAR's *parachute.*)

SUSAN: Donnez-moi votre sac.[5]

(LAZAR *throws across the satchel which has been tied to his waist.* SUSAN *looks through it, then puts the gun back in her pocket.*)

And your French is not good.

(SUSAN *moves quickly away to listen for sounds in the night.* LAZAR *watches then speaks quietly to her back.* LAZAR *is a code name*[6]*; he is, of course, English.*)

LAZAR: Where am I?

---

[1] Londres. Les voix de la liberte … Mon Oncle Albert a Perdu son Chien: "여기는 런던. 자유의 소리입니다. 개인적인 소식 몇 가지 전해드리겠습니다. 저희 알버트 삼촌이 개를 잃어버렸습니다."

[2] her uncertainty makes her rude and abrupt: "불안감 때문에 그녀의 태도는 거칠고 퉁명스럽다."

[3] Eh, qu'est-ce que vous faites ici?: "여기서 뭘 하고 있는 거에요?"

[4] Ah rien. Laisse-moi un moment, je peux tout expliquer: "아무것도 아닙니다. 잠깐만요. 설명할게요."

[5] Donnez-moi votre sac: "가방을 이리 내놔요."

[6] code name: 암호명.

SUSAN: Please be quiet. I can't hear when you speak.

(*Pause.*)

There's a road. Through the wood. Gestapo patrol.
LAZAR: I see.
SUSAN: I thought I heard something.
LAZAR: Are you waiting for supplies?
SUSAN: On the hour. There's meant to be a drop.[1] I thought it was early, that's why I flashed.
LAZAR: I'm sorry. We had to take advantage of your light.[2] We were losing fuel. I'm afraid I'm meant to be eighty miles on.[3] Can you … could you tell me where I am?
SUSAN: You've landed near a village called St Benoît. It's close to a town called Poitiers, all right?
LAZAR: Yes. I think. I have heard of it you know.
(*Pause. She half turns but still does not look at him.*)
SUSAN: Hadn't you better take that thing off?
LAZAR: We are in the same racket, I suppose?[4]
SUSAN: Well we're pretty well dished if we aren't.[5]
Did you spot any movement as you came down?
LAZAR: None at all. We just picked out your light.
SUSAN: If you didn't see anything I'd like to hold on. We need the drop badly — explosives and guns.
LAZAR: Have you come out on your own?
(*A pause. He has taken off his jump-suit. Underneath he is dressed as a French peasant. Now he puts a beret on.*)
You'd better tell me, how does this look?
SUSAN: I'd rather not look at you. It's an element of risk which we

1 There's meant to be a drop: "투하물 (보급품)을 받을 예정이었어요."

2 take advantage of your light: 당신의 불빛을 이용하다.

3 I'm meant to be eighty miles on: "(여기에서부터) 80마일은 더 갔었어야 했어요."

4 We are in the same racket, I suppose?: "우리는 같은 편이 아닌가요?"

5 we're pretty well dished if we aren't: "그렇지 않다면 서로 진작에 끝장을 봤겠지요." dish: 해치우다.

really don't need to take. In my experience it is best, it really is best if you always obey the rules.

LAZAR: But you'd like me to hold on[1] and help you I think?

(*Pause.*)

Listen, I'm happy I might be of some use. My own undertaking is somewhat up the spout.[2] Whatever happens I'm several days late. If I could hold on and be of any help ··· I'm sure I'd never have to look you in the face.

SUSAN: All right, if you could just ···

LAZAR: Look the opposite ··· yes. I will. I'm delighted. (*He does so.*) All right?

SUSAN: If you could hold on, I'm sure I could find you a bike.

LAZAR: Would you like a cigarette?

SUSAN: Thank you very much.

(*Pause.*)

Cafés are bad meeting places, much less safe than they seem. Don't go near Bourges,[3] it's very bad for us. Don't carry anything in toothpaste tubes, it's become the first place they look. Don't laugh too much. An Englishman's laugh, it just doesn't sound the same. Are they still teaching you to broadcast from the lavatory?

LAZAR: Yes.

SUSAN: Well don't. And don't hide your receiver in the cistern,[4] the whole dodge is badly out of date.[5] The Gestapo have been crashing into lavatories for a full two months. Never take the valley road beyond Poitiers,[6] I'll show you a side-road. (*Pause.*) And that's

---

1 hold on: 머무르다.

2 My own undertaking is somewhat up the spout: "내 임무 수행은 좀 곤란하게 됐어요." up the spout: 엉망이 되다.

3 Bourges: 프랑스 중부에 있는 도시.

4 cistern: 물탱크. 수조.

5 the whole dodge is badly out of date: "그런 계략들은 전부 다 한참 구식이에요." dodge: trick. scheme.

6 Poitiers: 프랑스 서부에 위치한 도시.

it really. The rest you know, or will learn.

LAZAR: How long have you been here?

SUSAN: Perhaps a year. Off and on. How's everyone at home?

LAZAR: They're fine.

SUSAN: The boss?

LAZAR: Fine. Gave me some cufflinks at the aerodrome.[1] Told me my chances.[2]

SUSAN: Fifty-fifty?

LAZAR: Yes.

SUSAN: He's getting out of touch.[3]

(*Pause.*)

LAZAR : How has it been?

SUSAN : Well ··· the Germans are still here.

LAZAR: You mean we're failing?

SUSAN: Not at all. It's part of our brief.[4] Keep them here, keep them occupied. Blow up their bridges, devastate the roads, so they have to waste their manpower chasing after us. Divert them from the front. Well that's what we've done.

LAZAR: I see.

SUSAN: But it's the worst thing about the job, the more successful you are, the longer it goes on.

LAZAR: Until we win.

SUSAN: Oh yes.

(*Pause.*)

A friend ··· a friend who was here used to say, never kill a German, always shoot him in the leg. That way he goes to hospital where he has to be looked after, where he'll use up enemy re-

---

1 cufflinks: 커프스 단추 (셔츠 소맷동을 잠그는데 쓰는 작은 장식품). aerodrome: (소형) 비행장.

2 my chances: 내가 (임무 수행에) 성공할 가능성.

3 getting out of touch: 점점 교신이 끊기다.

4 brief: 임무. (상부로부터의) 지시.

sources. But a dead soldier is forgotten and replaced.

(*Pause.*)

LAZAR: Do you have dark hair?

SUSAN: What?

LAZAR: One strand across your face.[1] Very young. Sitting one day next to the mahogany door. At the recruitment place. And above your shoulder at the other side, *Whitaker's Almanack.*[2]

(SUSAN *turns.*)

SUSAN: You know who I am.

(*The sound of an aeroplane.* SUSAN *moves back and begins to flash her torch up into the night.* LAZAR *crosses.*)

LAZAR: That's it over there.

SUSAN: Wait.

LAZAR: Isn't that it?

SUSAN: Don't move across. Just wait.

LAZAR: That's the drop.

(*The light stops. And the sound of the plane dies.* SUSAN *moves back silently and stands behind* LAZAR *looking out into the field.*)

SUSAN: It's all right, leave it. It's safer to wait a moment or two.

LAZAR: Oh my God.

SUSAN: What?

LAZAR: Out across the field. Look …

SUSAN: Get down.

(*They both lie down.*)

LAZAR: He's picking it up. Let's get away from here.

SUSAN: No.

LAZAR: Come on, for God's sake …

SUSAN: No.

LAZAR: If it's the Gestapo …

---

1 one strand: 머리카락 한 올.

2 Whitaker's Almanack: 휘태커 연감. 휘태커 (Joseph Whitaker, 1820-95)에 의해 1868년에 처음 만들어졌으며, 매년 영국에 대한 모든 새로운 정보와 통계를 업데이트해서 수록하고 있다.

SUSAN: Gestapo nothing, it's the bloody French.[1]

(*From where they have been looking comes a dark figure running like mad with an enormous parcel wrapped in a parachute.* SUSAN *tries to intercept him. A furious row breaks out in heavy whispers.*) Posez ça par terre, ce n'est pas à vous.[2]

FRENCHMAN: Si, c'est à nous. Je ne vous connais pas.[3]

SUSAN: Non, l'avion était anglais. C'est à nous.[4]

FRENCHMAN: Non, c'est désigné pour la résistance.[5]

LAZAR: Oh God.

(*He stands watching as* SUSAN, *handling the* FRENCHMAN *very badly, begins to lose her temper. They stand shouting in the night.*)

SUSAN: Vous savez bien que c'est nous qui devons diriger le mouvement de tous les armements. Pour les Français c'est tout à fait impossible …[6]

FRENCHMAN: Va te faire foutre.[7]

SUSAN: Si vous ne me le donnez pas …[8]

FRENCHMAN: Les Anglais n'ont jamais copris la France. Il faut absolument que ce soit les Français qui déterminant notre avenir.[9]

SUSAN: Posez ça …[10]

FRENCHMAN: C'est pour la France.[11]

(*The* FRENCHMAN *begins to go.* LAZAR *has walked quietly*

---

1 the bloody French: "빌어먹을 프랑스 놈."

2 Posez ça par terre, ce n'est pas à vous: "그것 내려놔요. 당신 물건이 아니야."

3 Si, c'est à nous. Je ne vous connais pas: "맞아요, 우리 물건이요. 난 당신을 모르오."

4 Non, l'avion était anglais. C'est à nous: "아니, 영국 비행기였어. 우리 물건이야."

5 Non, c'est désigné pour la résistance: "아니요, 이건 레지스탕스 것이오."

6 Vous savez … Pour les Français c'est tout à fait impossible: "당신들은 잘 알고 있잖아요, 모든 무기의 이동을 관리하는 사람들은 바로 우리라는 사실을 말이에요. 프랑스인들이 그렇게 하는 것은 불가능해요."

7 Va te faire foutre: "제기랄, 꺼져 버려."

8 Si vous ne me le donnez pas: "그걸 넘겨주지 않으면."

9 Les Anglais n'ont … déterminant notre avenir: "영국인들은 절대 프랑스를 이해 못해. 우리의 미래를 결정하는 것은 우리 프랑스 사람이어야 한다고."

10 Posez ça: "그걸 내려놔요."

11 C'est pour la France: "프랑스 것이요."

across to behind SUSAN *and now takes the gun from her pocket. The* FRENCHMAN *sees it.*)

FRENCHMAN: Arr yew raven mad?[1]

LAZAR: Please put it down. (*Pause.*) Please.

(*The* FRENCHMAN *lowers the package to the ground. Then stands up.*)

Please tell your friends we're sorry. We do want to help. Mais parfois ce sont les Français mêmes qui le rendent difficile.[2]

FRENCHMAN: Nobody ask you. Nobody ask you to come. Vous n' êtes pas les bienvenus ici.[3]

(SUSAN *about to reply but* LAZAR *holds up his hand at once.*)

LAZAR: Compris.[4]

FRENCHMAN: Espèce de con.[5]

(*There is a pause. Then the* FRENCHMAN *turns and walks out.* LAZAR *keeps him covered, then turns to start picking the stuff up.* SUSAN *moves well away.*)

LAZAR: Bloody Gaullists.[6] (*Pause.*) I mean, what do they have for brains?

SUSAN : I don't know.

LAZAR: I mean really.

SUSAN: They just expect the English to die. They sit and watch us spitting blood in the streets.

---

[1] Arr yew raven mad?: Are you raving mad? (당신 정신 나갔소?)

[2] Mais parfois … qui le rendent difficile: "그렇지만 바로 당신 프랑스인들 때문에 일이 어려워지는 때가 있어요."

[3] Vous n'etes pas les bienvenus ici: "당신네들이 여기에 오는 것 반갑지 않소."

[4] Compris: "알아 들었소."

[5] Espèce de con: "이런 멍청한 자식들."

[6] Bloody Gaullists: "빌어먹을 드골주의자들 같으니." 드골 장군 (Charles de Gaulle, 1890-1970)은 제2차 세계대전 당시 프랑스 임시 정부의 지도자였으며 전후에 프랑스 총리와 대통령으로 재직하였다. 그는 전쟁 중 영국으로 망명하여 '자유 프랑스' (the Free French)라는 단체를 조직해서 본토의 레지스탕스 (반 나치 저항단체) 활동을 지휘하였다. 드골주의자는 이러한 드골의 저항적이고 민족주의적인 정책을 지지하는 사람들을 지칭한다. Lazar가 사용한 드골주의자라는 용어에는 연합군에 대해 다소 편협하고 배타주의적인 태도를 보이는 프랑스 레지스탕스에 대한 비판적 어조가 함축되어 있다.

(LAZAR *looks up at* SUSAN, *catching her tone.*[1] *Then moves towards her as calmly as he can.*)

LAZAR: Here's your gun.

(LAZAR *slips the gun into* SUSAN's *pocket, but as he does she takes his hand into hers.*)

We must be off.

SUSAN: I'm sorry, I'm so frightened.

LAZAR: I must bury the silk.[2]

SUSAN: I'm not an agent, I'm just a courier.[3] I carry messages between certain circuits ···

LAZAR: Please ···

SUSAN: I came tonight, it's my first drop, there is literally nobody else, I can't tell you the mess in Poitiers ···

LAZAR: Please.

SUSAN: My friend, the man I mentioned, he's been taken to Buchenwald.[4] He was the wireless operator, please let me tell you, his name was Tony ···

LAZAR: I can't help.

SUSAN: I have to talk ···

LAZAR: No.

SUSAN: What's the point, what's the point of following the rules if ···

LAZAR: You mustn't ···

SUSAN: I don't want to die. I don't want to die like that.

(*Suddenly* SUSAN *embraces* LAZAR, *putting her head on his shoulder and crying uncontrollably. He puts his hand through her hair. Then after a long time, she turns and walks some paces away, in silence. They stand for some time.*)

LAZAR: Did you know ··· did you know sound waves never die? So every noise we make goes into the sky. And there is a place somewhere in the corner of the universe where all the babble of the world is kept.

[1] catching her tone: 그녀의 어조를 눈치채고.

[2] the silk: 낙하산.

[3] a courier: 전령. 연락책.

[4] Buchenwald: 1937년 독일 바이마르 (Weimar)에 세워진 나치 강제 수용소.

(*Pause. Then* LAZAR *starts gathering the equipment together.*)
Come on, let's clear this lot up. We must be off. I don't know how I'm going to manage on French cigarettes.[1] Is there somewhere I can buy bicycle clips?[2] I was thinking about it all the way down. Oh yes and something else. A mackerel sky.[3] What is the phrase for that?

SUSAN: Un ciel pommelé.

LAZAR: Un ciel pommelé. Marvellous. I must find a place to slip it in. Now. Where will I find this bike?
(LAZAR *has collected everything and gone out.* SUSAN *follows him.*)

SUSAN: I don't know your name.

SCENE THREE

Brussels.[4] *June 1947.*
From the dark the sound of a small string orchestra gives way to the voice of an ANNOUNCER.

ANNOUNCER: Ici Bruxelles — INR. Et maintenant notre soirée continue avec la musique de Victor Sylvester et son orchestre. Victor Sylvester est parmi les musiciens anglais les plus aimés à cause de ses maintes émissions à la radio anglaise pendant la guerre.[5]

[1] I don't know how I'm going to manage on French cigarettes: "앞으로 어떻게 프랑스 담배를 피워야 할 지 대책이 안 서는군요."

[2] bicycle clips: 자전거를 탈 때 바지를 고정해 주는 집게.

[3] A mackerel sky: a sky covered with rows of small, fleecy, cirrocumulus or altocumulus clouds, suggesting the streaks on a mackerel's back. (고등어) 비늘 모양의 층층 구름.

[4] Brussels: 벨기에의 수도. NATO와 EU 본부가 있음.

[5] Ici Bruxelles ⋯ à la radio anglaise pendant la guerre: "여기는 브뤼셀에 있는 벨기에 국립 라디오 방송입니다. 계속해서 빅터 실베스터가 이끄는 오케스트라 연주가 이어지겠습니다. 빅터 실베스터는 전쟁 중 많은 라디오 방송으로 인해 영국에서 가장 사랑 받는 음악가 중 한 사람이 되었습니다."

(*Evening. A gilt room.*[1] *A fine desk. Good leather chairs. A portrait of the King. Behind the desk* SIR LEONARD DARWIN *is working, silver-haired, immaculate, well into his late forties. A knock at the door and* RAYMOND BROCK *comes in. An ingenuous figure, not yet thirty, with a small moustache and a natural energy he finds hard to contain in the proper manner. He refers constantly to his superior and this makes him uneasy.*)

BROCK: Sir Leonard …

DARWIN: Come in.

BROCK: A few moments of your time. If I could possibly …

DARWIN: You have my ear.[2]

BROCK: The case of a British national who's died. It's just been landed in my lap.[3] A tourist named Radley's dropped dead in his hotel. It was a coronary,[4] seems fairly clear. The Belgian police took the matter in hand, but naturally the widow has come along to us. It should be quite easy, she's taking it well.

(DARWIN *nods.* BROCK *goes to the door.*)

BROCK: Mrs Radley. The ambassador.

(SUSAN *has come in. She is simply and soberly dressed. She looks extremely attractive.*)

DARWIN: If you'd like to sit down.

(*She sits opposite him at the desk.* BROCK *stands respectfully at the other side of the room.*)

Please accept my condolences. The Third Secretary[5] has told me a little of your plight. Naturally we'll help in any way we can.

BROCK: I've already taken certain practical steps. I've been to the mortuary.[6]

SUSAN: That's very kind.

---

[1] a gilt room: 금장으로 장식된 방.

[2] You have my ear: "말해보게."

[3] It's just been landed in my lap: "방금 제게 (보고가) 들어왔습니다."

[4] coronary: 심장 마비.

[5] the Third Secretary: 3등 서기관.

[6] mortuary: 영안실.

BROCK: Belgian undertakers.

DARWIN: One need not say more. Your husband had a heart attack, is that right?

SUSAN: Yes. In the foyer[1] of our hotel.

DARWIN: Painless …

SUSAN: I would hope. He was packing the car. We were planning to move on this morning. We only have two weeks. We were hoping to make Innsbruck,[2] at least if our travel allowance would last. It was our first holiday since the war.

DARWIN: Brock, a handkerchief.

SUSAN: No.

(*Pause.*)

BROCK: I was persuaded to opt for an embalming,[3] I'm afraid. It may involve you in some small extra cost.

SUSAN: Excuse me, but you'll have to explain the point.

BROCK: Sorry?

SUSAN: Of the embalming I mean.

(BROCK *looks to his superior, but decides to persist.*)

BROCK: Well, particularly in the summer it avoids the possibility of the body exploding at a bad moment. I mean any moment would be bad, it goes without saying, but on the aeroplane, say.

SUSAN: I see.

BROCK: You see, normally you find the body's simply washed … I don't know how much detail you want me to provide …

DARWIN: I would think it better if …

SUSAN: No, I would like to know. Tony was a doctor. He would want me to know.

(BROCK *pauses, then speaks with genuine interest.*)

BROCK: To be honest I was surprised at how little there is to do.

[1] foyer: (호텔이나 극장 등의) 로비. 휴게실.

[2] Innsbruck: 오스트리아 서부에 있는 관광 도시.

[3] embalming: 시신 방부 처리.

There's a small bottle of spirit,[1] colourless, and they simply give the body a wash. The only other thing is the stomach, if there's been a meal, a recent meal …

SUSAN: Tony had …

BROCK: Yes, he had breakfast I think. You insert a pipe into the corpse's stomach to let the gases out. They insert it and there's a strange sort of sigh.

(DARWIN *shifts.*)

DARWIN: If, er …

BROCK: It leaves almost no mark. Apparently, so they told me, the morgue attendants when they're bored sometimes set light to the gas for a joke.[2] Makes one hell of a bang.

DARWIN: Shall we all have a drink?

(DARWIN *gets up.* BROCK *tries to backtrack.*[3])

BROCK: But of course I'm sure it didn't happen in this particular case.

DARWIN: No. There is gin. There is tonic. Yes?

SUSAN: Thank you.

(DARWIN *mixes drinks and hands them round.*)

BROCK: I'm afraid we shall need to discuss the practical arrangements. I know the whole subject is very distressing but there is the question… you do want the body flown back?

SUSAN: Well, I can hardly stash it in the boot of the car.[4]

(*A pause.* DARWIN *lost.*)

DARWIN: What the Third Secretary is saying … not buried on foreign soil.

SUSAN: No.

BROCK: Quite. You see for the moment we take care of it, freight charges, and His Majesty's Government picks up the bill.[5] But

---

[1] spirit: (변성) 알코올.

[2] for a joke: 농담 삼아.

[3] backtrack: 물러서다.

[4] I can hardly stash it in the boot of the car: "차 트렁크 속에 그것을 쳐박아 놓을 순 없잖아요." 이러한 Susan의 다소 당돌한 듯한 언사는 그녀의 동료의 죽음에 대해 최대한의 예의를 갖추려는 Darwin의 태도와 대조를 이루고 있다.

[5] His Majesty's Government picks up the bill: "영국 정부가 계산해줄 겁니다."

perhaps later we will have to charge it to the estate,[1] if there is an estate. I'm sorry, I don't mean to interfere …

SUSAN: I'm sure there'll be enough to pay for it all. Tony made a very reasonable living.[2]

(DARWIN *gets up.*)

DARWIN: Well, I think we now understand your needs. I shall go downstairs and set the matter in train.[3]

BROCK: Would you prefer it if I did that, sir?

DARWIN: No, no. You stay and talk to Mrs Radley. I'll have a word with the travel people, make a booking on tomorrow morning's flight, if that suits?

SUSAN: Yes, of course.

DARWIN: You will be going back with the body, I assume?

SUSAN: Yes.

DARWIN: Are there other dependants?[4] Children?

SUSAN: No.

(DARWIN *goes out. A pause.*)

BROCK: If …

SUSAN: He doesn't like you.

BROCK: Sorry.

SUSAN: The ambassador.

BROCK: Oh. Well, no.

(*Pause.*)

I don't think he's over the moon[5] about you.

SUSAN: I shouldn't have said that.

BROCK: No, it's just … Darwin thinks disasters are examinations in etiquette.[6] Which fork to use in an earthquake.

---

1 estate: 재산. 유산.

2 made a very reasonable living: 꽤 괜찮게 살았다.

3 set the matter in train: 일 처리를 진행하다.

4 dependants: 부양 가족.

5 over the moon: 좋아하다. 마음에 들어 하다.

6 disasters are examinations in etiquette: 재난 사고를 일종의 에티켓 테스트라고 여긴

SUSAN: Darwin, is that his name?

BROCK: Yes, the mission all thinks it's God's joke. God getting his own back by dashing off a modern Darwin who is in every aspect less advanced than the last.[1] (*He smiles alone.*) I'm sorry. We sit about in the evenings and polish our jokes. Brussels is rather a debilitating town.[2]

SUSAN: Is this a bad posting for you?

BROCK: I'd been hoping for something more positive. Fresher air. The flag still flies over a quarter of the human race[3] and I would like to have seen it really. Whereas here ⋯ we're left with the problems of the war ⋯ (*He smiles again.*) Have you met any prison governors?

SUSAN: No.

BROCK: It's just they talk exactly like us. I was hoping for Brixton but I got the Scrubs.[4] Just the same.

SUSAN: Does nobody like it here?

BROCK: The misery is contagious, I suppose. You spend the day driving between bombsites, watching the hungry, the homeless, the bereaved. We think there are thirty million people loose in Europe, who've had to flee across borders, have had to start again. And it is very odd to watch it all from here. (*He gestures round the room.*) Had you been married long?

SUSAN: We met during the war.

다는 말. 즉, Brock은 Darwin이 지나치게 형식과 절차에 신경을 쓴다는 점을 조롱하고 있다.

1 getting his own back: 앙갚음을 하다. dashing off: 대충 빚어 만들다. the last: 여기서는 진화론을 주창한 Darwin (Charles Robert Darwin, 1809-82)을 지칭. 여기에서 Brock은 직장 상사인 Darwin을 '현대판 Darwin'이라고 부르면서 실제로는 Charles Darwin보다 모든 면에서 덜 진화된 인물이라고 조롱하고 있다. 신(God)이 일부러 덜 떨어진 '현대판 Darwin'을 빚어냄으로써 Charles Darwin의 진화론에 보복을 가하고자 했다는 말임.

2 debilitating: 맥 빠지는. 별볼일 없는.

3 The flag still flies over a quarter of the human race: 전 세계 인류의 4분의 1이 여전히 대영 제국 깃발 아래에 있다는 의미.

4 hoping for Brixton but I got the Scrubs: 브릭스톤에 가고 싶었는데 스크럽스에 발령 받았다는 의미. 브릭스톤과 스크럽스는 모두 런던 외곽에 위치한 B급 죄수 수용소임.

BROCK: I did notice some marks on the body.[1]

SUSAN: Tony was a wireless operator with S.O.E.[2] Our job was harassment behind the lines.[3] Very successful in Holland, Denmark. Less so in France. Tony was in a circuit the Gestapo destroyed. Then scattered. Ravensbruk, Buchenwald, Saarbrucken, Dachau.[4] Some were tortured, executed.

BROCK: What did you do?

SUSAN: I was a courier. I was never caught.

(*She looks straight at* BROCK.)

I wasn't his wife.

BROCK: No.

SUSAN: Had you realized that?

BROCK: I'd thought it possible.

(*Pause.*)

SUSAN: What about Darwin, did he realize?

BROCK: Lord, no, it would never occur to him.

SUSAN: Motoring together it was easier to say we were man and wife. In fact I was barely even his mistress. He simply rang me a few weeks ago and asked if I'd like a holiday abroad. I was amazed. People in our organization really didn't know each other all that well. You made it your business to know as little as possible, it was a point of principle. Even now you don't know who most of your colleagues were. Perhaps you were in it. Perhaps I met you. I don't know.

(*Pause.*)

Tony I knew a bit better, not much, but I was glad when he rang. Those of us who went through this kind of war, I think we do

[1] marks on the body: (고문으로 인해) 몸에 생긴 상흔.

[2] S.O.E: Special Operations Executive (영국 특수 작전 집행부).

[3] harassment behind the lines: 전선 후방에서의 교란 작전.

[4] Ravensbruk, Buchenwald, Saarbrucken, Dachau: (제2차 세계 대전 중의) 나치 강제 수용소들.

have something in common. It's a kind of impatience, we're rather intolerant, we don't suffer fools.[1] And so we get rather restless back in England, the people who stayed behind seem childish and a little silly. I think that's why Tony needed to get away. If you haven't suffered … well. And so driving through Europe with Tony I knew that at least I'd be able to act as I pleased for a while. That's all.

(*Pause.*)

It's kind of you not to have told the ambassador.

BROCK: Perhaps I will. (*He smiles.*) May I ask a question?

SUSAN: Yes.

BROCK: If you're not his wife, did he have one?

SUSAN: Yes.

BROCK: I see.

SUSAN: And three children. I had to lie about those, I couldn't claim them somehow. She lives in Crediton in Devon.[2] She believes that Tony was travelling alone. He'd told her he needed two weeks by himself. That's what I was hoping you could do for me.

BROCK: Ah.

SUSAN: Phone her. I've written the number down. I'm afraid I did it before I came.

(SUSAN *opens her handbag and hands across a card.* BROCK *takes it.*)

BROCK: And lie?

SUSAN: Yes. I'd prefer it if you lied. But it's up to you.

(*She looks at* BROCK. *He makes a nervous half-laugh.*)

All right, doesn't matter …

BROCK: That's not what I said.

SUSAN: Please, it doesn't matter.

(*Pause.*)

---

1 we don't suffer fools: "우리는 어리석은 사람들을 보면 화가 나요." not suffer fools: 어리석은 짓을 용서하지 않다.

2 Crediton: 영국 남서부에 위치한 데본(Devon) 주의 도시.

BROCK: When did you choose me?
SUSAN: What?
BROCK: For the job. You didn't choose Darwin.
SUSAN: I might have done.

(*Pause.*)

BROCK: You don't think you wear your suffering a little heavily?[1] This smart club of people you belong to who had a very bad war …
SUSAN: All right.
BROCK: I mean I know it must have put you on a different level from the rest of us [2]…
SUSAN: You won't shame me, you know. There's no point. (*Pause.*) It was an innocent relationship. That doesn't mean unphysical. Unphysical isn't innocent. Unphysical in my view is repressed. It just means there was no guilt. I wasn't particularly fond of Tony, he was very slow-moving and egg-stained[3] if you know what I mean, but we'd known some sorrow together and I came with him. And so it seemed a shocking injustice when he fell in the lobby, unjust for him of course, but also unjust for me, alone, a long way from home, and worst of all for his wife, bitterly unfair if she had to have the news from me. Unfair for life. And so I approached the embassy.

(*Pause.*)

Obviously I shouldn't even have mentioned the war. Tony used to say don't talk about it. He had a dread of being trapped in small rooms with big Jewesses, I know exactly what he meant. I should have just come here this evening and sat with my legs apart, pre-

---

1 You don't think you wear your suffering a little heavily?: "당신은 스스로가 고통의 짐을 좀 과하게 지고 있다고 생각하지 않으세요?

2 I mean I know it must have put you on a different level from the rest of us: "그래서 우리 같은 사람들과는 차원이 다른 삶을 살았겠구나 하는 거지요." 여기에서 it은 전쟁을 직접 겪은 사실을 지칭함.

3 slow-moving and egg-stained: 굼뜨고 칠칠 맞은.

tended to be a scarlet woman,[1] then at least you would have been able to place[2] me. It makes no difference. Lie or don't lie. It's a matter of indifference.

(BROCK *gets up and moves uncertainly around the room.* SUSAN *stays where she is.*)

BROCK: Would you ··· perhaps I could ask you to dinner? Just so we could talk ···

SUSAN: No. I refuse to tell you anything now. If I told you anything about myself you would just think I was pleading, that I was trying to get round[3] you. So I tell you nothing. I just say look at me — don't creep round the furniture — look at me and make a judgement.

BROCK: Well ···

(DARWIN *reappears. He picks up his drink and sits at his desk as if to clear up. There is in fact nothing to clear up, so mostly he just moves his watch round. He talks the while.*)

DARWIN: That's done. First flight tomorrow without a hitch.[4]

(BROCK *stands as if unaware* DARWIN *has come back.*)

SUSAN: Thank you very much.

DARWIN: If there's anything else. There is a small chapel in the embassy if you'd like to use it before you go.

SUSAN: Thank you.

(BROCK *turns and walks abruptly out of the room.* SUSAN *smiles a moment.* DARWIN *puts on his watch.*)

Have you been posted here long?

DARWIN: No, not at all. Just a few months. Before that, Djakarta.[5] We were hoping for something sunny but Brussels came along.[6]

---

[1] a scarlet woman: 매춘부.

[2] place: 알아차리다. 평가를 내리다.

[3] get round: 감언으로 속이다.

[4] without a hitch: 별탈 없이. 순조롭게.

[5] Djakarta: the former spelling of Jakarta. 인도네시아의 수도.

[6] we were hoping for something sunny but Brussels came along: "우리는 어딘가 화창한 곳을 기대하고 있었는데 브뤼셀로 발령이 났지요."

Not that we're complaining. They've certainly got something going here.

SUSAN: Really?

DARWIN: Oh yes. New Europe. Yes yes.

(*Pause.*)

Reconstruction. Massive. Massive work of reconstruction. Jobs. Ideals. Marvellous. Marvellous time to be alive in Europe. No end of it. Roads to be built. People to be educated. Land to be tilled. Lots to get on with.

(*Pause.*)

Have another gin.

SUSAN: No thanks.

DARWIN: The diplomat's eye is the clearest in the world. Seen from Djakarta this continent looks so old, so beautiful. We don't realize what we have in our hands.

SUSAN: No.

(BROCK *reappears at the door.*)

BROCK: Your wife is asking if you're ready for dinner, sir.

DARWIN: Right.

BROCK: And she wants your advice on her face.

(DARWIN *gets up.*)

I'll lock up after you, sir.

DARWIN: You'll see Mrs Radley to her hotel?

BROCK: Of course.

DARWIN : Goodbye, Mrs Radley. I'm sorry it hasn't been a happier day.

(DARWIN *goes out.* BROCK *closes the door. He looks at* SUSAN.)

BROCK: I've put in a call to England. There's an hour's delay.

(*Pause.*)

I've decided to lie.

(BROCK *and* SUSAN *stare at each other. Silence.*)

Will you be going back with the body?[1]

SUSAN: No.

(BROCK *goes to the door and listens. Then turns back and removes the buttonhole.*[2] *He looks for somewhere to put it. He finds his un-drunk gin and tonic and puts it in there. Then he takes his jacket off and drops it somewhat deliberately on the floor. He takes a couple of paces towards* SUSAN.)

BROCK: Will you remind me to cancel your seat?

SCENE FOUR

Pimlico.[3] *September 1947.*

From the dark the sound of a string quartet. It comes to an end. Then a voice.

ANNOUNCER: This is the BBC Third Programme.[4] Vorichef wrote *Les Ossifiés* in the year of the Paris Commune,[5] but his struggle with Parkinson's disease during the writing of the score has hitherto made it a peculiarly difficult manuscript for musicologists[6] to interpret. However the leader of the Bremen ensemble has recently done a magnificent work of reclamation.[7] Vorichef died in an extreme state of senile dementia[8] in 1878. This performance of his

1 the body: 시신.

2 buttonhole: 단추 구멍에 꽂는 장식용 꽃.

3 Pimlico: 런던의 중심부에 위치한 지역으로 빅토리아 기차역과 영국 의회 건물과 인접해 있다. 19세기 초반의 건축물들과 대규모의 정원식 광장들로 유명하다.

4 the BBC Third Programme: BBC 제3방송. 1946년에 설립된 영국 국영 라디오 방송. 예술과 음악을 위주로 편성해 지적이고 문화적인 풍토 조성에 이바지 했다. 1970년에 현재의 BBC Radio 3로 통합되었음.

5 the Paris Commune: 파리 코뮌. 1871년 3월부터 5월 사이에 파리 시민과 노동자들의 봉기에 의해 수립된 혁명적 자치 정부.

6 musicologists: 음악학 학자.

7 reclamation: 교정. 복원.

8 senile dementia: 노인성 치매.

last work will be followed by a short talk in our series 'Musicians and Disease'.

(*A bed-sitter*[1] *with some wooden chairs, a bed and a canvas bed with a suitcase set beside it. A small room, well maintained but cheerless.* ALICE *sits on the floor in a chalk-striped men's suit*[2] *and white tie. She smokes a hookah.*[3] SUSAN *is on the edge of the bed drinking cocoa. She is wearing a blue striped shirt. Her revolver lies beside her.* BROCK *is laid out fast asleep across two chairs in his pinstripes.*[4] *Next to him is a large pink parcel, an odd item of luxury in the dismal surroundings. By the way they talk you know it's late.*)

SUSAN: I want to move on.[5] I do desperately want to feel I'm moving on.
ALICE: With him?
SUSAN: Well that's the problem, isn't it?
(*Pause.* ALICE *smiles.*)
ALICE: You are strange.
SUSAN: Well, what would you do?
ALICE: I'd trade him in.[6]
SUSAN: Would you?
ALICE: I'd choose someone else off the street.
SUSAN: And what chance would you have tonight, within a mile, say, within a mile of here?

---

[1] bed-sitter: 침실 겸용 살림방. 원룸 아파트.

[2] a chalk-striped men's suit: 짙은 바탕에 가는 흰색 줄무늬가 있는 남성용 정장.

[3] hookah: a single or multi-stemmed instrument for smoking flavored tobacco called Mu'assel (also known as Shisha) in which the smoke is passed through a water basin (often glass based) before inhalation. 물담배(waterpipe).

[4] pinstripes: 줄무늬 옷.

[5] I want to move on: "떠나고 싶어." "새 출발을 하고 싶어." Susan은 장면 전반에 걸쳐 변화에 대한 욕망을 반복적으로 내비치는데, 이는 단지 자신의 직업과 Brock에 대한 싫증을 넘어서서 전쟁 이후에도 크게 변화하지 않는 영국의 보수적이고 안이한 풍토에 대한 거부감과 밀접하게 연관되어 있다.

[6] I'd trade him in: "나라면 그(Brock)를 갈아치울 거야."

ALICE: Let me think. Does that take in Victoria Coach Station?[1]

SUSAN: No.

ALICE: Then pretty slim.[2]

SUSAN: Is that right?

(*They smile. The hookah smokes.*)

That thing is disgusting.

ALICE: I know. It was better when the dung was fresh.[3]

SUSAN: I don't know why you bother[4] …

ALICE: The writer must experience everything, every kind of degradation.[5] Nothing is closed to him. It's really the degradation that attracted me to the job.

SUSAN: I thought you were going to work tonight …

ALICE: I can't write all the time. You have to live it before you can write it. What other way is there? Besides nicking it.[6]

SUSAN: Is that done?

ALICE: Apparently. Once you start looking it seems most books are copied out of other books. Only it's called tribute.[7] Tribute to Hemingway. Means it's nicked. Mine's going to be tribute to Scott Fitzgerald.[8] Have you read him?

---

1 Does that take in Victoria Coach Station?: "거기에 빅토리아 코치 역도 포함되는 거야?" 1932년에 개설된 빅토리아 코치 역은 전국 각지로 운행하는 코치(장거리 버스)들의 출발지로서 런던에서 제일 규모가 크고 중요한 버스 터미널이다.

2 pretty slim: (가능성이) 아주 희박한.

3 It was better when the dung was fresh: "똥이 신선했을 때는 그래도 맛이 좀 나았어." 여기에서 dung은 물담배에 불을 지피는 연료로 사용되는 낙타 똥(camel dung)을 의미한다.

4 I don't know why you bother: "난 네가 왜 사서 이 고생을 하는지 모르겠어." Alice는 작가가 되기 위해서는 모든 형태의 경험을 해 보아야 한다고 믿고 있다.

5 degradation: 타락. 퇴폐.

6 Besides nicking it: (남의 경험을) 슬쩍 훔치는 (베끼는) 것 말고는.

7 tribute: 헌정사. 찬사

8 Scott Fitzgerald: 스콧 피츠제랄드(Francis Scott Key Fitzgerald, 1896-1940)는 20세기 초 미국의 대표적인 소설가로서 1920년대 미국의 이른바 '잃어버린 세대'(Lost Generation)의 정서를 대변하는 작가이다. 대표작으로는『위대한 개츠비』(*The Great Gatsby*)가 있으며, 필름 제작자인 탈버그(Irving Thalberg)의 일생을 그린『마지막 대군의 사랑』(*The Love of the Last Tycoon*)은 미완성 작으로 남아있다가 그의 사후에 편집, 출간되었다.

SUSAN: No.

ALICE: *Last Tycoon.* Mine's going to be like that. Not quite the same of course. Something of a bitch to make Ealing Broadway hum like Hollywood Boulevard[1] but otherwise it's in the bag.

(BROCK *grunts.*)

He snores.

SUSAN: You should get a job …

ALICE: I've had a job, I know what jobs are like. Had a job in your office.

SUSAN: For three days.

ALICE: It was enough.

SUSAN: How are you going to live?

ALICE: Off you mostly.[2] (*She smiles.*) Susan …

SUSAN: I want to move on. I do desperately want to feel I'm moving on. (*Pause.*) I work so hard I have no time to think. The office is worse. Those brown invoices[3] go back and forth, import, export …

ALICE: I remember.

SUSAN: They get heavier and heavier as the day goes on, I can barely stagger across the room for the weight of a single piece of paper, by the end of the day if you dropped one on the floor, you would smash your foot. The silence is worse. Dust gathering. Water lapping beyond the wall. It seems unreal. You can't believe that because of the work you do ships pass and sail across the world. (*She stares a moment.*) Mr Medlicott has moved into my office.

ALICE: Frightful Mr Medlicott?

SUSAN: Yes.

ALICE: The boss?

SUSAN: He has moved in. Or rather, more sinister still he has re-

---

[1] something of a bitch: something outstandingly difficult. 쉽지 않은 일(것). to make Ealing Broadway hum like Hollywood Boulevard: 일링 브로드웨이를 할리우드 블루바드처럼 활기차게 만드는 것. Ealing Broadway: 런던 서부 교외에 위치한 Ealing의 중심지. Hollywood Boulevard: 세계 영화 산업의 중심지인 미국 할리우드에 위치한 거리 이름.

[2] off you mostly: "너한테 주로 빌붙어서."

[3] invoice: 송장(送狀). (물품 대금, 작업비 등의) 청구서.

moved the frosted glass[1] between our two offices.

ALICE: Really?

SUSAN: I came in one morning and found the partition had gone. I interpret it as the first step in a mating dance.[2] I believe Medlicott stayed behind one night, set his ledger[3] aside, ripped off his tweed suit and his high collar, stripped naked, took up an axe, swung it at the partition, dropped to the floor, rolled over in the broken glass till he bled, till his whole body streamed blood, then he cleared up, slipped home, came back next morning and waited to see if anything would be said. But I have said nothing. And neither has he. He puts his head down and does not lift it till lunch. I have to look across at his few strands of hair, like seaweed across his skull. And I am frightened of what the next step will be.

ALICE: I can imagine.

SUSAN: The sexual pressure is becoming intolerable.

(*They smile.*)

One day there was a condom in his turn-up.[4] Used or unused I couldn't say. But planted[5] without a doubt. Again, nothing said. I tried to laugh it off to myself, pretended he'd been off with some whore in Limehouse[6] and not bothered to take his trousers off, so that after the event the condom had just absent-mindedly fallen from its place and lodged alongside all the bus tickets and the tobacco and the Smarties[7] and the paper-clips and all the rest of it. But I know the truth. It was step two. And the dance has barely begun.

(*Pause.*)

[1] the frosted glass: 반투명 유리.

[2] the first step in a mating dance: 짝 짓기 춤의 첫 번째 단계.

[3] ledger: (거래 내역을 적은) 회계 대장.

[4] turn-up: (바지 등의) 접어 올린 단.

[5] plant: (물건을) 놓다. 두다.

[6] Limehouse: 런던 동부의 빈민가.

[7] the Smarties: a colour-varied sugar-coated chocolate confectionery. 초콜릿 상표.

Alice. I must get out.

ALICE: Then do. Just go. Have you never done that? I do it all the time.

SUSAN: They do need me in that place ···

ALICE: So much the better, gives it much more point.[1] That's always the disappointment when I leave, I always go before people even notice I've come. But you ··· you could really make a splash.[2]

(BROCK *stirs.*)

He stirs.

SUSAN: I'd like to change everything but I don't know how.

(*She leans under her bed, pulls out a shoebox, starts to oil and clean her gun.*)

ALICE: Are you really fond of him?

SUSAN: You don't see him at his best.[3] We had a week in Brussels which we both enjoyed. Now he comes over for the weekend whenever he can. But he tends to be rather sick on the boat.

ALICE: You should meet someone younger.

SUSAN: That's not what I mean. And I don't really like young men. You're through and out the other side in no time at all.[4]

ALICE: I can introduce you ···

SUSAN: I'm sure. I've only known you three weeks, but I've got the idea. Your flair[5] for agonized young men. I think you get them in bulk from tuberculosis wards[6] ···

ALICE: I'm just catching up,[7] that's all.

SUSAN: Of course ···

ALICE: I was a late starter.[8]

---

[1] So much the better, gives it much more point: "그래서 더 잘 됐지 뭐, (네 존재를) 더 잘 부각시킬 수도 있고." it은 Susan이 직장을 그만 두는 것을 지칭.

[2] make a splash: 평판이 자자해지다. 큰 인상을 남기다.

[3] You don't see him at his best: "네가 저 사람 좋은 점을 몰라서 그래."

[4] through and out the other side in no time at all: too shallow. 깊이가 없고 너무 천박한.

[5] flair: 성향. 재능.

[6] tuberculosis wards: 결핵 (환자) 병동.

[7] I'm just catching up: "난 단지 따라잡는 (만회하는) 중이야."

[8] I was a late starter: "난 늦게 시작했어." "난 시작이 늦었어."

SUSAN: Oh yes, what are you, eighteen?

ALICE: I started late. Out of guilt. I had a protected childhood. Till I ran away. And very bad guilt. I was frightened to masturbate[1] more than once a week, I thought my clitoris was like a torch battery, you know, use it too much and it runs out.

(BROCK *wakes.*)

He wakes.

(*They watch as he comes round.*)

BROCK: What time is it?

ALICE: Raymond, can you give us your view? I was just comparing the efficiency of a well-known household object with ···

SUSAN: Alice, leave him alone.

ALICE: It's getting on for five.[2]

BROCK: I feel terrible.

SUSAN: (*Kissing his head*) I'll get you something to eat. Omelette[3] all right? It's only powder, I'm afraid···

BROCK: Well ···

SUSAN: Two spoons or three? And I'll sprinkle it with Milk of Magnesia.[4]

(*She goes out into the kitchen.*)

BROCK: It seems a bit pointless. It's only twelve hours till I'm back on the boat.

(He picks up the gun.)

Did I miss something?

ALICE: No. She's just fondling it.[5]

BROCK: Ah.

(*He looks round.* ALICE *is watching him all the time.*)

I can't remember what ···

---

1 masturbate: 자위하다. clitoris: 음핵. a torch battery: 손전등 배터리.

2 It's getting on for five: "5시가 다 되어 가네."

3 Omelette: 오믈렛. 달걀을 풀어서 얇게 부친 것에 육류, 채소, 어패류 등을 잘게 썰어 볶아서 얹은 요리.

4 Milk of Magnesia: 마그네시아유. 걸쭉한 흰색 액체로 된 소화제.

5 fondle: 어루만지다. 애무하다.

ALICE: Music. On the wireless.[1] You had us listening to some music.
BROCK: Ah that's right.
ALICE: Some composer who shook.[2]
BROCK: I thought you'd have gone. Don't you have a fiat?
ALICE: I did. But it had bad associations.[3] I was disappointed in love.[4]
BROCK: I see.
ALICE: And Susan said I could sleep here.
BROCK: (*Absently admiring her suit*) I must say I do think your clothes are very smart.
ALICE: Well I tell you he looks very good in mine.
(*She nods at the parcel.*)
Do you always bring her one of those?
BROCK: I certainly try to bring a gift if I can.
ALICE: You must have lots of money.
BROCK: Well, I suppose. I find it immoderately easy to acquire.[5] I seem to have a sort of mathematical gift. The stock exchange. Money sticks to my fingers I find.[6] I triple my income. What can I do?
ALICE: It must be very tiresome.
BROCK: Oh ··· I'm acclimatizing,[7] you know. (*Smiles.*) I think everyone's going to be rich very soon. Once we've got over the effects of the war. It's going to be coming out of everyone's ears.[8]
ALICE: Is that what you think?
BROCK: I'm absolutely sure. (*Pause.*) I do enjoy these weekends you know. Susan leads such an interesting life. Books. Conversation.

---

1 the wireless: 라디오.

2 Some composer who shook: 병에 걸려서 몸을 떠는 작곡가.

3 bad associations: 좋지 못한 기억. it은 Alice의 flat (아파트)를 지칭.

4 I was disappointed in love: "실연당했거든요."

5 I find it immoderately easy to acquire: "돈 벌기가 무척 쉽더라고."

6 Money sticks to my fingers: 돈이 손에 착 달라붙다.

7 I'm acclimatizing: "이제는 익숙해지더라고."

8 It's going to be coming out of everyone's ears: "얼마 안 있어 모든 사람들이 부유해질 거야."

People like you. The Foreign Office can make you feel pretty isolated – also, to be honest, make you feel pretty small, as if you're living on sufferance,[1] you can imagine …

ALICE: Yes.

BROCK: Till I met Susan. The very day I met her, she showed me you must always do what you want. If you want something you must get it. I think that's a wonderful way to live don't you?

ALICE: I do. (*Pause. She smiles.*) Shall I tell you how my book begins?

BROCK: Well …

ALICE: There's a woman in a rape trial. And the story is true. The book begins at the moment where she has to tell the court what the accused has said to her on the night of the rape. And she finds she can't bring herself to say the words out loud. And so the judge suggests she writes them down on a piece of paper and it be handed round the court. Which she does. And it says, 'I want to have you. I must have you now.'[2] (*She smiles again.*) So they pass it round the jury who all read it and pass it on. At the end of the second row there's a woman jurist who's fallen asleep at the boredom of the trial. So the man next to her has to nudge her awake[3] and hand her the slip of paper. She wakes up, looks at it, then at him, smiles and puts it in her handbag. (*She laughs.*) That woman is my heroine.

BROCK: Well, yes.

(SUSAN *returns, sets food on* BROCK's *knee. Then returns to cleaning her gun.* ALICE *tries to re-light her hookah.*)

SUSAN: Cheese omelette. What were you talking about?

ALICE: The rape trial.

SUSAN: Did you tell Raymond who the woman was?

BROCK: What do you mean?

SUSAN: I'm only joking, dear.

(ALICE *and* SUSAN *laugh.*)

[1] on sufferance: 묵인되어. 눈감아 주어.

[2] I want to have you. I must have you now: "널 갖고 싶어. 지금 당장 널 가져야겠어."

[3] nudge her awake: 그녀를 꾹 찔러 깨우다.

BROCK: I'm not sure it's the sort of …

ALICE: Oh sod this stuff.[1]

SUSAN: I said it was dung.

ALICE: I was promised visions.[2]

BROCK: Well …

ALICE: It's because I'm the only bohemian[3] in London. People exploit me. Because there are no standards, you see. In Paris or New York, there are plenty of bohemians, so the kief[4] is rich and sweet and plentiful but here … you'd be better off to lick the gum from your ration card.[5]

SUSAN: Perhaps Raymond will be posted to Morocco, bring some back in his bag …

BROCK: I don't think that's really on.[6]

SUSAN: Nobody would notice, from what you say. Nobody would notice if you smoked it yourself.

ALICE: Are they not very sharp?

SUSAN: Not according to Raymond. The ones I've met are buffoons …

BROCK: Susan, please …

SUSAN: Well it's you who calls them buffoons[7] …

BROCK: It's not quite what I say.

SUSAN: It's you who tells the stories. That man Darwin …

BROCK: Please …

SUSAN: How he needs three young men from public schools[8] to strap him into his surgical support.

---

1 sod this stuff: "이런 제기랄 것." Alice는 자신이 피우고 있는 물담배가 맛이 없다고 화를 내고 있다.

2 I was promised visions: "환각 상태가 죽여준다고 했었는데."

3 bohemian: 보헤미안. 자유 분방한 생활을 하는 사람.

4 kief: kif. a kind of cannabis smoked in Morocco and Algeria, for narcotic or intoxicating effect. (마리화나 같은) 흡연용 마약.

5 ration card: 배급표.

6 I don't think that's really on: "그럴 순 없을 것 같은데."

7 buffoon: 얼간이. 어릿광대.

8 public school: 사립 학교.

BROCK: I told you that in confidence.
SUSAN: In gloves.
ALICE: Really?
BROCK: Darwin is not a buffoon.
SUSAN: From your own lips …
BROCK: He just has slight problems of adjustment to the modern age.
SUSAN: You are laughing.
BROCK: I am not laughing.
SUSAN: There is a slight smile at the corner of your mouth …
BROCK: There is not. There is absolutely no smile.
SUSAN: Alice, I will paraphrase, let me paraphrase Raymond's view of his boss. I don't misrepresent you, dear, it is, in paraphrase, in sum, that he would not trust him to stick his prick into a bucket of lard.[1]

(BROCK *puts his omelette to one side, uneaten.*)

Well, is he a joke or is he not?

BROCK: Certainly he's a joke.
SUSAN: Thank you.
BROCK: He's a joke between us. He is not a joke to the entire world.

(*A pause.* BROCK *looks at* ALICE. *Then he gets up.*)

I think I'd better be pushing off home.[2]

(BROCK *goes and gets his coat. Puts it on. SUSAN at last speaks, very quietly.*)

SUSAN: And I wish you wouldn't use those words.
BROCK: What?
SUSAN: Words like 'push off home'. You're always saying it. 'Bit of a tight corner', 'one hell of a spot'.[3] They don't belong.
BROCK: What do you mean?
SUSAN: They are not your words.

(*Pause.*)

1 prick: (비속어) 남자 성기. a bucket of lard: 비계 덩어리. 뚱뚱한 여자. lard: 라드 (돼지 비계를 정제하여 하얗게 굳힌 것).

2 pushing off home: 슬슬 자리에서 일어나다. (집에서) 꺼지다.

3 'bit of a tight corner', 'one hell of a spot': 궁지. 곤경. 구렁텅이 같은 곳.

BROCK: Well, I'm none too keen on your words either.

SUSAN: Oh yes, which?

BROCK: The words you've been using this evening.

SUSAN: Such as?

BROCK: You know perfectly well.

SUSAN: Such as, come on tell me, what words have I used?

BROCK: Words like ···

(*Pause.*)

Bucket of lard.

(*Pause.*)

SUSAN: Alice, there is only the bath or the kitchen.

ALICE: I know.

(ALICE *goes out.* SUSAN *automatically picks up the omelette and starts to eat it.*)

BROCK: Are you going to let her live with you?

SUSAN: I like her. She makes me laugh.

(*Pause.*)

BROCK: I'm sorry, I was awful, I apologize. But the work I do is not entirely contemptible. Of course our people are dull, they're stuffy,[1] they're death. But what other world do I have?

(*Pause.*)

SUSAN: I think of France more than I tell you. I was seventeen and I was thrown into the war. I often think of it.

BROCK: I'm sure.

SUSAN: The most unlikely people. People I met only for an hour or two. Astonishing kindnesses. Bravery. The fact you could meet someone for an hour or two and see the very best of them and then move on. Can you understand?

(*Pause.* BROCK *does not move.*)

---

[1] stuffy: 고루한.

For instance, there was a man in France. His code name was Lazar. I'd been there a year I suppose and one night I had to see him on his way. He just dropped out of the sky. An agent. He was lost. I was trying to be blasé, trying to be tough, all the usual stuff — irony, hardness, cleverness, wit — and then suddenly I began to cry. On to the shoulder of a man I'd never met before. But not a day goes by without my wondering where he is.

(SUSAN *finishes her omelette and puts the plate aside.* BROCK *moves towards her.*)

BROCK: Susan.

SUSAN: I think we should try a winter apart. I really do. I think it's all a bit easy this way. These weekends. Nothing is tested. I think a test would be good. Then we would know. And what better test than a winter apart?

BROCK: A winter together.

(*Pause. They smile.*)

SUSAN: I would love to come to Brussels, you know that. I would love to come if it weren't for my job. But the shipping office is very important to me. I do find it fulfilling. And I just couldn't let Mr Medlicott down.

(*Pause.*)

You must say what you think. (BROCK *looks at* SUSAN *hard, then shrugs and smiles.)* I know you've been dreading the winter crossings, high seas ···

BROCK: Don't patronize me,[1] Susan.

SUSAN: Anyway, perhaps in the spring, it would be really nice to meet ···

BROCK: Please don't insult my intelligence.[2] I know you better than you think. I recognize the signs. When you talk longingly about the war ··· some deception usually follows.

(BROCK *kisses* SUSAN.)

Goodbye.

---

[1] Don't patronize me: "날 생각하는 척 하지마."

[2] Please don't insult my intelligence: "제발 날 바보 취급 하지마."

(BROCK *goes out.* SUSAN *left standing for a few moments. Then she picks up the plate and goes quickly to the kitchen.* ALICE *comes out of the bathroom at once in a dressing-gown. She has a notebook in her hand which she tosses the length of the room, so it lands on a chair. She settles on her back in the camp bed.* SUSAN *reappears at the door.*)

SUSAN: Did you hear that?

ALICE: Certainly. I was writing it down.

(SUSAN *looks across at her, but* ALICE *is putting pennies on her eyes.*)

My death-mask.[1]

SUSAN: Don't.

ALICE: I dream better.

(*Pause.*)

SUSAN: Do you know what you're doing tomorrow?

ALICE: Not really. There's a new jazz band at the One-O-One.[2] And Ken wants to take me to Eel Pie Island[3] in his horrid little car. I say I'll go if I get to meet Alistair. I really do want to meet Alistair. Everyone says he's got hair on his shoulder-blades and apparently he can crack walnuts in his armpits.

SUSAN: Oh well, he'll never be short of friends.

ALICE: Quite.

(SUSAN *turns out one light. Dim light only. She looks at the parcel.*)

SUSAN: What should I be doing with this?

ALICE: If we can't eat it, let's throw it away.

(SUSAN *turns out the other light. Darkness. The sound of* SUSAN *getting into bed.*)

Your friend Brock says we're all going to be rich.

SUSAN: Oh really?

[1] death-mask: a wax or plaster cast made of a person's face following death. 죽은 직후에 죽은 사람의 얼굴에서 직접 본을 떠서 만든 안면상(顔面像).

[2] the One-O-One: 101번지. 일반적으로 Knightsbridge 101번지에 있는 레스토랑을 지칭함.

[3] Eel Pie Island: an island in the River Thames in England at Twickenham, in the Borough of Richmond upon Thames, London.

(*Pause.*)

ALICE: Peace and plenty.

SCENE FIVE

Temple.[1] *May 1951.*

Music, a cello leading. The Embankment,[2] *beside a lamp, overlooking the river. Night.* SUSAN *stands, thickly wrapped. For the first time, she is expensively dressed. She is eating hot chestnuts.* MICK *appears at the back. He is from the East End.*[3] *He looks twenty, smart and personable.*[4] *He speaks before she knows he's there.*

MICK: Five hundred cheese-graters.

SUSAN: Oh no.

MICK: I got five hundred cheese-graters[5] parked round the side. Are you interested?

SUSAN: I'm afraid you're too late. We took a consignment[6] weeks ago. (SUSAN *laughs.* MICK *moves down beside her.*)

MICK: Where we looking?

SUSAN: Across the river. Over there.

MICK: Where?

SUSAN: South Bank. That's where the fireworks are going to be. And there's my barrage balloon.[7]

[1] Temple: 런던 중심부에 위치한 지역으로 12세기 후반 템플 기사단이 설립한 템플 교회 (Temple Church)가 있으며, 법학원 (The Inns of Court) 등 법조계 건물들이 밀집해 있어 영국법의 중심지라고 불린다.

[2] The Embankment: The Thames Embankment. 템즈강 북쪽을 따라 제방(둑)을 끼고 난 강변 도로.

[3] the East End: 런던 북동부 템즈강 북안에 있는 한 구역의 속칭. 산업혁명 후 공업지대와 항만지구가 형성되었으며 주로 노동자가 사는 빈민가로 유명했다.

[4] personable: 호감을 주는. 매력적인.

[5] cheese-grater: 치즈 강판 (치즈나 과일 껍데기를 갈거나 분쇄하는 데 사용되는 강판).

[6] consignment: 배송(물).

[7] barrage balloon: 방공 기구 (적의 비행기가 다니기 어렵게 케이블로 묶어 띄워 놓던 대

MICK: Oh yeah. What does it say?

SUSAN: Don't say that, that's the worst thing you can say.

MICK: It's dark.

SUSAN: It says Bovril.[1]

MICK: Oh, Bovril.

SUSAN: Yes. It's meant to blaze out over London.[2]

MICK: Surprised it hasn't got your name on.

SUSAN: What do you mean?

MICK: Everywhere I go.

(*Pause. They look at each other.* SUSAN *smiles and removes a napkin from her coat pocket, and unfolds its bundle.*)

SUSAN: I managed to steal some supper from the Festival Hall.[3] There's a reception for its opening night. They're using your cutlery, I'm happy to say.

MICK: I wish I could see it.

SUSAN: Yes, yes, I wish you could too. (*She smiles.*) I've actually decided to leave the Festival now. Having worked so hard to get the wretched thing[4] on. I'm thinking of going into advertising.

MICK: Ah very good.

SUSAN: I met some people on the Bovril side. It's ⋯ well I doubt if it'll stretch me,[5] but it would be a way of having some fun. (*Pause.*) Would you like a canapé?[6]

MICK: How's Alice?

형 풍선 같은 기구).

1 Bovril: (상표명) 보브릴. 수프나 주류 제조 따위에 쓰이는 쇠고기 즙.

2 It's meant to blaze out over London: "런던 전역에서 훤히 보이도록 띄운 거에요." blaze out: 타오르다.

3 The Festival Hall: Royal Festival Hall. 1951년 '대영 축제' (Festival of Britain)의 일환으로 5월3일 개관. Festival of Britain은 제2차 세계 대전 이후 전쟁 폐허가 복구되고 경제가 발전하고 있음을 국민들에게 과시하기 위한 국가적 프로젝트였다.

4 the wretched thing: 진절머리 나는 것. 끔찍한 일.

5 I doubt if it'll stretch me: "그 일 (보브릴 홍보 관련 일)이 내게 더 이상 비전이 있어 보이지 않네요."

6 canapé: 카나페. 식빵을 작게 잘라서 구워 한쪽 면에 버터를 바르고 식품을 얹은 서양의 전채요리.

SUSAN: She's very well.

MICK: Haven't seen her lately.

SUSAN: No.

MICK: She went mainstream[1] you see. I stayed revivalist.[2] Different religion. For me it all stops in 1919. (*He takes a canapé.*) So how can I help?

SUSAN: I'm looking for a father. I want to have a child.

(*Pause.*)

Look, it really is much easier than it sounds. I mean marriage is not involved. Or even looking after it. You don't even have to see the pregnancy through. I mean conception will be the end of the job.

(MICK *smiles.*)

MICK: Ah.

SUSAN: You don't want to?

MICK: No, no, I'm delighted, I'm lucky to be asked.

SUSAN: Not at all.

MICK: But it's just … your own people. I mean friends, you must have friends …

SUSAN: It's …

MICK: I mean …

SUSAN: Sorry.

MICK: No, go on, say.

SUSAN: The men I know at work, at the Festival, or even friends I've known for years, they just aren't the kind of people I would want to marry.

MICK: Ah.

SUSAN: I'm afraid I'm rather strong-minded, as you know, and so with them I usually feel I'm holding myself in for fear of literally blowing them out of the room.[3] They are kind, they are able, but I

---

[1] go mainstream: 주류에 편승하다.

[2] stay revivalist: 복고주의자로 남다.

[3] holding myself in for fear of literally blowing them out of the room: 사람들을 말

don't see ··· why I should have to compromise, why I should have to make some sad and decorous marriage just to have a child. I don't see why any woman should have to do that.

MICK: But you don't have to marry ···

SUSAN: Ah well ···

MICK: Just go off with them.

SUSAN: But that's really the problem. These same men, these kind and likeable men, they do have another side to their nature and that is they are very limited in their ideas, they are frightened of the unknown, they want a quiet life where sex is either sport or duty but absolutely nothing in between, and they simply would not agree to sleep with me if they knew it was a child I was after.

MICK: But you wouldn't have to tell them.

SUSAN: I did think that. But then I thought it would be dishonest. And so I had the idea of asking a person whom I barely knew.

(*Pause.*)

MICK: What about the kid?

SUSAN: What?

MICK: Doesn't sound a very good deal. Never to see his dad ···

SUSAN: It's not ···

MICK: I take it that is what you mean.

SUSAN: I think it's what I mean.

MICK: Well?

SUSAN: The child will manage.[1]

MICK: How do you know?

SUSAN: Being a bastard[2] won't always be so bad.

MICK: I wouldn't bet on it.[3]

SUSAN: England can't be like this for ever.

(MICK *looks at her.*)

그대로 기절초풍시킬까 두려워서 스스로 위축되다.

1 manage: 버티다. 그럭저럭 알아서 하다.

2 bastard: 사생아.

3 I wouldn't bet on it: "그건 장담할 수 없는데."

MICK: I would like to know …
SUSAN: Yes?
MICK: Why you chose me. I mean, how often have you met me?
SUSAN: Yes, but that's the whole point …
MICK: With Alice a few times …
SUSAN: And you sold me some spoons.
MICK: They were good spoons.
SUSAN: I'm not denying it.

(MICK *smiles.*)

MICK: And Alice says what? That I'm clean and obedient and don't have any cretins[1] in the family?
SUSAN: It's not as calculated as that.
MICK: Not calculated? Several hundred of us, was there, all got notes …
SUSAN: No.
MICK: … saying come and watch the Festival fireworks, tell no one, bring no friends. All the secrecy, I thought you must at least be after nylons …
SUSAN: I'll buy nylons. If that's what you want.

(*They stare at each other.*)

MICK: So why me?
SUSAN: I like you.
MICK: And.
SUSAN: 'I love you'?

(*Pause.*)

I chose you because … I don't see you very much. I barely ever see you. We live at opposite ends of town. Different worlds.

MICK: Different class.[2]
SUSAN: That comes into it.

[1] cretin: 크레틴 병. 선천성의 갑상선 발육 부전으로 일어나는 병. 성인이 되어도 유아의 체격 정도밖에 되지 않으며, 지능의 발달도 늦어 백치 또는 저능이 된다.

[2] Different class: 다른 계급. Mick은 노동자 계급인데 반해 Susan은 현재 중산층의 삶을 누리고 있다.

(*There is a pause.* MICK *looks at her. Then moves away. Turns back. Smiles.*)

MICK: Oh dear.

SUSAN: Then laugh.

(*Pause.*)

I never met the man I wanted to marry.

(*They smile.*)

MICK: It can't be what you want. Not deep down.

SUSAN: No.

MICK : I didn't think so.

SUSAN: Deep down I'd do the whole damn thing by myself. But there we are. You're second-best.

(*They smile again.*)

MICK: Five hundred cheese-graters.

SUSAN: How much?

MICK: Something over the odds.[1] A bit over the odds. Not much.

SUSAN: Done.

(*Pause.*)

Don't worry. The Festival will pay.

(SUSAN *moves across to* MICK. *They kiss. They look at each other. He smiles. Then they turn and look at the night. He is barely audible.*)

MICK: Fireworks. If you ···

SUSAN: What?

MICK: Stay for the fireworks.

SUSAN: If you like.

(*Pause.*)

MICK: Great sky.

SUSAN: Yes.

MICK: The light. Those dots.

---

1 over the odds: 생각보다 많은.

SUSAN: A mackerel sky.
MICK: What?
SUSAN: That's what they call it. A mackerel sky.[1]

SCENE SIX

Pimlico. December 1952.
From the dark the sound of Charlie Parker[2] *and his saxophone.*
Night. The bed-sitting room transformed. The beds have gone and the room is much more comforting. Three people. SUSAN *is working at her desk which is covered with papers and drawings.* ALICE *is standing over a table which has been cleared so that she may paint the naked body of* LOUISE *who lies stretched across its top. She is in her late teens, from Liverpool.*[3] ALICE *is a good way on with the job. The record ends.*

SUSAN: This is hell.
ALICE: No doubt.
SUSAN: I am living in hell.[4]
(SUSAN *sits back and stares at her desk.* ALICE *goes to the record player.*)
ALICE: Shall we hear it again?
SUSAN: You're only allowed it once. Hear it too much and you get out of hand.
ALICE: It's true. (*She turns it off and returns to painting.*) I'd give that up if I were you. We have to go pretty soon.
SUSAN: Why do I lie?
ALICE: We have to get there by midnight.

[1] A mackerel sky: 이 어구는 Scene 2에서 Lazar가 Susan에게 말한 바 있다. 여기에서 Susan은 Mick과의 관계를 통해 Lazar와의 예기치 않았던 만남이 가져왔던 흥분과 열정을 현재 속에 재연하려는 욕망을 드러내고 있다.

[2] Charlie Parker: 미국의 재즈 음악가. 색소폰 연주자 및 작곡가로 유명하다.

[3] Liverpool: 잉글랜드 북서부에 위치한 주요 항구 도시.

[4] I am living in hell: "여긴 지옥이나 다름없어." Susan이 현실에 대해 느끼는 불만과 좌절이 응축되어 있다.

SUSAN: What do I do it for?

ALICE: It's your profession.

SUSAN: That's what's wrong. In France ···

ALICE: Ah France.

SUSAN: I told such glittering lies.[1] But where's the fun in lying for a living?

ALICE: What's today's?

SUSAN: Some leaking footwear. Some rotten shoe I have to advertise. What is the point? Why do I exist?

ALICE: Sold out.[2]

SUSAN: Sold out. Is that the phrase?

(*Pause.* ALICE *paints.* SUSAN *stares.*)

ALICE: Turn over, let me do the other side.

(LOUISE *moves on to her stomach.*)

SUSAN: To produce what my masters call good copy, it is simply a question of pitching my intelligence low enough.[3] Shutting my eyes and imagining what it's like to be very, very stupid. This is all the future holds for any of us. We will spend the next twenty years of our lives pretending to be thick.[4] 'I'm sorry, Miss Traherne,[5] we'd like to employ you, but unfortunately you are not stupid enough.'

(SUSAN *tears up the work she is doing and sits back glaring.* ALICE *explains to* LOUISE.)

ALICE: You're all trunk up to here, OK?

LOUISE: Yeah, right.

ALICE: The trunk is all one, so you just have to keep your legs together. Then you break into leaf, just above the bust.

---

1 glittering: 현란한. 화려한.

2 sold out: 배반한. (이익을 위해) 원칙이나 신조를 저버린.

3 pitching my intelligence low enough: 가능한 한 멍청해지는 것. 되도록이면 머리를 쓰지 않는 것.

4 thick: 아둔한. 멍청한.

5 Miss Traherne: 트라헌(Traherne)은 Susan의 성.

LOUISE: Do I get conkers?[1]

ALICE: No. If you were a chestnut, you'd get conkers. But you're an oak.

LOUISE: What does an oak have?

ALICE: An oak has acorns.

LOUISE: Acorns?

ALICE: But you won't need them, I promise. We scorn gimmicks.[2] We will win as we are.

SUSAN: (*To herself*) The last night of the year …

ALICE: And I will sell a great many paintings.

(*Pause.* ALICE *paints.*)

Louise is staying with Emma and Willy …

SUSAN: Oh yes?

LOUISE: I met them in the street, I'd just left home, come down the A6.[3]

SUSAN: Good for you.

LOUISE: I couldn't believe my luck.

ALICE: Willy's going as a kipper,[4] I do know that. And Emma's a prostitute though how we're meant to know it's fancy dress I really can't think.

LOUISE: I've gathered that.

ALICE: Otherwise I expect the usual historical riff-raff.[5] Henry VIII,[6] that sort of thing. We ought to walk it with a naked oak.

LOUISE: Will that friend of yours be there?

(*A moment*. SUSAN *looks across at* ALICE *and* LOUISE.)

ALICE: No. He'll be tucked up with his syphilitic wife.[7]

LOUISE: Why doesn't he …

---

[1] conker: 마로니에 열매 (밤처럼 생긴 큰 열매). Alice는 가장 무도회에 참가하는 Louise를 위해 그녀의 몸에 나무 모양의 바디 페인팅을 해주고 있다.

[2] gimmick: 속임수.

[3] A6: 잉글랜드의 남북을 잇는 자동차 도로 중 하나.

[4] kipper: 훈제 청어.

[5] the usual historical riff-raff: 판에 박은 역사물 나부랭이.

[6] Henry VIII: 헨리 8세. 잉글랜드의 왕 (재위 1509~47).

[7] He'll be tucked up with his syphilitic wife: "그는 매독에 걸린 아내와 함께 잠자리에 들어 있을 걸."

SUSAN: Shut up, Louise.
ALICE: It's all right. Ask what you want.

(*Pause.*)

LOUISE: How do you know she's syphilitic?
ALICE: How do you think? She passed it down the line.
LOUISE: Oh God.
ALICE: Or somebody passed it and I've decided to blame her. It seems right somehow. She's a very plausible incubator for a social disease.[1] Back over.

(LOUISE *turns again.*)

LOUISE: Why doesn't he leave?
ALICE: Who?
LOUISE: Your friend.
ALICE: Ah well, if they ever did leave their wives, perhaps the whole sport would die.[2] For all of us.
SUSAN: Roll on 1953.[3]

(ALICE *smiles and resumes painting.*)

ALICE: Actually the clinic say it's non-specific urethritis,[4] which I find rather insulting. I did at least expect the doctor to come out and apologize and say, I'm sorry not to be more specific about your urethritis, but no, they just leave you in the air.

(*As she is talking* MICK *has appeared at the door.*)

MICK: I wonder, does anyone mind if I come in?
ALICE: Mick?

(MICK *moves into the room.*)

MICK: Would you mind if I …
SUSAN: How did you get this address?

---

[1] She's a very plausible incubator for a social disease: "그녀야말로 성병을 퍼뜨릴 만한 최적의 (세균) 배양기거든."

[2] perhaps the whole sport would die: "아마도 이 세상 사는 재미는 없어질 거야." Alice는 남녀가 바람 피는 행위를 일종의 흥미진진한 게임에 비유하고 있다.

[3] Roll on 1953: "1953년이여 어서 와라."

[4] non-specific urethritis: 비특이성 요도염.

ALICE: Do you two know each other?
MICK: Happy New Year.

(*Pause.*)

ALICE: Mick, may I introduce you to Louise?
LOUISE: Hello, Mick.
MICK: Hello, Louise.
ALICE: Louise is going to the Arts Ball,[1] I'm painting her ···
MICK: Ah.
ALICE: She's going as a tree.
SUSAN: Mick, I really don't want to talk to you.
ALICE: What's wrong?
MICK: Is she really going to walk down the street ···
SUSAN: I thought we'd agreed. You promised me, Mick. You made a promise. Never to meet again.
(*A pause.* MICK *looks down.*)
MICK: I just thought ··· well it's New Year's Eve and well ··· one or two weeks have gone by ···
SUSAN: Have you been watching the house? Is that how you found me? Have you been following me home?
(*She stares across at him.*)
Look, Mick, I suggest that you leave while you still have the chance.
(LOUISE *has swung down from the table.*)
LOUISE: Does anyone mind if I put my clothes on?
(*In the silence she picks up her clothes and goes into the kitchen.* ALICE *speaks quietly.*)
ALICE: She's not finished. She'll look good when it's done.

(*Pause.*)

SUSAN: I asked Mick to father a child, that's what we're talking about.
MICK: Oh Christ.
SUSAN: Well we have tried over eighteen months, that's right? And

[1] Arts Ball: 예술 무도회.

we have failed.

MICK: Right.

SUSAN: Which leaves us both feeling pretty stupid, pretty wretched I would guess, speaking for myself. And there is a point of decency[1] at which the experiment should stop.

MICK: Susan …

SUSAN: We have nothing in common, never did, that was part of the idea …

MICK: It just feels bad …

SUSAN: The idea was fun, it was simple, it depended on two adults behaving like adults.

MICK: It feels very bad to be used.

SUSAN: I would have stopped it months ago, I would have stopped it in the second month …

MICK: You come out feeling dirty.

SUSAN: And how do I feel? What am I meant to feel? Crawling about in your tiny bedroom, paper-thin walls, your mother sitting downstairs …

MICK: Don't bring my mum into this.

SUSAN: Scrabbling about[2] on bombsites, you think I enjoy all that?

MICK: Yeah. Very much. I think you do.

(*Pause.* ALICE *looks away.* SUSAN *moves quietly away as if to give it up.* MICK *calms down.*)

I just think …

SUSAN: I know what you think. You think I enjoy slumming around.[3] Then why have I not looked for another father? Because the whole exploit[4] has broken my heart.

(*Pause.*)

---

[1] a point of decency: 적절한 시점.

[2] scrabble about: 이리저리 허우적거리다.

[3] slum around: (평소 자기가 익숙한 곳보다) 형편 없는 곳에 다니다. (빈민가 등) 열악한 조건을 감수하다.

[4] exploit: 행위. 처신.

MICK: You think it's my fault.

SUSAN: Oh Lord, is that all you're worried about?

MICK: You think it's something to do with me?

SUSAN: That was part of it, never to have to drag through this kind of idiot argument …

MICK: Well it is quite important.

SUSAN: You don't understand. You don't understand the figures in my mind.[1]

(*Pause.*)

Mick, there is gentlemen's footwear. It must be celebrated. I have to find words to convey the sensation of walking round London on two pieces of reconstituted cardboard stuck together with horseglue.[2] And I have to find them tonight.

(SUSAN *goes to her desk, takes out fresh paper. Starts work.* LOUISE *comes from the kitchen, plainly dressed.*)

LOUISE: I'll tell the others. You may be late.

(ALICE *stoops down and picks up a couple of papier-mâché*[3] *green branches.*)

ALICE: There are some branches. You have to tie them round your wrists.

LOUISE: Thanks all the same. I'll just go as myself.

(LOUISE *goes out. There is a silence, as* SUSAN *works at her desk.* ALICE *sits with her hand over her eyes.* MICK *sits miserably staring. This goes on for some time until finally* SUSAN *speaks very quietly, without looking up from her desk.*)

SUSAN: Mick, will you go now please?

MICK: You people are cruel.

SUSAN: Please.

---

1 You don't understand the figures in my mind: "당신은 내 마음이 어떤지 전혀 이해하지 못해."

2 horseglue: 말의 세포 조직을 이용해 만든 (동물성) 접착제의 일종. an adhesive that is created by prolonged boiling of animal connective tissue.

3 papier-mâché: 혼응지(混凝紙). 펄프에 아교를 섞어 만든 종이 재질로서 습기에 무르고 마르면 아주 단단함.

MICK: You are cruel and dangerous.

SUSAN: Mick.

MICK: You fuck people up.[1] This little tart[2] and her string of married men, all fucked up, all fucking ruined by this tart. And you … and you …

(MICK *turns to* SUSAN. SUSAN *gets up and walks quietly from the room. A pause.* ALICE *is looking at him.*)

She is actually mad.

(SUSAN *reappears with her revolver. She fires it just over* MICK's *head. It is deafeningly loud. He falls to the ground. She fires three more times.*)

MICK: Jesus Christ.

SCENE SEVEN

Knightsbridge. October 1956.

From the dark, music, emphatic, triumphant.

The room we saw in Scene One. But now decorated with heavy velvet curtains, china objects and soft furniture. A diplomatic home. Both men in dinner-jackets: BROCK *smokes a cigar and drinks brandy. Opposite him is an almost permanently smiling Burmese* M. WONG, *short, dogmatic.*[3] *The music stops.*

WONG: Two great nations, sir. The Americans and the English. Like the Romans and the Greeks. Americans are the Romans — power, armies, strength. The English are the Greeks — ideas, civilization, intellect. Between them they shall rule the world.

(DARWIN *appears putting his head round the door. He is also in a dinner-jacket.*[4] *He appears exhausted.*)

[1] You fuck people up: "넌 사람들 신세를 망치고 있어."

[2] tart: (속어) 난잡한 여자. 창녀.

[3] dogmatic: 독선적인.

[4] dinner-jacket: 야회복 재킷 (격식을 차리는 야간 모임에서 나비 넥타이와 함께 입는 검

DARWIN: Good Lord, I hope you haven't hung on for me.
BROCK: Leonard, come in, how kind of you to come.
DARWIN: Not at all.
(BROCK *ushers him in.* WONG *stands.*)
BROCK: Our little gathering. We'd scarcely dared hope ⋯
DARWIN: There seemed nothing left to do.
BROCK: Leonard, you know M. Wong, of course?
WONG: Mr Darwin.
DARWIN: Rangoon.
BROCK: Now First secretary, Burmese Embassy.
WONG: An honour. A privilege. A moment in my career. I shake your hand.
(*He does so.*)
DARWIN: Good, good. Well ⋯
BROCK: Let me get you a drink.
DARWIN: That would be very kind.
BROCK: I'll just tell my wife you're here.
(BROCK *goes out.* WONG *smiles at* DARWIN.)
WONG: Affairs of state?[1]
DARWIN: Yes, if you ⋯
WONG: Say no more. We have eaten. We did not wait. In Burma we say if you cannot be on time, do not come at all.
DARWIN: Really?
WONG: But of course the English it is different. At your command the lion makes its bed with the lamb.[2]
DARWIN: Hardly.
WONG: Don't worry. All will be well. Ah Darwin of Djakarta, to have met the man, to have been alone with him. I shall dine in on this for many years.

정이나 흰색의 재킷).

[1] Affairs of state: 외교상의 문제.

[2] At your command the lion makes its bed with the lamb: "귀하의 명령이라면 사자는 어린 양과 함께 잠들고."

DARWIN: Dine out on this.[1]

WONG: Ah the English language, she is a demanding mistress,[2] yes?

DARWIN: If you like.

WONG: And no one controls her so well as you sir. You beat her and the bitch obeys. (*He laughs.*) The language of the world. Good, good. I have learnt the phrase from you. Out of your mouth. Good, good. I am behind you sir.[3]

(SUSAN *appears in a superbly cut evening dress. She is dangerously cheerful.* BROCK *follows her.*)

SUSAN: Leonard, how good of you to make an appearance.

DARWIN: I'm only sorry I've been delayed.

(SUSAN *and* DARWIN *kiss.*)

SUSAN: Brock says you're all ragged with fatigue.[4] I hear you've been having the most frightful week …

DARWIN: It has been, yes.

SUSAN: Well, don't worry. Here at least you can relax. You've met Mr Wong?

DARWIN: Indeed.

SUSAN: You can forget everything. The words 'Suez Canal' will not be spoken.[5]

DARWIN: That will be an enormous relief.

SUSAN: They are banned, you will not hear them.

---

[1] dine out on this: (이 일로 인해) 사회적 명성을 얻다. 두고두고 이야기하며 즐기다. 여기에서 Darwin은 Wong의 틀린 영어 표현을 교정해주고 있다.

[2] 영어를 까다로운 여자에 비유하고 있음.

[3] I am behind you: "저는 당신에 복종할 뿐입니다." "당신 말이라면 무엇이든 따르지요."

[4] ragged with fatigue: 피로해서 지쳐빠지다.

[5] Suez Canal: 수에즈 운하. 지중해와 홍해를 잇는 운하로, 이의 소유권을 둘러싸고 이집트와 이스라엘, 영국, 프랑스 사이에서 제2차 중동 전쟁이 일어났다. 1956년 7월 이집트 대통령인 나세르가 수에즈 운하의 전면 국유화를 선언하자, 기득권을 누려왔던 영국과 프랑스, 이스라엘은 비밀리에 군사 동맹을 맺고 그 해 11월 수에즈 운하와 시나이 반도를 공격해서 점령하였다. 그러나 영국과 프랑스는 미국과 소련이 중심이 된 국제 연합의 철군 요구와 국제 사회의 여론에 밀려 즉각 이 지역에서 철수하였다. 수에즈 운하 사건은 여전히 제국주의의 신화에 빠져 오만하게 행동했던 영국의 자존심에 치명적인 타격을 가했다.

DARWIN: Thank you, my dear.

SUSAN: Nasser, nobody will mention his name.

DARWIN: Quite.

SUSAN: Nobody will say 'blunder' or 'folly' or 'fiasco'.[1] Nobody will say 'international laughing stock'.[2] You are among friends, Leonard. I will rustle up[3] some food.

(*She smiles at* WONG.)

Mr Wong, I think the gentlemen may wish to talk.

WONG: Of course, in such company I am privileged to change sex.[4]

(WONG *gets up to follow* SUSAN *out.*)

SUSAN: Nobody will say 'death-rattle of the ruling class'.[5] We have stuck our lips together with marron glacé.[6] I hope you understand.

(SUSAN *and* WONG *go out. Pause.*)

BROCK: Sorry, I …

DARWIN: It's all right.

BROCK: I did ask her to calm down.

DARWIN: I'm getting used to it.

BROCK: She's been giving me hell. She knows how closely you've been involved …

DARWIN: Do you think we could leave the subject, Brock? (*Pause.*) I'm eager for the drink.

BROCK: Of course.

DARWIN: At least she got rid of that appalling wog.[7] I mean, in honesty, Raymond, what are you trying to do to me?

BROCK: I'm sorry, sir.

DARWIN: This week of all weeks. He had his tongue stuck so far up

---

1 blunder: 어리석은 실수. fiasco: 대실패. 낭패.

2 international laughing stock: 국제적 망신거리.

3 rustle up: 급히 준비하다. 만들다.

4 in such company I am privileged to change sex: "부인과 함께라면 기꺼이 성별을 바꾸는 영광을 누리겠습니다."

5 death-rattle of the ruling class: 권력자들이 끙끙대며 죽어가는 소리. death-rattle: 임종 때 내는 가래 끓는 소리.

6 marron glacé: (유럽산) 달고 굵은 밤.

7 appalling wog: 끔찍한 유색인.

my fundament[1] all you could see of him were the soles of his feet. (BROCK *takes over a tray of drinks.*)

Mental illness, is it? Your wife?

BROCK: No, she just ··· feels very strongly.[2] Well, you know ···

DARWIN: But there has been mental illness?

BROCK: In the past.

DARWIN: Yes?

BROCK : Before we were married. Some years ago. She'd been living very foolishly, a loose set[3] in Pimlico. And a series of jobs, pushing herself too hard. Not eating. We got engaged when she was still quite ill, and I have tried to help her back up.

DARWIN: That's very good.

BROCK: Well ···

DARWIN: Second marriage, of course. Often stabilizes.

BROCK: What?

DARWIN: The chap in Brussels.

(*Pause.*)

The stiff.[4]

BROCK: Ah yes.

DARWIN: You don't have to be ashamed ···

BROCK: No, I'm not, it's ···

DARWIN: In the diplomatic service it isn't as if a mad wife is any kind of professional disadvantage. On the contrary, it almost guarantees promotion.

BROCK: Well ···

DARWIN: Some of the senior men, their wives are absolutely bark-

---

1 fundament: 엉덩이. 항문. Darwin은 자신에게 바치는 Wong의 지나친 아부와 찬사를 모욕적으로 표현하고 있다. 즉, 신발의 밑창이 보일 정도로 상대방의 엉덩이를 열심히 핥는다는 의미.

2 feels very strongly: 감정이 매우 격하다.

3 a loose set: (도덕적으로, 육체적으로) 해이한 (품행이 단정치 못한) 사람들의 무리.

4 the stiff: 시체. Susan과 여행하다 죽은 Tony Radley를 지칭.

ing.[1] I take the word 'gouache' to be the giveaway.[2] When they start drifting out of rooms saying, 'I think I'll just go and do my gouaches dear,' then you know you've lost them for good and all.

BROCK: But Susan isn't mad.

DARWIN: No, no.

(*Pause.*)

Is there a Madame Wong?

BROCK: In the other room.

DARWIN: I knew there had to be. Somehow. And no doubt culturally inclined.[3] Traditional dance, she'll tell us about, in the highlands of Burma. Or the plot of *Lohengrin*.[4]

BROCK: Leonard …

DARWIN: I'm sorry. I think I've had it,[5] Brock. One more Wong and I throw it in the can.

(*Pause.*)

Do you mind if I have a cherry?

BROCK: What?

DARWIN: The maraschinos.[6] I'm so hungry. It's all those bloody drugs we have to take.

BROCK: Let me …

DARWIN: Stay.

(*Pause.*)

---

[1] barking: 정신이 이상한. 미친.

[2] I take the word 'gouache' to be the giveaway: "난 '구아슈'라는 말을 그 신호 (미쳤다는 증거)로 들고 싶네." gouaches: 고무를 수채화 그림 물감에 섞어 그려서 불투명 효과를 내는 회화 기법.

[3] culturally inclined: 문화 쪽 관심이 많은.

[4] Lohengrin: 독일의 작곡가 바그너의 오페라 '로엔그린.' 10세기 전반 브라반트의 왕녀 엘자와 성배(聖杯)의 기사 로엔그린과의 비극적인 사랑 이야기를 다룬 작품.

[5] I've had it: "더는 못 참겠네."

[6] maraschino: 마라스키노 체리. 채색한 시럽에 절여서 마라스키노주로 맛을 곁들인 버찌. 칵테일을 장식하는데 쓰인다.

We have been betrayed.

(DARWIN *reaches into the cocktail cherries with his fingers, but then just rolls them slowly in his palm.*)

We claim to be intervening as a neutral party in a dispute between Israel and Egypt. Last Monday the Israelis launched their attack. On Tuesday we issued our ultimatum[1] saying both sides must withdraw to either side of the canal. But, Raymond, the Israelis, the aggressors, they were nowhere near the canal. They'd have had to advance a hundred miles to make the retreat.

BROCK: Who told you that?

DARWIN: Last week the Foreign Secretary went abroad. I was not briefed. We believe he met with the French and the Israelis, urged the Israelis to attack. I believe our ultimatum was written in France last week, hence the mistake in the wording. The Israelis had reckoned[2] to reach the canal, but met with unexpectedly heavy resistance. I think the entire war is a fraud cooked up[3] by the British as an excuse for seizing the canal. And we, we who have to execute this policy, even we were not told.

(*Pause.*)

BROCK: Well ··· what difference does it make?

DARWIN: My dear boy.

BROCK: I mean it.

DARWIN: Raymond.

BROCK: It makes no difference.

DARWIN: I was lied to.

BROCK: Yes, but you were against it from the start.

DARWIN: I ···

BROCK: Oh come on, we all were. The Foreign Office hated the operation from the very first mention, so what difference does it make now?

1 ultimatum: 최후 통첩.

2 reckon: 생각하다. 예상하다.

3 cook up: 조작하다. 날조하다.

DARWIN: All the difference in the world.
BROCK: None at all.
DARWIN: The government lied to me.
BROCK: If the policy was wrong, if it was wrong to begin with …
DARWIN: They are not in good faith.[1]
BROCK: I see, I see, so what you're saying is, the British may do anything, doesn't matter how murderous, doesn't matter how silly, just so long as we do it in good faith.
DARWIN: Yes. I would have defended it, I wouldn't have minded how damn stupid it was. I would have defended it had it been honestly done. But this time we are cowboys[2] and when the English are the cowboys, then in truth I fear for the future of the globe.
(*A pause.* DARWIN *walks to the curtained window and stares out.* BROCK *left sitting doesn't turn as he speaks.*)
BROCK: Eden[3] is weak. For years he has been weak. For years people have taunted him, why aren't you strong? Like Churchill?[4] He goes round, he begins to think I must find somebody to be strong on.[5] He finds Nasser. Now he'll show them. He does it to impress. He does it badly. No one is impressed.
(DARWIN *turns to look at* BROCK.)
Mostly what we do is what we think people expect of us. Mostly it's wrong.

(*Pause.*)

Are you going to resign?
(*The sound of laughter as* SUSAN, MME WONG, M. WONG

1 in good faith: (옳다는) 신념을 지니고. 성실하게.

2 cowboy: 카우보이. 무모한 사람. 무법자.

3 Eden: Robert Anthony Eden (1897-1977). 영국의 정치가로 처칠(Churchill)에 뒤이어 보수당을 이끌고 총리를 지냄. 1957년 수에즈 운하 사건 이후 사임.

4 Churchill: Winston Churchill (1874-1965). 영국의 정치가이며 보수당 총리 역임 (1940~45, 1951~55). 제2차 세계대전 당시 강력한 리더십으로 반 나치 전쟁의 승리에 주도적인 역할을 했다.

5 find somebody to be strong on: (자신의) 힘을 과시할 상대를 찾다.

and ALICE *stream into the room.* MME WONG *is small, tidy and bright.* ALICE *is spectacularly dressed.*)

SUSAN: Mme Wong has been enthralling us with the story of the new Bergman[1] film at the Everyman.

DARWIN: Ah.

BROCK: Ah yes.

SUSAN: Apparently it's about depression, isn't that so, Mme Wong?

MME WONG: I do feel the Norwegians are very good at that sort of thing.

SUSAN: Is anything wrong?

(SUSAN *stands and looks at* BROCK *and* DARWIN.)

Please do sit down everyone. I'm sorry, I think we may have interrupted the men.

BROCK: It's all right.

SUSAN: They were probably drafting a telegram ···

BROCK: We weren't ···

SUSAN: That's what they do before they drop a bomb. They send their targets notice in a telegram. Bombs tonight, evacuate the area. Now what does that indicate to you, M. Wong?

BROCK: Susan, please.

SUSAN: I'll tell you what it indicates to me. Bad conscience. They don't even have the guts[2] to make a war any more.

(*Pause.*)

DARWIN: Perhaps Mme Wong will tell us the story of the film. This is something I'd be very keen to hear.

MME WONG: I feel the ladies have already ···

ALICE: We don't mind.

SUSAN: It's all right. Go ahead. We like the bit in the mental ward.

MME WONG: Ah yes.

---

[1] Bergman: 잉그마르 베르히만 (Ingmar Bergman). 스웨덴의 영화 감독이자 연출가. 대표작으로 『제7의 봉인』, 『산딸기』, 『침묵』 등이 있다.

[2] guts: 배짱. 용기.

SUSAN: Raymond will like it. You got me at the Maudsley,[1] didn't you dear?
BROCK: Yes, yes.
SUSAN : That's where he proposed to me. A moment of weakness. Of mine, I mean.
BROCK: Please darling ⋯
SUSAN: I married him because he reminded me of my father.
MME WONG: Really?
SUSAN: At that point, of course, I didn't realize just what a shit my father was.

(*Pause.*)

ALICE: I'm sorry. She has a sort of psychiatric cabaret.[2]
(SUSAN *laughs.*)
SUSAN: That's very good. And there's something about Suez which ⋯
BROCK: Will you please be quiet?

(*Pause.*)

The story of the film.
(MME WONG *is embarrased. It takes her considerable effort to start.*)
MME WONG: There's a woman ⋯ who despises her husband ⋯

(*Pause.*)

SUSAN: Is it getting a little bit chilly in here? October nights. Those poor parachutists.[3] I do know how they feel. Even now. Cities. Fields. Trees. Farms. Dark spaces. Lights. The parachute opens. We descend.

(*Pause.*)

Of course, we were comparatively welcome, not always ecstatic, not the Gaullists, of course, but by and large we did make it our

[1] the Maudsley: 런던 남부에 있는 정신병원.
[2] psychiatric cabaret: 정신 나간 척하는 쇼.
[3] parachutist: 낙하산 요원.

business to land in countries where we were wanted. Certainly the men were. I mean, some of the relationships, I can't tell you. I remember a colleague telling me of the heat, of the smell of a particular young girl, the hot wet smell, he said. Nothing since. Nothing since then. I can't see the Egyptian girls somehow ··· no. Not in Egypt now. I mean, there were broken hearts when we left. I mean, there are girls today who mourn Englishmen who died in Dachau,[1] died naked in Dachau, men with whom they had spent a single night. Well.

(*Pause. The tears are pouring down* SUSAN's *face, she can barely speak.*)

But then ··· even for myself I do like to make a point of sleeping with men I don't know. I do find once you get to know them you usually don't want to sleep with them any more ···

(BROCK *gets up and shouts at the top of his voice across the room.*)

BROCK: Please can you stop, can you stop fucking talking for five fucking minutes on end?

SUSAN: I would stop, I would stop, I would stop fucking talking if I ever heard anyone else say anything worth fucking stopping talking for.

(*Pause. Then* DARWIN *moves.*)

DARWIN: I'm sorry. I apologize. I really must go.

(*He crosses the room.*)

M. Wong. Farewell.

WONG: We are behind you, sir. There is wisdom in your expedition.

DARWIN: Thank you.

WONG: May I say, sir, these gyps need whipping[2] and you are the man to do it?

DARWIN: Thank you very much. Mme Wong.

MME WONG: We never really met.

---

[1] Dachau: 독일 뮌헨 부근에 있는 도시로 나치의 강제 포로 수용소가 있던 곳 (1933-45).

[2] these gyps need whipping: "이런 협잡꾼들은 매 좀 맞아도 쌉니다." 여기에서 gyps는 나세르와 이집트인들을 지칭한다.

DARWIN: No. No. We never met, that is true. But perhaps before I go, I may nevertheless set you right on a point of fact.[1] Ingmar Bergman is not a bloody Norwegian, he is a bloody Swede.

(*He nods slightly.*)

Good night, everyone.

(DARWIN *goes out.* BROCK *gets up and goes to the door, then turns.*)

BROCK : He's going to resign.

(*Pause.*)

SUSAN: Isn't this an exciting week? Don't you think? Isn't this thrilling? Don't you think? Everything is up for grabs.[2] At last. We will see some changes. Thank the Lord. Now, there was dinner. I made some more dinner for Leonard. A little ham. And chicken. And some pickles and tomato. And lettuce. And there are a couple of pheasants[3] in the fridge. And I can get twelve bottles of claret[4] from the cellar. Why not?

There is plenty.

Shall we eat again?

INTERVAL

SCENE EIGHT

Knightsbridge. July 1961.
From the dark the voice of a PRIEST.

PRIEST: Man that is born of woman hath but a short time to live and is full of misery. He cometh up and is cut down like a flower. He

---

1 set you right on a point of fact: "당신한테 한 가지 바로 잡을 게 있습니다."

2 up for grabs: available for anyone who is interested. 누구나 다 차지할 (구할) 수 있는.

3 pheasants: 꿩 고기.

4 claret: 클라레. 프랑스 보르도산 적포도주.

fleeth and never continueth in one stay. In the midst of life we are in death. Of whom may we seek for succour but of thee, O Lord, who for our sins art justly displeased?[1]

(*The room is dark. All the chairs, all the furniture, all the mirrors are covered in white dust-sheets. There is a strong flood of light from the hall which silhouettes the group of three as they enter, all dressed in black. First* BROCK, *then* DORCAS, *a tall heavily-built, seventeen-year-old blonde and then* ALICE *who, like the others, does not remove her coat.* ALICE's *manner has darkened and sharpened somewhat.* BROCK *goes to take the sheets off two chairs.*)

BROCK: I must say, I'd forgotten just how grim it can be.

ALICE: All that mumbling.

BROCK: I know. And those bloody hymns. They really do you no good at all.

(*He wraps a sheet over his arm.*)

Would you like to sit down in here? I'm afraid the whole house is horribly unused.

(*The women sit.* BROCK *holds his hand out to* DORCAS.)

You and I haven't had a proper chance to meet.

ALICE: I hope you didn't mind ···

BROCK: Not at all.

ALICE: ··· my bringing Dorcas along.

BROCK: She swelled the numbers.[2]

DORCAS: I had the afternoon off school.

BROCK: I'm not sure I'd have chosen a funeral ···

DORCAS: It was fine.

BROCK: Oh good.

DORCAS: Alice told me that you were very good friends ···

BROCK: Well, we are.

DORCAS: ··· who she hadn't seen for a very long time and she was

---

[1] Of whom may we seek for succour but of thee ··· our sins art justly displeased?: "우리의 죄를 노여워하시는 당신 하느님 말고 우리가 그 누구에게서 구원을 찾겠습니까?" succor: 도움. 구제.

[2] She swelled the numbers: "그녀 덕분에 (조객들) 수가 늘었잖아요."

sure you wouldn't mind me ··· you know ···

BROCK: Gatecrashing?[1]

DORCAS: Yes.

BROCK: At the grave.

DORCAS: It sounds awful.

BROCK: You were welcome as far as I was concerned.

DORCAS: The only thing was ··· I never heard his name.

BROCK: His name was Darwin.

DORCAS: Ah.

(SUSAN *stands unremarked in the doorway. She has taken her coat off and is plainly dressed in black, with some books under her arm. Her manner is quieter than before, and yet more elegant.*)

SUSAN: Please, nobody get up for me.

(SUSAN *moves down to the front where there are two cases filled with books on the floor.*)

BROCK: Ah Susan ···

SUSAN: I was just looking out some more books to take back.

BROCK: Are you all right?

SUSAN: Yes, fine.

ALICE: Susan, this is Dorcas I told you about.

SUSAN: How do you do?

DORCAS: How do you do?

(SUSAN *tucks the books away.*)

ALICE: I teach Dorcas history.

BROCK: Good Lord, how long have you done that?

ALICE: Oh ··· I've been at it some time.

DORCAS: Alice is a very good teacher, you know.

BROCK: I'm sure.

ALICE: Thank you, Dorcas.

DORCAS: We had a poll and Alice came top.

(*They smile at each other. Unasked,* DORCAS *gives* ALICE *a cigarette.*)

[1] gatecrash: (파티 등에) 초대 받지 않고 들어가다. 불청객으로 오다.

ALICE: Ta.[1]

BROCK: Where do you teach?

ALICE: It's called the Kensington Academy.

BROCK: I see.

ALICE: It's in Shepherd's Bush.

DORCAS: It's a crammer.[2]

ALICE: For the daughters of the rich and the congenitally[3] stupid. Dorcas to a T.[4]

DORCAS: It's true.

ALICE: There's almost nothing that a teacher can do.

DORCAS: Alice says we're all the prisoners of our genes.

ALICE: When you actually try to engage their attention, you know that all they can really hear inside their heads is the great thump-thump of their ancestors fucking too freely among themselves.[5]

DORCAS: Nothing wrong with that.

ALICE: No?

DORCAS: Stupid people are happier.

ALICE: Is that what you think?

(*They smile again.* BROCK *watches.*)

BROCK: Well …

SUSAN: Raymond, could you manage to make us some tea?

BROCK: Certainly, if there's time …

SUSAN: I'm sure everyone's in need of it.

(BROCK *smiles and goes out.*)

Alice rang me this morning. She said she was very keen we should meet.

ALICE: I didn't realize you were going back so soon.

SUSAN: It's a problem, I'm afraid. My husband is a diplomat. We're post-

---

[1] Ta: Thank you. 고마워.

[2] a crammer: a cram school. 단기 시험 준비 학교.

[3] congenitally: 선천적으로. 유전적으로.

[4] Dorcas to a T: "도카스가 딱 그런 경우에요." to a T: 정확히 맞는.

[5] the great thump-thump of their ancestors fucking too freely among themselves: Alice는 지배 계급 자제들이 아둔한 이유를 그들 조상들의 근친 상간의 결과로 설명하고 있다. thump-thump는 성 행위 시 나는 소리를 지칭.

ed in Iran. I haven't been to London for over three years. Then when I heard of Leonard's death I felt ··· I just felt very strongly I wanted to attend.

DORCAS: Alice was saying he'd lost a lot of his friends.

(SUSAN *looks across at* ALICE.)

SUSAN: Yes, that's true.

DORCAS: I didn't understand what ···

SUSAN: He spoke his mind over Suez.[1] In public. He didn't hide his disgust. A lot of people never forgave him for that.

DORCAS: Oh I see.

(*Pause.*)

DORCAS: What's ···

ALICE: It's a historical incident four years ago, caused a minor kind of stir at the time. It's also the name of a waterway in Egypt. Egypt is the big brown country up the top right-hand corner of Africa. Africa is a continent ···

DORCAS: Yes, thank you.

ALICE: And that's why nobody was there today.

(ALICE *looks up at* SUSAN *but she has turned away.*)

I got that panic, you know, you get at funerals. I was thinking, I really don't want to think about death ···

SUSAN: Yes.

ALICE: Anything, count the bricks, count the trees, but don't think about death ··· (*She smiles.*) So I tried to imagine Leonard was still alive, I mean locked in his coffin but still alive. And I was laughing at how he would have dealt with the situation, I mean just exactly what the protocol[2] would be.

SUSAN: He would know it.

ALICE: Of course. Official procedure in the case of being buried alive.

---

1 He spoke his mind over Suez: "그는 수에즈 운하 사건에 대해 자신의 속마음을 털어놓았지."

2 protocol: 절차. 의례. 죽어서도 절차를 중시할 것 같은 Darwin의 성향을 부드럽게 풍자하고 있음.

How many times one may tap on the lid. How to rise from the grave without drawing unnecessary attention to yourself.

SUSAN: Poor Leonard.

ALICE: I know. But he did make me laugh.

(SUSAN *looks at her catching the old phrase. Then turns at once to* DORCAS.)

SUSAN: Alice said I might help you in some way.

DORCAS: Well, yes.

SUSAN: Of course. If there's anything at all.

(*She smiles.*)

DORCAS: Did she tell you what the problem was?

ALICE: There isn't any problem. You need money, that's all.

DORCAS: Alice said you'd once been a great friend of hers, part of her sort of crowd ···

SUSAN: Are they still going then?

ALICE: They certainly are.

DORCAS: And that you might be sympathetic as you'd ··· well ··· as you'd known some troubles yourself ···

ALICE: Dorcas needs cash from an impeccable source.[1]

(*Pause.*)

SUSAN: I see.

DORCAS: I'd pay it back.

SUSAN: Well, I'm sure.

DORCAS: I mean it's only two hundred pounds. In theory I could still get it for myself, perhaps I'll have to, but Alice felt ···

ALICE: Never mind.

DORCAS: No, I think I should, I mean, I think I should say Alice did feel as she'd introduced me to this man ···

(*Pause.* ALICE *looks away.*)

Just because he was one of her friends ··· which I just think is silly, I mean, for God's sake, I'm old enough to live my own life

[1] needs cash from an impeccable source: 깨끗한 돈이 필요하다. impeccable: 흠잡을 데 없는.

…

SUSAN: Yes.

DORCAS: I mean, I am seventeen. And I knew what I was doing. So why the hell should Alice feel responsible?

SUSAN: I don't know.

DORCAS : Anyway the man was a doctor, one of Alice's famous bent[1] doctors, you know, I just wanted to get hold of some drugs, but he wouldn't hand over unless I agreed to fool around,[2] so I just … I didn't think anything of it …

SUSAN: No.

DORCAS: It just seemed like part of the price. At the time. Of course I never guessed it would be three months later and, wham, the knitting needles.[3]

SUSAN: Yes.

(*Pause.*)

DORCAS: I mean, to be honest I could still go to Daddy and tell him. Just absolutely outright tell him. Just say, Daddy I'm sorry but …

ALICE: Wham the knitting needles.

DORCAS: Yes.

(SUSAN *looks across at* ALICE. *The two women stare steadily at each other as* DORCAS *talks.*)

But of course one would need a great deal of guts.

(*Pause.*)

I mean I can't tell you how awful I feel. I mean, coming straight from a funeral …

(SUSAN *suddenly gets up and walks to the door, speaking very quietly.*)

SUSAN: Well, I'm sure it needn't delay us for too long …

DORCAS: Do you mean …

[1] bent: 정직하지 못한. 타락한.

[2] fool around: 놀아나다.

[3] knitting needles: 뜨개질 바늘. 여기서는 낙태용 바늘을 의미.

SUSAN: Kill a child. That's easy. No problem at all.

(SUSAN *opens the door. She has heard BROCK with the tea-tray outside.*)

Ah Raymond, the tea.

BROCK: I have to tell you the car has arrived.

SUSAN: Oh good.

BROCK: The driver is saying we must get away at once.

(SUSAN *has gone out into the hall.* BROCK *sets the tray down near* DORCAS *and* ALICE, *and begins to pour.*)

It must be two years since I made my own tea. Persian labour is disgustingly cheap.[1]

DORCAS: I thought you said they …

ALICE: It's another name for Iran.

DORCAS: Oh I see.

(SUSAN *has reappeared with her handbag and now goes to the writing desk. She folds the sheet back and lowers the lid.*)

BROCK: Susan I do hope you're preparing to go.

SUSAN: I will do, I just need a minute or two …

BROCK: I don't think we have time to do anything but …

(SUSAN *walks over to him.*)

SUSAN: I do need some tea. Just to wash down my pill.

(*A pause.* BROCK *smiles.*)

BROCK: Yes, of course.

(SUSAN *takes the cup from his hand. Then goes back to the desk where she gets out a cheque book*[2] *and begins to write.*)

ALICE: So, Raymond, you must tell us about life in Iran.

BROCK: I would say we'd been very happy out there. Wouldn't you, Susan?

SUSAN: Uh-huh.

BROCK: I think the peace has done us both a great deal of good. We were getting rather frenzied[3] in our last few months here.

[1] Persian labour is disgustingly cheap: "페르시아는 인건비가 형편없이 싸거든."

[2] a cheque book: 수표 책.

[3] frenzied: 정신 없는. 흥분한.

(*He smiles.*)

ALICE: And the people?

BROCK: The people are fine. In so far as one's seen them, you know. It's only occasionally that you manage to get out. But the trips are startling, no doubt about that. There you are.

(BROCK *hands* ALICE *tea.*)

ALICE: Thank you.

BROCK: The sky. The desert. And of course the poverty. Living among people who have to struggle so hard. It can make you see life very differently.

SUSAN: Do I make it to cash?

ALICE: If you could.

(BROCK *hands* DORCAS *tea.*)

DORCAS: Thanks.

BROCK: I do remember Leonard, that Leonard always said, the pleasure of diplomacy is perspective,[1] you see. Looking across distances. For instance, we see England very clearly from there. And it does look just a trifle decadent.[2]

(*He smiles again and drinks his tea.*)

SUSAN: I'm lending Dorcas some money.

BROCK: Oh really, is that wise?

ALICE: She needs an operation.

BROCK: What?

ALICE: The tendons[3] of her hands. If she's ever to play in a concert hall again.

BROCK: Do you actually play a …

(SUSAN *gets up from her desk.*)

SUSAN: Raymond, could you take a look at that case? One of those locks is refusing to turn.

BROCK: Ah yes.

(BROCK *goes to shut the case.* ALICE *watches smiling as* SUSAN

1 perspective: (멀리서 바라보는) 전망. 관점.

2 a trifle decadent: 다소 퇴폐적인.

3 tendon: 힘줄.

walks across to DORCAS *to hand her the cheque.*)

SUSAN: Here you are.

DORCAS: Thank you.

SUSAN: Don't thank us. We're rotten with cash.[1]

(BROCK *closes the case.* SUSAN *gathers the cups on to the tray and places it by the door.*)

BROCK: If that's it, then I reckon we're ready to go. I'm sorry to turn you out of the house ···

ALICE: That's all right.

BROCK: Alice, you must come and see us ···

ALICE: I shall.

BROCK: My tour has been extended another two years. Dorcas, I'm happy to have met. I hope your studies proceed, under Alice's tutelage.[2] In the meanwhile perhaps you might lend me a hand ···

(*He gestures at the cases.*)

Susan's lifeline. Her case full of books.

(DORCAS *goes to carry out the smaller case.*)

Susan, you're ready?

SUSAN: Yes, I am.

BROCK: You'll follow me down?

(SUSAN *nods but doesn't move.*)

Well ··· I shall be waiting in the car.

(BROCK *goes out with the large case.* DORCAS follows.)

DORCAS: Alice, we won't be long will we?

ALICE: No.

DORCAS: It's just it's biology tonight and that's my favourite. (*off*) Do I put them in the boot?

BROCK: (*off*) If you could.

(SUSAN *and* ALICE *left alone do not move. A pause.*)

SUSAN: I knew if I came over I would never return.

(*She pulls the sheet off the desk. It slinks on to the floor. Then she moves round the room, pulling away all the sheets from the furni-*

[1] We're rotten with cash: "우린 썩어 남아 도는 게 돈이니까."

[2] tutelage: 감독. 후견

ture, letting them all fall. Then takes them from the mirrors. Then she lights the standard-lamps, the table lamps. The room warms and brightens. ALICE *sits perfectly still, her legs outstretched. Then* SUSAN *turns to look at* ALICE.)

You excite me.

(BROCK *appears at the open door.*)

BROCK: Susan. Darling. Are we ready to go?

SCENE NINE

Whitehall.[1] *January 1962.*

From the dark the sound of a radio interview. The interviewer is male, serious, a little guarded.

VOICE: You were one of the few women to be flown into France?

SUSAN: Yes.

VOICE: And one of the youngest?

SUSAN: Yes.

VOICE: Did you always have complete confidence in the organization that sent you?

SUSAN: Yes, of course.

VOICE: Since the war it's frequently been alleged that Special Operations was amateurish, its recruitment methods were haphazard,[2] some of its behaviour was rather cavalier.[3] Did you feel that at the time?

SUSAN: Not at all.

VOICE: The suggestion is that it was careless of human life. Did you feel that any of your colleagues died needlessly?

---

[1] Whitehall: 영국 런던 웨스트민스터 특별구 트라팔가 광장과 팔러먼트 광장에 이르는 넓은 거리. 버킹엄 궁전과 외무부, 재무부, 총리 관저 등의 중요 행정 관청들이 들어서 있는 이른바 영국 정치 1번지.

[2] haphazard: 무계획의. 되는 대로의.

[3] cavalier: 무모한. 부주의한.

SUSAN: I can't say.

VOICE: If you were to ···

SUSAN: Sorry, if I could ···

VOICE: By all means.

SUSAN: You believed in the organization. You had to. If you didn't, you would die.

VOICE: But you must have had an opinion ···

SUSAN: No. I had no opinion. I have an opinion now.

VOICE: And that is?

SUSAN: That it was one part of the war from which the British emerge with the greatest possible valour and distinction.

(*A slight pause.*)

VOICE: Do you ever get together with former colleagues and talk about the war?

SUSAN: Never. We aren't clubbable.[1]

(*The Foreign Office. A large room in Scott's Palazzo.*[2] *A mighty painting above a large fireplace in an otherwise barish*[3] *waiting room. It shows Britannia Colonorum Mater*[4] *in pseudo-classical style. Otherwise the room is uncheering. A functional desk, some unremarkable wooden chairs, a green radiator. An air of functional disuse.*[5] *Two people.* SUSAN *is standing at one side, smartly dressed again with coat and handbag;* BEGLEY *stands opposite by an inner door. He is a thin young man with impeccable manners. He is twenty-two.*)

BEGLEY: Mrs Brock, Sir Andrew will see you now. He only has a few

---

1 We are not clubbable: "우리는 사교단체가 아니에요."

2 Scott's Palazzo: 스콧이 디자인한 관저 건물. 영국 건축가 Sir Giles Gilbert Scott이 외무부 건물을 고전주의 양식으로 디자인 했음.

3 barish: 텅 빈 듯한.

4 Britannia Colonorum Mater: Britannia Mother of the Colonies. 외무부에 소장되어 있는 벽화로서 영국 제국주의의 역사적 사명을 기리는 내용을 담고 있다. 즉 식민주의자들의 어머니 (the mother of the colonists)가 삼지창을 높게 쳐들고 자신의 아들들에게 신성한 사명에 참여할 것을 고무하고 있다. in pseudo-classical style: 고전주의 양식을 흉내 낸.

5 an air of functional disuse: 실제로 사용하지는 않는 듯한.

minutes, I'm afraid.

(At once through the inner door comes Sir ANDREW CHARLESON *in a double-breasted blue suit.*[1] *He is in his early fifties, dark- haired, thickening, almost indolent.*[2] *He cuts less of a figure than* DARWIN *but he has far more edge.*[3]*)*

CHARLESON: Ah Mrs Brock.

SUSAN: Sir Andrew.

CHARLESON: How do you do?

(SUSAN *and* CHARLESON *shake hands.*)

We have met.

SUSAN: That's right.

CHARLESON: The Queen's Garden Party.[4] And I've heard you on the wireless only recently. Talking about the war. How extraordinary it must have been.

(*Pause.*)

SUSAN: This must seem a very strange request.

CHARLESON: Not in the slightest. We're delighted to see you here.

(BEGLEY *takes two chairs out from the wall and places them down opposite each other.*)

Perhaps I might offer you a drink.

SUSAN: If you are having one.

CHARLESON: Unfortunately not. I'm somewhat liverish.[5]

SUSAN: I'm sorry.

CHARLESON: No, no, it's a hazard of the job. Half the diplomats I know have bad offal,[6] I'm afraid.

(*He turns to* BEGLEY.)

1 double-breasted: 상의의 단추가 두 줄로 된.

2 almost indolent: 다소 게을러 보이기까지 하는.

3 edge: 날카로움. 예리함.

4 Queen's Garden Party: 매년 여름 적어도 3차례에 걸쳐 버킹엄 궁의 정원에서 열리는 다과 위주의 파티로서 각계의 사회 명사들이 초대받아 참여한다. 본래는 1860년대 빅토리아 여왕의 생일에 연 것을, 후에는 생일에 관계없이 열었다.

5 liverish: 간 질환이 있는. 간이 좀 안 좋은.

6 offal: 내장 기관.

If you could leave us, Begley.

BEGLEY: Sir.

CHARLESON: Just shuffle some papers for a while.

(BEGLEY *goes through the inner door.* CHARLESON *gestures* SUSAN to sit.)

You mustn't be nervous, you know, Mrs Brock. I have to encounter many diplomatic wives, many even more distinguished than yourself, with very similar intent.[1] It is much commoner than you suppose.

SUSAN: Sir Andrew, as you know I take very little part in my husband's professional life ···

CHARLESON: Indeed.

SUSAN: Normally, I spend a great deal of time on my own ··· with one or two friends ··· of my own ··· Mostly I like reading, I like reading alone ··· I do think to be merely your husband's wife is demeaning[2] for a woman of any integrity at all ···

(CHARLESON *smiles.*)

CHARLESON: I understand.

SUSAN: But I find for the first time in my husband's career I am beginning to feel some need to intervene.

CHARLESON: I had a message, yes.

SUSAN: I hope you appreciate my loyalty ···

CHARLESON: Oh yes.

SUSAN: Coming here at all. Brock is a man who has seen me through some very difficult times ···

CHARLESON: I am told.

SUSAN: But this is a matter on which I need to go behind his back.

(CHARLESON *gestures reassurance.*)

My impression is that since our recall from Iran he is in some way being penalized.[3]

(CHARLESON *makes no reaction.*)

[1] with very similar intent: 매우 유사한 이유로.

[2] demeaning: 품위를 손상하는. 부끄러운.

[3] penalized: 징계받다.

As I understand it, you're Head of Personnel[1] …

CHARLESON: I'm the Chief Clerk,[2] yes …

SUSAN: I've come to ask exactly what my husband's prospects are.

(*Pause.*)

I do understand the foreign service now. I know that my husband could never ask himself. Your business is conducted in a code, which it's considered unethical to break. Signs and indications are all you are given. Your stock is rising, your stock is falling[3] …

CHARLESON: Yes.

SUSAN: Brock has been allocated to a fairly lowly job, backing up the EEC[4] negotiating team …

CHARLESON: He's part of the push into Europe,[5] yes …

SUSAN: The foreign posts he's since been offered have not been glittering.

CHARLESON: We offered him Monrovia.[6]

SUSAN: Monrovia. Yes. He took that to be an insult. Was he wrong?

(CHARLESON *smiles.*)

CHARLESON: Monrovia is not an insult.

SUSAN: But?

CHARLESON: Monrovia is more in the nature of a test. A test of nerve,[7] it's true. If a man is stupid enough to accept Monrovia, then he probably deserves Monrovia. That is how we think.

SUSAN: But you …

CHARLESON: And Brock refused.

(*He shrugs.*)

Had we wanted to insult him there are far worse jobs. In this

[1] Head of Personnel: 인사 담당 책임자.

[2] Chief Clerk: 서기장.

[3] Your stock is rising, your stock is falling: (자신의) 주가가 오르거나 떨어지다.

[4] the EEC: European Economic Community. 유럽 경제 공동체.

[5] the push into Europe: 유럽을 공략하기 위한 노력.

[6] Monrovia: 아프리카 서부의 공화국인 라이베리아 (Liberia)의 수도.

[7] A test of nerve: 배짱(담력) 테스트.

building too. In my view town-twinning is the *coup de grâce*. I'd far rather be a martyr to the tsetse fly than have to twin Rotherham with Bergen-op-Zoom.[1]

SUSAN: You are evading me.

(*Pause.* CHARLESON *smiles again.*)

CHARLESON : I'm sorry. It's a habit, as you say.

(*He pauses to rethink. Then with confidence.*)

Your husband has never been a flyer,[2] Mrs. Brock.

SUSAN: I see.

CHARLESON: Everyone is streamed, a slow stream, a fast stream …

SUSAN: My husband is slow?

CHARLESON: Slowish.

SUSAN: That means …

CHARLESON: What is he? First Secretary struggling towards Counsellor.[3] At forty-one it's not remarkable, you know.

SUSAN: But it's got worse.

CHARLESON: You think?

SUSAN: The last six months. He's never felt excluded from his work before.

CHARLESON: Does he feel that?

SUSAN: I think you know he does.

(*Pause.*)

CHARLESON: Well, I'm sure the intention was not to punish him. We have had some trouble in placing him, it's true. The rather startling decision to desert his post …

SUSAN: That was not his fault.

CHARLESON: We were told. We were sympathetic. Psychiatric reasons?

---

[1] town-twinning: 도시 짝짓기 (업무). the *coup de grâce*: 최후의 일격. be a martyr to the tsetse fly: (수면병을 유발하는) 체체 파리에 쏘이다. Rotherham: 잉글랜드 요크셔 남부에 있는 도시. Bergen-op-Zoom: 네덜란드 남부에 있는 도시.

[2] flyer: 야심 찬 사람. 뛰어난 인물.

[3] counsellor: 참사관.

SUSAN: I was daunted[1] at the prospect of returning to Iran.

CHARLESON: Of course. Persian psychiatry. I shudder at the thought. A heavy-handed[2] people at the best of times. We understood. Family problems. Our sympathy goes out …

SUSAN: But you are blocking his advance.

(CHARLESON *thinks, then changes tack again.*)

CHARLESON: I think you should understand the basis of our talk. The basis on which I agreed to talk. You asked for information. The information is this: that Brock is making haste slowly.[3] That is all I can say.

SUSAN: I'm very keen he should not suffer on my account.

(SUSAN's *voice is low.* CHARLESON *looks at his hands.*)

CHARLESON: Mrs Brock, believe me I recognize your tone. Women have come in here and used it before.

SUSAN: I would like to see my husband advance.

CHARLESON: I also have read the stories in your file, so nothing in your manner is likely to amaze. I do know exactly the kind of person you are. When you have chosen a particular course …

(*He pauses.*)

When there is something which you very badly want …

(*He pauses again.*)

But in this matter I must tell you, Mrs Brock, it is more than likely you have met your match.[4]

(*The two of them stare straight at each other.*)

We are talking of achievement at the highest level. Brock cannot expect to be cossetted through.[5] It's not enough to be clever. Everyone here is clever, everyone is gifted, everyone is diligent. These are simply the minimum skills. Far more important is an

---

1 daunted: 주눅들다. 압도당하다.

2 heavy-handed: 고압적인.

3 make haste slowly: (서두르지 않고) 천천히 돌아서 가다.

4 your match: 당신에 필적하는 상대. 호적수.

5 Brock cannot expect to be cossetted through: "Brock의 억지 (응석)은 받아들여질 수 없지요." cosset: 애지중지하다.

attitude of mind. Along the corridor I boast a colleague who in 1945 drafted a memorandum[1] to the government advising them not to accept the Volkswagen[2] works as war reparation, because the Volkswagen plainly had no commercial future. I must tell you, unlikely as it may seem, that man has risen to the very, very top. All sorts of diplomatic virtues he displays. He has forbearance. He is gracious. He is sociable. Perhaps you begin to understand …

SUSAN: You are saying …

CHARLESON: I am saying that certain qualities are valued here above a simple gift of being right or wrong. Qualities sometimes hard to define …

SUSAN: What you are saying is that nobody may speak, nobody may question …

CHARLESON: Certainly tact[3] is valued very high.

(*Pause.* SUSAN *very low.*)

SUSAN: Sir Andrew, do you never find it in yourself to despise a profession in which nobody may speak their mind?

CHARLESON: That is the nature of the service, Mrs BROCK. It is called diplomacy. And in its practice the English lead the world. (*He smiles.*) The irony is this: we had an empire to administer, there were six hundred of us in this place. Now it's to be dismantled and there are six thousand. As our power declines, the fight among us for access to that power becomes a little more urgent, a little uglier perhaps. As our influence wanes, as our empire collapses, there is little to believe in. Behaviour is all.[4]

(*Pause.*)

This is a lesson which you both must learn.

(*A moment, then* SUSAN *picks up her handbag to go.*)

---

[1] memorandum: 양해 각서.

[2] Volkswagen: 딱정벌레 형 자동차로 유명한 독일의 자동차 회사. war reparation: 전쟁 배상금.

[3] tact: 요령. 재치. 약삭빠름.

[4] Behaviour is all: "어떻게 처신하느냐가 전부라고 할 수 있지요."

SUSAN: I must thank you for your frankness, Sir Andrew ···

CHARLESON: Not at all.

SUSAN: I must, however, warn you of my plan. If Brock is not promoted in the next six days, I am intending to shoot myself.

(SUSAN *gets up from her seat.* CHARLESON *follows quickly.*)

Now thank you, and I shan't stay for the drink ···

CHARLESON: (*calls*) Begley ···

SUSAN: I'm due at a reception for Australia Day.[1]

(CHARLESON *moves quickly to the inner door.* SUSAN *begins talking very fast as she moves to go.*)

CHARLESON: Begley.

SUSAN: I always like to see just how rude I can be. Not that the Australians ever notice, of course. So it does become a sort of Zen sport,[2] don't you think?

(BEGLEY *appears.*)

CHARLESON: John, I wonder, could you give me a hand?

BEGLEY: Sir.

(SUSAN *stops near the door, starts talking yet more rapidly.*)

SUSAN: Ah the side-kick,[3] the placid[4] young man, now where have I seen that character before?

CHARLESON: If we could take Mrs Brock down to the surgery ···

SUSAN: I assure you, Sir Andrew, I'm perfectly all right.

CHARLESON: Perhaps alert her husband ···

BEGLEY: If you're not feeling well ···

SUSAN: People will be waiting at Australia House. I can't let them down. It will be packed with angry people all searching for me, saying where is she, what a let-down. I only came here to be insulted and now there's no chance.

(CHARLESON *looks at* BEGLEY *as if to co-ordinate a move. They advance slightly.*)

[1] Australia Day: 호주 건국 기념일 (1월 25일).

[2] Zen sport: 선문답 놀이.

[3] side-kick: 조수. 짝패.

[4] placid: 차분한.

CHARLESON: I think it would be better if you …

(SUSAN *starts to shout.*)

SUSAN : Please. Please leave me alone.

(CHARLESON *and* BEGLEY *stop.* SUSAN *is hysterical. She waits a moment.*)

I can't … always manage with people.

(*Pause.*)

I think you have destroyed my husband, you see.

SCENE TEN

Knightsbridge. Easter 1962.

From the dark the sound of some stately orchestral chords: Mahler,[1] *melodic, solemn. It is evening. The room has been restored to its former rather old-fashioned splendour. The curtains are drawn. At a mahogany table sits* ALICE. *She is putting a large pile of leaflets into brown envelopes. Very little disturbs the rhythm of her work. She is dressed exactly as for Scene One.*

BROCK *is sitting at another table at the front of the stage. He has an abacus*[2] *in front of him and a pile of ledgers and cheque stubs. He is dressed in cavalry twills*[3] *with a check shirt open at the neck.*

The music stops. The stereo machine switches itself off.

BROCK: Well, I suppose it isn't too bad. Perhaps we'll keep going another couple of years. A regime of mineral water and lightly browned toast.

(*He smiles and stretches. Then turns to look at* ALICE. *There is a bottle of mineral water on the table in front of her.*)

I assume she's still in there.

1 Mahler: Gustav Mahler. 오스트리아의 작곡가이며 지휘자. 여기서는 말러의 곡.

2 abacus: 주판.

3 cavalry twills: (스포츠 의류용) 질긴 모직으로 만든 바지.

ALICE: She paces around.

(BROCK *gets up and pours some out.*)

BROCK: I told her this morning ··· we'll have to sell the house. I'm sure we can cope in a smaller sort of flat. Especially now we don't have to entertain.

(*He takes a sip.*)

I can't help feeling it will be better, I'm sure. Too much money. I think that's what went wrong. Something about it corrupts the will to live. Too many years spent sploshing around.[1]

(*He suddenly listens.*)

What?

ALICE: Nothing. She's just moving about.

(*He turns to* ALICE.)

BROCK: Perhaps you'd enjoy to take the evening off. I'm happy to do duty for an hour or two.

ALICE: I enjoy it. I get to do my work. A good long slog for my charity appeal.[2] And I've rather fallen out with[3] all those people I knew. And most of them go off on the Aldermaston March.[4]

BROCK: Really? Of course. Easter weekend.

(*He picks his way through the remains of an Indian takeaway meal which is on* ALICE's *table, searching for good scraps.*)

ALICE: Except for Alistair and I've no intention of spending an evening with him — or her, as he's taken to calling himself.

BROCK: How come?

ALICE: Apparently he's just had his penis removed.

BROCK: Voluntarily? It's what he intended, I mean?

ALICE: I believe. In Morocco. And replaced with a sort of pink plastic envelope. I haven't seen it. He says he keeps the shopping list in

1 spend sploshing around: 흥청망청 돈을 쓰며 살다.

2 a good long slog for my charity appeal: 자선 기금 행사를 위한 강행군. slog: 꾸준히 하는 지루하고 힘든 일.

3 fall out with: 사이가 틀어지다.

4 Aldermaston March: 핵무장 반대 운동. 1958년부터 영국에서 핵무기를 반대하며 벌인 시위 행진.

there, tucks five pound notes away, so he says.

BROCK: I thought that strange young girl of yours would ring.

(ALICE *looks up for a moment from her work.*)

ALICE: No, no. She decided to move on. There's some appalling politician, I'm told. On the paedophiliac wing of the Tory party.[1] She's going to spend the summer swabbing the deck on his yacht. Pleasuring his enormous underside.[2] It's what she always wanted. The fat. The inane.[3]

(*She looks up again.*)

If you've nothing to do, you could give a hand with these.

(BROCK *takes no notice, casts aside the scraps.*)

BROCK: Looking back, I seem to have been eating all the time. My years in the Foreign Service, I mean. I don't think I missed a single canapé. Not one. The silver tray flashed and bang, I was there.

ALICE: Do you miss it?

BROCK: Almost all the time. There's not much glamour in insurance, you know.

(*He smiles.*)

Something in the Foreign Office suited my style. Whatever horrible things people say. At least they were hypocrites, I do value that now. Hypocrisy does keep things pleasant for at least part of the time. Whereas down in the City they don't even try.

ALICE: You chose it.

BROCK: That's right. That isn't so strange. The strange bit is always … why I remain.

(*He stands staring a moment.*)

Still, it gives her something new to despise. The sad thing is this time … I despise it as well.

(ALICE *reaches for a typed list of names, pushes aside the pile of envelopes.*)

1 On the paedophiliac wing of the Tory party: 토리 당의 소아성애 파에 속하는. paedophiliac: 어린 아이를 대상으로 성욕을 느끼는.

2 pleasuring his enormous underside: 그의 엄청난 성욕을 만족시켜주면서.

3 inane: 멍청한. 텅 빈.

ALICE: Eight hundred addresses, eight hundred names …

(BROCK *turns and looks at her.*)

BROCK: You were never attracted? A regular job?

ALICE: I never had time. Too busy relating to various young men. Falling in and out of love turns out to be like any other career.

(*She looks up.*)

I had an idea that lust … that lust was very good. And could be made simple. And cheering. And light. Perhaps I was simply out of my time.[1]

BROCK: You speak as if it's over.

ALICE: I've no doubt it is.

(*Pause.*)

BROCK: How long since anyone took a look next door?[2]

ALICE: That's why I think it may be time to do good.

(SUSAN *opens the door, standing dressed as for Scene One. She is a little dusty.*)

SUSAN: I need to ask you to move out of here. I am in temporary need of this room. You can go wherever you like. And pretty soon also … you're welcome to return.

(*She goes off at once to the desk where she picks items off the surface and throws them quietly into cubbyholes.*[3] ALICE *is looking at* BROCK.)

BROCK: You'd better tell me, Susan, what you've done to your hands.

SUSAN: I've just been taking some paper from the wall.

BROCK: There's blood.

SUSAN: A fingernail.

(*Pause.*)

BROCK: Susan, what have you actually done?

---

1 out of my time: 시대가 나와 더 이상 맞지 않다. 내 시대가 끝나다.

2 How long since anyone took a look next door?: “사람들이 옆집에 관심을 두고 산 지가 언제인지도 모르겠네요.”

3 cubbyhole: 보관함. 비좁은 장소

(BROCK *gets up and goes to the door, looks down the corridor.* SUSAN *stands facing the desk, speaks quietly.*)

SUSAN: I thought as we were going to get rid of the house ··· and I couldn't stand any of the things that were there ···

(*He turns back into the room. She turns and looks at him.*)

Now what's best to be doing in here?

(BROCK *looks at her, speaks as quietly.*)

BROCK: Could you look in the drawer please, Alice, there's some Nembutal ···

ALICE: I'm not sure we should ···

BROCK: I shan't ask you again.

(ALICE *slides open the drawer, puts a small bottle of pills on the table,* BROCK *moves a pace towards* SUSAN.)

Listen, if we're going to have to sell this house ···

SUSAN: You yourself said it, I've often heard you say, it's money that did it, it's money that rots. That we've all lived like camels off the fat in our humps.[1] Well, then, isn't the best thing to do ··· to turn round simply and give the house away?

(*She smiles.*)

Alice, would this place suit your needs? Somewhere to set down all your unmarried mothers. If we lay out mattresses, mattresses on the floor ···

ALICE: Well, I ···

SUSAN: Don't your women need a place to live?

(*Without warning she raises her arms above her head.*)

By our own hands.

(*Pause.*)

Of our own free will. An Iranian vase. A small wooden Buddha. Twelve marble birds copied from an Ottoman king.[2]

---

[1] lived like camels off the fat in our humps: 몸에 수분이 부족하면 자신의 혹에 들어있는 지방을 분해해서 물을 얻는 낙타의 경우를 예로 들면서, Susan은 자신들이 아무런 생각 없이 하나하나씩 가진 돈을 빼 먹으면서 살아왔다는 사실을 Brock에게 주지시키고 있다.

[2] Ottoman king: 오스만 제국 왕조.

(*Pause.*)

How can they be any possible use? Look out the bedroom window. I've thrown them away.

(*She opens the door and goes at once into the corridor. At once* BROCK *crosses the room to the desk to look for his address book.* ALICE *starts clearing up the leaflets and envelopes on the table in front of her.*)

BROCK: I suppose you conspired.[1]

ALICE: Not at all.

BROCK: Well, really?

ALICE: That was the first that I've heard.

BROCK: In that case, please, you might give me some help. Find out what else she's been doing out there.

(SUSAN *reappears dragging in two packing cases, already half-full. She then starts gathering objects from around the room.*)

SUSAN: Cutlery, crockery, lampshades and books, books, books. Encyclopedias. Clutter. Meaningless. A universe of things.[2]

(*She starts to throw them one by one into the crates.*)

Mosquito nets, golf clubs, photographs. China. Marble. Glass. Mementoes in stone.[3] What is this shit? What are these God-forsaken bloody awful things?

(BROCK *turns, still speaking quietly.*)

BROCK: Which is the braver? To live as I do? Or never, ever to face life like you?

(*He holds up the small card he has found.*)

This is the doctor's number, my dear. With my permission he can put you inside. I am quite capable of doing it tonight. So why don't you start to put all those things back?

(*A pause.* SUSAN *looks at him, then to* ALICE.)

SUSAN: Alice, would your women value my clothes?

ALICE: Well, I …

[1] conspire: 공모하다. 같이 음모를 꾸미다.

[2] A universe of things: 온갖 물건들 다.

[3] mementoes in stone: 돌로 만든 기념품들.

SUSAN: It sounds fairly silly. I have thirteen evening dresses, though.

BROCK: Susan.

SUSAN: Obviously not much use as they are. But possibly they could be recut. Resewn?

(*She reaches out and with one hand picks up an ornament from the mantelpiece which she throws with a crash into the crate. A pause.*)

BROCK: Your life is selfish, self-interested gain.[1] That's the most charitable interpretation to hand.[2] You claim to be protecting some personal ideal, always at a cost of almost infinite pain to everyone around you. You are selfish, brutish, unkind. Jealous of other people's happiness as well, determined to destroy other ways of happiness they find. I've spent fifteen years of my life trying to help you, simply trying to be kind, and my great comfort has been that I am waiting for some indication from you ··· some sign that you have valued this kindness of mine. Some love perhaps. Insane.

(*He smiles.*)

And yet ··· I really shan't ever give up, I won't surrender till you're well again. And that to me would mean your admitting one thing: that in the life you have led you have utterly failed, failed in the very, very heart of your life. Admit it. Then perhaps you might really move on.

(*Pause.*)

Now I'm going to go and give our doctor a ring. I plan at last to beat you at your own kind of game. I am going to play as dirtily and ruthlessly as you. And this time I am certainly not giving in.

(BROCK *goes out. A pause.*)

SUSAN: Well.

(*Pause.*)

[1] Your life is selfish, self-interested gain: "당신은 이기적이고 당신 자신만을 위해 살아왔어."

[2] That's the most charitable interpretation to hand: "그것도 제일 좋은 말로 표현하자면 그렇다는 말이지."

Well, goodness. What's best to do?

(*Pause.*)

What's the best way to start stripping this room?
(SUSAN *doesn't move.* ALICE *stands watching.*)
ALICE: Susan, I think you should get out of this house.
SUSAN: Of course.
ALICE: I'll help you. Any way I can.
SUSAN: Well, that's very kind.
ALICE: If you ⋯
SUSAN: I'll be going just as soon as this job is done.

(*Pause.*)

ALICE: Listen, if Raymond really means what he says ⋯
(SUSAN *turns and looks straight at* ALICE.)
You haven't even asked me, Susan, you see. You haven't asked me yet what I think of the idea.
(SUSAN *frowns.*)
SUSAN: Really, Alice, I shouldn't need to ask. It's a very sad day when one can't help the poor ⋯
(ALICE *suddenly starts to laugh.* SUSAN *sets off across the room, resuming a completely normal social manner.*)
ALICE: For God's sake, Susan, he'll put you in the bin.
SUSAN: Don't be silly, Alice, it's Easter weekend. It must have occurred to you ⋯ the doctor's away.
(BROCK *reappears at the open door, the address book in his hand.* SUSAN *turns to him.*)
All right, Raymond? Anything I can do? I've managed to rout out[1] some whisky over here.
(*She sets the bottle down on the table, next to the Nembutal.*)
Alice was just saying she might slip out for a while. Give us a chance to sort our problems out. I'm sure if we had a really serious talk ⋯ I could keep going till morning. Couldn't you?

[1] rout out: get or find by searching. 찾아 놓다.

(SUSAN *turns to* ALICE.)
All right, Alice?

ALICE: Yes. Yes, of course. I'm going, I'm just on my way.
(*She picks up her coat and heads for the door.*)
All right if I get back in an hour or two?
I don't like to feel I'm intruding. You know?
(*She smiles at* SUSAN. *Then closes the door.* SUSAN *at once goes back to the table.* BROCK *stands watching her.*)

SUSAN: Now, Raymond. Good. Let's look at this thing.
(SUSAN *pours out a spectacularly large scotch, filling the glass to the very rim. Then she pushes it a few inches across the table to* BROCK.)
Where would be the best place to begin?

SCENE ELEVEN

Blackpool.[1] *June 1962.*
From the dark music. Then silence. Two voices in the dark.

LAZAR: Susan. Susan. Feel who I am.

SUSAN: I know. I know who you are. How could you be anyone else but Lazar?
(*And a small bedside light comes on.* LAZAR *and* SUSAN *are lying sideways across a double bed, facing opposite ways. They are in a sparsely*[2] *furnished and decaying room.* LAZAR *is in his coat, facing away from us as he reaches for the nightlight.* SUSAN *is also fully dressed, in a big black man's overcoat, her hair wild, her dress crumpled round her thighs. The bedside light barely illuminates them at all.*)
Jesus. Jesus. To be happy again.
(*At once* SUSAN *gets up and goes into what must be the bathroom.*

[1] Blackpool: 잉글랜드 랭커셔 카운티 (Lancashire county)에 있는 해안 휴양 도시.
[2] sparsely: 드문드문.

A shaft of yellow light from the doorway falls across the bed.)

LAZAR: Don't take your clothes off whatever you do.

SUSAN: (*Off*) Of course not.

LAZAR: That would spoil it hopelessly for me.

SUSAN: (*Off*) I'm getting my cigarettes. I roll my own ···

LAZAR: Goodness me.

SUSAN: Tell you, there are no fucking flies on me.[1]

(*She has reappeared with her holdall*[2] *which is crumpled and stained. She sits cross-legged on the end of the bed. She starts to roll two cigarettes.*)

LAZAR: I am glad I found you.

SUSAN: I'm just glad I came.

LAZAR: This place is filthy.

SUSAN: It's a cheap hotel.

LAZAR: They seem to serve you dust on almost everything.

SUSAN: You should be grateful for dust, did you know? If it weren't for all the dust in the atmosphere, human beings would be killed by the heat of the sun.

LAZAR: In Blackpool?

SUSAN: Well ···

LAZAR: Are you kidding me?

(SUSAN *reaches into the overcoat pocket.*)

SUSAN: I was given some grass.[3] Shall I roll it in?

LAZAR: Just the simple cigarette for me.

(SUSAN *nods.*)

I hope you didn't mind my choosing Blackpool at all. It's just that I work near ···

SUSAN: Don't tell me any more.

LAZAR: Susan ···

(*Pause.*)

[1] there are no fucking flies on me: "난 지금 (마리화나를 마느라고) 엄청 바쁘거든요." There are no flies on (someone): someone is very alert and astute.

[2] holdall: (튼튼한 천이나 부드러운 가죽으로 만든) 여행용 가방.

[3] grass: 마리화나. 환각제.

Will you ··· can you touch me again?

(SUSAN *facing away doesn't move, just smiles. A pause.*)

Do you know how I found you? Through the BBC. I just caught that programme a few months ago. They told me you were married and based in London now. They gave me an address ···

SUSAN: I left it weeks ago.

LAZAR: I know. I gather you've been out on the road. But . . . I went, I went round and saw the man.

SUSAN: And how was he?

LAZAR: He looked like a man who'd spent his life with you.

SUSAN: How can you say that?

LAZAR: (*smiles*) Oh I'm guessing, that's all.

(SUSAN *smiles again.*)

He said he'd only just managed to reclaim.[1]

SUSAN: Oh really? That's my fault. I gave the house away.

LAZAR: He said he'd had to fight to get back into his home. There'd been some kind of trouble. Police, violence it seems ···

SUSAN: Was he angry?

LAZAR: Angry? No. He just seemed very sorry not to be with you.

(*Pause.* SUSAN *stops rolling the cigarette.*)

SUSAN: Listen. I have to tell you I've not always been well. I have a weakness. I like to lose control. I've been letting it happen, well, a number of times ···

LAZAR: Is it ···?

SUSAN: I did shoot someone about ten years ago.

LAZAR: Did you hurt him?

SUSAN: Fortunately no. At least that's what we kept telling him, you know. Raymond went and gave him money in notes. He slapped them like hot poultices all over his wounds.[2] I think it did finally convince him on the whole. It was after Raymond's kindness I felt I had to get engaged ···

---

[1] reclaim: 되찾다. 다시 권리를 주장하다.

[2] slapped them like hot poultices all over his wounds: 지폐를 뜨거운 찜질 팩처럼 그의 상처 위에 덕지덕지 처발랐다.

LAZAR: Why do people ···

SUSAN: Marry? I don't know. Are you ···

(*Pause.*)

LAZAR: What? Ask me anything at all.

SUSAN: No. It's nothing. I don't want to know.

(*She smiles again.*)

LAZAR: Do you ever see him?

SUSAN: Good gracious no. I've stripped away everything, everything I've known. There's only one kind of dignity, that's in living alone. The clothes you stand up in, the world you can see ···

LAZAR: Oh Susan ···

SUSAN: Don't.

(*Pause.* SUSAN *is suddenly still.*)

I have to believe that there's someone, you see. Somebody else who's been living like me.

(*Pause.* SUSAN *does not turn round.* LAZAR *suddenly gets up, and goes to get his coat and gloves from his suitcase.* SUSAN *looks down at the unmade cigarette in her hands. Then she starts to make the roll-up again.*)

SUSAN: How long till dawn? Do you think we should go? If we wait till morning we'll have to pay the bill. I can't believe that can be the right thing to do.

(*She smiles.*)

Is there an early train, do you know? Though just where I'm going I'm not really sure. There aren't many people who'll have me, you know.

(*Pause.*)

I hope you'll forgive me. The grass has gone in.

(*She licks along the edge of the joint, then lights it.* LAZAR *stands still, his suitcase beside him.*)

LAZAR: I don't know what I'd expected.

SUSAN: Mmm?

LAZAR: What I'd hoped for, at the time I returned. Some sort of edge to the life that I lead. Some sort of feeling their death was worthwhile.

(*Pause.*)

Some day I must tell you. I don't feel I've done well. I gave in. Always. All along the line. Suburb. Wife. Hell. I work in a corporate bureaucracy[1] as well …

(SUSAN *has begun to giggle.*)

SUSAN: Lazar, I'm sorry, I'm just about to go.

LAZAR: What?

SUSAN: I've eaten nothing. So I just go …

(*She waves vaguely with her hand. Then smiles. A pause.*)

LAZAR: I hate, I hate this life that we lead.

SUSAN: Oh, God, here I go.

(*Pause.*)

Kiss me. Kiss me now as I go.

(LAZAR *moves towards* SUSAN *and tries to take her in his arms. But as he tries to kiss her, she falls back on to the bed, flopping down where she stays.* LAZAR *removes the roach*[2] *from her hand. Puts it out. Goes over and closes his case. Then picks it up. Goes to the bathroom and turns the light off. Now only the nightlight is on.* LAZAR *goes to the door.*)

LAZAR: A fine undercover agent will move so that nobody can ever tell he was there.

(LAZAR *turns the nightlight off. Darkness.*)

SUSAN: Tell me your name.

(*Pause.*)

LAZAR: Code name.

---

1 a corporate bureaucracy: 기업적 관료주의 체제.

2 roach: 대마초 꽁초.

(*Pause.*)

Code name.

(*Pause.*)

Code name Lazar.

(LAZAR *opens the door of the room. At once music plays. Where you would expect a corridor you see the fields of France shining brilliantly in a fierce green square. The room scatters.*)

SCENE TWELVE

St Benoît. August 1944.

The darkened areas of the room disappear and we see a French hillside in high summer. The stage picture forms piece by piece. Green, yellow, brown. Trees. The fields stretch away. A high sun. A brilliant August day. Another FRENCHMAN *stands looking down into the valley. He carries a spade, is in Wellingtons and corduroys.*[1] *He is about 40, fattish with an unnaturally gloomy air.*

Then SUSAN *appears climbing the hill. She is 19. She is dressed like a young French girl, her pullover*[2] *over her shoulder. She looks radiantly well.*

FRENCHMAN: Bonjour, ma'moiselle.

SUSAN: Bonjour.

FRENCHMAN: Vous regardez le village?[3]

SUSAN: Oui, je suis montée la colline pour mieux voir. C'est merveilleux.[4]

FRENCHMAN: Oui. Indeed the day is fine.

[1] Wellingtons and corduroys: 무릎까지 오는 장화와 코르덴 바지.

[2] pullover: 풀오버 (앞이 트여 있지 않아서 머리 위에서부터 끌어당겨 입는 울로 만든 스웨터).

[3] Vous regardez le village?: "마을을 보고 있나요?"

[4] Oui, je suis ··· C'est merveilleux: "네. 좀 더 잘 보고 싶어서 언덕 위로 올라왔어요. 굉장하네요."

(*Pause.* SUSAN *looks across at the* FRENCHMAN.)

We understand. We know. The war is over now.

SUSAN: 'I climbed the hill to get a better view.'

(*She smiles.*)

I've only spoken French for months on end.

FRENCHMAN: You are English?

(SUSAN *nods.*)

Tower Bridge.[1]

SUSAN: Just so.

(*The* FRENCHMAN *smiles and walks over to join* SUSAN. *Together they look away down the hill.*)

FRENCHMAN: You join the party in the village?

SUSAN: Soon. I'm hoping, yes, I'm very keen to go.

FRENCHMAN: Myself I work. A farmer. Like any other day. The Frenchman works or starves. He is the piss. The shit. The lowest of the low.[2]

(SUSAN *moves forward a little, staring down the hill.*)

SUSAN: Look. They're lighting fires in the square. And children ··· coming out with burning sticks.

(*Pause.*)

Have you seen anything as beautiful as this?

(SUSAN *stands looking out. The* FRENCHMAN mumbles ill-humouredly.[3])

FRENCHMAN: The harvest is not good again this year.

SUSAN: I'm sorry.

(*The* FRENCHMAN *shrugs.*)

FRENCHMAN: As I expect. The land is very poor. I have to work each moment of the day.

SUSAN: But you'll be glad, I think. You're glad as well?

(SUSAN *turns, so the* FRENCHMAN *cannot avoid the question. He*

[1] Tower Bridge: 영국 런던의 템즈강에 놓인 다리로 1894년에 완성되었음.

[2] The lowest of the low: 낮은 자중의 낮은 자. 최하층 사람.

[3] ill-humouredly: 언짢은 듯이.

reluctantly concedes.)

FRENCHMAN: I'm glad. Is something good, is true.

(*He looks puzzled.*)

The English ··· have no feelings, yes? Are stiff.

SUSAN: They hide them, hide them from the world.

FRENCHMAN: Is stupid.

SUSAN: Stupid, yes. It may be ···

(*Pause.*)

FRENCHMAN: Huh?

SUSAN: That things will quickly change. We have grown up. We will improve our world.

(*The* FRENCHMAN *stares at* SUSAN. *Then offers gravely.*)

FRENCHMAN: Perhaps ··· perhaps you like some soup. My wife.

SUSAN: All right.

(SUSAN *smiles. They look at each other, about to go.*)

FRENCHMAN: The walk is down the hill.

SUSAN: My friend.

(*Pause.*)

There will be days and days and days like this.[1]

---

[1] There will be days and days and days like this: "오늘과 같은 날들이 하루, 하루, 하루 계속될 거예요." Susan의 이러한 발언은 제 2차 대전 직후 영국 사회에 팽배했던, 보다 평등한 사회로의 변화에 대한 기대와 희망을 드러내고 있다.

A NOTE ON PERFORMANCE

David Hare

This is a note for those of you who are planning to stage *Plenty*, to explain my own experience of what its peculiar problems are.

It's a common criticism of my work that I write about women whom I find admirable, but whom the audience dislikes. The truth is more complicated than that, but it is true that large sections of an English audience, particularly the men, are predisposed to find SUSAN Traherne unsympathetic, and it is also true that it is possible to play the part rather stridently, even forbiddingly, so that the audience watches and is not engaged. This was never my intention.

I planned a play in twelve scenes, in which there would be twelve dramatic actions. Each of these actions is intended to be ambiguous, and it is up to the audience to decide what they feel about each event. For example, in Scene Three, there will be some who feel that SUSAN does the kindest possible thing in sparing her lover's wife the knowledge of the circumstances of his death; but others may feel that the manner in which she disposes or the corpse is a little heartless. Again, in Scene Four you may feel that the way she gets rid of her boyfriend is stylish, and almost exemplary in its lack of hurtfulness; or you may feel it is crude and dishonest. This ambiguity is central to the idea of the play. The audience is asked to make its own mind up about each of the actions. In the act of judging the audience learns something about its own values.

It is therefore important that a balance of sympathy is maintained throughout the evening, and that the actress playing SUSAN puts the case for her as strongly as she can. The case against her makes itself, or is made by the other characters. This deliberate policy of pulling the audience one way and then another will work as long as the director has thought out exactly what the action is in each scene, and tried to present it as clearly as possible. For example, the action crystallizes in Scene Three at the moment when SUSAN hands over the card; in Scene Four when she lies bare-faced to BROCK about letting

Mr Medlicott down.

The time-scheme of the play is not as intimidating to audiences as it at first appears. Clues are built into each scene to tell you where you are, and how many years have passed. If the actors show the changes in their characters clearly enough, the audience will accept the passage of time quite easily. BROCK and ALICE both travel a great distance in the play. ALICE is intended to be a historically accurate character, a bohemian of the late forties, part of whose charm must in retrospect seem to be her innocence. The path of dissent which she takes is very different from SUSAN's because it is mostly sexual. By the end of the play she is mellow, but stranded. BROCK, on the other hand, has sold out, but, crucially, is intelligent enough to know that he has. It is always a mistake to play BROCK as a fool. As a young man he has a delightful ingenuousness. Only an excessive enthusiasm can explain his speeches about the mortuary in Scene Three. But the institution of the Foreign Office takes him over, and life with SUSAN wears him down.

The transitions from scene to scene should be as quick as possible. If the director has to choose between amplifying the design or hastening it, he should always opt for speed. To those of you who perform the play abroad, I can only say that its Englishness is of the essence. To me, when an actor asks why he does something, it is a perfectly good answer to say 'Because you are English'. Irony is central to English humour, and as a people we are cruel to each other, but always quietly.

TEXT OF
EUROPE

Europe was first performed at the Traverse Theatre, Edinburgh, on 21 October 1994. The cast was as follows:

Morocco David Baker
Fret Alasdair McCrone
Berlin John Kazek
Adele Louise Ironside
Katia Sharon Maharaj
Sava Finlay Walsh
Horse Gregory Haiste
Billy Michael Nardone
Chorus Played by members of the company

Directed by Philip Howard
Designed by Kenny MacLellan
Lighting by Michael Calf
Music by John Irvine

Characters

Morocco, a local entrepreneur
Fret, the stationmaster
Berlin, a worker
Adele, the porter
Katia, a foreigner
Sava, a foreigner
Horse, a worker
Billy, a shop steward

Setting: A small decaying provincial town in Europe. Autumn.

ACT ONE

1 Morocco

Darkness …

An international express train passes the station. The train makes an incredible noise, building steadily as it approaches. Speed, metal and light dominate the theatre drowning everything for a moment in the train's elemental force.[1] *Slowly, as the sound dies, the lights come up.*

Morocco *arrives in the town square. He is a dark man, unshaven and wearing a dusty suit and sunglasses. He has a heavy suitcase with him. In front of a blue neon sign for the calypso bar*[2] *he lights a cigarette and puts his suitcase down and considers his situation.*

2 The First Chorus

1 Ours is a small town on the border, at various times on this side,
2 and,
3 at various times,
2 on the other,
1 but always
1, 2, 3 on the border.
4 We're famous for our soup,
5 for our factory which makes lightbulbs
1 and for being on the border.
6 On the plains[3] at the heart of Europe
7 we're checkers of passports and clippers of tickets,[4]

---

1 elemental force: 광포한 힘.

2 calypso: 카리브 해 지역의 음악. 여기서는 술집 바 이름.

3 plains: 대평원.

4 checkers of passports and clippers of tickets: 여권 검사자와 차표 검표원. 이 마을이 국경에 인접해 있으며 기차역이 있다는 사실을 강조하고 있음.

8 manufacturers of soup and light.
1 History has washed across us
2 in armies driving first west
3 then east
2 then west again.
4 Wave upon wave has crashed about us,
All but we've remained,
5 a rockpool on the shoreline,[1]
6 inhabitants of the tidemark,[2]
7 the place where driftwood is deposited,[3]
8 beyond the cleansing reach of the waves.
1 Some places become used to the thud of industry.
2 Some places become used to the music of a cafe piano.[4]
3 But here, in the interior,
4 we've become used to the stillness,
5 to the rhythm of the railway timetable
6 and the rustle of currency.[5]
All We ask for very little here.
7 With things as they are we daren't ask for much.
8 Except that as you pass,
5 on your way to an older,
6 more beautiful
7 or more important place,
8 you remember that we are,
All in our own way,[6]
1 also Europe.
Express train passing.

[1] a rockpool on the shoreline: 해안가 바위 사이의 작은 웅덩이.

[2] tidemark: (만조나 간조 시에) 최고 또는 최저 수위(점).

[3] the place where driftwood is deposited: 유목(流木)이 퇴적되는 곳.

[4] Some places become used to the thud of industry … the music of a cafe piano: 이 마을이 산업 지역도 아니고 소비 위주의 번화가도 아니라는 사실을 강조하고 있음.

[5] the rustle of currency: 돈이 바스락거리는 소리.

[6] in our own way: 우리 자신의 방식으로.

3 Arrivals

The town's station on an autumn morning. The station's architecture bears witness to the past century's methods of government.[1] *Hapsburg, Nazi and Stalinist forms have created a hybrid which has neither the romantic dusting of history, nor the gloss of modernity.*[2] *The predominant mood is of a forgotten place. Timetables, out-of-date posters and sadly decrepit*[3] *information signs hang from the walls. A plain wooden bench sits in the middle of the main hall. The floor is of dirty concrete and is unswept.*

Fret[4] *is in his office. We can't see him.*

In the corner of the waiting room is a blackboard with the chalked sign 'NO TRAINS' written in bold letters.

Adele *is on the station roof watching trains. A bundle of notebooks and brochures are arranged beside her. She hasn't seen* Berlin[5] *arrive behind her.*

Sava, *a man in his late fifties, is sitting on the station bench, asleep huddled pathetically amongst belongings: a canvas bag, some polythene bags*[6] *and an old suitcase. His clothes have not been changed for some weeks, perhaps months. They were not fashionable clothes to start with.*

Katia, *his daughter, sits next to him, straight-backed, awake.*

---

[1] The station's architecture bears ··· past century's methods of government: 기차역의 (혼종적인) 건축 양식은 지난 세기의 (다양했던) 통치 양식들을 드러내 준다.

[2] a hybrid which has neither ··· nor the gloss of modernity: 낭만적인 역사적 잔재나 찬란한 근대라는 용어로 간단히 설명해 낼 수 없는 미묘한 잡종성.

[3] decrepit: 노후한. 낡은.

[4] Fret: 역장의 이름이 Fret ('초조해하다')이라는 것은 의미심장하다. 극중에서 Fret은 마을에 불어 닥친 새로운 경제적, 정치적 변화에 대해 극도로 혼란스러워한다.

[5] Berlin: 극중에서 공장에서 실직한 후 극단적인 인종주의자로 변모하는 Berlin의 이름은 1989년에 동독과 서독이 통합되면서 제거되었던 베를린 장벽(the Berlin Wall)을 상기시킨다. 더욱이 곧이어 일어난 1991년 소련의 붕괴는 사회주의 체제의 몰락, 서구 자본주의 시장 경제의 득세, 그리고 특히 동유럽에서의 폭력적 인종주의의 부상으로 이어졌다.

[6] polythene: 폴리에틸렌 (특히 비닐봉지, 포장지 등에 쓰이는 합성수지). polythene bag: 비닐 봉지.

Fret: ADELE! ADELE, WHERE ARE YOU?

The train's noise subsides.

Fret: (*emerging from the office carrying a bundle of timetables*) Adele, I can't make head nor tail of these[1] can you come and have a look please. (*Noticing* Katia *and* Sava.) ··· Oh.

Berlin: Adele.

Fret: Are you?

Adele: ··· It's you ··· (*Checking her watch.*) Ten past nine. (*She ticks it off* [2]*in her notebook.*) Shouldn't you be at work?

Fret: You're not? You're not?

Berlin: Fret said you'ld be here.

Fret: ··· Are you?

Adele: Isn't it beautiful? Look. Before it[3] disappears.

Berlin: Yes. Adele. I.

Fret: Obviously not.

Fret, *believing they must be there for a reason, tries to ignore their presence.*

Berlin: Adele, I ···

Fret: I need you to have a look at these timetables.

Adele: There, follow my hand[4] ··· there! Where the track curves before the bridge ··· past the checkpoint[5]··· there! (*She points.*)

Fret: Now! Please!

Adele: Can you see it?

Berlin: I can see it. Look, Adele, I've been ···

Fret: You're not waiting for a train or anything, are you?

Adele: It's going to Warsaw.[6] Imagine ··· Warsaw.

Fret: Only you do realise there aren't any.

Fret *lays the timetables on the floor and attempts to study them.*

---

[1] I can't make head nor tail of these: "난 이것들을 도저히 이해할 수가 없는데."

[2] tick (something) off: ~에 체크표시를 하다.

[3] it은 기차를 지칭.

[4] follow my hand: "내 손끝(이 가리키는 쪽)을 봐요."

[5] checkpoint: (국경의) 검문소.

[6] Warsaw: 폴란드의 수도 바르샤바.

Berlin: I … had a surprise today.
Fret: Trains, I mean. None. They're all cancelled.
Berlin: A shock, in fact. I had a shock.
Fret: For today, at least.
Adele: I've never been to Warsaw.
Fret: None stopping.
Berlin: There was an announcement in the canteen.[1]
Adele: I've unloaded parcels from Warsaw. I've sold tickets to Warsaw. I've seen Warsaw in pictures, but I've never been.
Berlin: Over breakfast … in the canteen.
Adele: Never actually.
Berlin: Billy told us two hundred jobs were going.
Fret: You realise there's no point in …?
Berlin: Over breakfast, he said there wasn't enough work. 'I'm sorry about that, lads.' He said,
Fret: It … pains me … to say it.
Berlin: 'Sorry, lads.' … Like he was saying there wasn't enough ham.
Fret: A station is a place for trains, after all.
Berlin: Not enough work for us all to have some. That's the bottom line. He said.
Fret: It's a fair mistake to make[2] … but there is a sign. (*He points. They ignore him. He returns to his office.*)
Berlin: Something's got to give.[3] He said a consultant had been. Someone from head office.[4]
Fret: I'm sorry for any inconvenience.
Berlin: The consultant said we've been living in a dreamland. Four men employed to run the furnace.[5]
Fret: ADELE, THIS DOESN'T MAKE ANY SENSE!

---

1 canteen: (공장, 학교 등의) 구내 식당. 매점.

2 a fair mistake to make: 능히 할 만한 실수.

3 Something's got to give: 지금 당장 결단을 내려야 한다. 사태가 급박하다.

4 head office: 본사.

5 furnace: 용광로. 고로(高爐).

Berlin: 'Four men. Dreamland! Cloudcuckooland,[1] crazy' … he said.
Fret: Of course it's all down to the changes.[2]
Berlin: 'You people can't be serious,'[3] he said.
Fret: I'm sure you're aware of them.
Berlin: 'I don't believe it,' he said.
Fret: The changes.
Berlin: He rolled his finger at the side of his head.[4] 'Unbelievable.'
Fret: They're getting in everywhere.
Berlin: 'Economic lunacy.[5] Economic madness. Looks like someone's been telling you people bedtime stories.'
Fret: Like dirt.
Berlin: Someone's been telling me bedtime stories, Adele.
Fret: Muck.[6]
Berlin: I've been sacked. Put out. Horse as well. All of us. Finished.
Fret: Waste of my time.
Berlin: What do you make of that?[7]
Fret: Waste of your time. A great big waste.
Fret *goes back into his office.*
Berlin: Machines can run a furnace apparently. Apparently they don't need furnacemen.
Adele: Berlin …
Berlin: Apparently, I've been unnecessary[8] for some time.
Adele: Berlin, maybe it means something …
Berlin: … not just unnecessary, Adele, but harmful as well.
Adele: Maybe it's fate … maybe it's God.

---

1 Cloudcuckooland: cloud cuckoo land. 이상향. 몽상의 세계.
2 it's all down to the changes: "이 모든 것이 결국 변화 때문에 벌어지는 일이지."
3 You people can't be serious: "당신들 농담하는 거지요?"
4 He rolled his finger at the side of his head: 자신이 말하는 바를 강조하거나 아이러니한 상황을 드러내기 위해 손가락으로 허공에 만드는 인용 부호(air quote)를 말함.
5 Economic lunacy: (인플레이션, 암시장, 투기 등의) 경제적 광증. 경제적 장애.
6 muck: 엉망진창. 혼란상태.
7 What do you make of that?: "당신은 거기에 대해 어떻게 생각해?"
8 unnecessary: 불필요한. 무익한.

Berlin: It would be just like him.

Adele: It could be a sign …

Berlin: A sort of 'Piss off, Berlin, you're out' sign?

Adele: A green light. A chance. Do you remember we said before … when the border opened … we said, 'What's to stop us?' Do you remember? What's to stop us? A factory, a job, a station. That's all … a pissy[1] job … nothing … worthless. Maybe it's a chance, Berlin. A new start.

Berlin: You're not helping, Adele.

Adele: But you're free. Don't you see? You've been released.

Berlin: I didn't want to be released, Adele. I can't do anything else. Working the furnace is my job. It's all I know. There's nothing else. Nowhere else for me to go.

Adele: Look … see there … at the edge of the forest. You can see the border. Just. There. You can make out the wire.[2]

Berlin: You might as well admit I'm finished, Adele.

Adele: Nothing changes on either side of it, the landscape stays the same, there's just the wire. Hardly visible. Like a thought.[3]

Berlin: Listen to me! Listen to what I'm telling you.

Adele: It's as if the border's hardly there, as if you could imagine it away. What do you think? As if you could just walk through it … just cross the line.

Berlin: You don't make any sense, Adele. You've no idea. I'm fucked. You're fucked. We're Fucked. Fucking out of it. Out of the fucking running.[4] Fucked utterly.

…

I'm sorry.

Fret *emerges holding the fat pile of timetables in his hand, defeated.*

---

[1] pissy: 더럽고 불쾌한. 오줌냄새 나는.

[2] you can make out the wire: "(저기) 철조망 보이지?" make out: 분간하다. 알아보다.

[3] Nothing changes … just the wire. Hardly visible. Like a thought: Adele은 국경을 표시하는 철조망이 실제로 "거의 눈에 띄지 않고," 단지 생각에 지나지 않는다고 강조한다. 이는 국경 너머의 미지의 세계에 대한 Adele의 동경심을 드러내 줄 뿐만 아니라, 그녀가 Berlin과는 달리 현실을 넘어서는 상상력을 소유하고 있음을 보여준다.

[4] out of the running: 승산이 없는. 이미 끝난.

Fret: Adele!
Berlin: I said sorry.
Fret: ADELE!

…

See this? Four hundred pages and none of it makes sense. Times, stations, trains … They've no relation to anything. Meaningless … they might just as well be foreign.

Berlin: I didn't mean …
Fret: Foreign books. ADELE! I can only think, things must have … somewhere along the line … In head office they must … I don't know … I don't follow … I just think THINGS MUST HAVE COME TO SOMETHING[1] IF THE STATIONMASTER CAN'T FOLLOW THE TIMETABLE.
Berlin: I'm sorry. We need a chance to talk …
Adele: I've got to go.
Berlin: Adele. Adele.

Adele *doesn't reply. She leaves.* Berlin *is left standing alone.*

Express train passing.

4 A breach of regulations

Katia *and* Sava *as before.* Katia *is sitting and* Sava *is asleep in her lap. During the scene* Sava *wakes up. They might exchange a few words in low voices but they don't say much.*
Adele *and* Fret *are pinning up the new timetables around the station.* Fret *disappears in and out of the office during the scene fetching drawing pins, timetable sheets etc.*

Adele: She looks foreign.

Fret *coming out of office.*

---

[1] THINGS MUST HAVE COME TO SOMETHING: 어떤 문제가 생긴 것이 틀림없다.

Fret: They've been here since this morning.

Adele: You did say there were no trains?

Fret: They ignored me. Just sat. Didn't even look at me.

Adele: Maybe they're on business. Between meetings.[1]

Fret: Vagrants.[2]

Fret *in office.*

Adele: Perhaps they're tourists …

Fret: Here?

Adele: They might be … Or she could be a journalist … on the trail of a hot story[3] …

Fret: Local Station In 'We waited for train but it never arrived' Drama.

Adele: You never know. Maybe … or … maybe they're travelling incognito.[4] On the run … spies, criminals, gun runners[5] from Libya. Maybe they're supplying freedom fighters[6] or terrorist factions in … England … with plastic explosives and mortars[7] … maybe she's wanted by Interpol[8] … maybe she's responsible for hundreds of deaths in dozens of cities …

Fret *out of office.*

Fret: I don't care who they are they can't loiter[9] on my platform … we're not a bloody youth hostel.

Adele: I don't see what harm they're doing.

Fret: It's my station.

Adele: I don't see why they shouldn't wait … if they want to.

Fret: It's a breach of regulations.[10]

---

1 Between meetings: 회의들 사이에. 또 다른 회의에 참석하러 가는 도중에.

2 vagrant: 부랑자. 방랑자.

3 on the trail of a hot story: 특종을 추적하는.

4 incognito: (자신의) 신분을 숨기고. 가명(익명)으로.

5 gun runner: 총기 밀수업자.

6 freedom fighter: 자유의 전사 (반정부 무장 투쟁을 하는 사람을 그 지지자들이 칭하는 이름).

7 plastic explosives and mortars: 플라스틱 폭탄과 박격포.

8 Interpol: 인터폴. 국제 경찰.

9 loiter: 어정거리다. 빈둥거리다.

10 a breach of regulations: 규정(법규) 위반.

Adele: Is it?

Fret: Probably … I don't know … I'm not sure but it can't be allowed to continue …

Adele: Why not?

Fret: Because … because … Look, Adele, I don't mean to lecture you …

Adele: But …

Fret *in office.*

Fret: If you want to run a station like this you have to learn you can't just let things ride.[1] Not in this job. You have to take control, get a hold of the reins early on[2] … see what's happening and respond effectively with action …

Adele: I think he looks ill. Maybe he's ill? Maybe he can't move. She looks concerned.

Fret *out of office.*

Fret: When you're in the railways, Adele, you're connected to the heart of things … so you have to keep a constant watch on every little situation because there's always the possibility of repercussions[3] along the line …

Adele *finally catches* Katia'*s eye. They exchange a look.*

Fret *in office.*

Fret: A little delay in Levski North[4] because the driver wants a sardine sandwich or a garlic sausage from the kiosk.[5] Are you listening? This is your training,[6] Adele … maybe the driver was at school with the kiosk man, maybe a mutual friend's getting married so they have a gossip … it's possible … it's the sort of situation a stationmaster comes across every day …

Adele: There's something … how would you describe it? Something

---

[1] let things ride: 방치하다. 내버려 두다.

[2] get a hold of the reins early on: 사전에 통제하다.

[3] repercussions: (좋지 못한) 결과. 악영향.

[4] Levski North: 불가리아의 Levski에 위치한 기차역 이름.

[5] sardine sandwich: 정어리 샌드위치. kiosk: (신문, 음료 등을 파는) 간이 매점.

[6] This is your training: "네가 배워야 될 일이야."

…

Fret: In that sausage, Adele, are the seeds of catastrophe[1] … because the next thing is the Cracow express[2] is kept waiting at the points …

Adele: … sophisticated, she looks … she's not from here anyway … not local …

Fret: Ten minutes maybe it waits … so it's late in Cracow where it has to connect with the Paris train. An entire transcontinental train kept waiting for ten, maybe by this stage, fifteen minutes …

Adele: She doesn't look like she'd be local anywhere …

Sava *produces a stove from their luggage and a small bottle of water. He proceeds to light the stove to heat up the water for coffee.*

Fret: So appointments aren't kept, businessmen apologise.

Adele: No fixed abode,[3] a traveller.

Fret: Wives worry, husbands suspect, lovers are cheated of a few moments together, a gentle shudder across the skin of the nation [4]… because the driver of the Levski train wants a garlic sausage … you let things slide on the railways and there are repercussions … that's one of the few things in this life you can be sure of. You can't just let things ride.

In front of them a small stove of water is boiling. Adele *is watching.* Fret *comes out …*

Fret: … (*Horrified.*)

They're cooking.

…

They're cooking.

…

They thought they'd just … have a cook. On my platform.

[1] the seeds of catastrophe: 파국 (비극)의 씨앗.

[2] the Cracow express: Cracow (폴란드에서 두 번째로 크고 오래된 도시)행 급행 열차.

[3] No fixed abode: 일정한 거처가 없는.

[4] a gentle shudder across the skin of the nation: 국가 전역에 느껴지는 조용한 전율. 열차 기관사의 조그마한 방심으로 인하여 전국민들이 입게 되는 피해와 불안을 지칭.

THIS IS NOT A GYPSY ENCAMPMENT.[1]

Determined, Fret, *returns to his office. After a moment, the tannoy*[2] *plays a short irritating tune.*

Tune.

Fret: (*coughs*) Attention please, ladies and gentlemen, attention please … this is a passenger announcement. There will be no trains today. Trains today have been cancelled. The next train for passengers at this station will not be for some time … a long time … until further notice … (*He coughs.*) … we apologise for any inconvenience. This has been a passenger announcement on behalf of state railways. Thank you for your attention.

The tannoy plays a short irritating tune.

Fret *pops his head out of the office …* Katia *and* Sava *have taken no notice. Frustrated,* Fret *returns to the tannoy.*

Short irritating tune. Katia notices the tune with annoyance.

Adele: He's right …

Fret: The delay is due to … to …

Adele: (*to* Katia) The place is falling apart.

Fret: Re-structuring … restructuring which is …

Adele: It's upsetting … he's upset … as you can see.

Fret: It's necessary … necessary restructuring is taking place … for your benefit …

Adele: The system's collapsing …

Fret: And so there aren't any trains … Passengers are therefore advised to make alternative arrangements …

Fret *pops his head out … seeing they have taken no notice … he returns to the tannoy in fury.*

Sava *is about to reply tentatively to* Adele's *question when he is drowned by …*

… a short irritating tune.

Fret: … Attention… Achtung[3] … it's obviously stupid to wait for a

---

1 A GYPSY ENCAMPMENT: 집시들의 야영지.

2 tannoy: 스피커 장치.

3 Achtung: a German word meaning "attention."

train when a train is obviously not coming.

…

…

Please go now.

He comes out of his office.

All right. Show me your tickets.

Adele: Fret!

Katia: We don't have any tickets.

Fret: How do you expect to get on a train without proper tickets?

Katia: We expect nothing.

Adele: He gets this way … he's a stickler[1] …

Fret: You expect nothing?

Katia: Nothing.

Fret: I see.

Sava: We're making tea. Would you like some?

Fret: You do realise you're flying in the face of all reason?[2] You're not bloody inter-railers[3] are you?

Sava: You wouldn't have a teaspoon of sugar at all?

Adele: I'll get it …

Fret: Stay there! Inter-railers-travelling about without a bloody destination … expecting nothing … letting it happen[4] … getting on and off trains with complete disregard for the principle of the thing.

Katia: Be careful of the stove.

Fret: Sleeping in stations … in stations, for God's sake. International Casanovas[5] and their Australian girlfriends. 'Let it happen' they say … as though getting on a train was like getting old, or getting sick or dying or something. Well it's not, not in my station at any rate. In my station you buy a ticket, you get on a train and you go

1 stickler: (규칙 등에) 까다로운 사람. 엄격한 사람.

2 fly in the face of all reason: 이성을 거스르다. 비 이성적으로 행동하다.

3 inter-railer: (유럽) 기간제 자유 열차 이용객. interail: 유럽인들을 위해 일정 기간 일정 지역에서 마음대로 국유철도를 이용할 수 있도록 한 유럽의 기간제 승차권.

4 letting it happen: 될 되면 되라는 식으로.

5 International Casanovas: 국제적인 바람둥이.

where you say you're going to go. Expect nothing. Bloody hell.

Sava: You'll hurt your foot … boiling water will fall on your foot.

Fret: Expect nothing! … It's a passenger's job to expect something, it's a civic responsibility … when you stop expecting anything from people you're only a step away from anarchism.[1] Give me your pass, show me your pass!

Katia: We don't have any pass.

Fret: No pass. I see. Anarchists.

Katia: This is a waiting room … we're waiting. We don't need a pass.

Adele: She's right.

Fret: All right, come on, party's over … this rubbish … all finished now … (*He starts to pick up their belongings and stuff them carelessly into their bags.*)

Sava: Watch the tea for goodness sake!

Adele: Fret!

The stove is knocked over. The water spills.

Sava: Oh dear.

Fret: (*a cry of pain, boiling water has poured onto his foot*).

Adele: (*to* Katia) I'm sorry.

Katia: I told you.

Fret: TYPICAL … THAT'S FUCKING TYPICAL …

Katia: (*to* Sava) I told you this would happen.

Fret: Indicative[2] … that's what you are. Indicative of the whole fucking situation.

Adele: I'll get the mop.[3]

Fret: The whole thing! (*A cry of pain.*) … The whole bloody thing's fucked.

Fret *sits down disconsolately*[4] *nursing his foot. No one moves.*

Adele: Should I get a bandage?

Fret: Do whatever … just whatever … I don't care … let it happen …

---

1 Anarchism: 무정부주의 (모든 정치 조직이나 권력을 부정하는 사상 및 운동).

2 indicative (of): ~을 보여주는. ~을 나타내는.

3 mop: 대걸레.

4 disconsolately: 절망스럽게.

Sava: Excuse me. We've come a long way …

Katia: We won't disturb you. We intend to be gone soon.

Sava: All we want is to spend a short while here in peace. We're not planning a coup … we're not bandits[1] …

Katia: I can assure you, we dislike it here as much as you do.

Sava: I'm sorry if things are bad for you just now but things are bad where we come from as well. We've been blown around from place to place for a long time and this is where we've come to rest. For now. The fault is neither yours nor ours but belongs to the random chaotic winds of current events. I suggest you calm down and we'll have a look at your timetables if that's the problem … I've worked on the railways myself. I know the system. If there aren't any trains then we'll be in nobody's way …

Katia: We're good at staying hidden. We're practiced.[2]

Sava: Maybe we can even be of some use.

Katia: Someone to blame if nothing else.[3]

Sava *awaits some response.* Fret *has no response to give. Pause. Noise of train builds up.*

Express train passes.

5 Flying boat people

Inside the Calypso Bar in the afternoon. The Calypso Bar is shabby and has counters and formica tables.[4] *The chairs are hard like school chairs.* Berlin, Billy *and* Horse *are nursing beers.*[5]

Berlin: A video.

---

1 bandit: 노상 강도.

2 practiced: 능숙한. 숙련된.

3 Someone to blame if nothing else: "적어도 비난 받을 대상 노릇은 하겠지."

4 formica table: 포마이카 (열경화성 합성수지)로 만들어진 테이블.

5 nurse beers: 맥주를 천천히 홀짝이다.

Horse: A datsun.[1]
Billy: Dirty books.
Berlin: Beer.
Horse: A trip to the mountains.
Berlin: To the beach.
Billy: To the sunny Med.[2]
Horse: To be naked on the sand.
Berlin: To go brown in the heat.
Horse: Like a pig on a spit.[3]
Billy: Surrounded by women.
Berlin: Slaves.
Billy: An endless supply of ice cold beer.
Horse: A magical cock.[4] A magical cock that can piss ice cold beer.

…

A change of mood.

Billy: Seriously, I might build a house, maybe …
Berlin: A cabin in the forest.
Horse: A bachelor pad.[5]
Berlin: With your own hands …
Billy: Miles from anywhere.
Horse: Only the wolves for company.
Berlin: Hunt your own food …
Billy: Self reliance.[6]
Horse: You could live …
Berlin: Until you died …
Billy: In the middle of the forest.
Horse: No one'd ever know.

…

[1] Datsun: (브랜드) 일제 자동차 이름.

[2] The Med: 지중해(the Mediterranean Sea).

[3] Like a pig on a spit: 통 구이 바비큐처럼. spit: (고기 굽는) 쇠꼬챙이.

[4] cock: 남자의 성기.

[5] bachelor pad: 독신자용 아파트. 원룸 아파트.

[6] self reliance: 자립. 독립.

A change of mood.

Berlin: When you think ⋯ When you think what ⋯ Fuck, I want to …

Horse: Give someone a doing[1]⋯

Billy: A kicking.

Berlin: Some fuck.

Horse: That fucking consultant.

Billy: And the other cunts.[2]

Berlin: All the fuckers.

Horse: Pan[3] their cunts in.

Billy: Cunting pan them.

Berlin: Waste[4] them, Billy. I want to waste them.

All: Fuckin waste the cunts.

…

Billy: Seriously but. What'll you do?

Berlin: Waste them. Like I said.

Horse: Who?

Berlin: Them, someone.

Billy: You wouldn't though, would you? Not really.

Horse: Why not?

Billy: Because it would be stupid.

Berlin: Would it?

Billy: Aye it would.

Berlin: Is that so?

Billy: It is.

Berlin: That's what you say is it?

Billy: Aye.

Berlin: Stupid?

Billy: Berlin.

Berlin: That's me. That's my name. So what?

---

1 a doing: a thrashing, beating-up. 마구 때림.

2 cunt: 구역질 나는 놈.

3 pan: hit or strike (a person). 때리다.

4 waste: beat up. kill.

A slight pause.

Horse: I think it could be good.
Berlin: What?
Horse: What you said.
Berlin: When?
Horse: Just then. What you were saying. I'm with you.
Berlin: Good.
Billy: Fine.
Berlin: Right.

…

A change of mood.

Horse: Did you ever see that video? The one where the bloke …
Berlin: The one where he goes mental [1]…
Horse: Shoots everyone in the train …
Billy: Never seen it …
Horse: You'ld need to get a gun …
Billy: What happens to him in the end?
Horse: Blaze of bullets …
Berlin: Flesh flies[2] …
Billy: Fantastic.
Horse: Brilliant. Work of a brilliant mind.
Berlin: Blood splatters all over the joint[3] …
Horse: Classic of the genre.
Billy: Look at those pricks.[4]
Horse: Where?
Billy: There. The wee[5] cunts.
Horse: The skinheads.
Billy: Aye.
Horse: What about them?

---

1 go mental: 미치다.

2 flesh fly: 쉬파리 (죽은 동물의 시체나 날고기에 산란함).

3 Blood splatters all over the joint: 온 천지에 피가 튀다. joint: 장소. 건물.

4 prick: jerk. 바보 같은 놈. 귀찮은 놈.

5 wee: (특히 스코틀랜드 영어) 크기가 아주 작은.

Billy: Well ··· You didn't used to see that.
Berlin: They look under age.
Billy: Not here. You didn't used to get that in here.
Berlin: You ought to tell their dads.
Horse: Twats.[1]
Billy: It's coming to something.
Berlin: Coming to something all right ···
Horse: It's not right.
Billy: You're right.
Berlin: It's all wrong.
···
Horse: What would you do, Berlin, if you were ···?
Berlin: What?
Horse: In charge.
Billy: Of what?
Horse: You know ···
Billy: President?
Horse: King.
Berlin: Dictator.
Horse: All of that.
Berlin: I'd ··· I'd sort it out ···
Billy: How?
Berlin: I'd do the business.
Billy: You would have to face economical realities.
Horse: Harsh ones.
Billy: Stiff ones.
Horse: The cold winds of recession.[2]
Billy: Too many workers not enough jobs.
Berlin: Yeah, well. I'm not, am I. I'm not president.
Horse: But if you were.
Berlin: I'd ··· fuck Jackie Kennedy ··· and Marilyn Monroe,[3] I'd buy

[1] twat: 등신. 머저리.

[2] recession: 불경기. 불황.

[3] Jackie Kennedy: 케네디 전 미국 대통령 부인. Marilyn Monroe: 미국의 여배우. 아

expensive women for myself and my friends, smart suit, smart car, smart life … smart.

Horse: I'd get rid of the blacks.

Berlin: Which ones?

Horse: All of them … boat people.[1]

Billy: Boat People?

Horse: Steal our jobs.

Berlin: Boat People?

Horse: Apparently.

Billy: But …

Berlin: We're miles from the sea.

Horse: They fly them.

Billy: Flying boat people.

Horse: Apparently.

Berlin: Where did you learn that?

Horse: A bloke told me.

Billy: You should be over there … with Go Balls[2] and his mates.

Horse: Maybe I should.

Berlin: You'ld suit a skinhead.

Billy: You'ld really do it … if you were dictator …

Horse: First I'd give all the blacks' jobs back to us.

Billy: And then what?

Horse: Then I'd …

Billy: What?

Horse: Well, I'd …

Billy: What?

Horse: … fuck Jackie Kennedy …

Billy: And then …?

Horse: I'd … Retire. Give it all up. Live in a hut in forest. What about

름다운 금발과 푸른 눈, 전신에서 발산하는 독특한 성적 매력으로 인해 세계적인 섹시 심벌이 됨.

[1] Boat people: 월남의 패망을 전후하여 해로를 통하여 탈출한 베트남의 난민. 여기서는 일반적으로 보트를 타고 표류하는 난민들을 지칭.

[2] Go Balls: Be Courageous. 여기에선 인종주의 단체 이름.

you?

Billy: I've decided already.

Berlin: What?

Billy: I'm leaving.

Horse: It's early.

Billy: Leaving here. Leaving town. Vamoose. Skidaddle.[1]

Horse: But … Billy … Billy Bilbo …

Billy: Saddle up and ride my pony …

Horse: Old Bill …

Billy: Get out while the gettings good[2] … I say.

Horse: My old mate Billington …

Berlin: Are you serious?

Billy: Couldn't be more so.

Horse: Bilboglio … mate … pal …

Berlin: Why?

Billy: Look around you, Berlin. The place is fucked. We live in a dirty, nothing place … it's fucked, mate. On its way down. Sinking. Anyone can see that. You just need to look around you …

Horse: The skins?

Billy: The town's sick, fading fast, last legs time[3] …

Berlin: They're just wee boys, Billy …

Horse: They're just …

Billy: Wolves looking for scraps … flies on shit. I'm getting out.

Berlin: But this is … where you live, Billy.

Billy: I don't live here, it's a weight, a stone in the stomach,[4] it's not a place to live it's a place to die.

Horse: I like it.

Billy: You keep it.

Horse: Well, I never thought …

---

1 Vamoose: 급히 떠나다. Skidaddle: 떠나다. 줄행랑을 치다.

2 Get out while the getting's good: 도망칠 수 있을 때 도망치다.

3 on one's (its) last legs: 기진맥진하여. 죽음에 이르러.

4 a weight, a stone in the stomach: 위 속의 돌 같은 존재. weight: 걱정, 중압감.

Berlin: Never saw you as the leaving type,[1] Billy.
Billy: We should all leave. Get out … split up … look around.
Horse: But … what about … solidarity …?
Berlin: We always said we'd stick together.
Billy: Losers stick together … crowds … sheep … that's sticking together … not me. No way … I'm on my own. I've jumped ship. I'll try my luck with the sharks. Strike out … swim for the horizon while my head's above water …
Horse: Cabin in the woods for me. Fend for myself.
Berlin: I'm staying here. Staying put. Do what I can to keep sane. It's home, isn't it? Roots. I've got a wife.
Billy: Get out while you can, if you can.
Berlin: I can leave any time if I want to …
Billy: Bullshit, you're trapped.
Berlin: I just don't want to leave at this moment in time.
Billy: You're trapped.
Berlin: Fuck you I am.
Billy: You're stuck, under the bedclothes, can't get up and face the day in case the world's moved on in the night. Keep the curtains closed and lie still … stuck. That's you.
Berlin: Fuck you, Billy … I just want …
Horse: … a magical cock that can piss cold beer.
Berlin: And a magical arse that can shit cash.

A change of mood. Express train passes.

[1] the leaving type: 떠나는 부류. 작품 전체를 통해 등장인물들은 '떠나려는(방랑하는) 타입'과 '머무르려는 타입'으로 나뉘어 질 수 있다. Billy는 미래의 Morocco를 연상시키고 있으며, 다른 이유기는 하지만 Katia와 Adele 역시 '떠나려는 부류'에 속한다. 반면에 자신의 정체성을 동일한 지역과 인종에서 찾으려는 Berlin과 Horse, 그리고 서구 근대성이 상징하는 이성의 힘을 여전히 신뢰하는 Fret과 Sava 역시 크게 보아 '머무르려는 타입'에 속한다.

6 A quiet talk

At night. Katia *and* Sava *are amongst their shabby suitcases and bags.* Sava *has a blanket around his shoulders.* Katia *is obviously cold, she is smoking.*

Sava: Sit down. We can share the blanket.
Katia: I'm all right.
Sava: You'll freeze.
Katia: I'm all right.
Sava: What're you thinking about?
Katia: Nothing.
Sava: You're chewing your lip.
Katia: Am I?
Sava: When you were eight and used to take your mother's hand for the walk to school, you chewed your lip like that.
Katia: We shouldn't have stopped. We were safer travelling. Keeping moving.
Sava: You chewed your lip and frowned. While your mother smiled and passed the time with other mothers you stood at her knee and frowned like you disapproved.
Katia: I think we've made a mistake. That's all.
Sava: You held her hand and tried to pull her along the road. When the other children were kicking stones you were buttoned up, in smart shoes and your eyes fixed straight ahead. No deviations, no detours.[1]
Katia: We'll end up stuck here. At least while we were hidden we were flexible.[2] We had the chance to move on.
Sava: Taking responsibility for everything. Making sure.
Katia: Now we're out in the open.[3]
Sava: Sit down. Come on. Sit next to your dad. Give your old man a

[1] No deviations, no detours: 한 눈 팔지 않고, 우회하지도 않고.
[2] flexible: 유연한. 융통성 있는. 쉽게 움직일 수 있는.
[3] out in the open: 외부에 완전히 노출되어 있는.

hug.

Katia: I'm not cold.

Sava: Of course you're cold. Come here.

Katia: It's fine, Dad. Look. I said I was fine.

Sava: What's the matter … I smell … is that the problem?

Katia: Dad.

Sava: You don't smell so great yourself … We've sweated away the summer in dirty camps. The bus was an oven. An overcrowded oven. We're bound to smell a bit[1]… come on … sit. Stop worrying. We'll be all right.

Katia: I've made a plan.

Sava: Another one.

Katia: There won't be any trains here, the stationmaster said so himself. It's pointless staying. So we'll have to hitch.[2] If you stand back from the road and I get cleaned up a bit we'll get lifts easily, if not we'll keep walking. In a bigger place we can get lost. We can find papers, passports, contacts … something. First we need to get out of here. Berlin maybe … Paris … Milan. Somewhere big, I'm not sure yet. I just know we can't stay here. It's too small. We're too visible.

Sava: I'm tired of plans, Katia.

Katia: I'll get a job in a club or a bar. We'll get a room.

Sava: You don't want to work in a club … you've been to college … you belong in an office … somewhere clean, somewhere modern.

Katia: A bar … something … whatever … then we can start … a room, some money …

Sava: A bar … it's so undignified.

Katia: A room and some money first and I'll worry about dignity later.

Sava: You plan too much. Tomorrow's tomorrow … tonight it's late, we've come a long way, try to sleep.

Katia: I've got things to work out.

Sava: You'll make yourself ill.

---

[1] We're bound to smell a bit: "우리한테서 약간 냄새 나는 것도 당연하지."

[2] hitch: hitchhike. 차를 얻어 타다.

Katia: I'm trying to be realistic. I'm trying to assess the options. We can't stay here.

Sava: A station's as good a place as any. I like stations. They make me feel at home.

Katia: We'll get sent back, they'll leave us to rot in some transit camp[1] over the border.

Sava: Maybe. I don't think so.

Katia: I've seen it happen.

Sava: You underestimate people.

Katia: Believe me, they invented hate in places like this. There's not much other nightlife.[2] I've seen it before. I saw it at home.

Sava: You underestimate human nature. It's human nature to be suspicious at first. But you forget that it's also human nature to see the truth of a situation when the situation's made clear. That's what you forget. We're dignified people. We're decent people. These things are valued everywhere.

Katia: You still don't see it, do you?

Sava: I don't see it the way you do.

…

Katia, we're not in some savage country on the other side of the world. Look around you, look at the architecture. Listen to the sounds from the street. You can smell the forest. We're a long way from home but we're still in Europe. We'll be looked after. Our situation will be understood.

Katia: Europe. Snipers on the rooftops,[3] mortars in the suburbs and you said: 'This is Europe … we must stay in Europe.' So we stayed, even after the food ran out: 'This is Europe.' When the hospitals were left with nothing but alcohol and dirty bandages … I warned you and you still said: 'This is Europe … honesty will prevail, sense will win … this war is an aberration … a tear in the fabric.[4] In time it'll be

---

1 transit camp: 난민 임시 수용소.

2 nightlife: 야간에 할 수 있는 오락이나 유흥.

3 snipers on the rooftops: 지붕 위의 저격수.

4 honesty will prevail, sense will win … a tear in the fabric: "정직함이 팽배하고 이

sewn up again and things will look as good as new.'

Sava: What are you saying?

Katia: I'm saying I believed you.

Sava: It was the truth. It still is the truth. Katia, the important thing is that we never give in to animalism,[1] to barbarism.

Katia: At least animals protect their own.

Sava: So. This is what you wanted to talk about.

Katia: Maybe.

Sava: Say it then.

Katia: We stayed and … We stayed.

Sava: Go on.

Katia: It doesn't matter.

Sava: Say what you mean to say.

Katia: Forget it. I just think we should move on.

Sava: Is that everything?

Katia: Yes.

Sava: That's all you want to say.

Katia: For now.

Sava: Then it's late. We'll talk about it in the morning.

Katia: Sure.

Sava: Come and share the blanket.

Katia: I'm all right.

Express train passing.

7 Look what Berlin found on the steps

Inside the Calypso Bar. Horse *and* Billy *are drinking.* Berlin *enters with* Morocco. Morocco *is uneasy.*

성이 승리할거야 … 이 전쟁은 일시적인 일탈일 뿐이며, 천에 난 조그만 구멍일 뿐이야."

[1] animalism: 동물성. 수욕주의.

Berlin: Horse, Billy, look what I found …
Horse: Morocco!
Billy: I don't believe it.
Berlin: On the steps of the hotel …
Morocco: The hotel …
Berlin: Dark suit, smart, dark glasses, really smart …
Morocco: I do what I can …
Billy: Long time no see, Morocco.
Morocco: Too long.
Berlin: What did I say when I saw you? What did I say …
Morocco: …
Berlin: I said … fuck me.[1] I said fuck me.
Morocco: He did. He said that.
Berlin: I said it because I love this man. I love him. I've loved him since we were both so high[2] and he used to sell me dirty pictures he'd stolen from you boys …
Morocco: No.
Billy: So that's where they went.
Berlin: If you can't rip off[3] your friends, who can you rip off.
Horse: Morocco the porno dealer!
Morocco: I didn't do it … he's making it up for effect.[4]
Berlin: Our local entrepreneur.[5]
Billy: I'm surprised you came back. I thought you were gone for good.
Morocco: I missed the old place. I missed it. Honest to God I swear. I missed you boys. I missed the bar … I've been all over the continent from the Baltic to Gibraltar but even an entrepreneur has feelings … I missed it …
Berlin: I don't believe you. The only thing you worry about missing is the chance to buy dollars.

---

1 fuck me: "제기랄, 이런 깜짝이야."

2 high: 마약에 취한.

3 rip off: 등쳐 먹다. 훔치다.

4 make it up for effect: (이야기를) 과장해서 꾸며내다.

5 entrepreneur: (모험적인) 사업가.

Morocco: I pined.[1] I swear. That's the only word for it. Pined. Worse than any dog. Alone in the train from Vienna to Belgrade[2] I passed the time with dreams of home … I knew I had to come back in the end.

Horse: What are you selling this time, Morocco?

Morocco: Selling? Nothing. Nothing … not today … today I've come with nothing except presents … see …

He opens his suitcase.

Vodka.

Horse: Jesus.

Morocco: One each … see … friends. (*He gives them each a bottle.*) Now … a toast … to the boys. I heard the bad news. The factory etc. I heard … I'm sorry. Believe me. Still, one door closed another opens. It's from Poland this. Best there is. To home … where we all belong.

Billy: It doesn't belong to me … Morocco.

Morocco: Of course it belongs to you. Who else can it belong to? It belongs to me. It belongs to everyone … to us.

Billy: You've got money, Morocco, you wouldn't understand.

Morocco: Take it from me.[3] It's the same old place. I may have been away, but I see the old faces, smell the old smells. When you're a business traveller like me, Horse, you carry your memories everywhere with you like precious stones and every night, in hotels, on trains, in ditches, you take them out and count them, you examine every facet, you count and recount for comfort's sake till you fall asleep. Believe me your memories are more valuable than money, never mind the currency.

Horse: Is this stuff nicked?[4]

Morocco: Never.

---

1 pine: 애타게 그리워하다.

2 Belgrade: 베오그라드 (이전 유고슬라비아의 수도).

3 Take it from me: "정말이야, 내 말을 믿어."

4 Is this stuff nicked? : "이거 훔친 것 아니야?"

Berlin: Looks dodgy[1] to me. Smuggled over the border?

Morocco: No. It's just ⋯ export ⋯ import export.

Horse: Import export? You're a fucking smuggler.[2]

Morocco: No ⋯ What else is a border for?

Horse: We could get you arrested, Morocco.

Morocco *draws a line down the middle of the table. He uses the bottles and glasses etc. to demonstrate his theories.*

Morocco: This is what a border is. See ⋯?

Berlin: What?

Morocco: A magic money line. See. You pass something across it and it's suddenly worth more. Pass it across again and now it's cheaper. More ⋯ less ⋯ less ⋯ more fags,[3] drink, jobs, cars ⋯ less is more, more or less ⋯ see magic money just for crossing a magic line. I'm not a smuggler, I'm a magician, an illusionist.[4] There's no crime in that.

Berlin: The money's real enough though, isn't it. Mr Smart Shoes.[5] You've done well.

Again Morocco *demonstrates, this time he performs the trick.*

Morocco: I swear to God it's a conjuring trick.[6] Swear to God. Give me a dollar ⋯ abracadabra ⋯ I give you roubles[7] back ⋯ give me some roubles ⋯ come on give ⋯ hey presto[8] ⋯ Deutchmarks. It's all imaginary ⋯ none of it's real, none. You just have to think up the trick ⋯ it's easy ⋯

Billy: Maybe to you. But there has to be ⋯

Horse: A catch.[9]

---

[1] dodgy: 의심스러운. 부정직해 보이는.

[2] smuggler: 밀수업자.

[3] fag: 값싼 담배.

[4] illusionist: 마술사.

[5] Mr Smart Shoes: 멋쟁이 아저씨.

[6] conjuring trick: 마술 묘기.

[7] rouble: ruble. 구 소련의 화폐 단위.

[8] hey presto: (감탄사) 짠 (무슨 일을 마술처럼 쉽고 빨리 해냈을 때 내는 소리).

[9] catch: 함정. 속임수.

Berlin: There has to be rules.

Morocco: The more rules the better. The more rules there are the more people get caught in the net and the more it takes magicians to find the gaps. I need rules. I feed on[1] them.

Billy: You're a trader by your nature, Morocco.

Berlin: A slippery customer …

Billy: You were born to it … We're just workers.

Horse: We just make stuff …

Berlin: It's all we can do.

Morocco: Then you're fucked. Anyone can make. Anyone. Koreans, Japs[2] … English, anyone … they make. The magic comes in the buying and selling. You move something from place to place and money sticks to it … like a sticky sweet picks up fluff.[3] Take it from me. I swear to God it's magic.

Horse: Any cunt …

Berlin: Any one.

Morocco: You know what I mean. I'm only telling you the truth.

Berlin: We got the gist,[4] Morocco.

Horse: Followed the thread.[5]

Morocco: … come on … have another one … have another I've got plenty …

Morocco *shares out more vodka.*

Horse: So Morocco's a … travelling magician …

Morocco: At your service. Whatever you desire …

Horse: Can you magic me a cock that'll piss cold beer.

Berlin: Or an arse that shits cash.

Express train passing.

---

1 feed on: ~을 먹고 살다.

2 Jap: (속어) 일본 놈.

3 fluff: 솜털. 보풀.

4 get the gist: 요지를 이해하다.

5 follow the thread: 갈피를 잡다.

8 Trainspotting[1]

Adele *at dawn, unlocking the station doors.* Katia *and* Sava *are asleep.* Katia *is sitting slightly apart asleep.* Adele *kneels beside here, at a slight distance and looks at her. Some moments pass.*

Katia: What? What's going … oh … it's you … look … we'll be out in a minute.

Adele: I didn't think you'd be awake … it's early.

Katia: … we'll be gone in a minute … we'll go.

Adele: You can go back to sleep … it's not important … the first train's passing … in five minutes … I've come to …

Katia: To what?

Adele: To watch.

Katia: To watch what?

Adele: I'm sorry?

Katia: What happens at five thirty in the morning?

Adele: A train passes. Vienna. I watch them from the roof.

Katia: You're trainspotting?

Adele: Have you ever been to Vienna?

Katia: No.

Adele: Budapest?

Katia: Once.

Adele: You've been!

Katia: Once. Why?

Adele: It's where the train goes. (*Consulting brochures.*) Hungary's ancient capital.

Katia: Yes.

Adele: City of contrasts.

Katia: I suppose.

Adele: Beautiful Hapsburg Buda nestling in the hills.[2]

[1] Trainspotting: (취미로) 기차를 관찰하고 기관차 번호를 기록하는 것.

[2] Hapsburg Buda: 합스부르크 왕가 시대에 번성한 부다페스트의 부다 지역. 부다페스트는 헝가리 평야의 북서부, 다뉴브 강 양안(兩岸)에 걸쳐 있으며, 우안의 부다(Buda)

Katia: I don't remember.

Adele: And the glories of bustling Pest.[1]

Katia: Yes.

Adele: What was it like?

Katia: It was nice ···

Adele: Nice ···

Katia: Look, we needed a place to stay ···

Adele: A big hotel on the banks of the Danube.[2]

Katia: What?

Adele: Is that where you stayed?

Katia: I mean here ··· that's why we're still here, this morning. I'm sorry if it's a problem. We stayed the night. We slept here.

Adele: Tell me more.

Katia: It was cold ··· it's a station, I suppose, not a hotel. You can't be blamed for the temperature.

Adele: Tell me more about Budapest.

Katia: It was a long time ago. I don't remember.

Adele: Was it different?

Katia: To what?

Adele: To ··· this.

Katia: Slightly. Are you going to throw us out or not?

Adele: I've read about it, imagined it, I've been there so often in my head. I think I'd recognise it. I think I'd remember it. Maybe we could go back together.

Katia: I don't know what you're talking about.

Sava: Hmmm?

Adele: Five thirty-two ··· nearly time.

Sava: What's ··· going ···

Katia: Shhh

와 좌안의 페스트(Pest)로 이루어져 있다. 부다는 대지(臺地) 위에 자리하며, 왕궁(王宮)의 언덕, 겔레르트 언덕 등이 강기슭 근처까지 뻗어 있고, 역사적인 건축물이 많다. 페스트는 저지에 자리한 상업지역으로, 주변지구에 공장과 집단주택이 들어서 있다.

[1] Bustling Pest: 붐비는 페스트 지역.

[2] the Danube: 다뉴브 강 (독일 남서부에서 시작하여 동으로 흘러 흑해로 들어감).

They freeze.

Sava: Katia ··· is that ··· I thought ···

Katia: It's nothing, Dad ··· you're dreaming.

Sava: Hmm ···

There's a pause.

Adele: He's your father?

Katia: He's tired. We've been travelling. I'll wake him up if you want us to leave ··· otherwise he needs some sleep ···

Adele: Is your husband ···? Are you ···?

Katia: I'm not married.

Adele: But you're ··· I mean ···

Katia: Nice looking girl like me? I know. Look, I'd like to chat but ···

Adele: I didn't ··· mean ··· I meant. It's unusual. Isn't it? Not to be married.

Katia: Is it? Look, do you want something?

Adele: No.

Katia: You're very inquisitive.[1]

Adele: Just a conversation ···?

Katia: I don't do conversation.

Adele: I only ··· I ···

Katia: You're ··· what? What do you want?

Adele: ··· it's not that ··· it's just ···

Katia: It's too early to work? You're not after throwing us out. So what do you want?

Adele: It's nothing special ··· I like to sit ··· I like to watch the trains in the mornings, that's all.

Katia: Lovely.

Adele: The view, the forest, you can see across the town ··· that's all.

Katia: You do this every morning?

Adele: Most.

Katia: When there's a train due?

Adele: You can see it coming for miles ··· out of the hills, across the fields into the forest ··· When it comes through the station you

[1] inquisitive: 꼬치꼬치 캐묻는. 호기심이 많은.

can almost touch it.

Katia: An early morning epiphany[1] would you say?

Adele: I don't know. I ··· Would you?

Katia: ···?

Adele: You wouldn't ···?

Katia: I wouldn't what?

Adele: Like to ···

Katia: ···?

Adele: Just if you wanted.

Katia: What?

Adele: ··· come with me.

Katia: You're not going to throw us out?

Adele: No. Of course not ··· Please.

Katia: I don't know what to make of you.[2]

Adele: Don't make anything.

Katia: Very intriguing. You're not psychotic,[3] are you?

Adele: I ···

Katia: Only whenever I meet intriguing women they always turn out to be crazed in some way.

Adele: I'm not what you think.

Katia: That's what they all say.

Adele: (*looks at watch*) It's nearly time.

She climbs up to the roof.

It's coming. Hurry up.

Katia *follows her.*

Katia: Is this it?

Adele: There.

Katia: I can't see anything.

Adele: It's miles away still. Watch! It'll disappear in a minute ··· the lights get lost in the forest.

Katia *sits. It's still cold. She holds her body to keep warm.*

[1] epiphany: 깨달음. 개안.

[2] I don't know what to make of you: "당신이라는 사람은 알다가도 모르겠어."

[3] psychotic: 정신 나간. 사이코 같은.

Katia: Christ, it's freezing out here.

Adele: It's come from Amsterdam.

Katia: I'll probably get piles.[1]

Adele *grabs her hand and points it in the direction of the train.*

Adele: Look. Follow my hand. A chain of lights, look for little chain of lights … a chain of Amsterdam diamonds.[2]

A pause. She lets go of Katia's *hand and moves away slightly.*

Fret *unlocks the station door. Loudly.* Sava *is asleep under the blanket. He wakes up. They look at each other.*

Fret: …

Sava: …

Fret: You're on the floor.

Adele *is staring at* Katia.

Katia: Please don't gaze at me.

Adele: Sorry.

Sava: Sorry … we eh … stayed …

Fret: I'll have to sweep it now. My floor.

Sava: Yes.

Fret: That one.

Sava *looks about him.*

Fret: … the one you're on.

Katia: You can look if you want. But I can't bear gazing.

Adele: Sorry.

Sava: I'll get up right away.

Fret: You will.

Sava: Just now.

Fret: Yes.

Sava: (*groans*) I can see my breath in front of me, it's so cosy[3] under the blanket. I hate getting up in the winter, don't you?

---

[1] get piles: 치질에 걸리다.

[2] Amsterdam diamonds: 암스테르담 산 다이아몬드. 암스테르담은 네덜란드에 위치한 유럽 대륙의 도로, 철도, 항공로의 요지로서 주요 산업으로는 세계적으로 유명한 다이아몬드 세공이 있다.

[3] cosy: 아늑한. 안락한.

Fret: I'm sorry?

Sava: I was just saying …

Fret: I don't think I wanted to banter.[1] Did I look like I wanted to banter?

Sava: No.

Fret: Right.

Fret *goes into his office.* Sava *gets up quickly and bundles up his blanket.*

Katia: You're doing it again?

Adele: I wasn't, I was looking for the train.

Fret *emerges from his office with a brush. He holds it as though it was a weapon of defence.*

Sava: You know, you might be ill.

Fret: What?

Sava: You seem edgy.[2] Upset, sarcasm, nerves. You look terrible. Perhaps you've got acid in the stomach.[3] They're classic symptoms.

Fret: Perhaps I'm just nervous, sarcastic and upset. The symptoms are the same. It's hard to tell.

Katia: I'm not a tropical fish.

Sava *takes the brush.*

Sava: I'll give you a hand if you like.

Fret: Thank you.

Sava *begins to sweep.* Fret *inspects the timetables and tries to work out when the trains are due today. He is about to write them down on the blackboard.*

Adele: Where do you come from?

Katia: Does it matter?

Adele: I'm only asking.

Katia: I'm not sure.

Adele: Not sure?

Katia: Like I said. I'm not sure.

[1] banter: 다정하게 농담을 주고 받다.

[2] edgy: 초조한. 불안한.

[3] acid in the stomach: 위산(胃酸).

Adele: But. You must know. Everyone knows where they come from.

Katia: The place I came from isn't there any more. It disappeared.

Adele: A place can't just disappear.

Katia: Its name was taken off the maps and signposts. I couldn't find it anywhere.

Adele: ··· its name might have changed but the place must still be there. It's the same place ··· isn't it?

Katia: There's no way of checking.

Fret: You ··· you're waiting for a train, aren't you?

Sava: Well ···

Fret: (*he points to the timetables*) These — rubbish. Meaningless rubbish.

Sava: Timetables are always difficult to follow.

Fret: You try. Go on, imagine you're a passenger.

Sava: I see.

Fret: OK. Imagine you want to travel from here to here overnight.

Sava: From where ··· here? ··· Right.

Fret: Now ordinarily you change trains here, in this station. Just after passport control at the border ··· then you'd wait for one of the slow local trains in the morning.

Sava: I see. What do you want to know?

Fret: Imagine that's the journey. What would you do?

Adele: Maybe I can help. I've a map of Europe. What was it called, the town ···?

Katia: It had a number of names. None of them stuck.[1]

Adele: What did it look like? Big, small ··· what?

Katia: It looked like a small town. The sort of place people come from. Not the sort of place they go to, particularly.

Sava: Aha! A knife and fork. Does that mean I can use the buffet?

Fret: Restaurant car. Only for first-class ticket holders.

Sava: Oh. But overnight I'd want to eat.

Fret: You can pack banana sandwiches.

---

[1] It had a number of names. None of them stuck: "(그 마을은) 많은 이름들로 불렸지. 결국 그 어느 것으로도 최종 결정된 적은 없었지만." stick: 달라붙다. 고수하다.

Sava: Well, I think I would take the international express to Sofia which goes through Wroclaw[1] ··· change there ··· now there's a wait I think ···

Adele: Perhaps ··· if you know what it looked like ··· that would be a clue.

Katia: I didn't recognise it the last time I saw it. Its appearance had changed considerably. It was difficult to tell if it was the same place. I had to ask a policeman.

Adele: What did he say?

Katia: He said he didn't know. He was from somewhere else. He was new to the place himself.

Adele: Didn't you recognise anything?

Katia: At midday the place was still. Everyone was indoors to escape the sun. I stood on the street kicking dust and listening to insects. The feeling of stillness. I recognised that. Apart from the stillness I could see nothing that I knew. Nothing familiar.

Adele: How had it changed?

Katia: It reminded me of a relative whose face has been torn off.[2]

Adele: You think I'm ignorant. Don't you?

Sava: Now is it Friday?

Fret: It's not Friday.

Sava: So it's not a starred day and we've agreed I don't need a sleeper carriage. Let me see now ···

Adele: ··· I know about where you're from. I know about the war. I know about all that. I read the papers. I asked a question from simple human curiosity. I want to know you. I want to know about you. I've not been very far in my life, I've not travelled, not like you. But I'm not ignorant. You don't have to humour me.[3]
Adele *starts to go.*

Katia: What about your train?

Adele: It'll be there tomorrow.

---

[1] Sofia: 불가리아의 수도. Wroclaw: 폴란드의 도시.

[2] a relative whose face has been torn off: 얼굴이 찢겨져 나간 친척.

[3] You don't have to humour me: "애써 내 비위를 맞춰줄 필요는 없어."

Katia: Wait. Please. I'm sorry. I was being rude and defensive. I can't help it. I said I wasn't good at conversation. Please stay.

Adele: The war must have ··· affected you. I understand.

Katia: Oh no. I was rude and defensive before the war. The war just gave me a chance to practice.

Adele: Quiet!

Katia: What?

Adele: Listen.

Katia: What?

Adele: Listen. You're not listening. Stay still.

Katia: The train?

Adele: It's coming out of the forest. It's getting nearer.

Katia: What do we do now?

Adele: We wait.

Katia: You certainly know how to show a girl a good time,[1] Adele.

Sava: I don't think it can be done, Mr Fret.

Fret: See! It makes no sense.

Sava: I think this station's closed.

Fret: Exactly. It's rubbish. Balls.[2]

Sava: Here, you see. In small writing. This station's marked with an x.

Fret: (*reading*) 'Station no longer in operation.'

Sava: I think you are, Mr Fret.

Fret: ··· what ···

Sava: No Longer Operative as of ··· next month.[3]

Fret: No. No.

Adele: I'm glad you came to watch. I didn't think. Someone like you ··· You're not bored, are you?

Katia: Bored, no.

Adele: Only I don't often meet foreigners. The trains are full of them,

---

[1] You certainly know how to show a girl a good time: "너는 숙녀들을 재미있게 해주는 방법을 제대로 알고 있구나." 비꼬는 말투로서, trainspotting이 특히 혈기왕성한 젊은 여성들에게 흥미진진한 취미일 리는 없다.

[2] Balls: 헛소리. 개 같은 소리.

[3] as of ··· next month: 다음달부터.

obviously, but they usually don't bother to get off. No one stops here. I just wanted to make friends.

Katia: Friends are like children, they're fine when they're other people's, but I wouldn't want any of my own.

Adele: Sometimes they just happen to you.

Sava: It says here you can take the bus from Lezno.[1]

Fret: A bus! A bus! How can a grown man take the bus with any dignity. Sitting with students and chickens, yobs and failures.[2]

Adele: Quarter to six, it's nearly time ··· any minute. Come on.

Sava: I understand how you must feel ···

Fret: Do you?

Sava: I said before. I worked on the railways as well. I understand.

Adele: It creeps up on you.[3] You'll feel it soon in your feet.

Fret: I don't understand it at all. It makes no sense to me.

Adele: And then your legs. You'll feel it come closer.

Fret: Since they opened the border the trains don't have to stop here any more.

Adele: You can feel the concrete shake.

Fret: It used to be we had a customs post[4] here and pass control and everything. Now they do all that in between stops. The border doesn't mean much when you're on a train. So long as your pass is checked somewhere in between ··· it's more efficient.

Katia: I can hear it. I can hear it now.

Fret: I said to them. Don't expect me to stand in the way of change. I'm all for it.[5] I'm a railwayman. I'm all for progress.

Adele: And now the horn ··· any second.

A train horn in the distance.

Fret: I'm all for going forward. Things have to get better. Machines get bigger, smoother ··· the engineering safer. I'm all for efficiency.

[1] Lezno: 폴란드 북부의 마을.

[2] yobs and failures: 망나니들과 인생 낙오자들.

[3] creep up on: ~에게 서서히 몰려(다가) 오다. 서서히 감지하다.

[4] customs post: (국경 지대) 통관소. 세관 구역.

[5] I'm all for it: "난 그것 (변화)에 대 찬성이야."

Adele: Thirty coaches long, the carriages at the front are from Holland, then some German, some from Poland. Tonnes and tonnes of steel ··· wood and glass ···

The noise is building up.

Fret: So now they tell me this. Thirty years of progress, thirty years of laying down tracks and making trains and they send me this ···

Sava: I understand.

Adele: ··· now the lights. See ··· you can see in at the people in the carriages ··· sitting, smoking, reading papers ··· ever since I was small I've stood up here to watch ··· a train full of everything. Every kind of thing from everywhere's inside it. Everything from everywhere is on that train and it's coming through here ··· stay still. (*She's shouting now.*) Hold still and feel it ··· can you feel it? Can you feel it ···

The train's noise is at its peak. The train passes.

ACT TWO

9 The Second Chorus

1 & 2 are women.

1 Autumn's arrived in our town,
2 changing the colour of the forest,
3 bringing rain,
4 bringing wolves.[1]
5 On the plains, at the heart of Europe,
6 we build fires,
7 strip fields,
8 and make soup.

[1] wolves: 여기에서 늑대는 광포한 폭력적 힘을 의미하고 있으며, 특히 인종주의와 폭력적 성향의 민족주의 세력의 부상을 암시하고 있다.

1 But, late at night,
2 at the forest's end,
3 where the housing blocks sit in mud,
4 at the edge of the town,
5 wolves move among the bins,
6 dragging black sacks into the dark like killed deer.
7 Men stand at the bar counter and complain.
Men We never got wolves before,
8 before they hid in the woods all winter,
3 now they sniff around[1] the shadows at the bottom of the stairwell.
1 Smoke and the smell of beer hangs over the men.
2 Their voices creep out onto the dark street,
4 what's happened to this place?
5 I don't recognise it any more.
6 Maybe we lost it in a game of cards.
7 Maybe it disappeared into the forest.
8 Maybe it was stolen while our backs were turned.[2]
All Only it isn't our place any more.
1 Our place was taken in the night.
8 Our place slipped away while we were asleep.

10 Conversation

Adele *and* Berlin. *The television is on. Brochures lie around the floor.* Adele *has a pencil and paper and is writing down information.*

Berlin: Switch it off.

[1] sniff around: (비밀 정보를 알아내기 위해) 코를 킁킁거리며 돌아다니다. 주위를 맴돌다.

[2] Maybe we lost it … while our backs were turned: 자신도 알지 못하는 사이에 모든 것이 갑작스럽게 변했다는 의미로서, 방심하고 있는 사이에 극우 인종주의자들의 세력이 마을을 흉흉하게 변모시키고 있음을 드러낸다.

Adele: It's the holiday programme.

Berlin: I want to talk.

Adele: She's going to France this week and …

Berlin: I don't give a fuck.

Adele: To Marseilles.[1]

Berlin: Switch if off.

Adele: I'm watching it.

Berlin *switches television off. This has obviously happened before.*

Berlin: Fucking France fucking Spain … you watch too much TV. Too much utter crap.[2] I want to talk. We used to talk. We had proper conversations. We spoke to each other … remember? … I said words and you replied to them. It's what a wife's supposed to do. It's part of the job.

Adele: …

Berlin: You're rusty,[3] obviously. I'll start. How about this … why don't you sleep with me any more?

Adele: …

Berlin: Try again. I don't think you've got the hang.[4] I ask you a question and then you think of what the answer is … then you say it and that's how it starts … a chat … So here we go … why don't you sleep with me any more?

Adele: …

Berlin: You have to say, I don't know, something maybe like …

Adele: It's because you disgust me.

Berlin: …

Adele: You disgust me. Like a corpse would. Turns my stomach to touch you … it's not your fault. I live in a graveyard, I was bound to marry a stiff.[5]

1 Marseilles: 프랑스 지중해안의 항구 도시.

2 crap: 허튼 소리. 헛소리.

3 rusty: 예전 같지 않은. 반항적인.

4 get the hang: 이해하다. 터득하다.

5 I live in a graveyard, I was bound to marry a stiff: "묘지에서 살고 있으니까 송장하고 결혼한 것도 당연하지."

Adele: Don't be shocked. I thought you wanted a chat. Not chatty? Why not say something like … how about… 'Adele, how can you say that,' or 'Adele …'

Berlin: … If I could … I … If I could I'd take you to whatever fucking seaside town you want. You could have window seats on the Orient Express.[1] If I could I'd buy you a frigging[2] flight across Persia on a magic carpet … But I don't have a job any more. It's how things are. Terrible.

Adele: Nothing's 'how it is'.

Berlin: What is it you think you want, Adele? …

…

Adele: Forget it, it's not you … There's nothing you can do about it. It's me … being here I feel like I'm being buried every time I look at you … every time I remember where I am it's like a fistful of earth falls on my face. I need to get some air, have to dig myself out.

Berlin: I can help.

Adele: You can't.

Berlin: Why not?

Adele: Because you've got no imagination. I live in the world, Berlin. A world with millions of things in … But not you. You're here. If you can't see it it doesn't exist. If it's over the horizon no one lives there.[3]

Berlin: I've got my feet planted. There's nothing wrong with that. Got my heels dug in. It makes you stronger.

…

Let's not argue about it now.

He lamely attempts to kiss her.

---

1 Orient Express: 오리엔트 특급열차. 장거리 열차로서 개통 당시의 종착점은 이스탄불과 파리였다. 단지 국제 철도 시설을 의미하는 말이었지만, 곧 호화스러운 여행의 동의어가 되었다.

2 frigging: (fucking 대신에 쓰는 욕설) 빌어먹을. 제기랄.

3 If you can't see it it doesn't exist. If it's over the horizon no one lives there: "당신에게는 눈에 보이지 않는 것은 존재하지도 않는 셈이야. 지평선 너머에는 아무도 살고 있지 않는다고 생각하지."

Adele: I'm going out.
Berlin: Where to?
Adele: To the station.
Berlin: Why?
Adele: Don't wait up.
Berlin: You've got it wrong again, Adele. This isn't how conversation goes. You've missed the whole idea.
Adele: Bye.
Berlin: I'll wait for you ··· we'll have another conversation! Tonight. Another talk ··· I'll be here ··· Adele ··· We can make it a regular thing ··· Adele!

Express train passing.

11 Points

Fret *and* Sava *are on the roof.* Katia *and* Adele *are in the main hall.*

Adele: You'll like him.
Katia: How do you know?
Adele: Because I know. He's ··· one of us.
Katia: What's one of us?
Adele: I mean ··· he's ··· cosmopolitan.[1] There's not a place in Europe Morocco hasn't seen.
Fret: The points there ··· you see ··· pre-war. I have to operate them manually.
Sava: At least with manual points[2] you know where you are. With automated points you haven't a clue what's going on.
Fret: You've no control.

[1] cosmopolitan: 범 세계주의자 (모든 사람은 하나의 공통된 이성을 갖고 있으며 하나의 신성한 로고스에 종속되어 있어 한 국가의 시민이 아닌 전체 세계의 시민이라는 견해).

[2] manual points: 수동식 전철기(switch).

Sava: It's a disaster waiting to happen.
Fret: That's what I said. It's what I said to head office.
Sava: I'd say it myself. If I was in your shoes.
Katia: Is he reliable?
Adele: Reliable?
Katia: Will he turn us in?[1]
Adele: I don't think so.
Katia: I don't like you telling people.
Adele: I don't see why I should keep you a secret.
Katia: I'm not supposed to be here.
Adele: Neither am I.
Katia: I'm undesirable.[2]
Adele: I don't think so.
Katia: Everyone else does.
Fret: If they close the station, who's going to operate the points?
Sava: A computer operator in the capital. An oily[3] suit in an office.
Fret: Exactly. A college boy.
Sava: Who's never had his hands on a piece of dirty metal in his life.
Fret: Who's never got up at six to stand at the trackside and wait for the express … six hundred lives in your hands on an autumn morning.
Sava: There's something spiritual about it.
Fret: Spiritual. Exactly.
Sava: Almost religious …
Fret: When it comes to manual points I'm orthodox.[4] I'm a fundamentalist.[5]

The noise of the train in the distance coming nearer.

Sava: Look, here she comes … see.

---

1 turn in: 고발하다.

2 I'm undesirable: "누구도 나를 환영해주지 않아." undesirable: 달가워하지 않는. 바람직하지 않는.

3 oily: 번지르르한.

4 orthodox: 정통의. 전통적인.

5 fundamentalist: 원칙(원리)주의자.

Fret: Beautiful. Listen … sshhh!

Sava: I can hear.

Fret: The sound of machinery running smoothly … gorgeous.

Sava: A hymn. The sound of it. A hymn to engineering.[1]

Adele: Why can't you stay here?

Katia: They say we're economic migrants.[2]

Adele: That's terrible. Are you?

Katia: Who knows. Economics is a big subject.

Sava: It's a funny thing, Mr Fret, but in my experience a railwayman is a railwayman wherever you go. We speak the same language, we think the same way.

Fret: When I was a boy, I saw them laying the first tracks into the town. Tracks and sleepers … gangs of men handling the steel and blocks.

Sava: Tito[3] was a railwayman. My father was a railwayman.

Fret: I said to myself. That's what Europe will be. Steel and tracks and trains.

Sava: I'm a railwayman, you're a railwayman.

Fret: Steel and tracks and trains like blood muscle and arteries holding the continent together. Connecting this place with a hundred thousand other places like it from Rotterdam to Athens.[4]

Sava: For all I know God's a railwayman.

Fret: If God was a railwayman then things would stay on track. Things would run smoothly. I'd say God works in head office. I'd say God wears a suit.

Adele: Morocco will know what to do. He'll know.

---

[1] A hymn to engineering: 공학 (기술)에 부치는 찬가.

[2] economic migrant: 경제 이민자 (정치적 난민이 아니라, 구직이나 보다 질 높은 삶의 추구 등의 경제적인 이유로 이주하는 사람).

[3] Tito: 요시프 티토 (Josip Broz Tito 1892-1980). 유고슬라비아의 정치가, 대통령(1952-80). 티토는 경직된 관료 조직 중심의 스탈린식 공산주의를 거부하고 '인간의 얼굴을 한 사회주의'를 표방하면서 티토이즘(Titoism)이라는 독자적인 공산주의 노선을 선택하였다.

[4] Rotterdam: 네덜란드 남서부의 항구 도시. Athens: 그리스의 수도.

Katia: Why are you helping me? What's in it for you?[1]
Adele: Nothing. You.
Katia: Me?
Adele: I mean … I'd like to come with you.
Katia: You belong here. What do you need me for?
Adele: Europe. I want you to show me around.
Katia: You should be happy with what you've got. Stay where you fit in. Stay at home. You're lucky you've got one. I've got nothing.
Adele: But … you've seen things, you've travelled, … I've only imagined …
Katia: Whatever you can imagine for yourself, Adele, this continent can come up with much worse.[2] You'll soon learn the best way is to stay where you are, keep quiet and lie low. Believe me, you're better off where you belong.
Adele: But travel broadens the mind.[3] That's what they say … isn't it?
Katia: Well, they're wrong. It doesn't broaden the mind, it stretches it like skin across a tanning rack[4] … a pegged skin out to dry.[5] Each thing you see, each thing the continent coughs up[6] for you stretches it tighter until you can't keep all the things you've seen in the same mind and the skin rips down the middle.[7]

Morocco *arrives.*

Morocco: Someone's telling travellers' tales. Can I join in?
Adele: Morocco! You came!
Morocco: Of course.

---

1 What's in it for you?: "그래서 당신이 얻는 것은 뭐지?"

2 come up with much worse: 훨씬 더 나쁜 결과를 낳다. come up with: 생산하다. 내놓다.

3 travel broadens the mind: 여행은 견문을 넓혀준다.

4 a tanning rack: 무두질용 선반. 불법 난민으로서 끊임없이 쫓겨 다녀야만 하는 Katia는 여행을 사람의 마음을 신장시켜주는 것이 아니라 오히려 피부를 찢어 늘리는 고통의 경험으로 비유하고 있다.

5 a pegged skin out to dry: (가죽을 무두질하는 과정으로서) 말뚝이나 핀 등으로 고정된 채 말려지는 가죽.

6 cough up: 내놓다. 토해 놓다.

7 rip down the middle: 반으로 찢어지다.

Adele: Where have you been?

Morocco: Everywhere, across the border, down south, up north all around … and I've brought presents … look … dollars, marks … Swiss francs … French francs … the lot.[1] And I went to Vienna.

Adele: I told you he was cosmopolitan. What was it like?

Morocco: It was all right. Who's your friend?

Adele: She's a traveller. What happened in Vienna?

Morocco: I met a woman.

Adele: Tell me more.

Morocco: What sort of traveller?

Katia: What business is it of yours?

Adele: Tell me about the woman.

Morocco: We made love. I might be able to help you.

Katia: What makes you think I need help?

Adele: Everyone loves Morocco.

Morocco: (*to* Katia) It's my nose.

Adele: Your nose?

Morocco: I can smell need.

Adele: What was she like?

Morocco: She was strawberry blonde with red-rimmed glasses.[2]

Katia: What does your nose tell you about me?

Adele: Tell me more.

Katia: You need papers and a place to stay.

Adele: Tell me about the woman.

Morocco: She was hard. It was like getting blood out of a stone.[3] She said I could only touch her here.

He demonstrates by putting his hand on Katia. Katia lets it happen. A bargain is being struck.[4]

---

1 the lot: 모두 다. 전부.

2 strawberry blonde with red-rimmed glasses: 빨간 테의 안경을 쓴, 약간 붉은 빛이 도는 금발.

3 like getting blood out of a stone: 하늘의 별 따기처럼 어려운.

4 A bargain is being struck: 모종의 흥정이 이루어진다. Morocco는 Katia에게 불법 위조 여권을 만들어주는 대가로 그녀의 몸을 요구한다.

Morocco: Of course I ignored her. I'm very persistent. A good negotiator … I don't take no for an answer.[1]

Katia: Can you get me papers?

Morocco: Perhaps. It depends.

Adele: How far did you go?

Morocco: I went all the way.

Katia: Do you want money?

Morocco: Money … I don't like money, you never know what it's worth. I'm a trader. I deal in things.

Katia: What things?

Morocco: It depends. I have to use my nose again. I can also smell an opportunity.

Katia: You have a very adaptable nose.

Morocco: It's my flexible friend.

Adele: The woman … how did you seduce her … what did you do?

Morocco: (*he demonstrates on* Katia) At first when I touched her she slapped my hand and put it back.

Adele: And then?

Morocco: I tried again. I was insistent.

Adele: And then?

Morocco: And then my hand stayed put. We … negotiated.

Adele: He negotiated. So cosmopolitan. So civilized.

Morocco: I can't bargain on an empty stomach.[2] Let's eat. I know a little place in town. It's a well-kept secret. I'm a friend of the manager. I'm sure he'll take good care of us … I have my own table.

Adele: He has a table.

Morocco: The Calypso Bar. I'll be there at eight.

Katia: So will I.

Morocco: I look forward to it. It'll be a special night.

Morocco *leaves.*

Sava: I ought to thank you.

---

[1] I don't take no for an answer: "난 쉽게 물러서지 않거든." "난 싫다는 대답을 용납하지 않거든."

[2] on an empty stomach: 공복에. 빈 속으로.

Fret: Ought you?

Sava: For letting us stay. I ought to …

Fret: You know … it's uncommon … in this day and age.

Sava: It is?

Fret: It's rare … these days. To meet a colleague. Such as yourself. Who understands. It's uncommon.

Sava: I … we understand trains, that's all.

Fret: I'm not a sentimental man. I'm practical. Perhaps you haven't felt welcome. I'm sorry for that.

Sava: I like a little hostility. It puts me at my ease.[1]

Fret: I've enjoyed … these past few weeks. Your staying here.

Sava: It's been a privilege.

Fret: Adele doesn't care for running a station. She hasn't the … commitment. You've been a help.

Sava: It was my pleasure. Please. As one comrade … if I can use that word … to another … it was a pleasure.

Fret: When the station closes you'll have to leave.

Sava: Perhaps the station needn't close.

Fret: It's too late now. Things have gone too far.

Sava: Maybe not. We could protest.

Fret: I thought protest only made things worse.

Sava: In the yards at Knin[2] we did it once. We staged a sit-in.[3]

Fret: Did you get what you wanted?

Sava: No.

Fret: See.

Sava: It didn't matter. What we wanted wasn't important. We made them notice. We annoyed them.

Fret: A sit-in.

Sava: It's worth trying.

---

[1] It puts me at my ease: 상대방의 적대감이 오히려 자신을 안도시킨다는 아이러니는 그동안 Sava가 난민으로서 받아왔던 적개심이 얼마나 일반적이고 보편적이었는지를 드러내고 있다.

[2] Knin: 크로아티아 동부의 도시. 여기서는 Knin camp (세르비아 인에 의해 운영된 난민 강제 수용소)를 지칭.

[3] sit-in: 연좌 농성.

Fret: I suppose when you get to our age a sit-in is the only kind of defiance you've got the energy left for. In the office I've got comfortable chairs and there's plenty coffee. We could hold out for weeks.

Katia: The Warsaw train's coming.

Adele: I know.

Katia: Don't you want to go and see? I thought you ⋯

Adele: Do you?

Katia: No.

Adele: Neither do I.

Adele: Tell me something.

Katia: What?

Adele: Anything ⋯ something about you.

Katia: No.

Adele: Tell me what you've seen ⋯

Katia: No.

Adele: Tell me ⋯ tell me your life story.

Katia: I don't have a life story. I'm one of the few people left who doesn't.

Adele: Why not?

Katia: I'm a traditionalist, I like my stories to have a point.

Adele: Tell me what happened to you ⋯?

Katia: Why?

Adele: I'm interested ⋯

Katia: I'm not a tourist brochure. I'm not for browsing.[1]

A pause.

Adele: I want to kiss you.

Katia: Why?

Adele: To taste.

They kiss.

Katia: What did you taste?

Adele: Forest.

Katia: I forgot to pack my toothbrush.

[1] I'm not a tourist brochure. I'm not for browsing: "난 여행용 책자가 아니야. 그만 좀 훑어보라고."

Adele: Foreign languages.
Katia: I've drunk coffee.
Adele: Smoke.
Katia: It's a terrible habit ··· what do you want, Adele?
Adele: Nothing ··· you ··· everything.

She moves to kiss her again.

Katia: Don't.

They kiss.

The train noise is building incessantly.

Sava: Here it comes. Here it comes ···
Fret: Magnificent ··· no orchestra could sound better.
Sava: No singer could be smoother.
Fret: It's a masterpiece. It's a bloody European classic.[1]

They can barely be heard. Express train passes.

12 Departure

The bus stop. Billy *is leaving. He sits with his bag at his feet.* Horse *and* Berlin *are sitting with him. It's cold.* Horse *is writing 'foreigners out' on the bus stop.*

Billy: ··· do you have to do that? Someone might see.
Horse: That's the idea.
Berlin: You can't stop him. He's very zealous ··· The zeal of the convert.[2] If you stand still long enough he'll write 'foreigners out' on your forehead.
Horse: It isn't you who should be leaving, Billy. Leaving home. Forced out. You shouldn't have to go.
Billy: I'm going because I want to.
Horse: You've been driven out. You're not the only one. A lot of good

[1] European classic: 유럽이 만들어 낸 걸작. 유럽 정통 스타일.

[2] the zeal of the convert: 개종자의 열의.

men are going.
Billy: I'm going to look for work.
Horse: They give all the jobs to the Somalis and the Ethiopians. It's true.
Billy: Who's 'they', Horse?
Horse: The left.[1]
Berlin: The dirty anarchists. The Jews and the gyppos.[2] The blacks and the browns.
Billy: I see.
Berlin: Polluters of the nation.
Horse: We didn't used to have them, Billy, there didn't used to be foreigners here. Now we've blocks full of them. Five to a room.[3]
Berlin: They're bound to breed. Like rats in the damp.
Billy: You should know better, Berlin.
Berlin: Better than what?
Billy: Better than to go to these meetings. Listen to that shit.
Berlin: It keeps me off the streets. Besides I like it.
Billy: Why?
Berlin: Because it's dumb.
Billy: Berlin.
Berlin: It's dumb and blunt. Because it's beautiful. Because it's better than church.
Billy: You don't believe it any more than I do. You know it's not true.
Berlin: I like believing in things that aren't true. That's what faith is.
Billy: What about the violence?
Berlin: All necessary means in defence of the faith.[4]
Billy: Right.
Berlin: Right.
Horse: Let's not argue. Not on Billy's last day.

[1] The left: 좌파.

[2] gyppo: 집시(gypsy)의 비속어.

[3] Five to a room: 방 하나에 5명씩.

[4] All necessary means in defence of the faith: "믿음을 수호하기 위해서는 수단 방법을 가리지 말아야 해."

Berlin: I'm not arguing.
Billy: You're spouting shite.[1]
Berlin: Fuck you.
Horse: Come on.
Berlin: What?
Horse: Don't fight. Let's not fight. We're mates. We're pals. Pals don't fight. Come on.
Berlin: Pals. Aye. Right enough. Pals.

A pause.

Billy: Funny to be leaving. Never thought I'd …
Berlin: Things change.
Billy: Aye. Things change.
Horse: They don't have to change.
Billy: Still. Off to the smoke.[2] Make my fortune and that.
Berlin: You'll be a rich man.
Billy: Drive a Volvo.[3]
Berlin: A Mercedes.[4]
Billy: Black windows.
Berlin: A bar in the back.
Horse: You can give us lifts.
Billy: I'll buy you one of your own.
Berlin: You'll be a rich man.
Billy: You wait. One day. I'll drive up this road. And you'll all come out and say, 'Who's this? Who's this rich guy coming here? Who's in the car?' And I'll wind down the window.
Berlin: Electric.
Horse: Zzzzzzzzz.
Billy: Hello. I'm back, boys. Fancy a drink.[5]
Horse: I've come to buy the factory.

[1] You're spouting shite: “개소리 좀 작작 하지.”

[2] Off to the smoke: 대도시로 떠나다. the smoke: a big city.

[3] Volvo: 안전한 자동차를 생산하기로 유명한 스웨덴의 자동차 제조업체.

[4] Mercedes: Mercedes Benz. 1926년 독일의 자동차 회사 다임러 벤츠에서 만든 브랜드.

[5] Fancy a drink: “술이나 한잔 하지.”

Berlin: I've come to do the business.
Billy: The factory's fucked. (*A pause.*) I'm buying a mansion. A dacha[1] in the country.
Berlin: Aye, right.
Horse: A dacha?
Berlin: In the country?
Horse: Billy, I ···
Billy: Look ··· I hate goodbyes can we just ··· I'll ··· send you a ···
Berlin: Aye, do that ···
Horse: ···
··· a postcard?
Billy: Yeah. A postcard. From ··· wherever.
Berlin: A card from wherever.
Horse: From where?
Billy: You know ··· wherever I happen to get to.
Berlin: You never know where he'll get to.
Billy: ··· you're right enough there ··· follow the old nose,[2] that's me.
Horse: Remember we're still here if you ··· you know.
Billy: It's not easy ··· the right words and all that ··· You don't have to wait you know. Bus'll be here anytime. It's freezing.
Horse: Fucking is as well.
Berlin: Picked a day for it.[3]
Horse *shakes* Billy's *hand.*
All: Certainly picked a day for it.
Billy *goes to shake hands with* Berlin. *They pause. There is embarrassment. They withdraw.*
Berlin: That's the bus coming. Got your ticket?
Billy: ···
thanks for ···
Berlin: No problem.

[1] dacha: a Russian word for seasonal or year-round second homes often located in the exurbs of Soviet and post-Soviet cities. 러시아의 시골 별장.

[2] follow the old nose: "발길 내키는 대로 가는 것." "내 직감을 믿는 것."

[3] Picked a day for it: "거참 날 한번 잘 잡았네."

Billy: I'll just go then … I hate …
Berlin: You go then.
Horse: Bus is here.
Billy *picks up his bag … leaves for bus.*
Billy: Cheers then.
Both: … Cheers.
Leaves.
Billy *waves. Reluctant to go.* Berlin *and* Horse *wave.*
Horse: I think I'll miss him, Berlin. He's a good man. Billy. Place'll be different without him.
Berlin: I won't be different, it'll be the same. A turd drying up in the sun.[1]
Horse: … with Billy gone though.
Berlin: Place'll be the same.

The sound of a bus pulling away.

13 Community issues

Adele *and* Katia *in the waiting room.* Sava *and* Fret *are on the station roof. The station is now hung with banners of protest.*[2] *'Stop the closure', 'Save our station' and* Sava *is engaged in painting 'Trains not …' Both men are drinking bottles of* Morocco's *vodka.*

Katia: What time is it?
Adele: I don't know.
Katia: What time is it?
Adele: I don't care.
Katia: Adele.
Adele: I want you.
Katia *grabs her wrist to look at her watch.*

---

[1] A turd drying up in the sun: 태양 아래 말라 붙은 똥.
[2] banners of protest: 시위 현수막.

Katia: Be serious. Twenty past seven.

She lets go of Adele. Adele *remains waiting, her eyes half-closed.*

Katia: I've got forty minutes.

Sava: Fret?

Fret: What?

Sava: What rhymes with trains?[1]

Fret: ··· Brains ··· Cranes ··· Drains ···

Sava: No, it has to be something we don't want ··· Trains not ··· um ···

Fret: ··· Lanes?

Sava: Lanes?

Fret: As in ··· motorway ··· lanes ···

Sava: I don't think so.

Fret: Trains not ··· does it have to rhyme?

Sava: It's no use having a slogan if it doesn't rhyme. No one'll take you seriously.

Fret: It hardly seems to matter.

Sava: It does. It's like a good acronym.[2] You have to have one if you're going to protest in this day and age. Without an acronym, a rhyming slogan and a concerned actress[3] you'll be ignored.

Fret: Haven't you noticed?

Sava: What?

Fret: We're supposed to be protesters and no one's turned up. The trains have stopped stopping. The change has taken place. On the quiet.[4] Without ceremony. There's no one out there ··· no audience, no officials ··· no one but the wolves to read the slogans. So it doesn't matter whether it rhymes or not. Does it?

Sava: It matters to me. Literary integrity.[5] That sort of thing. I don't mind

---

[1] What rhymes with trains?: "트레인즈와 맞는 운율이 뭐가 있지?" rhyme: 운율이 맞다. 운을 맞추다.

[2] acronym: 약어 (긴 이름이나 구문에서 글자의 앞의 몇 글자를 합성하여 만든 약칭).

[3] a concerned actress: (대의에) 동조적인 여배우.

[4] on the quiet: 비밀리에.

[5] Literary integrity: 문학적 진실성.

if anyone's listening. It gives me pleasure for it to be said properly. That's enough.

Katia: Show me where the Calypso Bar is. Draw me a map.

Adele: I'll take you.

Katia: It's business.

Adele: You're getting fake papers? You're moving on. Morocco told me. I'm in the know.[1]

Katia: So what.

Adele: ··· I've got papers too. Let me travel with you.

Katia: No.

Adele: Why not?

Katia: I don't need extra baggage. I'm going alone.

Adele: We could be travelling companions. The two of us ···

Katia: It's not the grand tour.

Adele: We could jump the trains together. We could fuck in the toilets when the conductor passes.

Katia: Use your brain, Adele.

Adele: I am. I'm using my imagination.

Katia: We fucked once.

Adele: Twice.

Katia: You've got some sort of ··· pathetic crush on me,[2] that's all.

Adele: Katia.

Katia: We fucked. Maybe we shouldn't have. Maybe I should have left you alone. But we fucked. It was something to do while I waited for a train.

…

I owe you nothing. People fuck all the time. It means nothing.

Adele: Yes.

Katia: Just forget it. For God's sake don't turn it into a tragedy.

Adele: No.

Katia: I don't belong here. I have to get out. You live here. It's your place.

[1] in the know: (무엇에 대해 대부분의 사람들보다 더) 잘 알고 있는.

[2] pathetic crush on me: 나를 향한 그 한심한 연정.

Adele: Yes.

Katia: I like you, Adele. It might surprise you but I like you.

Adele: Good.

Katia: God knows why.

Adele: God knows.

Katia: Things happen between people. Things happen and then they stop. Like a summer cold. Trains pass. You can't just attach yourself to someone and leave. You can't do it. Your place is here, Adele. Believe me. I know.

Long pause.

Adele: I was born here by mistake. I didn't choose it. It happened to me. Like a car accident.You think you know me but you don't. You don't know the first thing about me.[1] I'm not what you think I am, Katia. You've never seen me before.

Katia: No.

Adele: You've lost your home and I've never had one. So we're both exiles.[2]

...

Besides. I don't need to ask you. I only asked you out of politeness. I'll come anyway. I'll follow you anyway. You won't lose me.

Katia: You're very persistent.

Adele: You're very stubborn.

Katia: I don't want a puppy. If I wanted a puppy I'd buy one. You'ld have to look after yourself.

Adele: I already do.

Katia: It would be your problem if you got into trouble.

Adele: It always is.

Katia: It's not Club Med.[3]

Adele: I don't expect Club Med.

Katia: Just don't expect anything, Adele. Don't imagine things'll be like

1 You don't know the first thing about me: "넌 나에 대해 아무것도 몰라."

2 exile: 망명자. 추방인.

3 Club Med: 클럽 메드 여행사(Club Mediterranee의 약어). 호텔, 리조트 브랜드로 1950년에 설립되었다.

anything … don't expect anything except rain and policemen and stinking suburbs that look the same wherever you are.

Adele: I expect nothing.

Berlin *has arrived. Unnoticed.*

Katia: I have to go. I've got to meet Morocco.

Adele: Will you come back here later?

Katia: I don't have anywhere else to go …

Adele: Katia …

They kiss. Uneasily. Not yet resolved. Katia *notices* Berlin. *She leaves. Berlin lets her pass.*

Adele: You.

Berlin: Me.

Adele: What do you want?

Berlin: Where's Fret?

Adele: He's on the roof. Protesting.

Berlin: About what?

Adele: About the station.

Berlin: It's a bit late for that, isn't it? It's been weeks since a train stopped here.

Adele: It keeps him happy. What's going on, Berlin?

Berlin: Where's your friend gone, Adele?

Adele: I don't know what you're talking about.

Berlin: FRET!

Adele: What's going on?

Berlin *almost accidently kicks some of* Katia's *things.*

Berlin: Things have got a bit cluttered[1] in here.

Adele: What?

Berlin: Messy. You know. Litter. Rubbish.

Adele: Where?

Berlin: Here … there and everywhere I'd say. Look … the floor … the station unkempt[2] … just look out at the square … pride of the town it used to be …

---

1 cluttered: 너저분한. 뒤죽박죽인.

2 unkempt: 헝클어진. 단정하지 못한.

Adele: You're losing me.

Berlin: Do you remember how people used to stroll in the sunshine? Drink coffee outdoors ··· watch the world go by ··· everything neat, everything in order.

Adele: So ···

Berlin: Look at it now.

Adele: It's nearly winter. No one's going to sit outdoors.

Berlin: Grass verges untended. The road left pot-holed[1] and crumbling at the edges ··· Vagrants under the trees ··· strange faces at the bar counter.

Adele: Berlin?

Berlin: I've got time on my hands, Adele. I notice the little things.

Adele: Is this you and Horse ··· is this your little group ···?

Berlin: I want to discuss community issues ··· that's all ··· A bit of tidying up we want done. We've had a meeting. It's been agreed.

Adele: Who, Berlin? Who?

Berlin: The community. FRET!

Adele: Which community? I wasn't there.

Fret *enters.* Horse *has appeared behind* Sava *and suddenly grabs him, covering his mouth. He begins to punch the older man on the stomach and face methodically and quietly.*

Berlin: There you are, Fret.

Fret: What do you want?

Berlin: I'm here on behalf of a ··· on behalf of the community, Fret. To hand over a petition[2] ··· we've all signed it ··· People are frightened, Fret, frightened and upset.

Fret: Are they?

Berlin: Because when they pass their once beloved old station they find it's been turned into some sort of hostel for the homeless.

Fret: The station's closed. You'd think people would be concerned about that.

Berlin: Not just vagrancy, Fret, but prostitutes seem to be operating

1 pot-holed: (도로 등이) 움푹 패인. 구멍이 난.

2 petition: 진정서. 탄원서.

out of here. Gypsy prostitutes.[1] It's not one,[2] Fret. It's affecting the women.

Fret: The station's shut. No longer in operation.

Berlin: I think we're all sorry about that, Fret. Like I said, I've brought a petition. Just to say … well … If they're not gone soon …

Fret: Get out.

Berlin: I probably don't have to tell you that … there's unruly elements in the town … you know … hotheads[3] etc. I hate to be the bringer of bad news but …

Fret: Is this a threat? I'll call the police.

Sava *has gone limp.* Horse *lets him drop. He stands above him holding his fist which is now sore. He sucks his fist.*

Horse: You cunt.

Berlin: Do.

Horse: Bloody old hard-boned cunt.

Berlin: Do that.

Horse: Hurt my fist.

Horse *gives* Sava *a desultory kick,*[4] *then leaves.*

Berlin: I wouldn't want something as worrying as this to pass them by unnoticed … only you know as well as I do that these people don't take a warning. They get fuelled up and there's no stopping them. I'm just saying …

Fret: What?

Berlin: I'm just saying that … it worries me. I'm worried.

Fret: Not sleeping?

Berlin: I suggest you tell your friends … for their own safety as much as anything …

Fret: You concern yourself with your friends and I'll worry about mine.

[1] Gypsy prostitutes: 집시 매춘부들. 여기에서는 Berlin이 특히 Katia를 염두에 두고 하는 말임.

[2] It's not one: "한 두 명이 아니야."

[3] hothead: 성급한 사람.

[4] give a desultory kick: 건성으로 발길질 하다. desultory: 산만한. 되는 대로의.

Berlin: Good.

Fret: Like I said, the station's closed.

Berlin: Well, then, bad deed done, tale told, time to go. I'll see you at home, Adele.

Adele: I don't think so.

Berlin: Later then.

Adele: I think I'm staying here tonight.

Berlin: Right ··· later then.

Express train passing.

14 Local songs

Inside the Calypso Bar. As before, Morocco *is sitting with* Katia. Morocco *has been drinking. We can hear a group of men singing nationalist songs in the meeting room.*

Morocco: I pity them. Locals. I pity them. They're like dogs whose owners' died ··· hungry dogs lying across their masters' grave and whining to the night[1] ··· they stay in one cold spot and wait to starve. I pity them.

Katia: I think we ought to go ···

Morocco: Whereas yourself ··· you and me ··· I think ···

Katia: Finish your drink ··· we'll go outside.

Morocco: I think we're familiar with bigger things than these louts.[2] We're familiar with cities ··· we've crossed borders ··· We're at home only when we're away from home ··· Here ··· we'll have a toast ··· to leaving home ···

Katia: ··· will you quiet down.

Morocco: To refugees. That stuff you said about losing your home ··· you were lucky. It was a blessed release[3] ··· nothing's more of

[1] whining to the night: 밤 늦게까지 흐느껴 우는.

[2] lout: 개망나니. 막돼먹은 놈.

[3] a blessed release: 축복받은 해방.

a prison than a home. Nothing is a bigger threat to a man's liberty than three meals a day and familiar faces at the dinner table. To Freedom!

Berlin *has entered from where songs are being sung and observes the scene. While* Katia *speaks,* Morocco *is kissing her hand.*

Katia: Don't mistake me, Morocco. I'm not a trader or a traveller by nature. I'm a coward. The way you see my eyes glance is me checking the exits. I'm not a free spirit.[1]

Morocco: Yes you are ··· You're like the breeze ··· you move like a dancer.

Katia: I fidget.[2] I try not to give snipers a chance to set their sights. (*Indicating a roomful of singers.*) I would like to leave now.

Morocco: Like love, you never stay too long in one place.

Katia: If I seem in a hurry to leave it's because people who stay too long in one place get noticed. People who get noticed get punished.

Songs of the men build up.
Express train passing.

15 This is nice

Adele *on the station roof. She is reading her brochures.* Berlin *arrives noticeably drunk.*

Berlin: Do you know what time it is?

Adele: ···

Berlin: You're supposed to be at home.

Adele: I'm here.

Berlin: I was worried. I've been worried about you.

1 a free spirit: 자유로운 영혼.

2 fidget: 안절부절 못하다.

Adele: Why?
Berlin: Something could have happened to you. Anything could have happened. I was worried.
Adele: Go home, Berlin. I'm waiting for someone.
Berlin: It's past midnight. Who are you waiting for at this time … the trains have stopped.
Adele: Fuck you.
Berlin: Who?
Adele: Just someone.
Berlin: Maybe they'll be late.
Adele: What?
Berlin: Who you're waiting for? Maybe they've been held up.
Adele: Maybe.
Berlin: Maybe they've been delayed …
Adele: Berlin?
Berlin: I told you … anything can happen. I don't like to worry you but it's the way things are at the moment. Terrible.
Adele: What are you talking about?
Berlin: Who knows.
Adele: Where have you been tonight?
Berlin: Out with some mates.
Adele: Where? Out where?
Berlin: In town.
Adele: There isn't an 'in town' here, Berlin, there's the Calypso and the street.
Berlin: We were in town.
Adele: You've torn your jeans.
Berlin: That was careless.
Adele: They were new.
Berlin: Trust a woman to notice.[1]
Adele: Your shirt …
Berlin: Stop nagging, Adele, you're not my mother.
Adele: There's spots of blood.

[1] Trust a woman to notice: "여자들 눈썰미는 못 당한다니까."

Berlin: Boys will be boys. We were out on the town we weren't collecting for charity.

Adele: Thought you'ld hit her, like you hit her dad?

Berlin: She oughtn't to be out so late. It's risky.

Adele: Who?

Berlin: Who?

Adele: Who oughtn't be out so late?

Berlin: Nobody. Anybody … everybody.

Adele: You said she.

Berlin: Did I? Come on. Come home with me. Let's get home.

Adele: Don't touch me.

Berlin: We just got a bit pissed.[1] She was in the alley … She was fucking Morocco in the alley by the Calypso. Like a dog. Disgusting.

Adele: What did you do to her?

Berlin: Nothing.

Adele: Tell me.

Berlin: We just got a bit pissed. That's all. He wanted a fight as much as us. It was disgusting, fucking gypsies in a back alley. This town needs cleaning up. Billy was right. It's going under.[2]

Adele: Tell me what you did …

Berlin: We gave Morocco a doing.[3]

Adele: You …

Berlin: It's a boys' thing. I knew you wouldn't understand.

Adele: …

A very tense pause. Adele's *anger is so great that she can't speak. She can't move, she's immobilised.*

Berlin: I'm sorry. I said sorry. What else can I say? It's done now … he'll be all right. It was just a gesture. I'll speak to him in the morning. In the morning, I'll have a word … sort it out. He'll be all right about it. I know Morocco. He knows it wasn't personal. …

[1] pissed: 술 취한. 화가 난.

[2] go under: 침몰하다.

[3] We gave Morocco a doing: "Morocco 녀석 손 한번 봐줬지."

We need to talk, Adele. We should talk. Adele.

Adele: …

Berlin: … it feels to me like you've been … distant … lately. Somewhere else.

Adele: …

Berlin: I can't seem to get through.[1] I can't seem to make a connection.

Adele: …

Berlin: I'm not as bad as you think, Adele. I'm not like Horse, I'm not like the other guys. I can feel it when there's a problem between us. I can sense it.

Adele: Go home, Berlin.

Berlin: I just want to say something.

Adele: Go home before I push you on the track.

Berlin: This is important.

Adele: I'm not listening.

He holds her.

Berlin: But you have to listen. I have to tell you … (*She struggles a little, he pauses, he waits till she is still before saying.*) I love you.

Adele: Berlin.

Berlin: Kiss me.

Adele: Let go of me.

Berlin: I'm worried about you … We need to talk. I don't want to let go of you …

Adele: Get off.

Berlin: I feel as though if I let go I could lose you. I want to squeeze you tight. I love you, Adele, I don't want you to leave.

Adele: Berlin!

Berlin: This is nice.

Adele: You're hurting.

Berlin: A chance to … touch …

Adele: … you're not like this.

Berlin: … we need to explore each other more … [2]

---

[1] get through (to somebody): ~을 이해시키다. 납득시키다.

[2] we need to explore each other more: "우리는 서로를 더 잘 알아갈 필요가 있어."

Adele: Let me go now.

Berlin *forces her to the floor. He puts his hand over her mouth.*

Berlin: Where's there to go? At this time of night … We've got the evening to ourselves … a crisp autumn evening all to ourselves. A still night … not a sound. Shhh! can you hear? My voice is echoing in the forest …

16 solidarity

Fret *and* Sava *in the station waiting room.* Sava *is nursing his wounds. Meanwhile, in the street near the Calypso* Morocco *staggers and falls, brutally beaten.*

Sava: What are you thinking about?

Fret: What's happening to things, Sava?

Sava: Is it the station?

Fret: Not just the station, not just us but … everywhere I look … It feels like things are crumbling … I've lived in this town all my life. Since I was a boy I've never been anywhere else. I've seen buildings go up and come down, I've seen street names change … it's formed around me like geology. And now it's wearing away. It's eroding in the wind. Losing tiny particles of substance[1] every day, getting smaller, breaking up.

Sava: You're upset. Berlin's upset you. Believe me, I've seen it before.

Fret: I didn't know what to say to him. I just … stood.

Sava: When there's nothing to say, silence is at least a dignified response.

Fret: But I let him … say those things about this town. I just stood. Let it happen.

Sava: If people want to know the truth about this town they only need to come here. They'll soon see it's not the way Berlin wants it. People only need to turn up.

---

[1] tiny particles of substance: 실체의 조그마한 조각들.

Fret: They won't be able to find it. They'll just see a blur from the train.[1] Express trains going so fast they can't even make out the station name as they pass. That's all that'll be left of us. The home you thought you had, the place you thought you came from, the person you thought you were ··· whoosh! Whooosh! Gone past. Dust on the breeze. By the time they think to turn up it'll already be gone.

Katia *arrives and sees* Morocco. *He is regaining consciousness painfully.* Katia *is smoking.*

Katia: I ran away. I hid. If you were wondering.[2]

Morocco: I know.

Katia: I'm sorry.

Morocco: What for?

Katia: For you. Sorry you got hit.

Morocco: Thank you.

Katia: I'm not sorry I ran away.

Morocco: Don't be.

Katia: I would have brought help but ··· you know ···

Morocco: I know.

Katia: I don't like to deal with the police. I feel uncomfortable with uniforms of any kind, the police especially.

Morocco: Don't explain.

Katia: There was no point in me staying. I wouldn't have been any use.

Morocco: None.

Katia: They'd have only got more excited. If I'd stayed. I'd have been a prize ··· of some kind[3] ··· they think that way. It happens, I've seen it. Once they've tasted blood ··· you know ··· sharks, they're like sharks.

Morocco: You did the right thing. I'm glad you're safe.

---

1 They'll just see a blur from the train: "기차 승객들에게는 단지 흐릿한 얼룩에 지나지 않을 거야."

2 If you were wondering: "당신이 궁금해했다면 말이야."

3 a prize ··· of some kind: 일종의 전리품.

Katia*'s hardness crumbles slightly. She crouches beside him.*

Katia: Your nose … it's bleeding … I wouldn't have been any use. My fists are like sponges. I can't fight.

Morocco: Did you see? Did you see who they were?

Katia: I heard. I couldn't see.

Morocco: What did you hear?

Katia: Thumping.[1] A lot of thumps.

Morocco: (*a moment of utterly impotent rage*) I'll kill the fucking little shits, I'll fucking …

Katia: I didn't see who they were. I'm sorry. It seemed more important to hide.

Morocco: Just local boys … could have been any of them … probably all of them. I didn't see. There were a few.

Katia: You were lucky … by the looks of it. You got away lightly.[2]

Morocco: At least they didn't have knives.

Katia: Every cloud has a silver lining.[3]

Morocco: You've still got the papers? The passports?

Katia: I made sure.

Morocco: I must have looked a fucking prick. Trousers down in the shit …

Katia: Don't think about it.

Morocco: They got their money's worth out of me.[4] I gave them a good show.[5]

Katia: Try and forget it.

Morocco: I remember seeing the rings on his fist … I remember just the smallest part of a second having time to think. Fuck. Oh fuck.

Katia: Shhh.

Morocco: In the moment between turning round and his fist connect-

---

1 Thumping: 쿵쿵거리는 소리. (주먹 등으로) 탁탁 치는 소리.

2 You got away lightly: "그만한 게 다행이야."

3 Every cloud has a silver lining: 괴로움이 있으면 즐거움도 있다. 고생 끝에 낙이 온다.

4 They got their money's worth out of me: "(바지가 벗겨진 내 모습에) 놈들이 본전 꽤나 뽑았을 거야."

5 I gave them a good show: "그 놈들의 눈요깃거리가 되다니."

ing with my nose. I had time to think … fuck, there's four of them … I thought fuck, my trousers are round my ankles … and I thought fuck he's wearing rings.

Katia: I'm sorry I ran away.

Morocco: After that my recollection's a bit hazy … you understand.

Katia: I can imagine. I don't need the details.

Morocco: No.

Katia: I know we're supposed to stick together people like us. I know it's expected.

Morocco: I didn't expect it.

Katia: It's just … I've found solidarity often just means more people get hurt … and what's the point of that?

Morocco: I was the unlucky one this time. Next time it could be you … then I'd run away.

Katia: Exactly. Best take your turn and hope for the best. It's not very life affirming, is it?[1]

Morocco: Sometimes life's not very life affirming.

Katia: No. Your nose … poor Morocco.

Morocco: (*winces*) Please … I'm fine. I think it would be best if we got off the streets.

Katia: If you still want to fuck … you did pay after all. I've got my passports … we still have a deal?

Morocco: I don't feel like it.

Katia: No. I suppose not …

Morocco: The day after tomorrow. A bus comes through in the afternoon. Adele'll know the time.

Katia: You should get home. It's late. It's after midnight. You should have a wash … you don't want infections …

Morocco: I will.

Katia: I'm sorry I ran away.

Morocco: I know. I'd have done the same. In your shoes I'd have done

---

[1] Best take your turn … It's not very life affirming, is it?: "차례가 되면 조용히 끝나기만을 기다리는 게 장땡이다 이거지. 그런데 이건 그리 긍정적인 삶의 태도는 아니네." life-affirming: 삶을 긍정하는. 삶 고무적인.

the same.

Express train passing.

17 Foreigners out

The bus stop. Horse's *earlier writing of 'foreigners out' remains. It's very cold.* Katia, Adele *and* Sava *are waiting for a bus. If s dark and quiet. Although there is obviously a great deal of emotion none is shown or expressed except in* Katia's *holding of her father's hand.* Sava's *face shows the signs of his recent beating. After some moments a bus arrives.*

18 Blame

Fret *is sitting in a comfortable chair.* Sava *stands nearby.*

Sava: She went.
Fret: They go eventually. It's … inevitable.
Sava: You're right. It's not a comfort though, is it? That it's inevitable?
Fret: No.
Sava: I think she considers me to blame.
Fret: For what?
Sava: … Most of it. She blames me for protesting, here, she says we drew unnecessary attention to ourselves. Brought down the fists upon myself,[1] she thinks. Probably right. Still, that's not what hurts.
Fret: The face?
Sava: The face? My face?
Fret: Does it hurt?
Sava: No, it's numb. I'm a little drunk so it's numb. It's not my face

[1] Brought down the fists upon myself: 자업자득이다. 내가 스스로 자초한 일이다.

that hurts but that she blames me for the other thing.

Fret: What other thing …?

Sava: The past.

Fret: You're not responsible …

Sava: The war, you know …

Fret: It's not your fault, surely.

Sava: You know they … She was … assaulted. She was … A lot of people were assaulted … but … I think she was … She never says but I think … she blames me for making her stay, making her stay so that what happened to her could happen to her. I thought it was our duty as citizens not to desert our homes. As a result …

Fret: You can't have known …

Sava: Perhaps I did know. Looking back, I think I probably did. But I'm, by nature, a person who stays. I'm not sorry. I'm sorry she blames me but I'm not sorry that we stayed. By staying I think we brought a sliver of dignity, a sliver of civilization to an otherwise damned place. We can't leave places to the wolves. Still, dignity always costs something.[1] I think she blames me.

Fret: You decided not to go with her this time?

Sava: I've found myself here. In a station. A station is a place to finish a journey as well a place to start one.

Fret: I'm glad you made that decision.

19 Wolves

Berlin *and* Horse. Fret *and* Sava *in the station.*

Berlin: The radio said it was the coldest October night for a decade and a half. There wasn't a cloud, just the dark and the stars. Horse kept saying he wished he'd brought a hat. He should have brought

[1] dignity always costs something: 존엄성을 지키려면 항상 그 대가를 치러야 하지."

a hat ··· and he kept rubbing his ears ··· anyway we'd soon be warm enough ··· Did you bring the vodka?

Horse: Of course I did.

Berlin: Of course he had. Of course he'd brought the vodka. It was the coldest October night for a decade and a half and the vodka left a beautiful burn around the heart. A burn that spread out across the chest, oiling the veins and arteries, loosening muscles, heating nerve ends ···

Horse: Berlin, I've ··· (*Hiccup.*) shi ··· (*Hiccup.*)

Berlin: Shhh.

Horse: I've got the hiccups.

Berlin: Shh.

Horse: I've got the fucking hiccups. (*Laughing.*)

Berlin: Hold your breath.

Horse *draws in breath.*

Berlin: Put your head between your legs.

Horse *puts his head between his legs.*

Berlin: One two three ···

Although not asleep, Fret *and* Sava *have been in a waking dream.*[1]

Fret: Shhh! Did you hear something?

Sava: Hmmm?

Fret: Shhh ··· Do you hear? A giggling[2] ··· a giggling.

Sava: I heard something ··· a rustling ··· I'm not sure I'd call it a giggling though.

Fret: I'd swear ··· maybe not a giggle but something like a giggle.

Sava: You were dreaming. You just heard voices in your dream.

Fret: You're probably right. I've been soaking in the vodka too long. What time's it? ···

Sava: (*looking at station clock*) It's late. Or early ··· depending how you look at it.

Fret: (*looking at station clock*) I'd say it was late. I must have drifted

---

1 in a waking dream: 공상에 잠겨있는. 백일몽을 꾸고 있는.

2 giggling: 키득거림. 킥킥 웃음.

off.[1] It's cold.

Sava: Bitter.

Fret: We should go inside. I've made you up a bed in the office.

Sava: A little longer. It's a beautiful night. We'll finish the bottle.

Horses *stands, exhales.*

Berlin: Fifty. And again.

Horse *takes in a deep breath, holds it and bends double again.*

Fret: Wait a minute. I heard it again.

…

I heard voices. I'm sure of it.

Sava: Sure …?

Fret: No.

Horse *lets out a huge breath.*

Fret: What was that?

Berlin: Come on … Hurry up.

Horse: I can hear voices inside.

Berlin: Give me the matches. It's fucking freezing, my hands are shaking, look. (*His hands are shivering.*) I am fucking freezing, Jesus Christ, give us a nip.[2]

Horse: Shut up. Shut up, they'll hear us.

Berlin: Christ, I can't light the frigging match. I can't light the match. My hands are jelly give us a nip. Give us a fucking nip. (*He takes a swig of vodka.*)

Fret: Probably wolves.

Sava: Wolves?

Fret: There's a pack in the forest. They crossed the forest when the border came down.

Sava: They came back to the hills near our town after the war started. You could hear them howling in the suburbs. Horrible.

Fret: I used to hate it … being on my own. On nightshift.[3] I don't like the dark.

---

1 drift off: 잠이 들다.

2 nip: (위스키 등의) 소량. 한 모금.

3 On nightshift: 야간 근무시간에.

Sava: Me neither.

Fret: I used to ask myself what I was afraid of. Who'd want to attack a stationmaster? I hadn't any money to rob.

Sava: So what were you afraid of?

Fret: That's just it. I could never pin it down.[1] Animals …? It might have been the forest, the dark or even the trains.

Sava: What's there to be scared of in a train?

Fret: You don't know what it's bringing you. You don't know what it's going to take away.

Berlin: It's lit. Throw it.

Horse: What?

Sava: I heard something that time.

They both listen.

Horse *lights a cloth and stick it into the top of a bottle.*

Berlin: … Fucking throw it.

Horse: Wait a minute!

Berlin: What?

Fret: Come on, we'll go inside.

Sava: Too cold to be out here.

Fret: Yes. Too cold. Yes. It's probably nothing anyway.

Sava: Probably nothing at all.

Berlin: Come on!

Horse: Where?

Berlin: What?

Horse: Where? Throw it where?

Berlin: I don't care.

Horse: It's going to explode.

Berlin: I don't know where.

Horse: It's going to explode.

Berlin: Anywhere. In there.

Horse: But I heard voices.

Berlin: Fuck the voices. (*He takes the bottle from* Horse.)

Horse: Berlin!

[1] pin down: 딱 꼬집어 말하다. 정확히 밝히다.

Berlin: So I threw it.

Fret *is in the office.* Sava *on his way.*

Sava: It's just imagination, Fret. If there's one thing I learned in the yards about staying awake on a long night it's keep the old imagination under control. Don't let the old mind invent things to frighten itself. Don't conjure up demons.[1] Don't talk to ghosts.

Berlin: There was just the smallest moment of total silence and we saw the little flame curve through the air ⋯ then the familiar sound; the pleasant, reassuring sound of bottle on concrete and the flame taking. We ran. We ran into the forest.

Horse: Oh Christ Jesus God cunt fuck.

Berlin: From the forest we stood and watched it go up. It seemed like seconds to me. Less than seconds. Like a bomb. There was no stopping it. On the news the fireman said the station was a tinderbox.[2] He said it was criminal. Criminal that it could have been left in that condition. They didn't have a chance he said. No one stood a chance in that place. Criminal.

LOOK AT IT LOOK AT IT LOOK AT IT! ⋯ IT'S BEAUTIFUL.

At first we just saw the light inside. Just an orange glow inside and then some smoke. It was a clear night so we could see the smoke rising. Even from that distance we could feel it warm. AMAZING. (*He holds out the back of his hand.*) I CAN FEEL IT. I CAN FEEL IT FROM HERE! It was comforting. The heat. The light. The timbers cracking. Like working the furnace. Like standing next to a brazier[3] on the night shift.

The noise of a train is beginning slowly in the distance. However it is, at least initially, imperceptible, growing during the rest of the speech.

The express train passes ... this time however the noise continues.

[1] conjure up demons: 악령들을 불러내다.

[2] tinderbox: 부싯깃 통. 불쏘시개. (위험한 사태의) 불씨지역.

[3] brazier: 화로. 난로.

20 Europe

Adele *and* Katia *are in the toilets on an international train.* Katia *is sitting on the toilet.* Adele *has opened the window and is looking out.*

Katia: He'll be all right. Won't he? He'll register[1] and ··· Fret was good about things ··· Fret was a godsend.[2] He likes company. Dad needs company.

Adele: Where are we going to go to first?

Katia: It's your town. You know it, what it's like. Will he be all right?

Adele: Let's go to Berlin ··· for the cabaret.[3]

Katia: I said he should come with us but he's tired of travelling.

Adele: Vienna. Vienna for the cakes.

Katia: And it's easier when you're on your own ··· to go unnoticed. To look after yourself. To slip past guards ··· It's best he stayed. He seemed happy. Did you think he was happy?

Adele: Portugal. I never even thought of Portugal.

Katia: I feel responsible. He needs looking after.

Adele: Come and look ··· come and look out the window.

Katia: Are we out of the forest?

Adele: Not yet, do you know which way we're going?

Katia: West.

Adele: Which mountains are we in?

Katia: I don't know.

Adele: It doesn't matter. We're in mountains.

Katia: It was the right thing to leave. That's the main thing. It was the right decision.

Adele: Paris ··· we'll go to Paris ··· for the romance ··· (*Kisses Katia briefly.*) Milan ··· we'll go to Milan.[4]

Katia: Maybe.

---

1 register: (인명부 등에) 기재하다. (주민으로) 등록하다.

2 godsend: 뜻밖의 (하늘이 준) 선물.

3 cabaret: 카바레 (식당이나 클럽에서 저녁에 공연하는 쇼).

4 Milan: 이탈리아 북부의 도시.

Adele: Or Prague …

Katia: Perhaps … Perhaps … if you think about it … I suppose we were lucky to be blown into your station … perhaps it was just as well …

Adele: Just as well? … It was the best thing that ever happened.

Katia: I'm not sure I would go so far as to say that.

Berlin: The next day, after the fire, the government minister came to see the ashes. He said they would stamp us out.[1] He said … these monsters aren't part of our nation. They don't belong in our midst. He said we have to drive them out. There's no place for them here. No place for them anywhere.

Adele: We'll go to Moscow …

Katia: We could go to Petersburg.[2]

Berlin: The country has been sitting on a powder keg[3] for too long. A spark was bound to catch. He said he'd tighten up on immigration controls. After all … feelings were running high all over the continent.

Adele *kisses* Katia. Katia *finally kisses back. They begin to kiss sexually. Their hands exploring each other.*

Adele: To Venice.

Katia: To Rome.

Berlin: He said it was a tragedy. A terrible tragedy. And he said he was making a ministerial visit.[4] The problems were being considered at the highest level.

Katia: To Rotterdam.

Adele: To Copenhagen.[5]

Berlin: We were on the television … on the front of magazines. Me and Horse, we were discussed on the radio. Protest songs were written about us.

1 stamp (something) out: 근절하다. 뿌리 뽑다.

2 Petersburg: St. Petersburg. 러시아 제일의 학술. 문화도시.

3 sitting on a powder keg: 일촉즉발의 상황에 놓여있는.

4 a ministerial visit: 장관급의 방문.

5 Copenhagen: 덴마크의 수도.

Adele: Sofia.

Katia: Budapest.

Berlin: They said the name of our town, politicians and sociologists all across the continent said its name.

Adele: Barcelona.[1]

Katia: Marseilles.

Berlin: Until it wasn't a name any more but a condition, not a place but an effect.[2] But it was our town.

Adele: Athens.

Katia: Hamburg.[3]

Berlin: For one day, for one week ⋯ maybe even for a month. Everyone knew the name of our town. And now they know. They know that even as they travel to some older ⋯

Adele: Salzburg.[4]

Berlin: Or more beautiful ⋯

Katia: Sarajevo.[5]

Berlin: Or more important place.

Adele: Just imagine.

Katia: Shh ⋯

Berlin: They know that, in our own way, we're also Europe.

Lights down ... the noise of the train continues for a few moments in the dark.

---

1 Barcelona: 스페인 북동부의 도시.

2 Until it wasn't a name any more but a condition, not a place but an effect: 마을 이름이 이제 단순한 지명을 넘어서서, 만연되어 있는 인종주의적 폭력 상황과 그 영향을 지칭하는 고유 명사가 되었다는 말.

3 Hamburg: 독일 북서부에 있는 항구 도시.

4 Salzburg: 오스트리아 중서부의 도시로서 Mozart의 탄생지이다.

5 Sarajevo: 보스니아 헤르체고비나 공화국의 수도. 1914년 6월 28일 오스트리아 황태자와 황태자 비가 사라예보에서 두 명의 세르비아 청년에게 암살된, 이른바 사라예보 사건으로 유명하며, 이는 제1차 세계 대전의 실마리가 되었다.

Essays in Criticism

Joe Orton: A High Comedy of Bad Manners

Joel Greenberg

Joe Orton, dubbed 'the Oscar Wilde of Welfare State Gentility' by critic Ronald Bryden, established a new kind of theatre with just three full-length plays and less than a half dozen one-act and radio plays. That so modest a body of work altered the possibilities of stage comedy is remarkable, but that the playwright spent only three years of his life, the last three years (1964-67), in his pursuit of and mastery over a unique voice is nothing short of extraordinary.

Orton was an exemplary student, whose education came not from formal training but from his inexhaustible appetite for reading, listening to radio drama, attending theatre and eavesdropping on life on the street and in the gutter. No stranger to the works of the great Restoration playwrights or Oscar Wilde, Orton eschewed the new naturalism of writers like Osborne and Wesker, preferring the indirection and obfuscation of a comedy whose ultimate aim must be to resist the predictable in order to lacerate the audience's complacency. Between 1964, with his premiere production, *Entertaining Mr. Sloane*, and 1967, when he completed the rehearsal draft of *What the Butler Saw*, Orton struck chords of outrage and delirious glee as he perfected his unique brand of high comedy which would, in his lifetime, come to be known as 'Ortonesque.'

High Comedy begins with the playwrights of the British Restoration. What is most striking about Restoration comedy is its passionate reliance on language over action, a predilection of British theatre writing that served as Orton's chief inspiration. And what Orton most valued about the Restoration period, was that it emboldened the theatre by putting sex on the stage as it had not been presented before. Innuendo, a popular device for enlivening a scene onstage, was a principal component of Restoration comedy. And while the freedom to speak lewd and carnal thoughts aloud was unique, the event was made more potent with female characters for the first time being played by women. A sexual charge, with many scenes even suggesting the sexual act itself, was created by a perfect balance of heightened language and emphatic self-adoration.

In Orton's world, people respected the impact of a well-chosen phrase, but unlike the Restoration's focus on high society, Orton's characters were drawn from many social layers, the disenfranchised as much as the well-born.

Following the Restoration, the Comedy of Manners re-emerged with writers such as Sheridan and Wilde. The best-known and most frequently studied and performed of these playwrights' works reveal society's delight at seeing itself reflected through a mirror crystal-clear that paradoxically warps the displayed middle-class values and got away with it because his audience was exhilarated at the same time as it was offended. Orton, a keen admirer of Wilde's dexterity, noted that in *The Importance of Being Earnest*, for example, Wilde shuffled an assortment of characters whose verbal jousting could sustain a threadbare plot, because what they said was infinitely more valuable and entertaining than who they were or what they did. (Earnest, in fact, may be the single pre-Orton play to succeed on its epigrammatic wordsmithery alone.) And Orton, like Wilde, would, in his plays, find the key to releasing the audience by driving them almost mad with laughter. But while Orton understood and appreciated Wilde's professional mastery, borrowing heavily from him as he experimented with his own comic to-and-fro, he always believed that Wilde's attempt to closet his private life blocked rather than served him.

Precisely what it was that contributed to Orton's arsenal of contempt and outrageous mischief, and why it was the theatre that was his medium of choice, is speculative. As logical as Orton's nightmare scenarios are, his own life appears to have been an illogical blueprint for his startling career.

Orton grew up in Manchester, in a lower middle-class family, the eldest of four children. His father was ineffectual, lavishing more care on his garden than on his own family. (Except for *What the Butler Saw*, all Orton's older male characters reflect elements of his father.)

His mother was the family's dominant force and her unceasing efforts to reach respectable middle-class status provided Orton with material enough to create several hideous matrons in his scripts. He escaped to London where he was accepted into RADA, an experience he dismissed except for the fact that it was there he met Kenneth Halliwell, the man with whom he would spend the rest of his life. (Halliwell was also the man who would eventually murder Orton and then commit suicide.) Halliwell, for his part, tutored Orton by assigning him books to read, and together they embarked on writing a series of novels that never saw publication during their lifetimes.

In the early sixties, both men were imprisoned for defacing a number of library books, but upon his release Orton emerged transformed and playwriting had become his single obsession. Though this sudden change is impossible to explain, the imprisonment released in Orton any self-censorship or lack of worth that he may have harboured previously. Orton wrote: "Before, I had been vaguely conscious of something rotten somewhere; prison crystallized this. The old whore society lifted up her skirts, and the stench was pretty foul. Not that the actual prison treatment was bad; but it was a revelation of what really lies under the surface of our industrialized society." Further exploring how the jail experience fed into his newfound gifts, Orton stated: "Being in the nick brought detachment to my writing. I wasn't involved any more and it suddenly worked." For Orton, then, the key to his comedy, a High Comedy of Bad Manners, lay in exposing the middle-class values he had grown up to revile and the society for which he had a palpable loathing. Life in Manchester drove Orton to London; working as a young actor helped him to learn that writing was the proper focus; pre-prison life with Halliwell, sharing a cramped bedsitter and collaborating on stories that were rejected as soon as they were submitted, was replaced by a professional ascendancy and a fully liberated private life.

Entertaining Mr. Sloane, the first of Orton's plays to be produced, drew critical and public praise as much as it provoked indignation from those same constituencies. With Terrence Rattigan's influence and financial assistance, the play transferred to the West End where leading commercial producers damned its filth and argued against the right of the playwright to be in the West End at all. Orton couldn't have been happier with the hysteria attending his work and his own emerging celebrity. Not since Osborne's *Look Back in Anger* had a playwright tapped so deeply into his own time. But while Osborne's creation of the post-war generation was exposed through a naturalism of language and action, Orton's vision was both comic and unrelievedly dark. His talent for blending the commonplace with the macabre, eliciting laughter in the process, set him apart from other playwrights of his day, and his young voice showed influences of his peers, particularly Harold Pinter.

Entertaining Mr. Sloane is set in a house situated in a garbage dump. The tackiness evident in the decor and the people who inhabit the house remind us of Pinter's play, *The Birthday Party*. Tension is created through the use of nonsequiturs and disjointed pauses, much as Pinter did in his early one-act plays. (In modern drama it is, after all, Pinter and Beckett who mined the pause for its myriad theatrical possibilities.) Orton, showing the influence of Pinter before him, relies exclusively on language to fuel the action of his play. The opening scene between Sloane and Kath, the woman of the house, illustrates this:

> Kath: This is my lounge.
> Sloane: Would I be able to use this room? Is it included?
> Kath: Oh, yes.
> PAUSE
> You mustn't imagine it's always like this.
> Sloane: The bedroom was perfect.
> Kath: I never showed you the toilet.
> Sloane: I'm sure it will be satisfactory.
> PAUSE
> Kath: I should change them curtains. Those are the winter ones. The summer ones are more of a chintz.

PAUSE.

Sloane: I can't give you a decision right away.

Kath: I don't want to rush you.

PAUSE

What do you think? I'd be happy to have you.

SILENCE

Sloane: Are you married?

PAUSE

Kath: I was. I had a boy . . . killed in very sad circumstances.

PAUSE

Sloane: A son?

Kath: Yes.

Sloane: You don't look old enough.

PAUSE

Kath: I don't let myself go like some of them you may have noticed.

PAUSE

Sloane: I'll take the room.

Here Orton follows the pattern so popular in the standard comedy of manners. Societal norms are debunked, one after the other, and hypocrisy is revealed as the best survival technique in a patently self-serving world. Had Orton merely broadsided conventional thinking and predictable targets, the play might have vanished or, at best, might have found a small audience to jostle. But the author's genius was that he drew upon the turmoil that so characterized the sixties in London. The era, defined by consuming self-interest, desecration of the Establishment and the icons that represent the old order, sexual revolution, interchangeable gender labels and drug culture, finds a voice with Orton. In *Entertaining Mr. Sloane,* the title character begins the play having murdered one man and, before the final curtain, he will murder again. He sells himself willingly and knowingly to both the brother and sister of the house, and following the murder of their father by Sloane himself, they agree to an arrangement whereby they will share the young man's sexual favours, much as parents agree to shared custody of children. By our current standards this may sound tame and almost toothless, but until Orton no one had dared to speak ideas like these with such brazen audacity, let alone on a public stage in a commercial venue.

It is important to recall that homosexuality was still illegal in England, a prison sentence the likely punishment for being 'discovered'. Orton, whose published diaries reveal an aggressive fascination with and practice of dangerous sexual encounters, exposed his private life in his professional life by including references to the sex trade and his endorsement of the liberation of self at all costs. In *Sloane* the references are by way of innuendo, but the aim is to increase sexual tension and the play's unstated mysteries, more than it is to raise a quick and easy laugh. Midway through the first act, Sloane meets Ed, the brother of the family and the man who supports Kath, his sister:

> Ed: I . . . my sister was telling me about you.
> PAUSE
> My sister was telling me about you being an orphan, Mr. Sloane.
> Sloane: (SMILING) Oh, yes?
> Ed: Must be a rotten life for a kid. You look well on it though.
> Sloane: Yes.
> Ed: I could never get used to sleeping in cubicles. Was it a mixed home?
> Sloane: Just boys.
> Ed: Ideal. How many in a room?
> Sloane: Eight.
> Ed: Really? Same age were they? Or older?
> Sloane: The ages varied by a year or two.
> Ed: Oh well, you had compensation then.

And then later in the same scene, his sister in attendance throughout, their exchange suggests a pick-up that Orton himself might have experienced in one of his tearoom excursions:

> Sloane: . . . yes I like a good work out now and then.
> Ed: A little bodybuilder are you? I bet you are . . . do you . . .
> SHYLY
> Exercise regularly?
> Sloane: As clockwork.
> Ed: Good, good. Stripped?
> Sloane: Fully.
> Ed: How invigorating.
> Sloane: And I box. I'm a bit of a boxer.
> Ed: Ever done any wrestling?
> Sloane: On occasion.
> Ed: So, so.
> Sloane: I've got a full chest. Narrow hips. My biceps are—-
> Ed: Do you wear leather . . . next to the skin? Leather jeans, say? Without. . . aah. . .
> Sloane: Pants?
> Ed: The question is are you clean living? You may as well know I set great store by morals.

Two years later Orton wrote *Loot,* the play that confirmed his unique voice. Like much else in Orton's life, *Loot* had begun with a false start when the out-of-town production failed to make it into the West End, leaving Orton distraught and threatening to give up writing for the theatre forever. But a successful new production, which opened eighteen months later and in the West End, liberated the writer to do what he pleased and to write as he chose. The carefully calculated dialogue in *Entertaining Mr. Sloane,* which successfully combined tension, mystery and double entendre to excellent effect, was surpassed with the new play's truer understanding of the stage as a physical world. An equally dull room in *Loot* replaced the dull sitting room of the first play, but the difference was the way in which the room was integrated into the play's action. The setting had grown to define the play and to make its presence inseparable from the characters that inhabited it.

Thematically, *Loot* digs deeper and touches a more exposed social nerve. Death and the way it is acknowledged and euphemized are central to this tale of theft, murder and government corruption. Using a detective and suspense plot as the frame, Orton inverts traditional stereotypes at the same time that he demolishes respectability. Without sacrificing his ear for the brittle repartee of high comedy, Orton accelerates the pace and the viciousness of characters' responses so that threatened loss of control adds an urgency entirely absent from the earlier play. In the opening scene, Fay, the nurse who has attended the late Mrs. McLeavy, interrogates Hal, the late woman's son:

Fay: The priest at St. Kilda's has asked me to speak to you. He says you spend our time thieving from slot machines and deflowering the daughters of better men than yourself. Is this a fact?

Hal: Yes.

Fay: And even the sex you were born into is not safe from your marauding. Father Mac is popular for the remission of sins, as you know. But clearing up after you is a full-time job. You do see his point?

Hal: Yes.

Fay: What are you going to do about this dreadful state of affairs?

Hal: I'm going abroad.

Fay: That will please the Fathers. Who are you going with?

Hal: A mate of mine.

Fay: Have you known him long?

Hal: We shared the same cradle.

Fay: Was that economy or malpractice?

Hal: We were too young then to practise, and economics still defeat us.

Later in the same scene, she begins to suspect Hal of committing a bank robbery:

Fay: Do you know the men concerned?
Hal: If I had that money, I wouldn't be here. I'd go away.
Fay: You're going away.
Hal: I'd go away quicker.
Fay: Where would you go?
Hal: Spain. The playground of international crime.
Fay: Where are you going?
Hal: Portugal.

In *Loot* there is a sauciness not present in *Sloane*, an aggressive and unapologetic assault on sensibilities. Here, nothing is sacred and everything is violable. Sexual favours are equated with commerce and the ambiguities of *Sloane* are replaced with flagrant expressions of sexual freedom never before presented onstage. This is where Orton separates himself forever from any comparison to Oscar Wilde, since in Wilde's plays there is no intercourse between characters, except above the neck. And Orton's unashamed approach to freedom in liberated and promiscuous sexuality defines him as an indelible icon of London's counterculture generation.

Additionally, government officials, the church and the royal family emerge in this play as among Orton's favourite brickbats. Sgt. Truscott, the detective investigating the bank robbery, arrives in disguise as a representative from the water board. In a scene that can only anticipate Monty Python, he begins to question the nurse:

Truscott: Good afternoon.
Fay: Good afternoon. Who are you?
Truscott: I am attached to the metropolitan water board. I'm on a fact-finding tour of the area. You'll be out of the house for some considerable time this afternoon?
Fay: Yes, I'm attending the funeral of my late employer.
Truscott: Thank you, miss. You've been a great help.

LOOKING OUT THE WINDOW

Who sent the large wreath that has been chosen to decorate the motor?

Fay: The licensee of the King of Denmark. I don't think a publican should be given pride of place.

Truscott: You wouldn't, miss. You had a strict upbringing.

Fay: How do you know?

Truscott: You have a crucifix. It has a dent to one side and engraved on the back the words: 'St. Mary's Convent. Gentiles Only.' It's not difficult to guess at your background from such telltale clues.

Fay: You're quite correct. The dent was an accident.

Truscott: Your first husband damaged it.

Fay: During a quarrel.

Truscott: At the end of which you shot him. The incident happened at the Hermitage Private Hotel. Right?

Fay: This is uncanny. You must have access to private information.

Truscott: My methods of deduction can be learned by anyone with a keen eye and a quick brain. When I shook your hand I felt a roughness I associate with powder burns and salt. The two together spell a gun and sea air. When found on a wedding ring only one solution is possible.

Fay: How do you know it happened at the Hermitage Private Hotel?

Truscott: That particular hotel is notorious for tragedies of this kind. I took a chance which paid off.

Loot was the winner of both the Evening Standard Award and Plays and Players Award as Best Play of 1966. This public recognition only encouraged Orton to write bolder, larger and more forceful in-your-face satire and farce that dared restrained tastes to protest. And on the basis of his new status, Orton was commissioned to write a screenplay for the Beatles, a project that was never produced because the script threatened to subvert their celebrity and public image. With scenes including drug fests and multi-party sex play, there is little reason to wonder why the project evaporated.

But there is no doubt that the success of *Loot* unleashed a creative energy of extraordinary power. In the next year, the last of his life, Orton would write *Funeral Games* and *Crimes of Passion*, an evening of two one-act plays, and his masterwork, *What the Butler Saw*. At the repeated urging of his agent, Orton also began recording a personal diary, a remarkably detailed and uncensored account of his professional, personal and sexual lives. Its posthumous publication confirms that Orton was inseparable from the plays that he wrote.

A month before he was murdered, Orton finished the final draft of *What the Butler Saw*, the play that synthesizes all that had come before. As in all past writing, he maintains his firm understanding of mannered comedy through the convulsive syntax that he applies to his characters, but in this new work, Orton reaches beyond himself again, this time bridging High Comedy with dizzying, doorslamming farce. He moves past the playful antics in *Loot*, wherein the dead mother's corpse comes and goes from an armoire to a bed and back again often ending on its head in the process, and he invents a style which aims to destroy the characters' lives as the audience looks on in shock and riotous horror. The free-for-all scenario is in the style of true farce, made the more demanding by retaining the language and the wordplay that is now rightly identified as Ortonesque.'

Set in a psychiatrist's clinic, the play skews the basic elements of West End comedy at its tired worst. Dr. Prentice attempts to seduce a young woman while his wife is away. She returns suddenly and all hell breaks loose as he tries to maintain the appearance of respectability. By the final curtain, the play has encompassed drug use, shootings, incest, rape, cross-dressing and fetishism, among other menu items.

In *Butler* the cut-and-thrust of epigrammatic dueling abounds, but never at the loss of mounting pace to drive the farce forward and the characters increasingly away from their place of safety. The opening scene reveals Dr. Prentice as he begins his seduction of Geraldine, the young secretary, who believes she is present for a job interview:

Dr. Prentice: I'm going to ask you a few questions. Write them down. In English, please. Who was your father? Put that at the head of the page. And now the reply immediately underneath for quick reference.

Geraldine: I've no idea who my father was.

Dr. Prentice: I'd better be frank, Miss Barclay. I can't employ you if you're in any way miraculous. It would be contrary to established practice. You did have a father?

Geraldine: Oh, I'm sure I did. My mother was frugal in her habits, but she'd never economize unwisely.

His wife having returned, and the young Geraldine now hidden behind the drapes in the same room, Dr. Prentice begins his struggle to set things right or, at the very least, to suggest that everything is as it appears on the surface. Mrs. Prentice arrives pursued by a hotel bellhop, who is blackmailing her with pornographic photos he took the previous night. Within the first ten minutes of the play's opening, then we have been introduced to the principal characters not one of whom is what he or she appears to be. An exchange between husband and wife follows, and the true depth of Orton's venom is exposed:

Dr. Prentice: (*addressing the bellhop*) My wife said breastfeeding would spoil her shape. Though, from what I remember, it would've been improved by a little nibbling. She's an example of in-breeding among the lobelia-growing classes. A failure in eugenics, combined with a taste for alcohol and sexual intercourse, makes it most undesirable for her to become a mother.

Mrs. Prentice: I hardly ever have sexual intercourse.

Dr. Prentice: You were born with your legs apart. They'll send you to the grave in a Y-shaped coffin.

The wife admits that she is naked beneath her coat, takes the dress left by Geraldine and proceeds to spend the balance of the play fighting to retain her identity, and ultimately her sanity, as she sees people rushing about in various states of undress, cross-dressed and bleeding, strait-jacketed and unconscious.

And with cover-up and disguise the order of the day, Orton repeats a variation of the detective character from *Loot.* In that play, the representative of the government conducts his underhanded investigation on the pretext that he is working for the water board. In this final play, Orton inverts his earlier scheme and announces the bureaucratic outsider's true identity at the start, while he drives everyone else to madness, lying about themselves by name, by gender and by sexual preference.

Dr. Rance enters the clinic and immediately encounters a startled Prentice:

Dr. Rance: Good morning. Are you Dr. Prentice?
Dr. Prentice: Yes. Have you an appointment?
Dr. Rance: No. I never make appointments. I'd like to be given details of your clinic. It's run, I understand, with the full knowledge and permission of the local hospital authorities?
Dr. Prentice: Yes. But it's highly confidential. My files are never open to strangers.
Dr. Rance: You may speak freely in front of me. I represent Her Majesty's Government. Your immediate superiors in madness.

And the momentum, thus begun, accelerates until all identities are meaningless within existing norms, until each character has been stripped of labels that hitherto defined who they were, both in themselves and to each other. Near the end of the first act, Dr. Prentice convinces the secretary and the bellhop to switch into each other's clothes as a strategy for escaping the clinic and returning to the world outside its walls. In the second act, passing themselves off as each other without ever having met, they come face-to-face with Dr. Prentice:

Nick: (*looking at Geraldine in his uniform*) Why is he wearing my uniform?

Dr. P: He isn't a boy. He's a girl.

Geraldine: (*looking at Nick in her dress*) Why is she wearing my shoes?

Dr. P: She isn't a girl, she's a boy. Oh, if I live to be ninety, I'll never again attempt sexual intercourse.

Nick: If we change clothes, sir, we could get things back to normal.

Dr. P: We'd then have to account for the disappearance of my secretary and the pageboy.

Geraldine: But they don't exist!

Dr. P: When people who don't exist disappear the account of their departure must be convincing.

In a world defined by as arbitrary a measure as appearance, Orton reminds us that the balance is tenuous, at best. In theatrical terms, however, he is saving his best for the last.

The play's final moment is stunning theatre because it combines the elements of pure farce: it rushes headlong to a catharsis through laughter while it remains rooted in the Comedy of Manners that inspired Orton from the start. All of the characters are in their various states of undress, some drugged and others bleeding from gunshot wounds. Dr. Rance finally locates the missing part of Sir Winston Churchill, a plot element that was introduced early in the first act, and holding a larger than life-sized phallus aloft, to the awed expressions of the assembled company, he sighs:

Dr. Rance: The Great Man can once more take up his place in the High Street as an example to us all of the spirit that won the Battle of Britain. How much more inspiring if, in those dark days, we'd seen what we see now. Instead we had to be content with a cigar— the symbol falling short, as we all realize, of the object itself.

The many plots resolved, the phallus providing a benediction of theatrical redemption, the characters climb up a ladder through the clinic's skylight and into the Truth and Salvation of blinding sunlight. It is an ending rich in literary imagery and equally rich in that it achieves the height of comic completion.

Shortly before his death, Orton assessed his own strength: "I'm an acquired taste. That's a double entendre if there ever was one. Oh, the public will accept me. They've given me a licence, you see . . . I'm a success because I've taken a hatchet to them and hacked my way in . . . It's always a fight for an original writer because any original writer will always force the world to see the world his way. The people who don't want to see the world your way will always be angry." And he was right. The posthumous premiere of *Butler* was greeted with shouts of indignation through the opening night. The cries of disgust were directed at Orton's careful disregard for proprieties of all kinds. But it wasn't foul words that got to the audience, because Orton rarely resorted to expletives.

In *Head to Toe*, a novel published posthumously, he stated the belief that applied to everything he had ever written: "To be destructive, words must be irrefutable. Print was less effective than the spoken word because the blast was greater; eyes could ignore, slide past, dangerous verbs and nouns. But if you could lock the enemy into a room somewhere, and fire the sentence at them you could get a sort of seismic disturbance."

Edward Bond's DE-LEAR-IUM

Rosette Clementine Lamont

WHEN ANALYZING BOND'S Rational Theatre, we acknowledge the British dramatist's boldness, allied with his endless patience. For years Bond was relegated to what he calls "the moral attic." As a soldier and a factory worker throughout his early youth, Bond created forty-one infinitely varied plays. Over the years he never gave up his search for an elusive absolute.

Born in London of working-class parents, raised speaking Cockney, he received his education in state schools. His home was the army, his relatives the rough and tumble world of the street. He was working in a factory when he became a member of The Writers' Group at the Royal Court Theatre. Violence was and still is his major tool, one used by the ex-street urchin as an instrument suited to deliver his scorn. In his Preface to the rewriting of his post-modern *Lear*, Bond explains: "People who do not want writers to write about violence want to stop them writing about us and our time. It would be immoral not to write about violence."

Bond's retelling of *King Lear* finds an echo in front page news in our twenty-first century: the spectacular collapse of the Twin Towers at the World Trade Center. Those of us who were in New York at that time watched with mounting horror the suicidal Moslem pilots' slicing of the skyscrapers' upper floors as though they were nothing more than frozen sticks of butter. Fantasy was taking over monstrous reality.

Next, we heard that anthrax-poisoned anonymous letters were being dispatched in a strictly orderly way to members of Congress in various localities. A sense of dread was turned into farce. The haunting image of Ionesco's "Stroller in the Air" materialized into a caricatural would-be terrorist shown in a young American turned Taliban fighter. Feats of courage were buried in caves, winding subterranean cellars, mountain trails. We wondered at the boldness of idealists following a mountain trail to climb to their deaths.

Until the end, lovers went on communicating through cell phones. Many, surrounded by fire, jumped into the void. Desperate young men and women ran down the stairs, assisted in their escape by selfless, heroic firemen. Edward Bond had painted in words and deeds this scene of chaos and courage long before it became a reality. As a young soldier, part of the Occupation army of Germany, Bond made it his business to know every stitch that held the fabric together, or revealed its unraveling. No one was spared. War was and is the ultimate leveler.

Composed on the edge of biological and technological disasters, Edward Bond's ninth play, *Lear*, strikes us as profoundly disquieting. Bond suggests that our society is dangerously aggressive. Children are forced to live among objects and institutions foreign to them. Socialized morality is one of the most menacing forms of violence. The biosphere in which people struggle for survival has become largely a "technosphere." Yet Bond is not pessimistic about the future of humanity. In fact, there are glimmers of hope in most of his plays. Yet the explosive combination of technology and socialized morality could lead to disaster, possibly to the annihilation of our planet and its inhabitants, animal and human. The pyramid of ever-expanding inventions propels us to notice and note our ambient universe. With increasingly ill-contained fury, Bond writes, "Something whispers in our ear: 'YOU HAVE NO RIGHT TO LIVE.'" This terrifyingly absurdist statement contains the essence of the story and this history of *Lear*.

Presented at the Royal Court Theatre by the English Stage Company, Bond's 1971 play introduces a complex cast of characters. We recognize instantly numerous dramatis personae from Shakespeare's great tragedy; yet they are also altered so as to speak their truth, individual and collective. However, what emerges is not the individual character but the weird balance between the living, the dying, and the dead. In Bond's astonishing *Lear* the Dead occupy the same spaces as the Living, and nightmares rule the quotidian.

Indeed, one of the most exciting aspects of the everyday lies in the coexistence on the stage of the living, the dying, the near-dead and the still-alive. The foreground belongs to the nightmarish sisters, Lear's two daughters. We recognize Shakespeare's Goneril and Regan, renamed Bodice and Fontanelle. These witch-like creatures are reshuffled like a deck of cards, recomposed of bits and pieces of Shakespeare's text. In fact, textuality allows them the freedom of being readable; yet, they are basically fairy tale creatures, able to bridge the fantastic and the so-called real.

The unexpected metamorphoses of these cruel spirits, in part traditional witches, in part Hollywood, Dietrich-style femmes fatales, familiarize us with the celluloid monsters. Bond relishes the bits and morsels extracted from Shakespeare's comedies, mixed with the world of Jacob Ludwig Grimm. What emerges is the brew known as Post-Modernism.

In his "Author's Preface to *Lear*" Bond boldly declares: "The subject of all literature is society. On the deepest human level there is no art without moral sovereignty." This is not a proclamation of Man's natural goodness. In fact, rooted in sadomasochistic awareness, the human beast is capable of voyaging into unpredictable depths of intense cruelty. Yet he or she sets out to explore the terrain of moral and aesthetic perfection. In his preface, Edward Bond weighs the aggressive aspect of our society against the extreme. He writes: "Aggression has become moralized. WE BATTER IT" He goes on to declare, "Morality has become a form of violence." Thus, an unjust society causes and defines criminality. The moral stamp revels in "law and order." Steps must be taken to perpetuate the moral struggle.

Bond reverts to his own morality when he makes use of a powerful metaphor in *Saved*: the stoning of an infant in its pram. A group of boys takes hold of a pram in which an infant is initially asleep. At first, the carriage is given a light push, but, as it begins to move, to be projected by one hand, then another; as the game heats up the pram gathers speed. Soon it is out of control. Blood lust is thickening, and, as it does, the team picks up stones and plaster, casting the debris into the strangely still pram. Thus an unjust society causes and defines criminal behavior. Morality puts on a faceless face.[1]

1 After a few performances of some of his plays, censorship closed down the plays;

Bond also reverts to group morality. Opening himself to questions from a very large audience, he explained that the horror he portrayed was based on the life he had observed among London's poor. "This scene is an echo from my adolescence. The stones cast into the pram to kill the baby are like the bombs of Nazi air raids. There were many casualties among the poor and uneducated. Above all, we needed a method of change." He explained in the strangely silent theatre: "This is not done by thugs, but by people who like seeing plays which condemn things." Social morality, Bond's suggests, manifests itself in the form of a twisted response, the justification "of the Peeping Tom." Bond's own response is a violent accusation: "Social morality is a form of suicide."

In *Lear* we see shifting, minimalist sets, witty or terrifying props, bright lighting, and general linguistic exercises. Bond plants hints throughout this elusive enactment. Its boundless cruelty is rooted in Surrealism (Apollinaire, Vitrac, Cocteau). Yet what we see in the concentric circles of the play is far more surprising, and breathtaking, than the usual comitragedy. The chief element is violence in its varied forms: the violence of anger, humor, wit.

Scene One of Act One invites the public to recall two famous conflicts of heroic proportions: World War I (1914) and World War II (1941-45). For every educated European these dates mark two phases of a familiar world struggle. *Lear* draws our attention to these battles, to these famously heroic encounters. To mark the similarity between two phases of twentieth century world wars we are shown the two monstrous daughters of the king. But what is the repeatedly mentioned fortification? A mature Lear is in charge, surrounded by his armed forces. No one contests his power. "It's a flogging crime to delay work," he shouts, ordering a "drum beat trial."

Lear is immensely proud of the work accomplished: "I started this wall when I was young. I stopped my enemies in the field, but there were always more of them. So I built this wall to keep my enemies out. My people will live behind this wall when I am dead." Clearly,

his name became associated with the depiction of violence.

Lear views this unfinished task as his legacy to the nation. However, the king comes to the bitter realization that he is struggling against a lost cause. His daughter Bodice proclaims that her struggle was based on "political necessity." The military vocabulary alone tells us where we are. As to the king, he paints a vast Napoleonic canvas, proud of what he achieved on that glorious day.

In his "Introduction" to The Rational Theatre Bond explains the nature of what he calls Socialist Art. The world is seen from a class position. Greek artisans searched for perfection, and in this quest, they concentrated on such class position. Human beings are the creators of history, and art is the foundation of what Bond defines as "his Socialism." Art, Bond writes, is a surgeon operating on himself.

Lear vents his scorn and rage when he exclaims: "When will your ambition end? . . . YOU HAVE MURDERED YOUR FAMILY . . . You will throw old men from their coffins, break children's legs, pull the hair from old women's heads . . . I am ashamed of my tears." Lear's indictment echoes accusations made by Stalin's daughter, Svetlana, when she fled the brutal regime of Communist Russia. These words are still imprinted on Russian political memory.

Bond opened his text to the victims of Stalin's brutality. Bodice's knitting throughout Act I, Scene 4, suggests similar acts of political brutality. Bodice is the silent example of the tricoteuses, female followers of Robespierre, who brought their knitting to the open meetings of the Assembly. Bond introduces into his text directions from the pattern book of a knitting manual. As she knits, Bodice intones phrases from the knitter's guide: "One plain, two pearl, one plain." She intones while straddling "her riding stick," like a Halloween witch.

Bodice's cruelty is beyond compare. Her burning desire is to shut Warington upon himself. To achieve this ignoble end, she will pull her needles out of their knitting and stick them through his ears into his brain. As she jabs them she intones: "Doodee, doodee, doodee, do." Fontanelle does not feel they have gone far enough in the torture scene. "He can see my face but he can't see me laugh."

In Act III, Scene 3, the third sister, Cordelia, the "partisan fighter," teaches Lear how to embrace a new way of thinking and feeling: "Listen, Cordelia. If a god had made the world, might would always be right, that would be so wise, we'd be spared so much suffering, but we made the world—out of our smallness and weakness. Our lives are awkward and fragile, and we have only one thing to keep us sane: pity, and the man without pity is mad."

It takes a long time for Lear, as perhaps for us all, to understand the wisdom of these words.

Performing histories: *Plenty* and *A Map of the World*

Reinelt, Janelle

The Cambridge Companion to David Hare: Boon, Richard (Ed.)
New York: 2007 pgs 200-219 ISBN: 0521615577

Writing about two of David Hare's epic plays from 1978 and 1982, I encounter history in syncopated time. *Plenty*, overtly historical, moves from 1943 to 1962 while *A Map of the World*, not marked by year in the text, was produced in 1982 and 1983, when preparations were already underway for an observation of 1985 as the 'Year of the United Nations'. *A Map of the World* can be linked productively to debates about the role of the United Nations at that time, while *Plenty* will benefit from attention both to the history of the years represented within the play, and also to concerns and events at the time of its first production. Then there is the third dimension of time, the time of this writing – when this chapter is intended to speak to contemporary readers who may not even have been born until after both of these other periods. David Hare and I were born in the same year, and the second time stratum examined here, the decade from 1975 to 1985, found both of us living and working as thirty-something contemporaries. 'Contemporary History' can seem like an oxymoron, but the important question of when experience is past enough to be viewed as history – perceived, analysed and treated as historical – is a valid and perplexing one for those of us engaged in the pursuit of a glimpse of the newly historical past.

In his prize-winning study *Performing History: Theatrical Representations of the Past in Contemporary Theatre*, Freddie Rokem develops an idea about actors as 'hyper-historians', seeing that they link 'the historical past with the "fictional" performed *here* and *now* of the theatrical event', enabling audiences to recognise that the actor is repeating with a difference something critical about the past.[1] For Rokem, this is a kind of witnessing that both creates an account of the past and represents it, where the actors' body is the site of the articulation of this hyper-history. Living writers seem to me to partake in the role of hyper-historians, as well, especially someone such as David Hare, who engages in ongoing dialogues about his work and its interpretation, and maintains a visible presence before the public. Thus in looking back at plays written during a decade that has only recently emerged as a topic for history, I want to pay attention not only to the history-making creativity of the author, but also to his time of writing as a historical site of inquiry and reflection, seen from our present vantage point in the 'new century'.

Approaching the plays today, the intellectual history of the time of their writing is different enough from this moment to merit remembering (for those of us who lived it) and identifying (for those younger readers for whom it can only be 'history'). Second wave feminism and post-colonial theory emerged during the decades these plays were written; both made substantial impacts on educated elites, and feminism, at least, also circulated as a set of ideas in popular culture. *Orientalism* by Edward Said appeared in 1978,[2] the same year *Plenty* premièred at the National's Lyttelton. Homi Bhabha published his first essays on colonial mimeticism in 1983 and 1984, as *A Map of the World* moved from the Adelaide Festival, for which it was commissioned, to London (also to the Lyttelton). Gayatri Spivak, having established herself as Derrida's main translator, was beginning to write about India and the Third World, publishing her influential 'Can the Subaltern Speak?' in 1985.[3] These seminal texts of post-colonial theory stimulated three decades of reflection and debate about post-colonial literature, culture and politics. By the late 1970s, V. S. Naipaul and Chi-

[1] Freddie Rokem, *Performing History: Theatrical Representations of the Past in Contemporary Theatre* (Iowa City: University of Iowa Press, 2000), p13.

[2] Edward Said, *Orientalism* (New York: Pantheon, 1978).

[3] Gayatri Spivak, 'Can the Subaltern Speak?', in Cary Nelson and Larry Grossberg (eds.), *Marxism and the Interpretation of Culture* (Chicago: University of Chicago Press, 1988), pp271–313.

nua Achebe were well-known writers on post-colonial themes (different as they are from each other), and Doris Lessing's novels also featured strongly with her (post-)colonial perspective on South Africa and her early articulation of themes taken up by second wave feminism.

In the case of feminism, there are a number of key texts published during these years; in fact, it is more difficult to single out two or three for special attention. Jane Gallop argues in *Around 1981* that in the early 1980s feminist theory and criticism became institutionalised in American universities.[1] Germaine Greer, Gloria Steinem and Jane Fonda were all well-known names in popular culture on both sides of the Atlantic by the mid-1970s. British feminism had such scholarly markers as Juliet Mitchell's *Psychoanalysis and Feminism* (1974),[2] while socialist feminist Sheila Rowbotham published *Woman's Consciousness, Man's World* (1973).[3] Kate Millett's *Sexual Politics* and Germaine Greer's The *Female Eunuch* both date from 1970.[4]

The complexity and contradictions of both feminism and post-colonialism as intellectual ideologies were already quite visible, and it seems reasonable to assume that theatre audiences used the images and rhetoric of second wave emancipation to play off against representations on stage such as Susan and Alice (*Plenty*) or Peggy and Elaine (*Map of the World*). The 'chattering classes' who attend the theatre would have been familiar with post-colonial writers' and critics' views of First World economics and politics, and have encountered Left-leaning critiques of the United Nations in newspapers and books. A member of the educated elite himself, David Hare was certainly familiar with these ideas, whether he shared many of their assumptions or not.

What, then, is to be expected from the pen of a left-wing writer

[1] Jane Gallop, 'Introduction', *in Around 1981: Academic Feminist Literary Theory* (London and New York: Routledge, 1992), pp1–10.

[2] Juliet Mitchell, *Psychoanalysis and Feminism* (New York: Pantheon, 1974).

[3] Sheila Rowbotham, *Woman's Consciousness, Man's World* (Harmondsworth: Penguin, 1973).

[4] Sheila Rowbotham, *Woman's Consciousness, Man's World* (Harmondsworth: Penguin, 1973).

when he takes up post-colonial subjects? According to Gayatri Spivak in 1986, the year David Hare published the collection of his *Asian Plays*, what should be expected is risk. Reacting to her white male students in the United States, she tells Sneja Gunew that, when they say, 'I am only a bourgeois white male, I can't speak', she responds:

> From this position ··· you will of course not speak in the same way about the Third World material, but if you make it your task not only to learn what is going on there through language, through specific programmes of study, but also at the same time through a *historical* critique of your position as the investigating person, then you will see that you have earned the right to criticise, and you will be heard ··· . In one way you take a risk to criticise, of criticising something which is *Other* – something which you used to dominate. I say that you have to take a certain risk: to say 'I won't criticise' is salving your conscience, and allowing you not to do any homework.[1]

In the terms of Spivak's succinct formulation, David Hare took up the challenge of speaking about both sexual and post-colonial Others in *Plenty* (1978) and *A Map of the World* (1982). Both of these plays overtly deal with the demise of the British Empire and its aftermath; both consider the ethico-political roles of the former colonisers in new geopolitical situations. Writing on the very cusp of second wave feminism, Hare also risked representing heterosexual desire and female agency at a time when speaking for women was more than a little suspect. Roughly twenty-five years later (thirty years after *Plenty*), it is possible to examine the nature of those risks and evaluate their outcome.

The woman question

David Hare has a complicated relationship to questions of female representation. On one hand, he has deliberately written major roles for women in many of his plays, and states overtly: 'I have always

[1] Sarah Harasym (ed.), *The Post-Colonial Critic: Interviews, Strategies, Dialogues* (London: Routledge, 1990), pp62–3.

aimed to give equal voice to women at a time when so many plays have been dealing exclusively with the concerns of men.'[1] He has also mentioned the risk he has taken in imagining them: 'I think a leap of the imagination is essential to all fiction ··· And what greater leap can any man make than to try to imagine what being a woman is like?'[2] Of course, this last comment sounds rather like a paraphrase of the classic Freudian lament 'What do women want?', even as it purports to risk some answers. And with the 'other hand' Hare expresses a kind of rejection of feminism (women, yes; but only on his terms) that is disconcerting to any sophisticated feminist scholar. In his strongest reaction against what he characterises as censorious feminist criticism, he states: 'You're damned if you do and damned if you don't.' Then follows the special pleading on grounds that even a guy who loves to write about – champions – women, cannot win: 'I find most academic feminist criticism of my work completely inane; it's never struck me as anywhere near the mark. But the only thing that annoys me is when that criticism becomes censorious, because it implicitly becomes a "you shouldn't".'[3] So either he dismisses feminist criticism as not worth taking seriously ('inane'), or he finds it censorious. This sounds terribly familiar in terms of a certain response to feminism typical of his generation of males, trying to dismiss what perturbs their judgements while remaining – well – virtuous.

However, I think this whole line of pursuit is a dead end. Let me be more precise: I think it is a dead end to engage in an effort to determine whether or not David Hare is a champion writer of women. The facts are that a large number of complex roles in his dramas are written for women as central protagonist or major figure, and that these women are often sympathetic, if not heroic.[4] The way to break this seeming impasse

[1] Richard Boon, *About Hare: The Playwright and the Work* (London: Faber, 2003), p145.

[2] *Ibid*, p90.

[3] Hersh Zeifman, 'An Interview with David Hare', in Hersh Zeifman (ed.), *David Hare: A Casebook* (New York: Garland, 1994), p9.

[4] For a balanced evaluation, see Ruby Cohn, 'Rare Hare, Liking Women', in Zeifman (ed.), *David Hare: A Casebook*, pp23–44.

is to recognise that the texts and productions of Hare's work may or may not reflect his own possible ambivalence, and that, indeed, his ways of representing women may bear the mark of his generation of males as well as overriding it – this is the meaning of the 'author-function' as opposed to the author sui generis in our time. The more important question is in what ways and to what extent his characterisations of women bear the marks of the historical moment's understandings of gender: whether, to speak of the triangulation central to this chapter, the women represented in the plays are signifying something salient, provocative and 'true' about their times through the viewpoint of his, from the prism of ours. Did Hare manage to set up Susan Traherne in *Plenty*, for example, as a convincing representative of her time as seen from his moment of writing: a realistic if extraordinary woman from the 1950s seen by an educated and cultured male in the 1970s? Asked in this fashion, I think the answer is 'Yes'.

Hare became interested in the Second World War[1] and in particular the statistic that '75 per cent of the women flown behind the lines for the Special Operations Executive were subsequently divorced after the war.'[2] Showing how the postwar generation had failed the promise of plenty, he focused on the idealism and bravery of Susan as a member of the British resistance in order to portray the disappointment and despair of not being able to realise, after the war, the potentials for a better personal and national life that seemed so promising with the victory. The statistic is also, of course, about particular gender relations among this group. After the war, marriage rates rose, peaking in 1972, and divorce rates actually fell – only 7 per cent of marriages that took place in 1951 had ended in divorce twenty years later.[3] So the

[1] 'Once you decide, "My subject is how things were, how things are, and how things might be", then that's history, and you've got to show the sweep of things'; Hare quoted in Boon, *About Hare*, p97.

[2] David Hare, 'Now Think This Time: An Introduction to the History Plays', *Writing Left-Handed* (London: Faber, 1991), p81.

[3] Edward Royle, 'Trends in Post-War British Social History', in *Understanding Post-War British Society*, ed. J. Obelkevich and P. Catterall (London: Routledge, 1994), p23.

subset of women who had participated in Special Operations was out of step with other women of their generation in terms of their relations with men and the outcomes of their marriages. Hare's Susan is isolated, looking back to a time when she had experienced the agency of doing something critically important with trusted colleagues. After the war, she avoids marriage for some time, succumbing to it according to her husband, Brock, in a weak moment: 'We got engaged when she was still quite ill, and I have tried to help her back up.'[1]

The play unfolds in a series of twelve episodes ranging over nineteen years, taking Susan from 19 to 38. Most depict a central crisis in which Susan makes a decision. As Richard Allen Cave carefully notes, Hare establishes the surface representation of 'this passage of time with great attention to detail, recording changes of fashion in idiom as well as clothes and taste and the shift in people's lifestyles form austerity to plenty. Each scene has an accurate verisimilitude.'[2] Meanwhile, the Festival of Britain, the Suez Crisis, the failed bid for EEC membership and the Aldermaston March – these events are incorporated into the background of the narrative in order to keep the personal story of Susan and Brock threaded into the sociopolitical events of the different scenes/moments.

Susan's behaviour, and the nature of her crises, ranges from defiance and confrontation to emotional breakdown. Called and considered mad by one character, hospitalised on at least one occasion and two in the film version (also written by Hare), Susan 'acts out', shooting a gun over the head of a frightened suitor, threatening suicide to Brock's boss in order to pressure Brock's advancement in the diplomatic corps, and throwing many of their possessions out of the windows. Nevertheless, as I have argued elsewhere, 'her energy, her clear-sighted analysis of the hypocrisy and unproductiveness of her generation, her genuine longing to recover the experience of her youth

[1] David Hare, *Plenty* (London: Faber, 1978), p51. See Susan's own statement about this 'weakness', p55. All subsequent quotations are taken from this edition.

[2] Richard Allen Cave, *New British Drama on the London Stage*: 1970–1983 (Gerrards Cross: Colin Smythe, 1989), p197.

– these attributes represent an almost-heroine'.[1]

That Susan Traherne was attractive and sympathetic to David Hare has been well established in a number of interviews, especially where he claims that his affection for her hurt the 'balance' of the play in London, thereby keeping spectators from identifying or appreciating the dilemmas of her husband. He describes both Kate Nelligan, the actress who played Susan in London, and himself as 'gung-ho for her'. But he had intended to create two recognisable choices – a path of dissent and a path of accommodation. 'It was meant to be a classical play offering those two balances – those two tendencies. But because we were so pro-Susan, we unbalanced the play in London.'[2]

Richard Boon has interpreted Hare as meaning that the politics of the play softened as Susan's personal tragedy dominated over the larger 'historical tragedy of many wasted lives'.[3] Because critical opinion evidenced an irritation with Susan (and also with Peggy in *Map*), I think it is more likely a problem with a strong characterisation that produced ambivalence in spectators. When Hare published *Plenty* together with *Knuckle* and *Licking Hitler* in 1984, under the title *The History Plays*, he commented on the English opposition to Susan that 'from the start Susan Traherne contains the seeds of her own destruction, and that the texture of the society in which she happens to live is nearly irrelevant, for she is bent on objecting to it, whatever its qualities'.[4] Surely this accommodates Boon's point of view, because it interferes with a political critique of the whole society, but it also reinforces my point about resistance to Susan on other grounds. Hare comments directly on reactions by men, as well:

> It's a common criticism about my work that I write about women whom I find admirable, but whom the audience dislikes. The truth is more complicated than that, but it is true that large sections of an

[1] *In After Brecht: British Epic Theatre* (Ann Arbor: University of Michigan Press, 1994), p131.

[2] Quoted in Boon, *About Hare*, p92.

[3] *Ibid*, p31.

[4] Hare, *Writing Left-Handed*, p81.

> English audience, particularly the men, are predisposed to find Susan Traherne unsympathetic, and it is also true that it is possible to play the part rather stridently, even forbiddingly, so that the audience watches and is not engaged. This was never my intention.[1]

He also reflects that 'the play fails because people leave the performance believing that the man's fate – a degraded life in insurance – isn't as frightful as going mad'.[2] Of course, women perceived to be going mad constitute a classic trope for women who do not conform to patriarchal expectation.[3] In other words, typical gender assumptions have been stimulated by the play and yet the playwright is not straightforwardly responsible for the results, for, as I have indicated, the degree of Susan's 'madness' is definitely a matter of interpretation. Susan characterises herself in language that mixes medicalisation with an emphasis on her agency: 'Listen, I have to tell you, I've not always been well. I have a weakness. I like to lose control. I've been letting it happen, well, a number of times' (p82). This way of putting it preserves a fair amount of agency … and sanity for the speaker.

Clearly, then, the representations of Susan may have captured the contradictions and ambivalences of the moment of production, the zeitgeist, and we should pay attention to them in a play poised at the moment of significant upheaval and change in understandings of gender (and sexuality). So an alternative way of understanding the reception of Susan in London and New York reads as a palimpsest of postwar womanhood intermingled with an emerging second wave feminism. Perhaps what could be an ambivalent lightning rod in England in 1978 was more acceptable in New York in the context of American feminism a year later. This palimpsest character would,

[1] *Ibid*, p82. This passage is also included in the 1978 edition of the play as 'A Note on Performance'.

[2] Quoted in Boon, *About Hare*, p91.

[3] Darwin tells Brock he assumes Susan is 'barking' like other diplomats' wives, even though Brock demurs from being complicit in that judgement. Surely Hare is marking the history of the reception of 'rebel' or, even less theatrically, 'resistant' women, by placing these words in the mouth of the 'old guard' – but sometimes sympathetic – character, Darwin.

however, be an anachronism in relation to the historical specificity of someone like Susan Traherne, who would be more closely related to the milieu of such initial feminist texts as de Beauvoir's *The Second Sex* (first published in English in 1953) and Betty Friedan's *The Feminine Mystique* (1963), taken up in Britain by Eva Figes in *Patriarchal Attitudes* (1970), and certainly to the women characters in Doris Lessing's fictions such as The *Golden Notebook* (1962).[1]

Several scenes in *Plenty* connect rather directly with second wave feminism viewed through the later moment of the play's production rather than the postwar 1950s and early 1960s of the fiction. Germaine Greer, for example, became a highly public figure and precipitated a lot of debate about her attitudes toward women and sex, the institutions of marriage and motherhood. After publishing *The Female Eunuch*, she wrote a regular newspaper column for *The Times* of London, and was often on television. She was also for a time professor of English at Warwick University, thus quite prominent on the UK scene. Along with proclaiming women's subjection to heterosexism, she called for sexual emancipation as a way to break out of those institutions that oppress women. She recommended detaching sex from marriage and establishing independence to the point of having children without desiring an ongoing relationship.[2] In her own life, she strove to practise what she preached: in his 1983 memoir, *Difficult Women*, David Plante states that 'Germaine has made public requests for a man to give her a baby.'[3] Greer was outspoken and outrageous as well as compelling and charismatic. In collected famous quotes of Greer's on the web, this one might have been said by Susan Traherne: 'Yet if a woman never lets herself go, how will she ever know how far she might have got?'[4]

[1] Simone de Beauvoir, *The Second Sex* (New York: Knopf, 1963); Betty Friedan, *The Feminine Mystique* (New York: Dell, 1963); Eva Figes, *Patriarchal Attitudes* (London: Faber, 1970); Doris Lessing, *The Golden Notebook* (New York: Ballantine, 1962).

[2] For example, 'If women are to effect a significant amelioration in their condition, it seems obvious they must refuse to marry' (Greer, *The Female Eunuch*, p319).

[3] David Plante, *Difficult Women* (London: Victor Gollancz Ltd, 1983), p155.

[4] www.brainyquote.com/quotes/authors/g/germaine_greer.html (accessed 16 April

In the early scenes of *Plenty*, Susan is depicted knowing how to use her sexuality to attain her ends, and capable of separating herself from her sexual actions (in scene 3 she uses her sexual promise to ensure her dead lover will be sent home without exposing their relationship to his wife). She jokes with her friend Alice about her boss's sexual predation (scene 4). In the last (chronological and post-coital) scene, she proclaims that 'There's only one kind of dignity, that's living alone' (p83).

But it is scene 5 that most reminds me of the efforts of my generation of young women to test out some of the radical ideas of someone like Greer. Susan asks a young working-class bloke, Mick, to father a child with her, no strings attached:

> I'm looking for a father. I want to have a child. (*Pause.*) Look, it really is much easier than it sounds. I mean marriage is not involved. Or even looking after it. You don't even have to see the pregnancy through. I mean conception will be the end of the job. (p40)

He questions her about whether she doesn't have friends from her own class more suitable, but she responds that these men 'have very limited ideas' and would be afraid of the unknown, and they wouldn't do as she asked if she told them she was after a child. When Mick suggests she could not tell them, she says she thought of it, but decided it would be 'dishonest'. So she picked somebody she 'barely knew' (p40).

So, although Susan is perfectly willing to lie to achieve her goals when, for example, she wants to stop seeing Brock in scene 2, this matter of the baby is a matter of principle, and not something to lie about. Furthermore, when Mick worries about a child brought up this way, with no contact with his father, Susan replies, 'The child will manage.'

> Mick: How do you know?
> Susan: Being a bastard won't always be so bad …
> Mick: I wouldn't bet on it.

2006).

Susan: England can't be like this forever. (p40)

This scene, both on the page and on the screen as played by Sting and Meryl Streep, has always struck me as touching. They are both idealistic young people, sexually attracted to each other, trying to make a bargain to protect themselves from hurt. It does not work, of course, and their failure to get pregnant results in Susan dumping Mick, and Mick accusing Susan of using him. They have a terrible, predictable argument, which she says is precisely what she was trying to avoid. He calls her names, and she shoots at him.[1]

Another major narrative played itself out during the decade of the 1970s that was surely in the public consciousness in 1978. Sylvia Plath's suicide early in 1963 had been followed by a huge public interest in, and debate about, her marriage to Ted Hughes, her mental state, and the relationship between her writing and her own autobiography (*The Bell Jar* was published under a pseudonym a month before the suicide and, as is well known, seemed in many ways a record of Plath's descent into madness and suicide). During the 1970s these debates raged in literary circles but also in the newspapers and media. In 1975, *Letters Home: Correspondence 1950–1963* was edited and published by Plath's mother Aurelia, and her *Journals* were edited and published in 1982 by Hughes, who was the executor of her estate, since they were still legally married at the time of her death. The first two full-length scholarly studies of Plath appeared in 1973 and 1976.[2] Each major publication occasioned controversy, both because Hughes was held by many, especially feminists, to be responsible for suppressing informa-

[1] We later learn he was actually wounded, but in the scene itself the stage directions say she fires once over his head, then fires three more times. It does not say he is hit. Since she is a trained shot, it seems surprising in the later scene when she tells Lazar that she shot someone, clearly Mick. In the film version, she shoots three times but is not shown hitting him. See Hare, *Plenty*, p82.

[2] Eileen M. Aird, *Sylvia Plath* (Edinburgh: Oliver and Boyd, 1973) and David Holbrook, *Sylvia Plath: Poetry and Existence* (London: Athlone, 1976). Sylvia Plath, *The Bell Jar* (London: Faber, 1963) and *Letters Home: Correspondence 1950–1963* (New York: Harper and Row, 1975); Ted Hughes and Frances McCullough (eds.), *The Journals of Sylvia Plath* (New York: Ballantine, 1982).

tion and thereby controlling and abusing Plath beyond the grave, and also because of arguments among the family members involved and at least one legal case arising as a result of a too-transparent character identified as lesbian in *The Bell Jar.* Between her death in 1963 and 1989, her grave was desecrated four times; each time involved an attempt to remove 'Hughes' from the inscription 'Sylvia Plath Hughes'.

While I am not making the case that Sylvia Plath was in any direct way related to Susan Traherne, I am suggesting that the kind of high emotions stimulated by the extreme visibility and highly charged themes of what some have called the Plath 'myth' – because of the undecidability of the truth and the legendary status of the narrative – provided one backdrop to the production of *Plenty* and its possible reception. Susan, tottering on the edge of sanity and seeming self-destruction because she was bitterly angry at how the world was turning out, could easily stimulate the same kinds of harsh judgements, as well as strong defences, as Sylvia Plath had done. Plath was ten years younger at her death than Susan in her last scene (40 versus 30), which makes the overlap between their generations just acute enough to indicate some shared experience of the 1950s. Plath can be seen as succumbing to the role of wife and mother that Susan had hoped to avoid.

Plath aspired to some high literary ideals that make her tragedy not unlike Traherne's – the waste of a gifted life. Recently, in the title essay to his book (*Obedience, Struggle and Revolt*), David Hare brought up Sylvia Plath and Ted Hughes, and linked his own tumultuous feelings about the theatre in the 1970s to something he recalled while watching *Sylvia*, the recent film about Plath. He acknowledges that the film itself was weak and discloses that he turned down the opportunity to write the screenplay because 'I had no idea why Sylvia Plath put her head in the oven. I equally felt I had no moral right to reconstruct the dialogue and sentiments of a marriage to which I had no privileged access. *I wasn't there. I don't know*' [italics in text].[1] But what moved him to tears was a scene in the film in which Ted and

[1] Hare, *Obedience*, p14.

Sylvia pledge to write the greatest poetry of their day. To some extent, both of them achieved at least a good part of this claim. But, for Hare, 'what made the scene overpowering, to me at least, so long after the events it described, was the sheer lunatic ambition, the awkward innocence of a time in which poets, from the unlikely base of provincial England in the late 1950s, set out not just to write the odd poem, but to change everything'.[1] Hare embarked on this excursus about his reaction to the film as a way to explain his own strong emotions about the theatre in the 1970s: 'You may, at this distance, find it hard to credit the measure of passion which moved us all …'.[2] Here, I think, we also see the central motif in much of his work: a utopian moment of possibility linked to youth and idealism looked at from a later time of ruined promise and disappointment; often it is also a romantic moment.

Returning to Susan through Sylvia, I am arguing for seeing the intellectual and emotional background to the original production of *Plenty* in 1978 as providing a number of associations for spectators that could provoke among educated elite men – and some women – a dislike for, or irritation with, a character such as Susan, who seems to be demanding emancipation while proving unable to handle it. Alternatively, for David Hare, myself and many others, Susan is admirable as she tries to find a different, honourable way to live in a depressing time, and her human failings are more heartbreaking than despicable.

A similar kind of antagonism could be provoked in some spectators by the character of Peggy a few years later. In *A Map of the World* (1982), a beautiful and intelligent actress enjoys her power over several interesting men and playfully offers herself as a sexual prize in the ideological battle between them. In so doing, she refuses to be merely a commodity in their traffic in women, instead controlling the conditions and nature of her exchange herself: arguably an emancipated woman having things on her own terms. However, from another point of view, she ignores the serious content of their disagreement

[1] *Ibid*, p15.

[2] *Ibid*, p13.

at a UNESCO conference on poverty, and in so doing demonstrates a First World white woman's privilege – the privilege to ignore the serious issues of post-colonial nations' struggle for dignity and adequate resources, and also the tendency to objectify and exoticise the racial other – in this case, the Indian novelist Victor Mehta. In the course of this play, however, Peggy comes to see how she has behaved and makes a series of moral choices about how to live the rest of her life that might be seen to redeem this one impulsive act. Before turning to a fuller discussion of the play in terms of its post-colonial thematics, I want to pause briefly on the meaning of Peggy's wager.

In the play, Peggy is clearly an example of American feminism of the kind that tried to find a new open sexuality as a means of empowerment. While American women read *The Female Eunuch* in droves in the early 1970s, it was perhaps Erica Jong's *Fear of Flying* (1973)[1] that most kindled the imagination of young women trying to reimagine new liberated identities. In the novel, her protagonist imagines a 'zipless fuck', the equivalent of a no-strings-attached brief sexual encounter based on simple desire. The book insisted on women's experiences of lust, or desire without relationship, and the zipless fuck fantasy became a touchstone for the view that women might like to have the kind of casual encounters often attributed to men at women's expense. Peggy tries to explain to Stephen, the young journalist who is both smitten with her and defiantly opposed to his rival, Victor Mehta (with whom Peggy has slept the previous night), what her code of behaviour is, and how it came about. She ascertains that he has not been to America and then explains it as something connected to striving to be independent in a country known for freedom of choice. Then she tells him:

> I mean relationships – why? What's the need? You understand? (*Stephen does not react.*) They're just trouble. And ··· well ··· when I was sixteen, I made a resolution. I had a girlfriend. We were walking in the Rockies, and the view, I can tell you, was something as you came over to Boulder, Colorado. And we had a six-pack right there

[1] Erica Jong, *Fear of Flying* (New York: New American Library, 1973).

> on top of the mountain. And she was a good girl, I mean a really good girl, you could trust your life to her, And we said: let's not ever mess with the bad things at all ··· I mean, we don't need it. So let's not.[1]

This description of a young person's vow to live differently, to live better (in her eyes), is the moment of idealistic promise. Peggy has been trying to follow this way of thinking, and she criticises both Stephen and Victor for their sexual jealousy in vying for her: 'That sort of behaviour, men being jealous, men fighting, it's out of date. Outdated, Stephen. Unnecessary, Stephen. I mean, drop the bad behaviour and you might get somewhere' (p44). When Stephen and Victor persist in their antagonisms, Peggy misjudges that the serious part of their disagreements can be resolved by calling them on their sexual immaturity. She proclaims that they should have a public debate, and that she will sleep with the winner. Because it doesn't matter, because it's freedom, or as Elaine, the African-American journalist who is the Alice of this play, comments, 'Putting her body where her mouth is – how can that be wrong?' (p47). It may be difficult for a generation of young people living in the present to grasp how familiar and how passionate these sorts of words were to my (and David Hare's) generation of young women. But for the decade under discussion, these were words that could lead to the folly of not taking the full measure of the situation or underestimating the consequences of the 'freedom' in question.

In this case, the case of *A Map of the World*, the blind spot is twofold. Not only does Peggy underestimate the seriousness of the disagreement between Victor and Stephen; she also underestimates the power she has to hurt them both by being cavalier. The first shortcoming would be by rights the most important, if Stephen wasn't accidentally killed in a train wreck late in the play. The finality of death makes the personal stakes suddenly much higher than originally calibrated.

[1] David Hare, *A Map of the World* (London: Faber, 1982), p43. All subsequent quotations are taken from this edition.

But first, to the United Nations.

The United Nations, poverty and imperialism

The setting for *A Map of the World* is a UNESCO conference on poverty in 1976, being held in a posh hotel in India. The initial contradiction, of discussing Third World poverty while complaining because the Indian waiters are slow and the champagne is not good, is obvious and amusing. But the heart of the matter is the struggle over ways of viewing the international situation, which is also the present time of production. Hare triangulates viewpoints to capture the dynamics of the UN in the early 1980s. Victor Mehta, famous Indian novelist, has been invited to address the conference. He is an arch-conservative who believes 'All old civilisations are superior to younger ones. That is why I have been happiest in Shropshire. They are less subject to crazes. In younger countries there is no culture. The civilisation is shallow. Nothing takes root' (p18). Stephen Andrews is a reporter on a small British left-wing magazine, and he views Mehta as a fraud, an Indian in drag as an English gentleman who cares nothing for the plight of the poor and only desires self-aggrandisement by holding himself aloof from any meaningful effort to improve the world. M'Bengue is the third voice – the delegate from Senegal who is trying to negotiate an aid package for his own country, and who has helped draft a statement for Mehta to deliver to the conference to placate a number of Marxist countries who are offended by Mehta's fiction. Martinson, the Swedish diplomat running the conference, tells Mehta: 'There's a phrase where you call Marxism "dictatorship's fashionable dress". Well, they do find that peculiarly insulting' (p33). Mehta, of course, refuses to back down, and all three of the main voices are given lengthy expressions of their viewpoints during the ensuing two acts.

To get a picture of the United Nations as it appeared in the early 1980s, I turn to a book of essays published as a result of the decision of the Seventh Non-Aligned Summit to celebrate 1985 as the 'Year of the United Nations'. This meeting was held, ironically, in New Delhi in March 1983 (between the two first productions of *A Map of the World*) and the volume published several years later included contributions from a variety of scholars and diplomats from the so-called non-aligned nations, plus a few sympathetic First-Worlders. The Non-Aligned Movement (NAM) dates from 1955 when twenty-nine Asian and African heads of state met in Indonesia to combine their efforts as Third World countries not to become involved in the ideological struggles of the cold war.[1] The membership expanded rapidly, and today stands at around 115. The purpose of the organisation, formalised at the Havana Summit in 1979, is to ensure 'the national independence, sovereignty, territorial integrity and security of non-aligned countries in their struggle against imperialism, colonialism, neo-colonialism, apartheid, racism, including Zionism, and all forms of foreign aggression, occupation, domination, interference or hegemony as well as against great power and bloc politics'.[2] During the 1970s, and until the collapse of the Soviet Union in 1989, NAM played an important role in organising Third World opinion and representing it, often in the forums of the United Nations.

In *The Nonaligned and the United Nations*, then-Secretary General of the UN Javier Perez de Cuellar acknowledges the founding of NAM as 'one of the great acts of creative statesmanship in our time'. He worries, however, that 'The weakening of international dialogue, the accentuation of regional tensions, the remorseless arms race, the continuance, indeed, the widening, of grave disparities between the world's privileged and the world's deprived, and a general climate of fear and discontent, are the symptoms of a deep-seated global crisis.'[3] In the essays that follow, there is an expectation that the United Nations (and the NAM bloc in relation to it) will be able to address some of these crisis dimensions. On the other hand, the difficulties facing both these bodies since their founding is also apparent. Addressed

1 http://news.bbc.co.uk/2/hi/2798187.stm (accessed 7 February 2007).

2 http://en.wikipedia.org/wiki/Non-Aligned_Movement (accessed 7 February 2007).

3 M. S. Rajan, V. S. Mani and C. S. R. Murthy, *The Nonaligned and the United Nations* (New Delhi: South Asian Publishers, 1987), p v.

most directly to developing countries (at this time both 'Third World' and 'developing countries' were the terms in use), their dilemmas are clear. As Frank Enrique Bracho wrote, 'The developing countries have to decide whether they want to continue to live with their uncertain and painstaking ties of dependency upon powerful countries – which persist in considering the Third World as a marginal economic "partner" – or whether they prefer to develop self-sustained national economies, based both nationally and in their more diversified external economic relations on greater association among weak countries with similar interests.'[1] While many articles praise the UN and the work of NAM for 'promoting self-determination for colonial peoples', there is also the criticism, often in the same article, that the bureaucracy and stasis of the world organisation is the source of its failure, that the cold war structures the major issues and occludes other important or competing topics, and that NAM itself has been split by internal dissension and inevitable involvement with First World dependencies.

In this situation, Hare demonstrates the multiple levels on which the United Nations malfunctions, while not giving up on its promise. M'Bengue has the major critique of the West:

> We take aid from the West because we are poor, and in everything we are made to feel our inferiority. The price you ask us to pay is not money but misrepresentation. The way the nations of the West make us pay is by representing us continually in their organs of publicity as bunglers and murderers and fools ··· All your terms are political, and your politics is the crude fight between your two great blocs. Is Angola pro-Russian? Is it pro-American? These are the only questions you ever ask yourselves. As if the whole world could be seen in those terms. In your terms. In the white man's terms and through the white man's media. (p40)

When, at the end of the conference, an aid deal is cut with Senegal, it turns out the IMF and the World Bank will put strings on the

[1] Frank Enrique Bracho, 'Utopia and the Reality of Economic Co-operation among Developing Countries: Lessons from the Implementation of the Caracas Programme of Action', in Rajan et al., *The Nonaligned and the United Nations*, p117.

money that will effectively ruin the country and interfere with its internal policies. 'In sum', M'Bengue comments, 'the destruction of the policies which brought our government into being. You throw us a lifeline. The lifeline is in the shape of a noose' (p82).

If the play is illustrating and commenting on the plight of the non-aligned nations in the situation of United Nations operations, it also establishes a dialectical view of the proceedings. Victor Mehta is finally not the strongest voice, but his is indeed polished, pointed and pitiless. There are many reasons for thinking that he is patterned on the novelist V. S. Naipaul. Like Naipaul he has a a disdain for post-colonial cultures, an existential individuality that holds himself apart from affiliation and considers himself in permanent exile, and a comic style that lampoons what he calls 'colonials' (those living in or coming from former colonies, rather than the European colonisers as one might assume). Rob Nixon, in one of the most detailed critical scholarly appraisals of Naipaul, details the imperialist rhetoric typical of Naipaul's characterisations of the former colonies as '"barbarous", "primitive", "tribal", "simple", "irrational", "static", "without history", "futureless", "bush", "philistine", "sentimental", "parasitic", and "mimic"'.[1] Naipaul was born in Trinidad to a Brahman family who had immigrated there, and came to England on scholarship in the 1950s. He was a well-known figure in the UK by the early 1980s, having won the Booker Prize and a number of other literary honours. He produced a string of publications, especially travel and non-fiction books, almost yearly between 1977 and 1981. In addition, his opinions have always plunged him into controversy. Recently, Rachel Donadio wrote about him:

> Naipaul's cold, unsparing look at the corruption and disarray of the postcolonial world, his disdain for Marxist liberation movements and his view that Islamic society leads to tyranny are implicitly political positions, and have made him the object of much political criticism.

[1] Rob Nixon, *London Calling: V. S. Naipaul, Postcolonial Mandarin* (Oxford: Oxford University Press, 1992), p6. Nixon went to Colombia University and is associated with Edward Said in his critique of imperialism and decolonisation.

> He has been sharply criticised by, among others, Derek Walcott, the Caribbean poet and Nobel laureate, and Chinua Achebe, the Nigerian novelist, who said 'although Naipaul was writing about Africa, he was not writing for Africans'. The scholar and critic Edward Said, who died in 2003, called 'Beyond Belief' 'an intellectual catastrophe'. Naipaul, he added, thinks 'Islam is the worst disaster that ever happened to India, and the book reveals a pathology'.[1]

Hare includes certain characteristic behaviours, such as his criticism of other writers and a reputation for philandering, without providing a specific identification.[2] He gains, I would argue, a number of advantages by invoking Naipaul. First, his wit and intelligence make a perfect model for a position that must be represented as attractive, if Hare were not to be accused of setting up Mehta as a straw man. Second, Peggy's attraction to Mehta can also represent the romance of those American and English critics who have admired his work and his style. Third, by alluding to someone with a well-known reputation for provocation, the audience can be expected to fill in more detail from the exemplary celebrity – this is what Hare's playwright colleague David Edgar calls 'adjacency'.[3]

It is left to the young idealistic journalist, Stephen Andrews, to finally expose Mehta in an attack that criticises both his politics and his humanity simultaneously. Stephen has been drawn by Hare to be young and 'naff', and therefore not worthy of being taken seriously early in the play, but he grows in stature during the play, and finally speaks clearly and convincingly against Mehta:

[1] Rachel Donadio, 'The Irascible Prophet: V. S. Naipaul at Home', *New York Times*, 7 August 2005, http://www.nytimes.com/2005/08/07/books/review/07DONADIO.html (accessed 7 February 2007).

[2] Nixon notes in passing that Naipaul 'served as a direct model for the intellectual style of the play's conservative character', but offers no support for the assertion. Likewise, I have no evidence except an uncanny likeness and a strong guess. *London Calling*, pp2–3.

[3] David Edgar, 'Reality Time'. Unpublished manuscript of keynote speech, 'Reality Time: A Conference about Factual Drama on Stage and Screen', Birmingham University, 1996.

> You will never understand any struggle unless you take part in it. How easy to condemn this organisation as absurd ··· Why do you not think that at the centre of the verbiage, often only by hazard but nevertheless at times and unpredictably, crises are averted, aid is directed? ··· Why do you not imagine that if you stopped distancing yourself, if you got rid of your wretched fastidiousness, you could not lend yourself for once not to objection but to getting something done? (p71)

Of course, in the play, there is a utopian ending: the young idealistic Stephen pulls out of the wager for Peggy's favours and announces he is leaving the conference, taking the train for Jaipur, after finally standing up for his beliefs without apologising for them. When he is killed in a train wreck, Mehta has a change of heart (toward Stephen, if not the conference). He leaves and drives with Peggy to the accident site, and later the two of them marry. Mehta writes a book about what happened as a tribute to Stephen. He summarises the denouement succinctly: 'Each of the characters is forced to examine the values of his or her life ··· The novelist is accused of dalliance and asked to put a value on what he has seen as a passing affair. The actress questions her easy promiscuity and is made to realise adulthood will involve choice. And the journalist assumes the confidence of his own beliefs' (p75). This resolves the ethical problems of the protagonists (even if it leaves Stephen confident but dead), but it does not resolve the political problems which have been clearly highlighted. Hare has perhaps softened Mehta beyond any imaginable comparable sentiment possible from Naipaul, and he has given Peggy the insight and character to make a serious commitment to her life with Mehta. This can be seen as Romance rather than realism. But it gestures back to the epigram from Oscar Wilde which begins the play, '*A Map of the World* that does not include Utopia is not worth even glancing at ··· ' (np).

The metatheatrical structure of the play, the embedded narrative inside a film being made based on a fictional book, confused the original critics, but seems exactly appropriate to the questions of memory and interpretation that inevitably encircle the play. The narrative can easily be made into a cheap Hollywood film in which the African-

American journalist/actress is forced to bare her breasts without justification. It can also be seen as a memoir in which guilt and regret are expiated, or as a dramatic parable that comments on contemporary attitudes toward the Third World, the United Nations and gender relations. Seen from our perspective in the new century, reconsidering the play now can remind us of a time when utopian possibility was still viable on all counts, something I am not sure persists today with respect to its three main themes.

The imperial dinner party

Returning to Gayatri Spivak's challenge to take the risk of representing the cultural other, David Hare's solution has been to ground his representations in the governmental and diplomatic elites who react to the break-up of the empire in *Plenty*, or in the efforts of new leaders of Third World countries to achieve workable international solutions to chronic problems of development in A Map of the World. Hare, seeming to respond to Spivak, comments, 'The wretched of the earth are, for some reason, rarely thought to be a suitable subject for the arts. I was ambivalent about being able to represent the poor themselves. But I did feel qualified to write about our attitudes to them.'[1] In addition, both plays also risk depicting native figures in negative lights. While Mehta is the exiled Indian who out-Englishes the English, the Wongs in the dinner scene of *Plenty* represent the comprador class in Burma, newly come to power after independence, seen jockeying to establish their place in Western culture and society. Darwin also comes across in a harsh light with his racial slur ('that appalling wog') and his condescension to both Wong and his wife, correcting Wong's use of English and Madame Wong's mischaracterisation of Ingmar Bergman as Norwegian. The scene is marked by black humour, as Wong himself later tells Darwin, referring to Nasser and the Egyptians, 'These gyps need whipping and you are the man to do it' (p56).

[1] David Hare, 'Introduction', *Plays: Two* (London: Faber, 1997), px.

The portrait of Darwin is particularly accomplished. We first see him in Brussels, where he is involved in the clean-up at the close of the war in 1947, and he says his former posting was Djakarta. Based on the dinner-party scene, he apparently came to that posting after serving as the top British colonial official in Burma before independence (gained along with India and Sri Lanka in 1948). Thus his meeting up with Wong is especially ironic – Wong is now the First Secretary at the Burmese embassy, but he was clearly in a subaltern position before independence. Darwin is the last of the old colonial administrators, and the Suez Crisis breaks him. The party takes place just as the situation becomes clear: the English claimed to be a neutral party intervening in the dispute over the canal between Egypt and Israel, but actually there was a secret plan with the Israelis and the French to seize the canal. Darwin is extremely upset about this because he was not told about it. 'The government lied to me ··· They are not in good faith' (p53). When Brock counters that he was always against the policy from the start, Darwin claims that he would have defended it 'if it had been honestly done'. He is the last of the old guard, and, when he resigns and then dies shortly after Suez, his death is symbolic of the change at the end of empire. Brock, however, as representative of the new generation, lacks Darwin's principles: Brock cannot see what difference it makes whether or not the thing was done 'honestly'. Susan, acting out, uses sarcasm to underline the fiasco:

> The words 'Suez Canal' will not be spoken ··· They are banned. You will not hear them ··· Nasser, nobody will mention his name ··· Nobody will say blunder or folly or fiasco. No one will say 'international laughing stock' ··· Nobody will say 'death-rattle of the ruling class'. (pp50–1)

The play comments briefly on Brock's posting to Iran (Jordan in the film version). The separation of the diplomats from the life of the country is clear. 'The people are fine', he tells Alice. 'Insofar as one's seen them, you know. It's only occasionally that you manage to get out' (p65).

Although this aspect of *Plenty* may seem to stay contained within its historical fictional frame, here too the marks of a more contemporary moment of production can be seen. Hare, perhaps thinking about younger audience members, has Dorcas ask about Suez. This pregnant teenager, whom Alice brings to Darwin's funeral and who subsequently takes abortion money from Susan, knows next to nothing about the history of Suez, although the scene takes place only four years later. Perhaps the short recitation – 'It's a historical incident four years ago; caused a minor kind of stir at the time' (p62) – marks the fragility of history for audiences looking back from the 1970s, and certainly from this moment as well, when Vietnam and the first Gulf War can seem similarly lost in time. For British adults viewing the play in 1978, however, Suez marked the end of Britain's international influence, and they would remember that in early 1963 France thwarted Britain's desire to join the EEC.

Both of these plays, then, create history through today's looking glass. The current diminution of the credibility of the United Nations, the inability to intervene positively in Iraq and Somalia, the charges of corruption and bureaucratic mismanagement all render the world of 1982 an almost nostalgic other time of possibilities which are now seemingly lost. From 2006, both the time of the immediate postwar era and the decade 1975–85 are equally remote. In terms of evaluating the risks taken in these two plays, their value seems clear: Hare's use of history sharpens our own understanding of the periods in question, historicising himself and his perspective as well as his subjects. David Hare's elegiac criticism and lament for these moments can help explain the past and provoke the future. As Walter Benjamin puts it:

> To articulate the past historically does not mean to recognise it 'the way it really was' (Ranke). It means to seize hold of a memory as it flashes up at a moment of danger.[1]

Janelle Reinelt is Professor of Theatre and Performance at the University of Warwick. Formerly, she was Associate Dean of Gradu-

[1] Quoted in Rokem, *Performing History*, p209.

ate Studies at the University of California, Irvine, and President of the International Federation for Theatre Research, 2003–7. She is a former Editor of Theatre Journal, and serves on the advisory board of theatre journals in the United Kingdom and Canada. With Brian Singleton of Trinity College, Dublin, she edits a book series for Palgrave Macmillan entitled 'Studies in International Performance'. She has published widely on contemporary British theatre, feminist theatre and the politics of performance. Her current project is a book with Gerald Hewitt on the politics and dramaturgy of David Edgar.

Travelling Across Borders: Re-Imagining the Nation and Nationalism in Contemporary Scottish Theatre

Nadine Holdsworth

Contemporary Theatre Review, Vol. 13(2), 2003, 25–39
Contemporary Theatre Review ISSN 1026-7166 print/ISSN 1477-2264 online

DOI: 10.1080/1048680032000063496

David Greig and Stephen Greenhorn are key figures in a new generation of Scottish playwrights who have joined established writers such as Sue Glover, Liz Lochhead and Rona Munro in producing intelligent, provocative and theatrically ambitious plays that broadly engage with the Scottish nation. This article investigates how Greig's *Europe* (1994) and Greenhorn's Passing Places (1997), which were both originally premiered at Edinburgh's Traverse Theatre, explore how local, national and global events necessitate a re-imagining of what constitutes the nation. My contention is that these plays challenge inflexible notions of the Scottish nation and Scottish cultural identity by presenting both in constant states of production, which are never complete and subject to the play of history, culture and power.[1] Moreover, I will argue that they function in accordance with Homi Bhabha's 'counter-narratives of the nation that continually evoke and erase its totalising boundaries – both actual and conceptual – [to] disturb those ideological manoeuvres through which "imagined communities" are given essentialist identities'.[2]

Europe and Passing Places represent history, nations, places and identities in a dynamic state of process and characters traversing geographical, emotional, sexual and ideological borders. The border has become a key conceptual framework for expressing dissatisfaction with fixed notions of nation and culture that deny the existence and potentiality of multiple cultural formations evolved through overlap

[1] See Stuart Hall and Paul du Gay (eds), *Questions of Cultural Identity* (London: Sage, 1996), pp. 1–17.

[2] Homi K. Bhabha, *Nation and Narration* (London and New York: Routledge, 1990), p. 300.

and hybridity. Historically, borders have limited the movement of people, goods, capital and ideas, but in a world increasingly dominated by the internationalism of politics, a global economy and transnational cultural exchange, the border becomes progressively obsolete. However, the persistence of the border as a marker of national identity illuminates debates on nation states and nationalism. Policed by checkpoints and passport controls, borders literally demarcate national boundaries of territory and discrete identities, but they are also political, social, cultural, symbolic and ever changing. As Hastings Donnan and Thomas M. Wilson illuminate:

> Borders are zones of cultural production, spaces of meaning–making and meaning–breaking. Experiences of borders, as in all liminal experiences, simultaneously reinforce and disintegrate social and political status and role, and structure and meaning, by putting into sharp relief the full range of our identities. This is especially true of national and ethnic identities.[1]

Hence, the literal and symbolic association of 'border-crossing' gains currency as a means of indicating a willingness to embark on personal, cultural, sexual, racial, social and political journeys of discovery and redefinition.

Both *Europe* and Passing Places employ literal and metaphorical notions of travel and 'border-crossing' as characters search for a stable sense of place, belonging and identity. The impossibility of this task resonating with theoretical reformulations of national and cultural identity occurring as consequences of the New World Order. A state of instability Stuart Hall refers to as, 'the erasure of a strong sense of history, the slippage of hitherto stable meanings, the proliferation of difference and the end of what Lyotard calls the "grand narratives" of progress, development, enlightenment and rationality, which until recently were the foundations of all modern philosophy and political theory'.[2] Political events in and the reconfigurations of nations and

[1] Hastings Donnan and Thomas M. Wilson, *Borders: Frontiers of Identity, Nation and State* (Oxford: Berg, 1999), p. 64.

[2] Stuart Hall, 'Brave New World', *Marxism Today* (October, 1988), 24–9 (p. 27).

states in the post-1989 geopolitical environment marked a seismic shift in world history. In the wake of the collapse of communism, the thawing of the Cold War and the revolutions that swept across Europe during the months that followed, people hoped for the emergence of a farreaching liberal democracy characterised by international co-operation and a reduced role for the nation-state. In contrast, the break-up of the Soviet Union, the Balkan conflict and increased refugee flows across the borders into affluent western European states instituted a new era of disorder centred on nations, nationalism and national identity. As Michael Ignatieff documents:

> We assumed that the world was moving irrevocably beyond nationalism, beyond tribalism, beyond the provincial confines of the identities inscribed in our passports, towards a global market culture which was to be our new home. In retrospect, we were whistling in the dark.[1]

An increasingly globalised culture, new technologies, the dominance of multinationals persistently circumventing the boundaries of national economies, the proliferation of transnational corporations such as the European Union and a growing global diaspora, all contribute to a climate which forces a spotlight on what the nation means to individuals. A process of reassessment that can be both generative as new possibilities are embraced or destructive as the consequences of rapid change lead to alienation and 'a return to ethnocentric, xenophobic political formulations, as individuals, disenfranchised by the emergence of a truly global, borderless economy, seek familiar forms of protection from the effects of such a world-shaking transformation'.[2] A retreat into tribalism and fear of the other based on inaccurate notions of preexistent mono-cultural societies, manifest in the outbreaks of violent nationalism, ethnic conflict and the increasing support for far-right organisations witnessed across the world in recent years.

Since the early 1990s, Greig has created as an extensive body of

[1] Michael Ignatieff, *Blood and Belonging: Journeys into the New Nationalism* (London: Vintage, 1994), p. 2.

[2] Mathew Horsman and Andrew Marshall, *After the Nation-State: Citizens, Tribalism and the New World Disorder* (London: HarperCollins, 1994), p. xv.

work as an independent playwright and as a collaborator in the theatre company, Suspect Culture. Recurring themes in his plays include: the ethical issues that arise from an increasingly global economy and culture; the relationship between the individual and their physical surroundings; the power of desire and the imagination; and questions around the multiple, often ambiguous, meanings conjured by 'Scotland' at the end of the twentieth and beginning of the twenty-first centuries. For example, *One Way Street* (1995) takes on Walter Benjamin's merging of biography and the topography of the city to interrogate the interrelationship between memory, history and experience in a literal and metaphorical journey through the former East Berlin. *Airport* (1996) and *Caledonia Dreaming* (1997) present characters in search of multiple personal and national identities in pre-referendum Scotland. *The Speculator* (1999) conjures with the eighteenth-century Scot, John Law, who championed paper currency and the acceptance of inflation, in a complex exploration of the importance of imagination, faith and speculation in the workings of love, history and the economy. *Outlying Islands* (2002) tackles questions of individual desire, liberation and personal responsibility on a remote Scottish island, an area of outstanding natural beauty and ecological interest, that is to be sold for use in chemical weapons testing.

Europe is one of Greig's earlier plays and, as Dan Rebellato states, it's 'most immediate source was the genocide unfolding in the former Yugoslavia'.[1] The Balkan crisis fractured European complacency that racial war is something that happens elsewhere and by locating his action in a small decaying provincial town in Europe, Greig emphasises how any environment destabilised by the ravages of global capitalism, an identity crisis and the global trade in human traffic can ignite nationalist sentiment and ethnic conflict. Nonetheless, Greig's primary concern with Scotland's willingness to embrace the *other* is apparent in his revelation that, 'if I had my time again, I would call the

[1] Dan Rebellato, 'Introduction', in David Greig, *Plays: 1* (London: Methuen, 2002), p. xvi.

play Scotland. That border town could just as easily be Motherwell'.[1] A statement acknowledging the ease with which Scottish audiences could adopt a position of moral authority by distancing the events depicted in Europe to some far away land. *Europe* is set in and around a defunct railway station in a border town. Through his stage directions for the station's architecture, Greig provides an image of the dialectic between nation, place and world politics. Forged through the eclectic and dynamic forces of history, the station 'bears witness to the past century's methods of government. Hapsburg, Nazi and Stalinist forms have created a hybrid which has neither the romantic dusting of history, nor the gloss of modernity'.[2] Neither one thing or the other, the station is a liminal space common to much of Greig's work, as Taylor cites, 'Transit areas, borders, stop-off points that are neither one place nor the other, and cultural no man's lands, are Greig's principal imaginative terrain'.[3]

This feature can be read in relation to Lawrence Grossberg's distinction between places and spaces, 'the former identifying sites of fullness, identity, "the inside" and human activity, the latter identifying the emptiness between places in which nothing happens except the movement from one place to another'.[4] In *Europe*, this movement from one place to another is both literal as the border town is contested territory resulting in the 'inhabitants of the tidemark' having a perpetual identity crisis and ideological as characters struggle over the meaning of the border as a signifier of closed isolationism or cultural porosity.

In *Europe*, the border has been re-opened and the trains no longer stop, as Rebellato observes, 'No more compelling image could be

[1] David Greig cited in Paul Taylor, 'There's No Place Like Home', *Independent* (28 April 1999), p. 11.

[2] David Greig, *Europe and The Architect* (London: Methuen, 1996), p. 1.

[3] Taylor, 'No Place Like Home', p. 11.

[4] 11. Lawrence Grossberg, 'The Space of Culture, The Power of Space', in Iain Chambers and Lidia Curti (eds), *The Post-colonial Question: Common Skies/Divided Horizons* (London and New York: Routledge, 1996), p. 175.

Europe, Traverse Theatre Company, 1994. 'Morocco riding on the back of Berlin'.
Above and below: David Baker and John Kajek, photo: Sean Hudson Photography

be offered of the obliteration of national boundaries by the forces of globalisation than the express trains that scream past these platforms'.[1] This latest dusting of history leaves the station and Fret, the stationmaster, bereft of purpose, just as the furnace-workers, Horse, Billy and Berlin find themselves superfluous to the requirements of the new global economy. Fret is distraught by this affront to his belief in history as progress, his resistance manifest in his failure to master a restructured timetable that charts the consequences of the New World Order that is taking its toll on the structures of modernity that define Fret's sense of place and self. For Fret, the train provides the ultimate symbol for the advances of modernity as it

[1] Rebellato, 'Introduction', p. xvi.

traverses a complex network at high-speed to carry the human and material resources to fuel the successful operation of modern, civilised, industrial societies. However, Greig highlights the fragility of these structures when Fret discusses how one fracture or human error can send ripples across the whole network, just as political events in far away places are generative of volatility thousands of miles away. By presenting a town in a state of flux, Greig suggests the unreliability of fixed notions of place and nation and how this forces inhabitants to invent myths of continuity to counteract the constant process of reinvention that actually occurs. A treatment that resonates with Benedict Anderson's account of nations as 'imagined communities' and Bhahba's assertions regarding the 'nation as narration', which both stress the act of bringing a nation into being through creative processes.

The characters' function in destabilising the myth of a pre-existing continuous and static national identity becomes clear in their responses to the *other* represented by Katia and Sava, two refugees experiencing compulsory exile from their homeland. For Trinh T. Minh-Ha, refugeeism has become 'a normative feature of our times' as 'the tragedy of tidal waves of people driven from their homes by forces beyond their control keeps on repeating itself as victims of power-realignments, cross-border hostilities, and orgies of so-called "ethnic cleansing" continues to grow to alarming proportions'.[1] Katia and Sava's pasts are never fully revealed, instead they act as signifiers for all victims of conflict during the twentieth century that necessitated mass migration. Sava's language recalls the gas chambers and transit trains of the holocaust: 'We've sweated away the summer in dirty camps. The bus was an oven. An overcrowded oven' and Katia fears being left 'to rot in some transit camp over the border',[2] a reminder of the mass detention and refugee camps witnessed in Europe and parts of Africa throughout the 1990s. Seeking refuge on

[1] Trinh T. Minh-Ha, 'An Acoustic Journey', in John C. Welchman (ed.), *Rethinking Borders* (Basingstoke and London: Macmillan, 1996), p. 2.

[2] Greig, *Europe*, pp. 24–5.

a disused railway station, they embody the plight of displaced persons forced to exist in a constant state of transit, experi- encing literal, economic, cultural and linguistic homelessness. Asked where she comes from, Katia explains that 'the place I came from isn't there anymore. It disappeared . . . its name was taken off the maps and signposts. I couldn't find it anywhere',[1] once again, raising crucial questions about the fragility of place and identity. At once strangely familiar and alien territory, simultaneously known and unknown, Katia's homeland reminds her 'of a relative whose face has been torn off'.[2]

Fret tries to evict Katia and Sava, to rid his station of their evidence of global chaos and human frailty. He desperately clutches on to the order and logic epitomised by precisely timed arrivals and departures to and from known destinations, as opposed to enforced journeys with no clear destination.

Fret and Sava's relationship tentatively flourishes on a mutual respect for the industrial heritage of modernity and its associative values and expectations of progress, order and civic responsibility. Launching a futile bid to save the station, they attempt to establish a semblance of dignity and resistance by staging a sit-in, motivation that similarly informs Sava's decision to stay in his homeland for as long as possible before escaping persecution. Despite encountering the forces of barba- rism, Sava refuses to lose his faith in humanity. In contrast, Katia cynically questions the European character Sava espouses. Her faith in Europe as an ethical base destroyed after witnessing snipers, mortar attacks and experiencing hunger, verbal abuse and physical assault. In this new location, Sava has faith that 'our situation will be understood', whereas Katia realistically assesses their chances of becoming scape- goats: 'Believe me, they invented hate in places like this . . . I've seen it before. I saw it at home'.[3] Instead of finding refuge, Sava and Katia's presence provokes the local

[1] Ibid, p. 37.

[2] Ibid, p. 38.

[3] Ibid, p. 25.

workers to adopt the menacing instinct of the wolves that appeared when the border came down, a metaphor that continues throughout the play as a symbol of encroaching fascism and opportunism.

In *Europe*, two hundred workers, including Horse, Berlin and Billy, lose their jobs because a management consultant determines that the profit margin they yield is unacceptable in the current climate of aggres- sive global market forces. As such, these men lose a primary signifier of their masculinity, but also their sense of 'place' in the world and its structures, as Berlin admits, 'I can't do anything else. Working the furnace is my job. It's all I know. There's nothing else. Nowhere else for me to go'.[1] Initially the men seek comfort in communal identification and alcoholic solace in the Calypso Bar, whose facade of tropical exot- icism provides the perfect backdrop for dreams of cars, holidays and 'a magical cock that can piss ice cold beer'.[2] Tellingly, the men discuss a potent filmic image of a man killing everyone aboard a train. A moment that situates the men's ideological distance from Adele, Berlin's wife, whose fixation with the way trains nonchalantly disregard borders, and her fascination with travellers, suggests her alignment to new horizons and the promise of progressive, cosmopolitan identities that travel potentially promotes. Whereas Berlin is committed to the abstract notion of roots, Adele views herself as an internal exile who arbitrarily comes from a place from which her identity is disassociated, a positioning Greig theatrically symbolises by her adoption of the station roof as her domain. Physically distanced from the other characters, her viewpoint gives her a wider perspective, a spatial and imagined knowledge of other worlds beyond the border, an image of elevation that becomes a recurring motif in Greig's later work.

At a recent conference on 1990s British playwriting,[3] Greig highlighted the need for the imagination to function as a primary site

[1] Ibid, p. 7.

[2] Ibid, p. 15.

[3] 'In-Yer-Face?: British Drama in the 1990s', University of the West of England, 6–7 September 2002.

of resistance against the dominant discourses of global capitalism as the first step to enacting change is to imagine the possibility of that change. Adele's powerful political agency is rooted in her ability to defy the claustrophobia of her environment by imagining other possibilities, for example in terms of her sexuality and her idea that by imagining what lies beyond the border she can diminish its symbolic importance: 'It's as if the border's hardly there, as if you could imagine it away. What do you think? As if you could just walk through it . . . just cross the line'.[1] The significance of this imagined act coming to fruition at the end of the play when Adele literally traverses the border with her new lover, Katia. Adele's literal and metaphorical border crossing distinguishing her from the suffocating parochialism of Berlin and Horse, for whom borders become increasingly closed and divisive.

Under threat and increasingly resentful, Horse and Berlin fail to address the elusive structures of global capital that cause their redun- dancy and alternatively find an easily identifiable scapegoat in the figure of the *other*, as Katia predicted. Their pride temporarily restored by a misplaced recourse to violent nationalism, the establishment of an inferior 'them' from which to distinguish a falsely homogenous view of 'us'. Pursuing a politics of exclusion, Horse refers to a prior existence devoid of 'polluters of the nation',[2] whilst Berlin's position is far more ambiguous and provides the vehicle through which Greig explores his self-confessed fascination with 'people who believe things that they know not to be true'.[3] When challenged by Billy, who opts for self- imposed exile from 'a dirty nothing place that's fucked',[4] Berlin admits that Horse's racist discourse is 'dumb and blunt',[5] but attractive amidst a climate of change. The conse-

21. Greig, *Europe*, p. 7.

[2] Ibid, p. 55.

[3] David Edgar, *State of Play: Playwrights on Playwriting* (London: Faber, 1999), p. 68.

[4] Greig, *Europe*, p. 21.

[5] Ibid, p. 56.

quences of Berlin's retreat into Horse's ethic paranoia and defensive isolationist position becomes shockingly apparent when they conspire to brutally beat Sava's emaciated frame and cause the death of Fret and Sava when Berlin petrol bombs the station fuelled by Morocco's vodka.

Like the wolves, Morocco has returned to his hometown to exploit a climate of socio-economic decline by selling cheap imported vodka to desperate people with a mind to escape. An entrepreneur of the new economy, Morocco thrives on the ambiguity of the border by manipu- lating territorial boundaries for profit. Morally bankrupt and placeless, Morocco views everything as a tradable commodity, including people and images of himself. Fully aware that image is everything in the fight to generate consumption, Morocco constantly reinvents himself, for Adele, the cosmopolitan globetrotter, for the disempowered workers, the homesick local boy made good. In reality, Morocco despises the local men he views as locked into the redundant practice and futile desire to produce goods, when he knows that the new economy is reliant on buying and selling in the trade of dreams and illusions. 'I pity them. Locals. I pity them. They're like dogs whose owners' died . . . hungry dogs lying across their masters' grave and whining to the night . . .'[1] Yet, Morocco becomes a victim as the dogs transform into wolves, pack animals protecting their own as he fucks Katia in a back-street alley in exchange for a passport and papers. An image that highlights the very real and disturbing consequences that accompany the dissolution of borders that Morocco advocates in the pursuit of global capital.

In many ways, Katia provides a blank canvas on to which the other characters project their fears and desires of the other. For Horse and Berlin, she is a sign of the town's degradation that must be eradicated; for Fret she evokes the irrevocable forces of change; for Adele, Katia offers unfettered liberation of her imagination, access to new experiences and first-hand accounts of places previously gleaned from travel

[1] Ibid, p. 66.

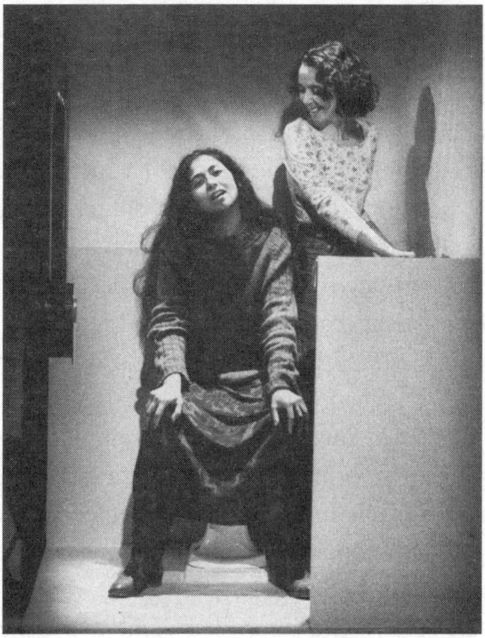

Europe, Traverse Theatre Company, 1994. 'Adele and Katia develop their relationship'. From left to right: Sharon Maharaj and Adele Ironside, photo: Sean Hudson Photography

brochures and holiday programmes. At first Katia accuses Adele of misguidedly romanticising travel, which for Katia has meant survival and, at best, the chance of anonymity. She also charges Adele with fetishising her *otherness*, but Adele's search for knowledge is genuine and her attraction to Katia presents a vision of border crossing that Greig portrays as a positive life force. Their developing sexual relationship represents the most intimate experience and acceptance of the other and serves as an eloquent antidote to the humiliating physical violations they suffer at the hands of men in the name of patriarchy and ethnic cleansing. However, their escape together at the end of the play provides a far more ambiguous and uncertain set of images and mean- ings. On the one hand, their physical and geographical exploration is suggestive of new beginnings and a tentative hope for the future; on the other, they effectively abandon the town to the wolves and their absence creates the space for Fret and Sava's deaths and for the official response to their deaths to gain credibility. Reminiscent of the mixed messages sent by worldwide governmental forces in the wake of race-related violence, officials condemn and disown the perpetrators for acting contrary to the national character of tolerance and acceptance, but in the next breath call for tighter immigration controls, lending credence to the far-right position and the myth of the homogeneous nation state. Through Berlin's speech at the end of the play, Greig makes it clear that whilst Adele and Katia flee to major cities of culture and heritage, that 'even as they travel to some older . . . or more beautiful . . . or more important place. . . . They know that, in our own way, we're also Europe'.[1] A chilling reminder that, as history has shown, every town, country and continent contains a duality of progressive and regressive forces, the latter ignited by a combination of political, social and economic factors that emphasise difference and hence an other that can be demonised.

Since the early 1990s, Greenhorn has combined writing for radio and television with writing theatre pieces. He has produced *The Salt Wound* (1993) and *Dissent* (1998) for 7:84, and was part of a collaboration that brought together playwrights from Ireland, Scotland, England and Wales to create *Sleeping Around* (1998) for Paines Plough. His work features Scotland as a primary location and a broad consideration of its diverse character, for instance his recent BBC television drama *Glasgow Kiss* (2000) used the backdrop of Glasgow to frame a turbulent relationship between a protestant Glaswegian man and a catholic Scots-Italian woman. Whereas *Europe* obliquely explores the nature of place, belonging and national identity, *Passing Places*, subtitled 'a road movie for the stage', offers a more direct and comic consideration of the varied nature of the contemporary Scottish nation. Even though Greenhorn wrote *Passing Places* before the implementation of a devolved Scottish parliament in 1999, it engages with Adrienne Scullion's understanding of this monumental event offering 'the potential to change everything that has been understood and imag-

[1] Ibid, pp. 84–5.

ined or thought and speculated about Scotland'.[1] Evidently, Greenhorn's play speaks of and to this particular historical moment. Equally it takes on board other factors that permitted contemplation of change, perhaps most significantly the widely predicted coming to power of a Labour government following eighteen years of Conservative rule in a determinedly socialist nation and the increasing influence of the European Union that has allowed Scotland to begin reformulating itself as a small nation within Europe. The employment of a road movie inspired narrative is crucial in evoking this time of re-evaluation and re-imagining of what the Scottish nation is and could be. Steve Cohan and Ina Rae Hark recall in *The Road Movie Book*, that the advertising tagline for the archetypal road movie, Easy Rider exclaimed, '"A man went looking for America and couldn't find it anywhere," and this much-remembered sentiment condenses what is typically taken for granted as the ideological project of the road movie'.[2] *In Passing Places*, Alex and Brian take to the road after Alex steals a surfboard from his former boss, the local psychotic gangster, Binks, who is in regular communication with the spirit of his dead twin, Ronnie. Binks pursues them from West central Scotland to the High- lands because, unbeknownst to Alex, the surfboard contains South African krugerrands. On their journey, in an echo of *Easy Rider*, Alex and Brian look for Scotland and cannot find it anywhere as the narrative frame disturbs the myth of a homogenous nation by showing a nation literally and metaphorically in transit. During their travels, the relationships Alex and Brian forge with Mirren, a traveller who joins them on their journey; Serge, a French sculptor; Iona, a Canadian geologist and Frank, a surfboard shaper, enable them to make complex discoveries about themselves, alongside their growing appreciation of the diversity of their nation. Greenhorn's engagement with Scotland in Passing Places received unanimous praise from critics when it played at The Traverse

[1] Adrienne Scullion, 'Self and Nation: Issues of Identity in Modern Scottish Drama by Women', *New Theatre Quarterly*, 17:4 (November 2001), pp. 373–90 (p. 373).

[2] Steven Cohan and Ina Rae Hark, *The Road Movie Book* (London and New York: Routledge, 1997), p. 1.

in 1997 and during its quick revival in 1998. Typical is a review from Mark Fisher, which recognises that,

> Behind the gags and the quips, the trivia and the pursuit, Passing Places is really about that foreign country we like to call Scotland. In these devolutionary days it's fashionable to talk about the nation as a homog- enised entity, as if all eyes were focused on a single goal. Without tub- thumping or getting especially polemical, Greenhorn gently points out that if Scotland has a glory, it is in its diversity not its similarities.[1]

Prior to their journey north, Brian and Alex's Scotland is read through their experience of living in Motherwell. A former stronghold of steel manufacturing, Greenhorn represents Motherwell blighted by the ravages of de-industrialisation, high unemployment, poverty and petty crime. Like Greig's border town, Motherwell is facing an identity crisis with the only available identities seemingly those offered by American multinational corporations, signalled by the baseball caps and Nike Air Jordans Alex sells in Bink's sports shop. Greenhorn offers a further critique of commercialised identities through his deconstruction of the tourist version of Scotland. In the first instance, the original Traverse production began with a giant projection of 'greetings from Scotland' accompanied by four scenic picture postcard images, ironically juxta- posed with the environment of Motherwell that opens the play. It is equally telling that Binks takes the traditional path of commercial sites popularised by mass tourism such as Fort William, Glen Coe and John O'Groats. A nation reduced to its greatest hits which Greenhorn allies to a destructive impulse as Binks wreaks havoc at each landmark. Binks serves as a vehicle through which Greenhorn explores aspects of Scot- land's self image. For example, the spectre of Ronnie is a domineering presence that simultaneously disturbs Bink's psyche whilst forming an essential component of his sense of self, a powerful metaphor of Scotland's relationship with

[1] Mark Fisher, *Passing Places*: Traverse, Edinburgh, *The Herald* (16 April 1998), p. 12.

England. Moreover, the image of psychiatric disorder is a prevalent theme in much theoretical analysis of Scotland emanating from critics such as Tom Nairn and Christopher Harvie. They present Scotland, like Binks, experiencing a split personality, a constant state of doubling and a national schizophrenia as it shifts between the dualism of British/Scottish, urban/rural, traditional/ modern, Gaelic/Scots, subservient/rebellious. An image also recurrent in culture, 'it was, after all, a Scotsman, Robert Louis Stevenson, who invented Dr Jekyll and Mr Hyde'.[1] However, whereas cultural critics can sometimes over emphasise the problematic consequences of this duality, playwrights such as Greenhorn and Greig, alongside Glover and Lochhead, have sought to explore the virtues of this coexistence of opposites in their treatments of Scotland's contradictory and ever- evolving national characteristics.

Rejecting the commodified path forged by the demands of capital, Alex and Brian take a convoluted route, and like the Lada they travel in, which is 'designed for Murmansk not Milngavie',[2] they are soon engaged in mapping new terrain and discovering a reinvigorated sense of self in a new environment. A process of re-mapping, David Pattie explains in relation to the negotiation of new political and cultural identities in post-devolution Scotland.[3] In the second edition of his seminal text, *Imagined Communities*, Anderson extends Michel Foucault's arguments about discursive formations to the census, map and museum, which through processes of definition and exclusion endorse power relations by determining parameters of thought in the age of mechanical reproduction. According to Anderson, the map antici- pates spatial reality by shaping the imagined construction of the nation through the provision of a physical abstraction of its place names, terrain and boundaries, which are therefore rendered fixed and

[1] David McCrone, *Understanding Scotland: The Sociology of a Stateless Nation* (London and New York: Routledge, 1992), p. 185.

[2] Stephen Greenhorn, 'Passing Places', in Philip Howard (ed.), *Scotland Plays* (London: Nick Hern Books, 1998), p. 154.

[3] David Pattie, 'Mapping the Territory: Modern Scottish Drama', paper delivered at *In-Yer- Face?* conference.

immutable.[1] However, as with Anderson's insistence that these frameworks can also set up sites for resistance, Greenhorn insists that there are choices available in how maps are interpreted that highlight the possi- bilities for numerous pathways and hence a vision of diversity and plurality to emerge. As Brian articulates:

> Maps. Imaginary landscapes. Representations of the world. All the infor- mation's there. Everything you need to know. But you still have to prescribe your own course of action [. . .] A map's not for telling you where to go. What it tells you is exactly where you are. It only describes your position. You have to decide your own destination and journey.[2]

As soon as Brian and Alex travel beyond the familiar parameters of post industrial Motherwell they experience a dislocated sense of national identification and alienation from the places they encounter, a state signalled by Brian's use of the official guide-book to identify and narrate the geographical formations, histories and landmarks they encounter. The lochs and mountains most commonly associated with rural Scotland have no bearing on Brian and Alex's sense of place or identity; they are strangers in their own country, encountering it as tourists on a grand tour to enlightenment. This sense of displacement is most acutely felt and articulated at the beginning of their journey when Alex vents his frustration at Brian's over-zealous adoption of the role of guide:

> ALEX: We're not tourists, Brian.
> BRIAN: I've not been here before.
> ALEX: We live here.
> BRIAN: Not here.
> ALEX: We're only a hundred miles from Glasgow.
> BRIAN: Yeah? Look though. See anything familiar?
> ALEX: Only you talking shite.[3]

[1] Benedict Anderson, *Imagined Communities*, 2nd edition (London: Verso, 1991).

[2] Greenhorn, *Passing Places*, p. 155.

[3] Ibid, p. 156.

For Brian, who relishes the unfamiliar names of towns and villages, their strange cadences and exotic promise of uncharted territory, this rupture is liberating, whilst Alex expresses resentment at his outsider status. Alex's expectation of finding a more stable identity the further north he travels or as Iona puts it, 'a big Braveheart theme park . . . pickled in tradition'[1] is also undermined at every turn by evidence of the cultural border-crossing instigated by geographical mobility, new technologies and the impact of global capitalism. Greenhorn clearly signals the negative consequences of the decline Scotland's industrial heritage has endured, but he also refers to new economic formations. Mirren's father uses his computer and fax to undertake freelance work for Silicon Valley; satellite dishes receive a globally familiar cultural diet and the presence of a Ukrainian factory ship provides evidence of corporations traversing the boundaries of national economies. In another recent Scottish play, *Shetland Saga* (2000), Glover explores the impact

Passing Places Traverse Theatre Company, 1997. 'On the road'. From left to right: Paul Hickey, Colin McCredie and Veronica Leer, photo: Sean Hudson Photography

[1] Ibid, p. 185.

of an international presence on the identity of individuals and a community when a group of Bulgarian sailors find themselves stuck in Shetland due to unstable political and economic factors in their homeland. In *Shetland Saga*, Glover presents national identities as increasingly blurred and hybrid, qualities Greenhorn also confronts when Alex and Brian go with Iona and Mirren to a ceilidh. John McGrath's seminal Scottish play, *The Cheviot, the Stag and the Black, Black Oil* (1973), employed Highland history and the ceilidh format as a signifier of a long and persistent cultural heritage in the face of economic and cultural erosion. *In Passing Places*, Greenhorn disrupts the notion of the Highlands, Gaelic and the ceilidh as a stable marker of a cultural identity impervious to the forces of history and its attendant cultural diaspora. As Alex recounts in direct address to the audience: 'The ceilidh was mad. Really weird. The place was full of folk from the village. And fishermen and crofters and some tourists and . . . us. And it was a mix. A huge mix. They mixed the music and they mixed the people and they mixed the fucking drink and it was. . . just a bit much'.[1]

The ceilidh is organised by a French sculptor and frequented by locals, Ukrainians, a Canadian and two young men from Motherwell. The sound of a Highlander belting out Johnny Cash's 'Folsom Prison Blues' is set against Alex's expectation of Gaelic laments, a moment high-lighting Malcolm Chapman's argument regarding the persistence of the 'Gaelic vision'. An ironical situation whereby, 'a language not under- stood by 98 per cent of the Scottish people, with a modern literary tradition that only begins to assume importance in the late eighteenth century and is still very small . . . should now be regarded as the quintessence of Scottish culture'.[2] *Passing Places* similarly blasts apart the myth of the Highlands as an idyllic rural paradise untouched by the onset of modernity, let alone postmodernity. In the first instance, Mirren identifies the Highland image as a forgery created by capitalist landowners following the removal of unprofit-

[1] Ibid, p. 184.

[2] Malcolm Chapman, cited in Marcus Banks, *Ethnicity: Anthropological Constructions* (London and New York: Routledge, 1996), p. 137.

able tenants during the clearances: 'They changed it into scenery. The Great Wilderness? The Highland Landscape? It's an invention',[1] just as 'Eileen Donan Castle. The view that launched a thousand shortbread tins [was] only built eighty years ago'.[2] This cynical revelation provides further evidence of Greenhorn's exploration of 'Scotland' as a marketable product generated by the needs of capital through the interconnected forces of the heritage and tourist industries. The romanticism attached to this Highland construction is further undercut by the acknowledged presence of a hydroelectric power station in a cavern under Ben Cruachan, Dounreay nuclear power station, NATO fighting jets and an island infected by anthrax. Bhabha argues that nationalist discourses attempt to project the nation as a continuous narrative of progress, alternatively Greenhorn presents a far more complex representation through his ambivalent treatment of the realities of nuclear power and chemical weapons coexisting alongside the natural heritage of geographical formations. Even the geology provides a metaphor for the multiple influences coming from Europe and America to affect Scotland as Iona, a specialist in continental drift, reveals: 'It's amazing. It's like a cross- roads of different rock types and periods. Those mountains are the collison of two different eras. We're right on the edge of the European plate and it's grinding against and buckling under the pressure of the plate moving in from the Atlantic'.[3] Changing landscapes and geo- logical formations as national and political metaphors are a recurrent theme in recent Scottish theatre, for instance Greig's *Victoria* (2000), an epic play about three generations from the West Highlands starts in the 1930s when the characters are framed by the foreboding presence of a mountain that by the 1990s has been sold as aggregate.

As Brian and Alex travel north, failing to meet any 'locals', they are entirely dependent on chance encounters and the hospitality of strangers, who provide them with the food, shelter, knowledge and skills to

[1] Greenhorn, *Passing Places*, p. 197.

[2] Ibid, p. 178.

[3] Ibid, p. 173.

enable the continuation of their transformative journey. Beneficial exchanges that also inform the play's central metaphors of chasing waves and 'passing places', the latter points on a single track road that enable safe passage through recognition of another driver and a willingness to compromise, as Brian puts it, 'Zen and the art of single-track roads. Optimising the way you meet other traffic. Minimising the disturbance to the other side'.[1] As this quote indicates, *Passing Places* displays some sympathy with the new age philosophy exhibited by the travellers and surfers Brian and Alex encounter, even if Greenhorn exploits their idiosyncrasies for comic gain, as when Serge paints the Lada in day-glo colours to brighten its unhappy spirit. What is clear is that the people Alex and Brian encounter have in common the fact that their identities are not tied to a fixed sense of place and belonging, but identification with a way of life, particular value-systems and a relationship to the environment which is portable and responsive. For instance, Mirren is least 'at home' when at home and desires a transitory life of travel in search of her own wave rather than pursuing the economic rewards potentially awaiting a graduate with a first class degree in maths and computer science. Iona and Serge take life as it comes but have found, at least for the meantime, their wave on Skye.

Greenhorn's treatment of place and identity is comparable to Greig's characterisation of Adele and one worth considering in relation to Grossberg's arguments concerning the increasing prevalence of diasporic identities, which, he argues, 'emphasizes the historically spatial fluidity and intentionality of identity, its articulation to structures of historical movements (whether forced or chosen, necessary or desired)'.[2] Identity, in this sense, evolves through a complex combination of spatial location, affiliation and a particular sense of belonging that is more about identification than identity. Significantly, this mode of thinking stresses individual human agency and political choices

1 Ibid, p. 170.

2 Grossberg, 'Identity and Cultural Studies – Is That All There Is?', in Hall and du Gay (eds), *Questions of Cultural Identity*, p. 92.

about allegiance. Impor- tantly, both Brian and Alex refuse to contemplate a return to Mother- well at the end of the play. Brian finds a 'home' in Thurso as an apprentice shaper and Alex, having moved from a state of uptight selfconsciousness which renders him unable to utter the word 'beautiful', embraces the notion of travel for travel's sake and decides to continue the frontier narrative by joining Mirren on her trip to Scandinavia. In choosing Scandinavia Greenhorn continues the northward trajectory, but the destination is also significant given David McCrone's argument that, 'the modern model for an independent Scotland has been, at least since the sixties, the Scandinavian countries'.[1] More recently, other small contested areas in Europe such as Macedonia, Croatia, Catalunya and the Basque region have provided valuable points of comparison with the Scottish situation; a factor resulting in several creative collabora- tions, for example the translation of Greig's play The Speculator into Catalan for its premier in Barcelona and Suspect Culture's numerous workshops in the Basque region.

European culture has evolved through a continuous process of travel, migration and border crossing and it is this merging of difference to generate new formations that constitutes a significant part of Greig and Greenhorn's internationalist creative territory. In the two plays I have concentrated on they signal the desirability of an almost utopian state in which multiplicity is openly embraced; where diasporic communities are welcomed for the skills and knowledge they bring and compatibility is judged on the identification of common concerns as opposed to mythical notions of shared ethnic origins and national character. They propose a nation that is never static, always in process, proud of its heritage as well as its increasing heterogeneity and, above all, one that can surprise and provoke engagement beyond the confines of a restrictive and potentially damaging nationalism. Greig and Greenhorn's commitment to grappling with notions of Scotland and Scottish identity, however various, suggests that there is something residually important about the nation, something that is worth

[1] McCrone, *Understanding Scotland*, p. 172.

trying to hold on to, worth trying to articulate amidst the increasing encroachment of globalisation into all areas of economic, political and cultural life. It is clear that they are resolutely against a neoliberal globalisation whose primary motivation is the erosion of national borders to service profit-making trans actions that destabilise communities through job losses and the gradual corrosion of local identities. Equally, they suggest the benefits of fostering global responsibility and a cross-fertilisation of technological, intellectual and cultural ideas that further complicate, yet enrich, the make-up and qualities of nations. It is this complex, and often contradictory, pull towards an indefinable Scotland at the same time as welcoming the possibilities inherent in a cosmopolitan global community that makes these works by Greig and Greenhorn so politically and theatrically significant.

편주자

김유

서울대학교 인문대학 영문과 졸업
서울대학교 대학원 영문과 석사
영국 엑시터 대학 (University of Exeter) 영문학 박사
영국 워릭 대학교(University of Warwick) 방문교수
(현) 성균관대학교 문과대학 영문과 교수

이원주

서울대학교 사범대학 영어교육과 졸업
서울대학교 대학원 영문과 석사
서울대학교 대학원 영문학 박사
UCLA / 피츠버그 대학교 방문교수
(현) 한국방송통신대학교 영문과 교수

Contemporary British Plays
WITH ESSAYS IN CRITICISM

초판 1쇄 발행 _ 2012년 8월 30일

편 주 자 • 김유 · 이원주
발 행 인 • 정 현 걸
발 행 • 신 아 사
인 쇄 • 예지인쇄
출판등록 • 1956년 1월 5일 (제9-52호)
주 소 • 서울특별시 은평구 녹번동 28-36번지 2F
전 화 • 02)382-6411 · 팩스 02)382-6401
홈페이지 • www.shinasa.co.kr
E-MAIL • shinasa@chol.com

ISBN 978-89-8396-777-0(93840)
저자와의 협의로 인지를 생략합니다.

정가 16,000원